A PERSISTÊNCIA DA DESVALORIZAÇÃO DO TRABALHO E A URGÊNCIA DA SUA REVALORIZAÇÃO

A PERSISTÊNCIA DA DESVALORIZAÇÃO DO TRABALHO E A URGÊNCIA DA SUA REVALORIZAÇÃO

2023

Maria da Paz Campos Lima e José Castro Caldas
(Coords.)

ALMEDINA

A PERSISTÊNCIA DA DESVALORIZAÇÃO DO TRABALHO E A URGÊNCIA DA SUA REVALORIZAÇÃO

A investigação subjacente aos capítulos que integram este livro e a edição do livro foi financiada por fundos nacionais através da FCT — Fundação para Ciência e Tecnologia — no quadro do projeto REVAL — Da desvalorização interna à revalorização do trabalho: o caso de Portugal. Referência: PTDC/SOC-SOC/28811/2017.

COORDENADORES
Maria da Paz Campos Lima e José Castro Caldas

EDITOR
EDIÇÕES ALMEDINA, S.A.
Avenida Emídio Navarro, 81, 3D
3000-151 Coimbra
Tel.: 239 851 904 · Fax: 239 851 901
www.almedina.net · editora@almedina.net

REVISÃO
Teresa Martins

DESIGN DE CAPA
EDIÇÕES ALMEDINA, S.A.

PRÉ-IMPRESSÃO
Patrícia Boleto

IMPRESSÃO E ACABAMENTO
AAAAAAAAA

Março, 2023

ISBN
978-989-40-1118-7

DEPÓSITO LEGAL
000000/23

ALMEDINA | GRUPOALMEDINA

AGRADECIMENTOS

Os coordenadores deste livro e os autores dos diferentes capítulos agradecem, em primeiro lugar, à Fundação para a Ciência e Tecnologia pelo apoio à sua publicação e ao projeto que lhe deu origem, *REVAL — Da desvalorização interna à revalorização do trabalho: o caso de Portugal*, coordenado por Maria da Paz Campos Lima e José Castro Caldas, projeto multidisciplinar no quadro de parceria entre o Dinâmia'CET—ISCTE-IUL e o Centro de Estudos Sociais da Universidade de Coimbra.

Agradecem também às entidades que disponibilizaram a informação necessária às várias análises aqui produzidas, nomeadamente ao Instituto Nacional de Estatística (INE) e, no âmbito do Ministério do Trabalho, da Solidariedade e da Segurança Social (MTSSS), a preciosa colaboração do Gabinete de Estratégia e Planeamento (GEP) e da Direção-Geral do Emprego e das Relações de Trabalho (DGERT).

Aos dirigentes das organizações sindicais e patronais que participaram nos *focus groups* e nas entrevistas, designadamente dos sectores analisados no âmbito deste livro, é também devido um agradecimento especial pela sua colaboração e testemunhos preciosos para a compreensão da realidade complexa que é a negociação coletiva no espaço sectorial em Portugal.

Um agradecimento também ao consultor do projeto, Torsten Müller, investigador do European Trade Union Institute (ETUI), que graciosamente contribuiu com comentários muito úteis e intervenções nas várias fases do projeto e no seu seminário final.

PREFÁCIO

A desvalorização salarial e das profissões é efeito e causa de graves problemas com que Portugal e os portugueses se debatem. O baixo perfil de especialização da economia; o posicionamento passivo no quadro da União Europeia e a secundarização das diferenças institucionais entre os países que a compõem; o esmagamento de classes médias; a precarização do trabalho e consequente instabilização da vida dos trabalhadores e suas famílias; o empobrecimento demográfico; o acentuar de desigualdades; a persistência de elevado nível de pobreza – são algumas das expressões dessa dura realidade.

A imbricação entre estes problemas aprofundou-se desde o início deste século. Um dos fatores que mais contribuiu para isso foi o enfraquecimento das instituições das relações laborais e a sua desorganização, através do desequilíbrio de poderes entre o capital e o trabalho (em desfavor deste), do colapso de princípios estruturantes da negociação coletiva, da emergência crescente da unilateralidade do poder patronal, quer no setor privado, quer no público. A institucionalização das *crises*, simplificou justificações das políticas adotadas.

Vivemos um tempo carregado de falsos determinismos. Uns surgem da interpretação dominante dos avanços científicos e tecnológicos, outros da financeirização da economia (e da sociedade) que subverte o lugar e o valor do trabalho, a sua organização e gestão, outros ainda, do individualismo exacerbado do neoliberalismo que acantona as pessoas responsabilizando-as pelos seus fracassos e enfraquecendo os seus direitos enquanto cidadãos membros da comunidade. E, sem comunidade não há democracia.

As mudanças geopolíticas em curso e, nomeadamente, as alterações nas cadeias de produção e distribuição, por um lado, colocam a nu a irracionalidade de políticas económicas consideradas inevitáveis sob as imposições da globalização, por outro lado, no imediato, tendem a aprofundar mecanismos de exploração. Este amplo quadro, sinteticamente enunciado, reclama investigação e estudos de forte sentido crítico, base indispensável para uma formulação sustentada de alternativas de políticas.

A obra que aqui nos é disponibilizada reúne um conjunto de trabalhos de investigadores(as) com pluralidade de formações e de focos de investigação. Foram feitos no quadro de um projeto de investigação «REVAL – Da desvalorização interna à revalorização do trabalho: o caso de Portugal (2018–2022)», ou em conexão com ele. Qualitativamente, beneficia do facto de grande parte destes investigadores terem desenvolvido anteriormente trabalhos sólidos sobre políticas económicas e sociais, nacionais e da União Europeia, em particular as associadas à *Nova Governação Europeia*, iniciada em 2011, quando os direitos laborais e sociais se tornaram a variável de ajustamento da União Económica e Monetária.

O projeto, centrado na análise das transformações do regime de emprego ocorridas em Portugal, nas últimas duas décadas, no contexto da reestruturação da economia global e das suas consequências no emprego e no trabalho, e a forma como foi desenvolvido, situa-se num patamar de grande importância perante os bloqueios com que se debate o país. A afirmação da dignidade do trabalho, tão presente em vários dos capítulos, é imprescindível para se identificarem políticas que articulem, de forma ajustada e sustentada, o económico e o social, e é um dos elementos mais transformadores da sociedade. É, também, um dos fatores que permitem encontrar equilíbrios entre o individual e o coletivo, e evidenciar que o Direito do Trabalho não pode ser instrumento de políticas económicas e de emprego, muito menos neoliberais.

Sublinho cinco conjuntos de questões que evidenciam a relevância e a oportunidade desta obra. Primeiro, em Portugal escasseiam os estudos voltados para abordagens setoriais como é este, com focos de observação bem localizados. Ora, é por essa via que melhor se pode avaliar o estado das condições de trabalho, das relações laborais, das políticas salariais e da negociação coletiva. Relembre-se que esta tem na dimensão setorial a sua melhor expressão e influência positiva.

Segundo, o lastro deixado pelas políticas austeritárias, inscritas ou associadas ao Memorando da *Troika*, foi pesadíssimo, quer no que se refere às transferências de riqueza do trabalho para o capital, quer no aprofundar do desequilíbrio de poderes na relação laboral, em desfavor dos trabalhadores. O seu alcance resultou de políticas conjunturais vindas da orientação traçada pela *Nova Governação Europeia* e da exploração de mudanças introduzidas na legislação laboral desde 2003, fortemente fragilizadoras da negociação coletiva e indutoras da precarização do trabalho. Em vários capítulos deste livro fica claro que esse lastro não foi revertido e que é imperioso tratar de algumas entorses.

Terceiro, as políticas de desvalorização salarial e das profissões — de desvalorização interna em geral — foram muito duras entre 2011 e 2015, mas prosseguem no contexto atual, a coberto de novas justificações e camuflagens. Apesar do impacto positivo de algumas medidas adotadas pelo governo para proteger o emprego e mitigar os efeitos dolorosos do desemprego perante a pandemia da covid-19, a desvalorização acentuou-se em alguns setores e, agora, a espiral inflacionista está a justificar a redução de salários e pensões de reforma, fragilizando, também, a conexão entre o trabalho, o emprego e a proteção social, que é um ancoradouro de políticas solidárias e universais.

Quarto, o país surge-nos, aqui, entre dois cenários futuros possíveis que convivem e se confrontam: a) o da resistência àquela desvalorização e empresários que apostam sério em fatores de produtividade e em melhorar o perfil de especialização da economia; b) o do incremento da estrutura da economia assente em setores com atividades de baixo valor acrescentado, opção já muito impulsionada pela *Troika* e que se mantém forte.

Quinto, o cenário de futuro que nos permitiria progresso social e económico surge-nos travado, nomeadamente, por: i) persistência em cortes nos direitos laborais e sociais como fator de ajustamento; ii) associações patronais e práticas empresariais e do Estado que subvertem o Direito do Trabalho e impõem o seu poder unilateralmente, nas relações de trabalho e na implementação dos processos de mudança; iii) as políticas orçamentais assentes na falácia das *contas certas*, instrumentos de financeirização direta e indireta da economia.

Manuel Carvalho da Silva

ÍNDICE

INTRODUÇÃO
A DESVALORIZAÇÃO INTERNA, A AUSTERIDADE NEOLIBERAL E OS EFEITOS CUMULATIVOS NA DESVALORIZAÇÃO DO TRABALHO

Maria da Paz Campos Lima[1] e José Castro Caldas[2]

A resposta neoliberal à crise do «regime de acumulação fordista» observada nos países centrais do capitalismo avançado, nos finais dos anos 1970, traduziu-se na procura incessante de novos mercados, na liberalização das regras do comércio internacional, na crescente expansão e poder das empresas multinacionais, na deslocalização da produção e na adoção de um modelo de crescimento mais fortemente centrado nas exportações (Aglietta, 1982). Este processo foi acompanhado pela rutura com o compromisso fordista de distribuição dos ganhos de produtividade entre capital e trabalho. A lógica produtiva baseada na produção estandardizada em massa deu lugar à produção flexível e diferenciada (*just in time*), facilitada pela inovação tecnológica e fazendo apelo sistemático ao consumo de novos bens e serviços e à incessante procura de novas áreas de negócio, incluindo em atividades e sectores anteriormente assegurados pelo Estado, através das privatizações. A «relação salarial fordista» foi posta em causa através das políticas de flexibilização do mercado de trabalho e também através da erosão dos direitos de proteção social.

As políticas neoliberais de flexibilização do mercado de trabalho tiveram implicações na sua desvalorização, através da degradação continuada dos salários e da generalização da precariedade do emprego, contribuindo para a crescente desigualdade dos rendimentos, a qual contribuiu para a emergência da crise financeira internacional de 2008 (Stockhammer, 2012; Becker e Jäger, 2012; Jessop, 2013, 2014). Como explica Wolff (2013), nos EUA, décadas de diminuição dos salários e de aumento da produtividade traduziram-se num aumento exponencial dos rendimentos dos acionistas e dos gestores

[1] Instituto Universitário de Lisboa (ISCTE-IUL) e DINAMIA'CET, Lisboa, Portugal.
[2] Centro de Estudos Sociais (CES), Universidade de Coimbra, Portugal.

e no *boom* dos mercados financeiros. Aos lucros obtidos através da exploração do trabalho, somaram-se os lucros do sistema financeiro por via do endividamento das famílias, num processo de explosão das atividades financeiras e de inovação financeira, cuja consequente deriva especulativa esteve na base da crise financeira internacional. Dada a interdependência dos mercados financeiros, resultante de décadas de globalização, o colapso financeiro estendeu-se por todo o mundo, facilitando a globalização da crise (Wolff, 2013).

Em paralelo, a partir da década de 1980, as apologias da flexibilidade do mercado de trabalho tornaram-se a influência teórica dominante nas políticas de emprego. Estas abordagens, centradas na oferta (*supply side*), entendem o trabalho como uma mercadoria homogénea, cujo preço seria determinado pela produtividade marginal (Fine, 2016). Nestes termos, o fenómeno do desemprego seria o resultado de distorções no mercado, introduzidas pelo Estado, quer pelo seu papel na legislação de proteção do emprego, incidindo sobre as normas relativas aos despedimentos e vínculos laborais, quer pelo seu papel na fixação do salário mínimo (Layard *et al.*, 2005). A proteção afetaria a criação de emprego, aumentando os custos das empresas com o ajustamento da força de trabalho para níveis ideais (Mortense e Pissarides, 1994), e promoveria o dualismo do mercado de trabalho entre empregos protegidos e precários (Lindbeck e Snower, 1986, 2002). Nesta perspetiva, as regulações instituídas pela negociação coletiva (Boeri *et al.*, 2015) e pelos salários mínimos (OCDE, 2016) distorceriam o mercado de trabalho, amortecendo os potenciais efeitos positivos das «reformas» orientadas para a redução da proteção no emprego. Esta abordagem teórica, incorporada pela OCDE, influenciou a agenda das políticas do mercado de trabalho na União Europeia (Dostal, 2004), com crescente influência a partir do «Jobs Study» (OCDE, 1994). A promoção da flexibilidade dos horários de trabalho, dos salários e dos despedimentos, juntamente com as políticas de «ativação» dos desempregados, configurou o *policy mix* que orientou as reformas laborais, surgindo como «soluções» para os governos, confrontados com a privação de outros instrumentos de política económica, particularmente no contexto da zona euro (Teles, 2017).

Na Europa, as mudanças institucionais de sentido neoliberal, observadas desde a década de 1980, foram vistas como processos de «transformação gradual», de mudança incremental. Os processos abruptos de mudança institucional, de «rutura e substituição» foram excecionais, como foi o caso, no início dos anos 1980, do colapso das instituições das relações laborais, provocado pela política de Thatcher no Reino Unido (Streeck e Thelen, 2005;

Baccaro e Howell, 2011, 2017). Paradoxalmente, embora a visão neoliberal tenha proclamado a «regulação pelo mercado» e exigido a redução da intervenção do Estado na economia, bem como o forte condicionamento dos sindicatos e da negociação coletiva, foi a ação governamental que, em muitos países, abriu caminho, através de «reformas», quer ao enfraquecimento dos sindicatos e da negociação coletiva quer à liberalização e à flexibilização laboral (Howell, 2006).

A intensidade, a escala e o ritmo das mudanças na Europa no sentido neoliberal potenciaram-se, a partir da formação da União Europeia (UE), nos termos do Tratado de Maastricht de 1992, pela remoção das barreiras à circulação de capitais, pessoas e produtos, combinada, a partir de 1999, com a criação do euro e com a instituição de uma política económica e monetária pressupondo a similaridade de condições entre países e ignorando os impactos assimétricos entre centro e periferia. Por outro lado, o alargamento aos países da Europa Central e de Leste, em 2004 e em 2007, teve como consequência o aumento acentuado da desigualdade económica entre países, aumentando as diferenças nas taxas de crescimento da produtividade e a escala de *superavits* e *déficits* na balança de pagamentos entre os países da UE (Waddington *et al.*, 2019).

O aumento da competição entre empresas de países com diferentes custos salariais e configurações institucionais e a intensificação da concentração e da mobilidade do capital enfraqueceram significativamente o poder de negociação das organizações coletivas dos trabalhadores. A alteração das relações de poder propiciou a ocorrência incremental de mudanças radicais, até certo ponto convergentes, no interior de sistemas/regimes nacionais formalmente distintos. Ao longo do processo, o poder sindical foi enfraquecendo, mesmo quando as instituições de regulação do emprego não viram alteradas as suas características principais (Arrowsmith e Pulignano, 2013). Vários estudos comparativos destacaram a intensificação da deriva neoliberal em vários países da UE, a partir da viragem do século, associada à crescente globalização e financeirização das economias, sublinhando os seus impactos na crescente desorganização das relações laborais, erosão da negociação coletiva e enfraquecimento do poder sindical (Gumbrell-McCormick e Hyman, 2013; Müller *et al.*, 2019).

Nos anos 1990, a persistência de diferenças institucionais significativas entre países, apesar da globalização, estimulou o debate sobre os impactos variegados da «globalização». Hall e Soskice (2001), na abordagem das «variedades e capitalismo», sublinharam as diferenças entre as «economias liberais de mercado» (*Liberal Market Economies*, LME), incluindo os EUA e o Reino Unido, e as «economias de mercado coordenadas» (*Coordinated Market Economies*, CME), incluindo os países nórdicos e da Europa continental. Amable (2003) aprofundou a análise comparativa dos tipos de capitalismo chegando a uma tipologia com cinco variedades: a «variedade baseada no mercado», coincidindo com o tipo LME; a variedade «continental europeia» (*Continental European Capitalism*, CEC) e a variedade «social-democrata nórdica» (*Nordic Social-Democratic Economies*, SDE), anteriormente agrupadas no tipo CME; a «variedade do Sul da Europa» (*Southern European Economies*, SEE); e a variedade das economias da Ásia (*Asian Economies*, AC). O papel do Estado na coordenação da economia constitui nesta análise um dos fatores que identificam e diferenciam as economias do Sul da Europa.

Outras perspetivas consideraram que a liberalização constituiu uma tendência comum das trajetórias nacionais. Neste sentido, Baccaro e Howell (2011) argumentaram que as relações laborais na UE tomaram, desde meados da década de 1970, uma direção comum, convergindo para o neoliberalismo, e sublinharam que essa convergência nem sempre significou o alinhamento com as instituições do arquétipo neoliberal das «economias liberais de mercado». Mais recentemente, aprofundaram esta reflexão destacando várias «trajetórias de transformação neoliberal» (Baccaro e Howell, 2017). Também Thelen (2014) se referiu a «variedades de liberalização» examinando as trajetórias das «variedades de capitalismo».

Em contraste com a abordagem das «variedades de capitalismo» focalizada nas diferenças entre as políticas das empresas e o seu grau de coordenação, incluindo através da negociação coletiva, a abordagem dos «regimes de emprego» centrou-se na análise das diferenças institucionais no enquadramento do mercado de trabalho, nas relações laborais e na proteção social (Gallie, 2007, 2013). Nesta abordagem, consideraram-se várias dimensões: as formas e o nível de proteção no emprego, designadamente o grau de flexibilidade dos vínculos laborais e do regime de despedimentos; a coordenação da negociação coletiva, a cobertura das convenções coletivas e a densidade sindical, como indicadores do âmbito e da profundidade da regulação conjunta; e as características dos regimes de proteção social (Esping-Andersen, 1990), em especial quanto à abrangência, à duração e ao montante das prestações sociais de desemprego (Gallie e Paugam's, 2000; Gallie, 2013). Por outro lado, esta abordagem considerou a distribuição de «recursos de poder» na sociedade, em particular no âmbito das relações laborais (Korpi, 1983, 2006), e o papel das orientações políticas governamentais como fatores-chave da configuração institucional das relações laborais e dos regimes de emprego. Nesta linha, interrogou as capacidades dos vários tipos de regime de emprego quanto à promoção da inclusividade/integração social, examinando os seus impactos em termos de desigualdade económica, bem como o papel do Estado na redistribuição do rendimento e na redução da desigualdade através da política fiscal (Gallie, 2013; Tålin, 2013).

Na sequência da crise internacional de 2008, a pesquisa comparativa mobilizou as abordagens das «variedades de capitalismo» e dos «regimes de emprego» (Lallement, 2011; Heyes, 2013; Gallie, 2013). Várias questões de pesquisa orientaram estes estudos centrados na mediação institucional dos efeitos da crise e nas suas consequências, designadamente a diferença de padrões de resposta à crise por parte das diferentes «variedades» ou «regimes», quer quanto às políticas governamentais promovidas e às políticas/práticas de ajustamento das empresas (volume de emprego, salários, tempo de trabalho e vínculos laborais) quer sobre os seus efeitos em termos de integração social. Por outro lado, algumas destas análises chamaram a atenção para a própria reconfiguração dos «regimes de emprego», como no caso da Alemanha, onde as reformas Hartz de 2003–2005 intensificaram os contrastes do «regime dualista», reduzindo a proteção social e favorecendo a expansão de formas de emprego mal remuneradas, irregulares e pouco protegidas (Heyes, 2013).

Na mesma linha, comparando os padrões de proteção social nos anos 1990 com os de 2009, Gallie (2013) destacou a redução da proteção social aos desempregados nos «regimes inclusivos» universalistas dos países nórdicos, notando alguma convergência destes com os regimes dualistas. Ademais, sublinhou o enfraquecimento continuado da proteção social e a intensificação das políticas *workfare* nos «regimes liberais», em especial no Reino Unido. Nesta análise, o «regime de subproteção», que incluía os países do Sul da Europa, distinguia-se do regime liberal pelos níveis muito mais elevados de cobertura das convenções coletivas e de proteção no emprego. Quanto à generosidade da resposta do Estado social no contexto do desemprego, estes países apresentavam níveis inferiores aos do regime liberal, quer quanto à taxa de cobertura das provisões de desemprego quer quanto aos gastos com políticas ativas de emprego em percentagem do Produto Interno Bruto (PIB). No entanto, apresentavam uma taxa superior de reposição em relação ao salário auferido anteriormente.

De modo geral, as análises com base nas abordagens das «variedades de capitalismo» e dos «regimes de emprego» focalizaram-se nas instituições, regulações e dinâmicas nacionais, negligenciando os efeitos da interação entre países e a influência do nível supranacional. A focalização no espaço nacional como domínio autocontido foi problematizada pela crítica «regulacionista» à abordagem das «variedades de capitalismo», em três aspetos principais: por revelar uma conceção do mercado mundial como justaposição mecânica das variedades de capitalismo e desvalorizar a sua interação; por não permitir compreender que a acumulação do capital à escala mundial depende da reprodução da diversidade dos regimes de acumulação (capitalismo variegado); e, finalmente, por não permitir compreender a relação entre o sucesso de certos espaços económicos e os custos que impõem a outros espaços (Jessop, 2013, 2014).

Nesta linha, a perspetiva dos «modelos de crescimento do capitalismo», influenciada também pela economia pós-kaleckiana (Stockhammer, 2012; Baccaro e Pontusson, 2016), centrou-se no papel determinante da procura na evolução da produção e do emprego (*demand-side economics*) e no papel determinante da distribuição funcional do rendimento entre o trabalho e o capital na procura agregada. Nesta abordagem, as respostas à crise do «modo de regulação fordista», no quadro da globalização, puseram em causa o modelo de crescimento *wage-led*, por via de desenvolvimentos endógenos (como a inflação) e exógenos (mobilidade do capital e liberalização do comércio), e por via das mudanças sociopolíticas que reduziram o poder institucional dos trabalhadores, comprometendo a partilha de ganhos de produtividade e provocando a diminuição da procura e do investimento. No essencial, como sublinha Baccaro (2021), os modelos de crescimento pós-fordistas configuraram dois tipos: o modelo *export-led* centrado na procura externa, caso da Alemanha; e o modelo *consumption-debt led* centrado no consumo interno, por via do endividamento das famílias, caso dos EUA e do Reino Unido. Estes modelos assumiram contornos bem distintos no centro e na periferia: no modelo *export-led*, as empresas dos países do centro ocupam as posições de topo nas cadeias de produção globais, enquanto as empresas dos países da periferia são fornecedoras de produtos intermédios ou de serviços finais de baixo valor acrescentado, baseados em mão de obra intensiva; no modelo *consumption-debt led*, os países da periferia encontram-se numa posição muito mais vulnerável do que os países do centro, como ficou claro com o impacto da crise das dívidas soberanas de 2011 na recessão dos países do Sul da Europa.

As políticas de «desvalorização interna» e a austeridade neoliberal: impactos nos regimes de emprego e nos modelos de crescimento

A deriva neoliberal ganhou intensidade e extensão com a resposta da UE à crise do euro de 2011–2012. Com a Nova Governação Europeia, iniciada em 2011, os direitos laborais e sociais tornam-se a variável de ajustamento da União Económica e Monetária. As recomendações do Semestre Europeu à generalidade dos Estados-membros, embora com ligeiras variações, orientaram-se no sentido da desvalorização salarial competitiva e da desregulação competitiva da legislação social (Pochet e Degryse, 2013; Schulten e Müller, 2013). As políticas requeridas incluíram como objetivos: indexar ou reduzir os custos com pensões e cuidados de saúde, em nome da sustentabilidade e da racionalização; alterar os sistemas de formação dos salários, mudando substancialmente os regimes de negociação coletiva na perspetiva da sua subordinação aos imperativos do mercado e da competição; baixar os custos salariais, através de vários tipos de intervenções, em nome da promoção do emprego; flexibilizar os despedimentos coletivos e individuais em nome da redução da segmentação do mercado de trabalho e do crescimento do emprego; e limitar os benefícios sociais, incluindo o subsídio de desemprego, entendendo-os como desincentivo à participação no mercado de trabalho (Schulten e Müller, 2013; Schömann, 2014).

Estas recomendações ocorreram em paralelo com a imposição dos critérios do Tratado sobre Estabilidade, Coordenação e Governação na União Económica e Monetária, com a intensificação da coordenação europeia das políticas dos Estados-membros (Semestre Europeu e *Euro-Plus Pact*) e também com a implementação de procedimentos que impõem sanções financeiras (*Six Pact*), tendo como consequência a redução da margem de autonomia de decisão dos Estados nacionais, incluindo em matérias que anteriormente eram da sua exclusiva competência. Contudo, a intensidade do «novo intervencionismo europeu» (Schulten e Müller, 2013) tornou-se mais evidente nos países em crise, que se viram forçados a recorrer à assistência financeira da UE e/ou do Fundo Monetário Internacional (FMI).

Como condição da assistência financeira, estes países tiveram de introduzir profundas reformas políticas, as quais foram estabelecidas tanto nos chamados «Memorandos de Entendimento» (MoUs) com a *troika* [UE, Banco Central Europeu (BCE) e FMI], nos casos da Grécia, da Irlanda e de Portugal, como nos «acordos *stand-by*» com o FMI, nos casos da Hungria, da Letónia e da Roménia. Por outro lado, países como a Espanha e a Itália foram sujeitos não só à pressão do Semestre Europeu, mas também à pressão do BCE, visando profundas reformas no sentido da «desvalorização interna». Associada à austeridade, a política de «desvalorização interna» constituiu uma terapia de choque que atingiu particularmente os países do Sul da Europa, acusados de esbanjamento orçamental e salarial, conduzindo à asfixia da competitividade e fomentando o endividamento externo e interno (Lapavitsas *et al.*, 2012; Zwan, 2014). A resposta a esta crise, ditada pelas instituições europeias e implementada pelos governos nacionais, visou impulsionar as economias mediterrânicas no sentido do modelo de crescimento *export-led* (Baccaro, 2021).

Vários estudos comparativos evidenciaram que a estratégia de «desvalorização interna» nos países do Sul da Europa combinou compressão orçamental, descrita como «austeridade», liberalização do mercado de trabalho e erosão ou desmantelamento das instituições de negociação coletiva e de proteção social (Schulten e Müller, 2013; Marginson, 2014; Gyes e Schulten, 2015; Koukiadaki *et al.*, 2016; Müller *et al.*, 2019). A erosão do poder sindical nos países do Sul da Europa aprofundou-se neste processo (Lehndorff *et al.*, 2017; Hyman, 2018). A implementação destas políticas gerou processos de mudança abruptos, ameaçando de várias formas as instituições do mercado de trabalho, de negociação coletiva e de proteção social. Em alguns casos, levou à rutura e ao colapso destas instituições; noutros, intensificou a liberalização já em curso; noutros ainda, neutralizou dispositivos institucionais, sem os eliminar, por exemplo congelando o salário mínimo ou reduzindo o seu montante. No sector público, o «Estado de exceção» ganhou contornos de rutura profunda — de que os cortes nos salários nominais foram o exemplo paradigmático. Por último, mas não menos importante, o programa de privatizações completou o assalto que reconfigurou o «regime de emprego» destes países no sentido neoliberal, como foi evidente no caso português (Campos Lima, 2015; Teles, 2017).

Apesar da similitude de objetivos das políticas de desvalorização interna impostas nos países do Sul da Europa, estas tiveram impactos diferenciados nos regimes de emprego de cada país, designadamente no plano das relações laborais e da negociação coletiva, tendo em conta as características nacionais no plano económico, institucional e político, além das estratégias dos atores políticos e das relações laborais, como foi sublinhado por vários estudos comparativos (Cruces *et al.*, 2015; Koukiadaki *et al.*, 2016). Por outro lado, a estratégia de desvalorização interna, visando acelerar a transição para um modelo de crescimento *export-led*, teve um nítido impacto no período pós-crise, com as exportações a ganharem peso na dinâmica de crescimento dos países do Sul da Europa (Espanha, Grécia, Itália e Portugal), por comparação com as suas trajetórias anteriores (1994–2013), principalmente determinadas pela procura interna. Não obstante, quer no período pré-crise quer no pós-crise, os países do «modelo de crescimento mediterrânico» evidenciaram claras diferenças entre si e graus distintos de vulnerabilidade face à emergência, consolidação ou aprofundamento de um modelo *export-led* periférico (Baccaro, 2021).

A estratégia de desvalorização interna e a reconfiguração dos regimes de emprego tiveram em cada país impactos sectoriais diferenciados, quer no plano das relações laborais e da negociação coletiva quer no plano do ajustamento do emprego (Koukiadaki *et al.*, 2016). Menos exploradas foram as conexões entre estes impactos e as alterações da estrutura sectorial do emprego e as mudanças do perfil de especialização produtiva, e as suas consequências e efeitos duradouros, além da crise. Conexões e efeitos que devem ser aprofundados, tanto mais que essa mudança de perfil pode ter acentuado a posição periférica dos países e comprometido ou limitado as suas possibilidades de desenvolvimento e valorização do trabalho. Finalmente, tendo sido escrutinadas as práticas de adaptação/resposta das empresas face à crise de 2008, tendo em conta as variedades de capitalismo (Lallement, 2011) e os regimes de emprego (Gallie, 2013), foram menos estudadas as diferenças das suas práticas no período da austeridade neoliberal de 2011–2013 e, principalmente, no período pós-crise, havendo carências no que toca à avaliação dos efeitos prolongados da reconfiguração institucional regressiva e das eventuais alterações no seu padrão, mais ou menos favoráveis à valorização do trabalho.

Com efeito, apesar de importantes instituições internacionais terem assumido posteriormente as consequências dolorosas «não intencionais» da agenda de desvalorização interna (por exemplo, OCDE, 2016) e da crescente preocupação com o seu impacto no aumento das desigualdades (OIT, 2017), persistem omissões da teoria e da pesquisa em relação aos efeitos duradouros dessa agenda, além do tempo da crise. Também o debate sobre o lento crescimento dos salários e a persistência da desigualdade económica no período de recuperação económica (ONU, 2015; OCDE, 2018; Vaughan-Whitehead, 2018) veio demonstrar a necessidade de um escrutínio sobre os efeitos prolongados das políticas de austeridade neoliberal e sobre o alcance mais ou menos limitado das reversões dessas políticas. Nos países do Sul da Europa, estas questões afiguram-se cruciais para interrogar o período pós-*troika*, designadamente naqueles países, como foi o caso de Portugal, em que o ciclo de crescimento económico correspondeu a um novo ciclo político, prometendo virar a página da austeridade (Campos Lima, 2021).

O plano do livro — uma antologia que reúne registos de pesquisa autónomos e complementares

Os contributos reunidos neste livro resultam de trabalho de investigação dos autores no âmbito do projeto *REVAL — Da desvalorização interna à revalorização do trabalho: o caso de Portugal (2018–2022)*, financiado pela Fundação para a Ciência e Tecnologia, coordenado por Maria da Paz Campos Lima e José Castro Caldas, um projeto multidisciplinar, reunindo economistas e sociólogos, numa parceria entre o Dinâmia'CET — ISCTE-IUL e o Centro de Estudos Sociais da Universidade de Coimbra.

A investigação conduzida no âmbito do projeto REVAL centrou-se na análise das transformações do regime de emprego ocorridas em Portugal nas últimas duas décadas, no contexto da reestruturação da economia global e das suas consequências no emprego e no trabalho. Os impactos adversos no trabalho da crescente internacionalização da produção e da concomitante financeirização têm sido evidentes num país vulnerável à deslocalização da produção, aos desequilíbrios macroeconómicos e ao endividamento. Estes impactos atingiram o seu apogeu com a crise financeira global e o consequente resgate financeiro da *troika* em 2011. O «Memorando da *troika*», assinado pelo Governo português com os credores oficiais (FMI, BCE e Comissão Europeia), impôs uma agenda de desvalorização interna, visando reduzir os custos laborais, através da reforma do mercado de trabalho e da austeridade orçamental. O resultado foi uma forte desvalorização do trabalho e uma profunda recessão.

Com base em investigação anterior que caracterizou a reconfiguração institucional associada à estratégia da «desvalorização interna» como regressiva e responsável pela transferência de rendimento do trabalho para o capital e pelo desequilíbrio de poder desfavorável às organizações dos trabalhadores e que alertou para as consequências de curto prazo daquela estratégia (Leite *et al.*, 2013; Reis *et al.*, 2014; Campos Lima, 2015, 2017), o projeto REVAL pretendeu estender e complementar essa análise, procurando identificar as consequências de longo prazo da «desvalorização interna», tendo em consideração o processo potencialmente circular e cumulativo impulsionado pela desvalorização do trabalho (Myrdal, 1957). Neste âmbito, escrutinou as transformações institucionais do regime de emprego e de negociação coletiva e as políticas com impacto potencial na desvalorização do trabalho promovidas no período de intervenção da *troika*, e examinou o período de recuperação económica coincidindo com o novo ciclo político (2015–2019), quanto à continuidade das medidas com implicações no prolongamento do processo de desvalorização interna e permanência da deriva neoliberal, quanto à sua reversão, e quanto a medidas de mitigação parcial (Campos Lima, 2021).

A investigação no âmbito do projeto partiu da conjetura de que a reconfiguração do regime do emprego em Portugal e a «desvalorização interna» podem ter acelerado um processo de desvalorização cumulativa do trabalho, envolvendo perdas de competência e aptidão, retração de investimento, aumento das desigualdades e quebra demográfica, cujas relações e fatores impulsionadores são importantes para compreender a natureza e as consequências da desvalorização, incluindo no plano da desigualdade económica. Nesta linha de reflexão, considerou-se o impacto transversal e sectorial da desvalorização interna e as suas implicações na reconfiguração da especialização produtiva, da estrutura de emprego e das relações laborais, partindo da conjetura de que tal reconfiguração pode ter sido potenciadora do processo cumulativo de desvalorização do trabalho. Nesta perspetiva, o Capítulo I, da autoria de Nuno Teles, José Castro Caldas e Diogo Martins, escrutina os efeitos da «desvalorização interna» na evolução do emprego, da produtividade e dos salários, e no acentuar da desigualdade económica, quanto à distribuição funcional do rendimento (rendimento do trabalho *versus* rendimento do capital). Examina-se o impacto das mudanças nos planos intersectorial e intrassectorial, como planos complementares com implicações no conjunto da economia e da sociedade, quer pelas mutações na distribuição funcional do rendimento quer pela recomposição sectorial do emprego. Examinam-se os efeitos da persistência da desvalorização interna e as suas implicações no modelo de crescimento do país e na desvalorização do trabalho.

A análise do «impacto sectorial variegado da desvalorização interna» parte do pressuposto de que os sectores de atividade constituem espaços estruturados em torno de diferentes processos e relações económicas e sociais (Fine, 2013). Assume-se que os impactos da crise económica, da integração económica internacional, da evolução da economia doméstica e as relações coletivas de trabalho historicamente diversas, enquadrando cada sector, constituem contingências e especificidades a ter em conta ao avaliar os efeitos da desvalorização interna (Bechter *et al.*, 2011; Koukiadaki *et al.*, 2016).

Tais contingências e especificidades podem contribuir, por exemplo, para impactos sectorialmente diferenciados da reconfiguração institucional e das medidas, com incidência na negociação coletiva e nas políticas salariais. Por outro lado, as práticas sectoriais de resposta e ajustamento, que incluem as estratégias dos atores das relações laborais, podem revelar mudanças ou aprofundamento de trajetórias anteriores, com significado em termos de valorização ou desvalorização do trabalho. No âmbito deste livro, a análise sectorial desdobra-se em vários capítulos com enfoques e metodologias distintas.

O Capítulo II, da autoria de Maria da Paz Campos Lima, Diogo Martins, Ana Cristina Costa e António Velez, apoiado em trabalho anterior no âmbito do projeto REVAL (Campos Lima, 2021; Martins, 2019), examina as políticas de austeridade neoliberal e as políticas iniciadas a partir de 2015, no quadro do efémero ciclo político à esquerda, com incidência potencial direta e indireta na evolução dos salários convencionais (definidos pela contratação coletiva) e efetivos (praticados pelas empresas) e nas trajetórias de desigualdade salarial e evolução do peso dos salários no rendimento nacional, fazendo uma avaliação dos seus efeitos ao nível nacional e sectorial. No plano sectorial, analisam-se os desenvolvimentos em quatro sectores (indústria transformadora; alojamento e restauração; construção; e atividades financeiras e seguros), pelas suas características diferenciadas no plano económico, das relações laborais e dinâmicas de supressão e criação de emprego no período analisado (2010–2017). Mais especificamente, procura-se identificar os impactos diferenciados das medidas de desvalorização interna — com incidência no salário mínimo e na contratação coletiva — na evolução dos salários e da desigualdade económica nos sectores considerados. Pretende-se ainda perceber em que medida as mudanças observadas no novo ciclo político de recuperação económica e o papel desempenhado pelo aumento do salário mínimo e pelas dinâmicas diferenciadas de recuperação da negociação coletiva salarial prepararam, ou não, o caminho para a redução da desigualdade económica.

O Capítulo III, da autoria de Sérgio Lagoa e Maria da Paz Campos Lima, explora, numa análise extensiva, a diversidade de padrões sectoriais e as trajetórias de evolução dos salários e das relações laborais, examinando as condições salariais e laborais dos trabalhadores por conta de outrem em 80 subsectores de atividade económica do sector privado e do sector empresarial do Estado, com base na fonte Quadros de Pessoal (QP), disponibilizada pelo Ministério do Emprego, Solidariedade e Segurança Social, através do Instituto Nacional de Estatística de Portugal. Tendo em conta as conclusões dos capítulos I e II e de trabalho anterior (Suleman *et al.*, 2017), esta análise incide sobre as características sectoriais e a sua evolução: tipo de atividade produtiva; dimensão das empresas; dinâmicas de supressão e criação de emprego; modalidades de contrato de trabalho; nível de qualificação/educação dos trabalhadores; prémio salarial de educação; peso do salário mínimo; tipo de convenções coletivas de trabalho em vigor (âmbito sectorial, multiempresa ou de empresa e respetivo nível de cobertura); e amplitude da flexibilidade salarial face aos salários estabelecidos pela contratação coletiva. A análise empírica incide sobre a década 2009–2019, comparando o período da crise económica e da reconfiguração das instituições do mercado de trabalho, numa perspetiva neoliberal, com o período de recuperação económica, no âmbito do novo ciclo político (2015–2019).

Ao nível micro, a investigação no âmbito do REVAL escrutinou as formas de resposta/adaptação das empresas ao novo ambiente institucional, investigando até que ponto o seu comportamento alimentou ou contrariou a tendência cumulativa de desvalorização do trabalho acima referida, explorando novas vantagens competitivas através dos mecanismos disponibilizados pelas medidas de desvalorização interna. Esta análise baseia-se na conjetura de que, não obstante os condicionamentos do quadro institucional, nacional ou sectorial, as empresas dispõem de considerável autonomia (Layard *et al.*, 2005) e podem adotar diferentes soluções para gerir os recursos humanos, implementando uma variedade de combinações de práticas de remuneração, de modalidades contratuais e de gestão do tempo de trabalho (Suleman *et al.*, 2017, 2022). Nesta perspetiva, o Capítulo IV, da autoria de Fátima Suleman, Sérgio Lagoa e Abdul Suleman, interroga as políticas salariais das grandes empresas (com 250 ou mais trabalhadores), visando escrutinar em que medida essas práticas se aproximam de uma lógica institucionalizada com dimensão coletiva, na perspetiva dos «mercados internos de trabalho» (Doeringer e Piore, 1971), ou se aproximam de uma lógica mercantil com crescente individualização das relações laborais, eventualmente potenciadora da desvalorização do trabalho. A análise incide sobre um período longo de duas décadas, iniciando-se com a entrada de Portugal na zona euro, comparando os anos 1999, 2009 e 2019, com base na fonte Quadros de Pessoal.

Além da análise ao nível macro, meso e micro no quadro nacional, algumas contribuições do projeto REVAL procuraram, a partir de abordagens teóricas e metodológicas diversas e com objetivos distintos, explorar dimensões de comparação internacional. Os capítulos V e VI são exemplo destas contribuições.

O Capítulo V, da autoria de Henrique Duarte, Fátima Suleman e Abdul Suleman, uma extensão de trabalho anterior no âmbito do projeto REVAL (Suleman *et al.*, 2022), inscreve-se na preocupação de escrutinar em que medida a associação entre tipos de economia capitalista e sectores de atividade contribui para explicar a diversidade de políticas salariais. O estudo apresenta e discute os resultados de uma análise econométrica, recorrendo à base de dados europeia *Structure of Earnings Survey* (EU-SES), visando determinar o impacto dos sectores de atividade nas políticas salariais das organizações, bem como o efeito conjugado de sectores e economias capitalistas, interrogando qual das pertenças, institucional (variedade de capitalismo) ou sectorial, tem maior poder explicativo. A análise sincrónica, referente ao ano de 2014, incide sobre empresas e trabalhadores de 14 países, de diferentes tipos de capitalismo, de entre os quais três economias do Sul da Europa, Espanha, Itália e Portugal. No plano sectorial, procede a dois tipos de comparações das políticas salariais nos diferentes tipos de capitalismo: comparação global do sector público com o sector privado e comparação mais fina de oito sectores de atividade. Note-se que além da questão da influência relativa do sector *versus* variedade de capitalismo nas políticas salariais, os resultados também permitem distinguir sectores que revelam padrões convergentes entre países/variedades de capitalismo e sectores que revelam padrões divergentes.

O Capítulo VI, da autoria de Paulo Marques e Dora Fonseca, situa-se num outro campo de debate, interrogando as diferenças entre as economias//sociedades do Sul da Europa, não tanto no plano económico e institucional, mas no plano da constelação e configuração dos atores políticos e sociais e conteúdo das respetivas políticas. Partindo da crítica à perspetiva *insider-outsider politics,* a qual acusa sindicatos e partidos de esquerda de proteger os *insiders,* para preservarem a sua posição, e de piorarem por isso a posição dos *outsiders,* a análise centra-se na comparação entre Espanha e Portugal. A análise considera o período entre 1975 e 2019, escrutinando a configuração dos partidos de esquerda e das confederações sindicais e o seu posicionamento face às reformas laborais, mais especificamente sobre a regulação dos contratos de trabalho permanentes e não-permanentes. Neste percurso, a análise procura compreender por que foram distintos nos dois países os posicionamentos dos partidos socialistas e das «confederações moderadas», interrogando em que medida a maior ou menor presença/influência em cada país da esquerda «radical» e do «sindicalismo de classe» contribuiu para essas diferenças.

Em consequência das políticas de austeridade neoliberal, intensificou-se gravemente, entre 2011 e 2013, o desequilíbrio nas relações laborais em desfavor dos sindicatos e dos trabalhadores, iniciado com as alterações radicais introduzidas pelo Código de Trabalho de 2003, através da reversão do princípio do tratamento mais favorável e da introdução da caducidade unilateral (Campos Lima, 2019, 2021). O Capítulo VII, da autoria de Maria da Paz Campos Lima, Ana Costa, Dora Fonseca e António Velez, analisa os problemas e obstáculos que daqui decorreram no que se refere à alteração das relações de poder e às mutações da negociação coletiva com potencial incidência na desvalorização/revalorização do trabalho. Fazendo a ponte com as contribuições anteriores (capítulos II e III), este capítulo escrutina o papel do Estado e as estratégias e respostas dos atores sindicais e patronais ao nível sectorial e os desenvolvimentos da negociação coletiva (dinâmicas e conteúdos), com base numa metodologia que combina a análise quantitativa (fontes secundárias) com a qualitativa (análise documental, *focus groups* e entrevistas). A análise incide sobre três sectores: construção; alojamento e restauração; e atividades financeiras e de seguros. O horizonte temporal da análise abrange o período desde a crise internacional de 2008 até aos anos da crise pandémica de 2020 e 2021, incluindo o balanço dos atores sectoriais, à saída desta crise, sobre os desafios às relações laborais nos seus sectores.

Em paralelo com a crise financeira internacional de 2008 e com a grande regressão social imposta pela austeridade neoliberal de 2011–2013, que destruíram massivamente o emprego e acentuaram de modo dramático a desvalorização do trabalho, ganharam intensidade e expandiram-se dinâmicas já em curso e também novidades — como a emergência e expansão das plataformas digitais — que beneficiaram da grande crise e da regressão social. O Capítulo VIII, da autoria de Nuno Teles e José Castro Caldas, inscreve-se neste debate sobre os ritmos, a direção e os impactos da inovação tecnológica sobre o emprego e o trabalho, convocando contributos, sublinhando o papel instrumental da tecnologia para o controlo do trabalho e sua desqualificação, e discutindo o papel das empresas tecnológicas financeirizadas, designadamente das plataformas digitais monopolistas, na promoção de novas formas de desqualificação e desvalorização do trabalho.

Finalmente, o Capítulo IX, da autoria de José Castro Caldas e Maria da Paz Campos Lima, explora o tema que dá o título ao livro — *A Persistência da Desvalorização do Trabalho e a Urgência da sua Revalorização* —, projetando a reflexão no presente e no futuro. Interrogando o lastro e o efeito cumulativo dos mecanismos de uma forma de desvalorização interna que emergiu num quadro de baixa inflação e elevado desemprego, escrutina as novas condições e explora os entraves à valorização do trabalho num quadro de inflação e estagnação.

REFERÊNCIAS BIBLIOGRÁFICAS

Aglietta, M. (1982). *Régulations et Crises du Capitalisme — L'expérience des États-Unis*. Collection Perspectives de L´économique. Paris: Clamann-Lévy.

Amable, B. (2003). *The Diversity of Modern Capitalism*. Oxford: Oxford University Press.

Arrowsmith, J., e Pulignano, V. (orgs.). (2013). *The Transformation of Employment Relations in Europe*. Londres: Routledge.

Baccaro, L. (2021). «Is there a "Mediterranean" growth model?». Em L. Burroni, E. Pavolini e M. Regini (orgs.), *Mediterranean Capitalism Revisited: One Model, Different Trajectories*. Nova Iorque: Cornell University Press, pp. 19–41.

Baccaro, L., e Pontusson, J. (2016). «Rethinking Comparative Political Economy: The Growth Model Perspective». *Politics and Society*, 44 (2): pp. 175–207.

Baccaro, L., e Howell, C. (2011). «A Common Neoliberal Trajectory: The Transformation of Industrial Relations in Advanced Capitalism». *Politics and Society*, 39 (4): pp. 521–563.

Baccaro, L., e Howell, C. (2017). *Trajectories of Neoliberal Transformation — European Industrial Relations since the 1970s*. Nova Iorque: Cambridge University Press.

Bechter, B., Brandl, B. J., e Meardi, G. (2011). *From National to Sectoral Industrial Relations: Developments in Sectoral Industrial Relations in the EU Member States*. Dublin: European Foundation for the Improvement of Living and Working Conditions.

Becker, J., e Jäger, J. (2012). «Integration in Crisis: a Regulacionist perspective on the Interaction of European Varieties of Capitalism». *Competition and Change*, 16 (3): pp. 169–87.

Boeri, T., Cahuc, P., e Zylberberg, A. (2015). «The Costs of Flexibility-Enhancing Structural Reforms: A Literature Review». *OECD Economics Department Working Papers*, No. 1227. Paris: OECD Publishing.

Campos Lima, M. P. (2015). «A reconfiguração do regime de emprego e de relações laborais em Portugal na ótica liberal». *Cadernos do Observatório #5*, Observatório sobre Crise e Alternativas, Centro de Estudos Sociais da Universidade de Coimbra.

Campos Lima, M. P. (2017). «A grande regressão da negociação coletiva: os desafios e as alternativas». Em M. C. Silva, P. Hespanha e J. C. Caldas (coords.), *Trabalho e Políticas de Emprego: um retrocesso evitável*. Lisboa: Actual, pp. 245–299.

Campos Lima, M. P. (2019). «Portugal: reforms and the turn to neoliberal austerity». Em T. Müller, K. Vandaele e J. Waddington (orgs.), *Collective Bargaining in Europe: towards an endgame, Vol. III*. Bruxelas: ETUI, pp. 483–505.

Campos Lima, M. P. (2021). «Reconfiguring labour market and collective bargaining institutions in Portugal: turning the page on internal devaluation?». Em A. C. Santos e N. Teles (orgs.), *Financialisation in the European Periphery: Work and Social Reproduction in Portugal*. Londres: Routledge.

Cruces, J., Álvarez, I., Trillo, F., e Leonardi, S. (2015). «Impact of the euro crisis on wages and CB in Southern Europe — a comparison of Italy, Portugal and Spain». Em G. Van Gyes e T. Schulten (orgs.), *Wage Bargaining Under the New European Economic Governance — alternative strategies for inclusive growth*. Bruxelas: ETUI, pp. 93–139.

Doeringer, P. B., e Piore, M. (1971). *Internal Labour Markets and Manpower Analysis*. Lexington, MA: D. C. Heath.

Dostal, J. M. (2004). «Campaigning on expertise: How the OECD framed EU welfare and labour market policies – and why success could trigger failure». *Journal of European Public Policy*, 11 (3): pp. 440–460.

Esping-Andersen, G. (1990). *The Three Worlds of Welfare Capitalism*. Cambridge, UK: Polity.

Fine, B. (2013). «Consumption Matters». *Ephemera*, 13 (2): pp. 217–248.

Fine, B. (2016). *Microeconomics: A critical companion*. Londres: Pluto Press.

Gallie, D. (2007). «Production Regimes and the Quality of Employment in Europe». *Annual Review of Sociology*, 33: pp. 85–104.

Gallie, D. (2013). «Economic Crisis, the Quality of Work, and Social Integration: Issues and Context». Em D. Gallie (org.), *Economic Crisis, Quality of Work and Social Integration: The European Experience*. Oxford: Oxford Publications.

Gallie, D., e Paugam, S. (orgs.). (2000). *Welfare Regimes and the Experience of Unemployment in Europe*. Oxford: Oxford University Press.

Gumbrell-McCormick, R., e Hyman, R. (2013). *Trade Unions in Western Europe: Hard Times, Hard Choices*. Oxford: Oxford University Press.

Gyes, G., e Schulten, T. (org.). (2015). *Wage Bargaining Under the new European Economic Governance – alternative strategies to inclusive growth*. Bruxelas: ETUI.

Hall, P. A., e Soskice, D. (orgs). (2001). *Varieties of Capitalism: The Institutional Foundations of Comparative Advantage*. Oxford: Oxford University.

Heyes, J. (2013). «Flexicurity in Crisis: European labour market policies in a time of austerity». *European Journal of Industrial Relations*, 19 (1): pp. 71–86.

Howell, C. (2006). «The State and the Reconstruction of Industrial Relations after Fordism: Britain and France Compared». Em J. D. Levy (org.), *The State after Statism: new state activities in the age of globalization and liberalization*. Cambridge, MA: Harvard University Press, pp. 139–185.

Hyman, R. (2018). «What future for industrial relations in Europe?». *Employee Relations*, 40 (4): pp. 569–579.

Jessop, B. (2013). «The North Atlantic financial crisis and varieties of capitalism: a Minsky and/or Marx moment? And perhaps Max Weber too?». Em S. Fadda e P. Tridico (orgs.), *Financial Crises, Labour Markets and Institutions*. Abingdon: Routledge, pp. 40–59.

Jessop, B. (2014). «Variegated capitalism and the political economy of austerity». Em R. Westra, D. Badeen e R. Albritton (orgs.), *The Future of Capitalism after the Financial Crisis: The Varieties of Capitalism Debate in the Age of Austerity*. Abingdon: Routledge, pp. 19–38.

Korpi, W. (1983). *The Democratic Class Struggle.* Londres: Routledge e Kegan Paul.

Korpi, W. (2006). «Power resources and employer-centered approaches in explanations of welfare states and varieties of capitalism. Protagonists, consenters, and antagonists». *World Politcs,* 58: pp. 167–206.

Koukiadaki, A., Távora, I., e Martínez Lucio, M. (2016), «Joint regulation and labour market policy in Europe during the crisis: a seven-country comparison». Em A. Koukiadaki, I. Távora e M. Martínez Lucio (orgs.), *Joint Regulation and Labour Market Policy in Europe During the Crisis.* Bruxelas: ETUI, pp. 7–134.

Lallement, M. (2011). «Europe and the economic crisis: forms of labour market adjustment and varieties of capitalism». *Work, Employment Society,* 25 (4): pp. 627–641.

Lapavitsas, C., Kaltenbrunner, A., Lambrinidis, G., Lindo, D., Meadway, J., Michell, J., Painceira, J. P., Pires, E., Powell, J., Stenfors, A., Teles, N., e Vatikiotis, L. (2012). *Crisis in the Eurozone.* Londres: Verso.

Layard, R., Nickell, S., e Jackman, R. (2005 [1991]). *Unemployment: Macroeconomic performance and the labour market.* Oxford: Oxford University Press.

Lehndorff, S., Dribbusch, H., e Shulten, T. (2017). «European Trade unions in a time of crisis – an overview». Em S. Lehndorff, H. Dribbusch e T. Schulten (orgs.), *Rough Waters – European trade unions in a time of crisis.* Bruxelas: ETUI, pp. 7–37.

Leite, J., Costa, H. A., Silva, M. C., e Almeida, J. R. (2013). «Austeridade, reformas laborais e desvalorização do trabalho». Em J. Reis (coord.), *Anatomia da Crise: identificar os problemas e construir alternativas.* Observatório de Crises e Alternativas, pp. 108–160.

Lindbeck, A., e Snower, D. J. (1986). «Wage setting, unemployment, and insider-outsider relations». *American Economic Review,* 76 (2): pp. 235–239.

Lindbeck, A., e Snower, D. J. (2002). «The insider-outsider theory: A survey». IZA Discussion Paper, 534. Disponível em https://ssrn.com/abstract=325323.

Marginson, P. (2014). «Coordinated bargaining in Europe: from incremental corrosion to frontal assault?». *European Journal of Industrial Relations,* 21 (2): pp. 97–114.

Martins, D. (2019). «Quando a decisão pública molda o mercado: a relevância do salário mínimo em tempos de estagnação salarial». *Cadernos do Observatório #14,* Observatório sobre Crises e Alternativas, 14, outubro. Coimbra: CES – Centro de Estudos Sociais da Universidade de Coimbra.

Mortense, D. T., e Pissarides, C. A. (1994). «Job Creation and Job Destruction in the Theory of Unemployment». *The Review of Economic Studies,* 61 (3): pp. 397–415.

Müller, T., Vandaele, K., e Waddington, J. (orgs.). (2019). *Collective Bargaining in Europe: towards an endgame.* Bruxelas: ETUI.

Myrdal, G. (1957). *Rich Lands and Poor Lands: The Road to World Prosperity.* Nova Iorque: Harper & Bros.

OCDE. (1994). *The OECD Jobs Study*. Paris: OCDE.

OCDE. (2016). «Short Term Labor Market Effects of Structural reforms: Pain before the gain?». *OECD Employment Outlook 2016*. Paris: OCDE.

OCDE. (2018). *Good Jobs for All in a Changing World of Work: The OECD Jobs Strategy*. Paris: OCDE.

OIT. (2017). *Global Wage Report 2016 / 17 — Wage inequality in the workplace*. Genebra: Organização Internacional do Trabalho.

ONU (Organização das Nações Unidas). (2015). *Transforming Our World: The 2030 Agenda for Sustainable Development*. 21 outubro 2015, A/RES/70/1. United Nations.

Pochet, P., e Degryse, C. (2013). «Monetary Union and the stakes for democracy and Social Policy». *Transfer*, 19 (1): pp. 103–116.

Reis, J., Rodrigues, J., Santos, A. C., e Teles, N. (2014). «Compreender a crise: A economia portuguesa num quadro europeu desfavorável». Em J. Reis (coord.), *A Economia Política do Retrocesso: Crise, causas e objetivos*. Coimbra: Almedina, pp. 21–86.

Schömann, I. (2014). «Labour Law Reforms in Europe: adjusting employment protection legislation for the worse?». *Working Paper 2014.02*. Bruxelas: ETUI.

Schulten, T., e Müller, T. (2013). «A new European interventionism? The impact of the new European economic governance on wages and collective bargaining». Em D. Natali e B. Vanhercke (orgs.), *Social Developments in the European Union 2012*. Bruxelas: ETUI/OSE, pp. 181–213.

Stockhammer, E. (2012). «Financialisation». Em J. Michell e J. Toporowski (orgs.), *Handbook of Critical Issues in Finance*. Cheltenham: Edward Elgar.

Streeck, W., e Thelen, K. (2005). *Beyond Continuity: Institutional Change in Advanced Political Economies*. Oxford: Oxford University Press.

Suleman, F., Duarte, H., Brewster, C., e Suleman, A. (2022). «Compensation policies and comparative capitalisms». *European Journal of Industrial Relations*, 28 (4): pp. 405–425.

Suleman, F., Lagoa, S. C., e Suleman, A. (2017). «Patterns of employment relationships: the association between compensation policy and contractual arrangements». *The International Journal of Human Resource Management*, 30 (7): pp. 1136–1156. DOI: 10.1080/09585192.2017.1284884.

Tålin, M. (2013). «Economic Crisis and Employment Change: The Great Regression». Em D. Gallie (org.), *Economic crisis, Quality of Work, and Social Integration: The European experience*. Oxford: Oxford University Press.

Teles, N. (2017). «O Trabalho como Variável de Ajustamento: da Teoria à Prática». Em M. Carvalho da Silva, J. M. Caldas e P. Hespanha (coords.), *Trabalho e Políticas de Emprego: Um retrocesso evitável*. Lisboa: Actual, pp. 35–78.

Thelen, K. (2014). *Varieties of Liberalisation and the new Politics of Social Solidarity*. Cambridge, UK: Cambridge University Press.

Vaughan-Whitehead, D. (org.). (2018). *Reducing Inequalities in Europe. How Industrial Relations and Labour Policies Can Close the Gap.* Cheltenham/Northampton/Genebra: Edward Elgar Publishing e International Labour Organization.

Waddington, J., Müller, T., e Vandaele, K. (2019). «Setting the scene: collective bargaining under neoliberalism». In T. Müller, K. Vandaele e J. Waddington (orgs.), *Collective bargaining in Europe: towards an endgame.* Bruxelas: ETUI, pp. 1–32.

Wolff, R. (2013). «Capitalism in deep trouble». In S. Fadda e P. Tridico (orgs.), *Financial Crises, Labour Markets and Institutions.* Abingdon: Routledge, pp. 19–39.

Zwan, N. V. D. (2014). «Making sense of financialization». *SocioEconomic Review*, 12 (1): pp. 99–129.

CAPÍTULO I
FINANCEIRIZAÇÃO, TRABALHO E MUDANÇA ESTRUTURAL: O CASO DA DESVALORIZAÇÃO INTERNA EM PORTUGAL[1]

Nuno Teles[2], José Castro Caldas[3] e Diogo Martins[4]

I.1. Introdução

Na sequência da Crise Financeira Global (CFG) de 2008–2009, a eurozona experimentou a sua própria crise. Desencadeada inicialmente pela incapacidade de os países periféricos do Sul da Europa refinanciarem as suas dívidas soberanas, a crise agravou-se quando, em 2010, a União Europeia (UE) infletiu o sentido das suas políticas, focando-as na austeridade orçamental e na desvalorização interna. Sendo controversa, a imposição de medidas de austeridade (Lapavitsas *et al.*, 2012) era justificada pelos responsáveis políticos como necessária, dado o aumento dos défices públicos e do endividamento soberano em 2009–2010. A desvalorização interna, contudo, estava longe de ser considerada uma prioridade evidente face aos efeitos devastadores da CFG na zona euro. A crise era, em geral, atribuída às malfeitorias do sector financeiro e à subsequente prodigalidade do sector público. Não obstante, a desvalorização interna foi colocada na lista de prioridades pelas instituições da UE, particularmente nos países periféricos do Sul da Europa sujeitos à condicionalidade política dos acordos de «resgate», nomeadamente, a Grécia, Portugal e Espanha. No quadro desta condicionalidade, estes países

[1] A investigação subjacente a este capítulo foi financiada por fundos nacionais através da FCT — Fundação para Ciência e Tecnologia — no quadro do projeto REVAL — *Da desvalorização interna à revalorização do trabalho: o caso de Portugal*. Referência: PTDC/SOC-SOC/28811/2017. Este capítulo foi anteriormente publicado em língua inglesa em Santos, A. C. e Teles, N. (2021). *Financialisation in the European Periphery: Work and Social Reproduction in Portugal*. Londres: Routledge. Os coordenadores e autores agradecem à Routledge a permissão da publicação em língua portuguesa.

[2] Faculdade de Economia, Universidade Federal da Bahia (UFBA).

[3] Centro de Estudos Sociais (CES), Universidade de Coimbra.

[4] Centro de Estudos Sociais (CES), Universidade de Coimbra; e Universidade de Massachusetts Amherst, EUA.

adotaram profundas reformas no mercado de trabalho com a intenção de restruturar as suas economias para ganhar competitividade e restabelecer o equilíbrio externo. Mais recentemente, Portugal foi publicitado como um caso de sucesso dessas reformas. De facto, após uma profunda recessão, com a taxa de desemprego a atingir um pico de 17% em 2013, o crescimento económico recuperou desde então, o défice externo desapareceu e a taxa de desemprego desceu para menos de 7%.

Este capítulo defende de forma conjetural que o processo de financeirização da periferia do Sul da Europa, fomentado pela União Económica e Monetária (UEM), é crucial para explicar o foco da UE na desvalorização interna como instrumento preferido de política de ajustamento económico. Esta conjetura é apresentada em oposição a um enquadramento teórico no qual a ligação entre a restruturação do trabalho e a financeirização nestes países ou é ignorada ou desvalorizada. A literatura sobre a financeirização das relações laborais está muitas vezes focada no comportamento de curto prazo das empresas cotadas em bolsa para com a sua força de trabalho, num contexto de miopia do valor acionista, restringindo, deste modo, o âmbito da sua investigação às empresas cotadas e a países com mercados bolsistas consideráveis.

A nossa abordagem é diferente. Baseada em trabalho anterior acerca das formas específicas de financeirização na periferia do Sul da Europa (Rodrigues *et al.*, 2021), expandimos a abrangência da análise e defendemos que o novo regime de políticas macroeconómicas, que tem por objetivo preservar os agentes financeiros e os seus interesses — um regime que coincide com o ascenso do neoliberalismo —, privou os Estados periféricos de instrumentos de política económica de que anteriormente dispunham. O controlo apertado da inflação e dos défices públicos, a par da abolição dos controlos dos fluxos de comércio e de capital limitativos do alcance das políticas monetária, orçamental ou industrial, beneficiando a preservação do valor financeiro, deixaram o trabalho como principal variável de ajustamento a choques exógenos. Este novo regime macroeconómico, embora presente na maioria dos países que seguiram a senda da financeirização, é particularmente saliente na eurozona, onde os seus membros foram levados a renunciar a políticas monetárias, orçamentais e comerciais soberanas. À medida que a CFG se transmutou na crise da zona euro, a rigidez do mercado de trabalho foi isolada como uma das causas estruturais da fragilidade financeira da Europa; por sua vez, a reforma no mercado de trabalho foi destacada como instrumento apropriado para conseguir uma «desvalorização interna» capaz de aumentar a competitividade preço e corrigir os desequilíbrios externos. Ao mesmo tempo que o sector financeiro era tomado como ponto focal das operações de resgate financeiro dos Estados nos níveis nacionais e europeu, os países periféricos do Sul da Europa foram levados a impor duras medidas de austeridade orçamental e, na ausência de qualquer outro instrumento de política (em particular, taxas de câmbio ajustáveis), empurrados para a desvalorização dos salários como modo de replicar o efeito das desvalorizações cambiais e elevar as suas posições em termos de competitividade externa. O enfraquecimento da contratação coletiva, o congelamento ou corte de salários mínimos e a facilitação dos despedimentos foram alguns dos instrumentos adotados para esse efeito (Campos Lima, 2021).

Em Portugal, as consequências da austeridade e da reforma laboral foram particularmente violentas, incluindo a perda de centenas de milhares de postos de trabalho, a imigração massiva e o aumento dos níveis de pobreza e desigualdade (Lagoa e Barradas, 2021). Não obstante, depois do ajustamento, a economia portuguesa não só experimentou uma queda abrupta no défice externo, como, desde 2015, tem vindo a beneficiar de uma combinação de alívio da austeridade sob um novo governo inclinado à esquerda, com uma postura monetária ativista do Banco Central Europeu (BCE) de apoio a taxas de juro da dívida soberana (baixas). A acentuada flexibilização quantitativa (*quantitative easing*) do BCE tem proporcionado um decréscimo geral das taxas de juro e sustentado um impulso internacional por parte dos agentes financeiros para a procura de rendimento. Este contexto económico favorável e a recuperação económica resultante serviram, assim, de vindicação das políticas impostas pela UE. Defendemos, pelo contrário, que o sucesso recente da economia portuguesa, em termos de balança corrente, consolidação orçamental, emprego e, em menor medida, crescimento, está a ocultar um processo de mudança da estrutura sectorial da economia, desencadeado pela desvalorização interna, que se traduz na persistência da estagnação salarial e de relações laborais precárias, agora consideradas características integrantes de um novo modelo de crescimento económico. Este modelo de crescimento não deixa de ser financeirizado, embora menos dependente da dívida e mais assente no dinheiro «quente» proveniente do exterior e na consequente alienação de ativos (particularmente imobiliários). A perspetiva de uma estagnação do produto, dos salários e da produtividade, a par do risco de mais instabilidade financeira, ainda está presente.

Este capítulo está organizado da seguinte forma: a segunda secção proporciona uma visão de conjunto da literatura acerca da financeirização e do trabalho, assinalando algumas das suas limitações e apresentando uma abordagem alternativa que sublinha as mudanças dos regimes de política macroeconómica e o novo papel assumido pelo trabalho como variável de ajustamento macroeconómico; a terceira secção trata da emergência do mercado de trabalho como domínio de política da UE e da «flexibilidade» como mantra da reforma estrutural; a quarta secção escrutina a desvalorização interna como prioridade política no contexto da crise do euro; a quinta secção aborda empiricamente as consequências da desvalorização interna em Portugal ao longo dos períodos de ajustamento e de recuperação, assinalando as mudanças estruturais ocorridas na economia portuguesa; e a secção final resume as principais conclusões.

1.2. Financeirização e trabalho: uma abordagem complementar

A relação entre financeirização e restruturação das relações laborais tem mostrado ser um tópico difícil. Uma das causas desta dificuldade prende-se com o próprio conceito de financeirização (Chistophers, 2015; Santos e Teles, 2021; Rodrigues *et al.*, 2021). Parte da literatura acerca da financeirização das relações laborais enfatiza o efeito deletério para os trabalhadores de um regime de acumulação financeirizado, manifesto no declínio, verificado nas últimas décadas, do peso da parte do trabalho no rendimento nacional (Stockhammer, 2008). A relação de causalidade entre a financeirização e o declínio do poder do trabalho, e da parte do trabalho no rendimento, é atribuída à evolução do capitalismo no sentido da sua dominação pelo sector financeiro — do aumento dos dividendos, dos juros pagos e das práticas de gestão baseadas no «valor acionista» (Hein, 2015; Lazonick e O'Sullivan, 2000; Lopes, 2021; Lagoa e Barradas, 2021). Embora entendidas como resultantes do, acima descrito, regime de acumulação dominado pela finança, as contribuições da fraqueza dos sindicatos e da desregulação do mercado de trabalho são também tidas em consideração como fatores explicativos do declínio da parte do trabalho no rendimento nacional. As motivações financeirizadas, subjacentes ao impulso político dos governos para a adoção de reformas no mercado de trabalho, são ignoradas. Na sua abrangente revisão de literatura sobre financeirização, Natasha van der Zwan (2014, p. 107) confirma que a «ascendência da orientação para o valor acionista» é o principal tópico de investigação na relação entre financeirização e trabalho, dividindo as diversas abordagens em duas correntes:

> A primeira considera o modo como os mercados financeiros exercem pressão nas empresas não-financeiras e nos seus gestores para que adotem práticas de gestão promotoras do valor acionista. A segunda interroga o modo como estas empresas estabelecem o valor acionista deflectindo a pressão dos mercados financeiros para outros constituintes da empresa, em particular os trabalhadores.

Cushen e Thompson (2016) e Thompson (2013) elaboram em maior pormenor o impacto da financeirização nas relações laborais, considerando dois canais principais como interrelacionados: (1) a decomposição dos ativos de capital, permitindo uma maior monitorização do desempenho de diversas categorias de ativos de capital (hoje cada vez mais desmembrados em múltiplas empresas) e, deste modo, um reforço do controlo sobre a força de trabalho envolvida em cada uma das diferentes categorias (ver também Martin, Rafferty e Bryan, 2018); e (2) a nova governança empresarial, alinhando os incentivos de acionistas e gestores, estabelecendo objetivos de cima para baixo que servem para restringir «compensações apropriadas e oportunidades para os empregados mesmo quando deram provas de elevados desempenhos» (Thompson, 2013, p. 478; Lopes, 2021).

Apesar dos seus importantes contributos, esta literatura assenta ainda numa conceção estreita de financeirização como processo, presente apenas em países com mercados acionistas vibrantes ou, mais amplamente, em países onde os títulos de dívida e de participação no capital são dominantes. Como discutido em Santos e Teles (2021), se a dominância da finança de base mercantil fosse o principal critério da financeirização, poucos países teriam sofrido as transformações características dessa mesma financeirização. Especificamente, seria necessário excluir a periferia do Sul da Europa destas mudanças sistémicas, uma vez que os mercados acionistas desempenham apenas um papel marginal nas suas economias (devido ao pequeno número de empresas cotadas). Mesmo em países com mercados acionistas desenvolvidos, um tal foco estreito deixaria de fora as empresas não-cotadas — o que limita a análise, visto que, quer as empresas cotadas quer as não cotadas, enfrentam pressões significativas (Lopes, 2021).

Um exame mais minucioso destas limitações ultrapassa o âmbito deste capítulo. Contudo, uma perspetiva que evita as potenciais armadilhas de uma conceção estreita de financeirização, e que pode contribuir para aprofundar a avaliação da perda de poder do trabalho relativamente ao capital decorrente da financeirização, é tida como necessária. Procuramos densificar o conceito de financeirização apresentado em diversos capítulos de Santos e Teles (2021) que, rompendo com as abordagens excessivamente centradas na «ascensão dos mercados de valores mobiliários», favorece, antes, a importância do papel contínuo, embora transformado, que os bancos e o crédito bancário desempenham na ascensão da finança. Consideramos a financeirização variegada e dependente da história de cada país, do seu sector financeiro (baseado na banca ou no mercado) e da sua posição na economia internacional. Defendemos que a ascensão da finança e dos interesses financeiros, assim como do regime de acumulação a eles associado, impuseram um novo paradigma macroeconómico que, cada vez mais, toma o trabalho como a principal variável de ajustamento de política, tendo em vista a preservação e a intensificação dos fluxos de rendimento financeiro. Impelido por motivações e interesses financeiros, este regime reduz as políticas públicas a reformas regressivas no mercado de trabalho, em diferentes ritmos e desenhos institucionais, conforme o país. Dependendo da sua dimensão e inserção na economia internacional, o papel dos Estados nacionais, assim como o das organizações internacionais [incluindo o Fundo Monetário Internacional (FMI), a União Europeia e o Banco Mundial], pode também variar quanto aos veículos institucionais de prossecução de interesses financeiros. As políticas, particularmente as reformas no mercado de trabalho, orientadas para a promoção de modelos de gestão empresarial favoráveis aos interesses financeiros em detrimento do trabalho são, portanto, o principal canal de interação entre a finança e o trabalho.

Este tipo de articulação entre a finança e o trabalho é muito saliente na periferia do Sul da Europa. Dada a sua fraqueza estrutural e o associado subdesenvolvimento dos mercados de capitais, a construção da UEM consistiu fundamentalmente no fomento da sua financeirização e no estabelecimento de precedentes na agenda política das reformas no mercado de trabalho. Nas fases iniciais do processo, estas reformas foram encaradas como um instrumento destinado a contrabalançar as restrições financeiras do euro. Neste contexto, a experiência portuguesa, a par da grega, tem o maior interesse, uma vez que os dois países experimentaram profundas reformas no mercado de trabalho que lhes foram deliberada e explicitamente impostas (com o consentimento dos respetivos governos) pelos prestamistas oficiais da União Europeia, logo que a crise da eurozona se abateu sobre eles, em 2010–2011. O caso português, agora apresentado como uma história de sucesso, tem especial interesse.

I.3. O trabalho como variável de ajustamento na eurozona

Desde o final dos anos 70 do século passado, as principais economias abdicaram da persecução de políticas de pleno emprego, favorecendo, no seu lugar, políticas macroeconómicas «sãs», tidas como contrárias à inflação e facilitadoras do crescimento económico e do emprego (Mitchell e Muysken, 2008). Esta viragem neoliberal das políticas públicas decorreu de inúmeras causas (económicas, políticas, intelectuais, etc.), mas a ascensão da finança, e as suas exigências específicas, não deve ser ignorada como força motriz. A política monetária, determinada por bancos centrais «independentes», foi orientada para a preservação do valor financeiro através de objetivos de inflação (baixos) e regulação ligeira. A política orçamental, por sua vez, privilegiou défices públicos baixos ou não-existentes e *stocks* de dívida pública, relativamente ao Produto Interno Bruto (PIB), controlados, capazes de assegurar aos mercados financeiros a solvência dos respetivos Estados e implicando novas formas de controlo, através do quase exclusivo papel da finança no financiamento dos défices públicos. No quadro da arena internacional, a liberalização do comércio e das contas de capital, o aprofundamento da integração financeira e a internacionalização das moedas sujeitaram a política económica à monitorização externa e as respetivas economias a ameaças contínuas de duras penalizações por parte dos mercados financeiros. Qualquer desvio das exigências dos mercados seria pago com um preço elevado, sob a forma de fuga de capitais, de instabilidade da taxa de câmbio, ou de incapacidade de rolar a dívida pública.[5]

Mais vincada do que em qualquer outra região do mundo, a viragem neoliberal na UE envolveu tanto os seus tratados como as suas políticas. Estabelecido o mercado interno em 1992, sob regras que interditam qualquer forma de política industrial ou comercial (nomeadamente de compras e propriedade pública) e que expandem significativamente a integração dos serviços financeiros ao nível europeu, o projeto da moeda única veio acrescentar tensão à pressão já exercida sobre os Estados-membros para abdicarem de qualquer controlo sobre a sua política económica.

[5] A transformação neoliberal da política macroeconómica orientada para o abandono do objetivo de pleno emprego em troca de metas de inflação estava já teoricamente encapsulada no (agora antiquado) conceito de NAIRU (*Non-Accelerating Inflation Rate of Unemployment*). Originalmente introduzido por Milton Freedman como taxa natural de desemprego, e posteriormente desenvolvido por Layard, Nickell e Jackman (2005), o NAIRU estabelecia o limiar acima do qual um aumento da inflação prejudicaria os interesses financeiros.

A arquitetura subjacente à união monetária, estabelecida pelo tratado de Maastricht de 1992, enfatizava a convergência decrescente das taxas de inflação no seio da UE como condição para a criação de um Banco Central independente. O BCE, por seu lado, foi constituído sobre um mandato que priorizava o cumprimento de metas de inflação (abaixo, mas perto, de 2%) sobre quaisquer outros objetivos.

Além disso, a estabilidade monetária assegurada pela desinflação e a convergência de taxas de juro nominais seria garantida pela consolidação orçamental permanente, nomeadamente por um défice abaixo de 3% do PIB e um nível de dívida pública abaixo de 60% do PIB. O raciocínio subjacente a estas metas era o de que défices orçamentais e dívidas públicas controladas removeriam qualquer incentivo para a monetização dos défices ou para «sobreaquecer» a economia acima da «taxa de desemprego não-inflacionária», apaziguando, deste modo, os mercados financeiros.

Seja como for, a regulação do mercado de trabalho permaneceu até ao final da década de 1990 para lá do âmbito das políticas de integração da UE, mantendo-se como prerrogativa de cada um dos Estados-membros. No Mercado Comum, a interferência europeia nas questões laborais manteve-se marginal. Isso mudou em finais da década de 1990, na véspera da introdução do euro. Em 1997, face a taxas de desemprego elevadas em diversos países europeus, a cimeira do Luxemburgo introduziu uma Estratégia Europeia de Emprego (EEE) (Mosher e Trubek, 2003). A EEE envolvia um conjunto de recomendações anuais para cada país e instituía o apoio financeiro para reformas no mercado de trabalho dos países-membros (Goetschy, 1999). Esta estratégia e as subsequentes cimeiras europeias de emprego regulares, combinadas com a introdução de uma outra ferramenta de «poder suave» — o método aberto de coordenação[6] —, encaminharam os países-membros na direção de políticas de emprego focadas em propostas *supply side* e no jargão a elas associado de «empregabilidade», «empreendedorismo», «adaptabilidade» e «igualdade» na definição de novas oportunidades de emprego (Goetschly, 2003). No contexto de combinação de homogeneidade e rigidez das políticas macroeconómicas, apesar da desigualdade das estruturas económicas entre países

[6] O método aberto de coordenação não impõe qualquer política aos Estados-membros, recorrendo antes a recomendações não-vinculativas, ao estabelecimento de «boas práticas» e a métricas de avaliação para reformas bem-sucedidas. Inspirado nas metodologias da Organização para a Cooperação e Desenvolvimento Económico (OCDE) (Dostal, 2004), este método foi adotado noutros domínios das políticas sociais, como as reformas nos sistemas de pensões (Rodrigues *et al.*, 2016).

que partilham a mesma moeda, a «flexibilidade» do mercado de trabalho emergiu como um mantra económico para a consecução de crescimento e convergência no conjunto da eurozona. A flexibilidade do mercado de trabalho era entendida como necessária para um melhor ajustamento a choques exógenos assimétricos (Turrini *et al.*, 2014).

Os resultados da EEE, decorrentes de reformas no mercado de trabalho conduzidas ao longo de linhas temporais muito diversas no interior da zona euro, foram assimétricos. Na Alemanha, em meados da década de 1990, as reformas Hartz produziram uma reorganização total do mercado de trabalho do país, envolvendo o corte na proteção social aos trabalhadores desempregados, a introdução de uma nova forma de contrato de trabalho precário (os infames *mini-jobs*) e a promoção do trabalho temporário e em regime de subcontratação (Streeck e Trampusch, 2006). Em França, as tentativas de desregular os contratos de trabalho, como a introdução do *Contrat Premier Embauche* (CPE) para trabalhadores abaixo dos 26 anos de idade, foram enfrentadas com firme resistência quer pelos movimentos estudantis quer pelos sindicatos. Na periferia do Sul da Europa, foram também introduzidas reformas liberalizantes no mercado de trabalho que se revelaram menos profundas do que as alemãs. Em Portugal, em 2003, foi desencadeada uma reforma que expandiu a utilização de contratos a termo certo e erodiu a contratação coletiva (Campos Lima, 2021; Teles, 2017). Apesar dos graus de sucesso na sua aplicação, diversos entre Estados-membros, a EEE obteve efetivamente resultados importantes: desligou as políticas monetárias e orçamentais de metas de emprego e subsumiu as políticas de emprego nas políticas macroeconómicas focadas no controlo da inflação.

Desde então, a política económica tem estado concentrada na «flexibilidade» do mercado de trabalho, tornando-o mais capaz de se ajustar a choques económicos assimétricos, como o causado pela Grande Crise Financeira. Embora o mercado de trabalho estivesse originalmente situado fora do âmbito das instituições europeias, a criação da UEM e os respetivos constrangimentos fizeram dele uma arena política muito importante. Não obstante um certo disfarce sob a aparência de «política suave», as prescrições políticas da União Europeia foram endurecendo progressivamente, para culminarem nas reformas laborais impostas aos países periféricos do Sul da Europa ao longo de 2010–2011, em troca de empréstimos da UE.

I.4. A crise da eurozona e a imposição da reforma do mercado de trabalho

Ainda que, anteriormente à GCF, faltassem à UE os meios capazes de impor reformas no mercado de trabalho aos seus países-membros, a situação mudou quando a crise da eurozona eclodiu em 2010. Ignorando as origens da GCF e os erros da arquitetura da união monetária, as instituições europeias culparam pela crise os governos nacionais e os povos, especificamente os da periferia do Sul da Europa, dirigindo-lhes duas críticas: a primeira era a da prodigalidade orçamental dos governos; e a segunda a elevação dos níveis salariais relativamente aos registados no Norte da Europa. O aumento dos custos unitários do trabalho e a consequente redução da competitividade foram tomados como as causas principais dos desequilíbrios macroeconómicos e dos problemas de sobre-endividamento da zona periférica. Este raciocínio foi apresentado em 2013 por Mario Draghi, o presidente do BCE, quando declarou que a divergência entre a produtividade e os salários na periferia do Sul da Europa era causada por arranjos institucionais dos mercados de trabalho excessivamente protecionistas. O endividamento e a fragilidade financeira dos países periféricos da Europa eram, portanto, atribuídos à rigidez estrutural das relações laborais. No entanto, este tipo de análise compara a produtividade — uma variável que desconta a inflação — com os salários em termos nominais. Embora, em Portugal, os salários reais estivessem alinhados com o crescimento da produtividade desde a criação do euro (Reis *et al.*, 2014) e a Alemanha tenha experimentado um crescimento dos salários inferior ao da produtividade (Lapavitsas *et al.*, 2012), a divergência dos custos unitários do trabalho pode ser atribuída, em grande parte, às taxas de inflação — uma variável supostamente controlada pelo BCE — diferentes na eurozona.

Em última análise, com a atribuição de culpa aos custos do trabalho e à irresponsabilidade orçamental dos governos, o comportamento dos agentes financeiros e a subserviência aos interesses financeiros, enquanto motores-chave da crise, são absolvidos. O papel desempenhado pelos bancos do Norte da Europa na alimentação do endividamento da periferia do Sul da Europa e os efeitos de réplica nos défices públicos de um «resgate» público do sector financeiro foram ignorados. As políticas europeias foram então concebidas e aplicadas para proteger os bancos europeus expostos à dívida, impondo a austeridade na zona euro como um custo necessário para cumprir com a totalidade do serviço da dívida no quadro improvisado de uma nova arquitetura financeira que agora incluía o Fundo Europeu de Estabilidade Financeira e, mais tarde, o Mecanismo Europeu de Estabilidade — ambos concebidos com o objetivo de conjurar qualquer incumprimento da dívida. Enquanto proporcionava uma bateria de instrumentos de política para apoiar os bancos europeus — do Programa dos Mercados de Valores Mobiliários às operações de refinanciamento de longo prazo —, o BCE evitou qualquer forma de alívio monetário aos Estados-membros da zona euro até ao momento em que a integridade desta foi posta em risco, em 2012.

Os países periféricos do Sul da Europa, como Portugal e a Grécia, foram forçados a solicitar empréstimos oficiais de «resgate» às instituições da UE e ao Fundo Monetário Internacional. Os empréstimos foram sujeitos a uma forte condicionalidade política, tendo os países que os haviam requerido sido forçados a subscrever um «Memorando de Entendimento» com a chamada *troika* (Comissão Europeia, BCE e FMI) — a entidade responsável por monitorizar o processo. Os «Memorandos» da Grécia e de Portugal eram documentos de política muito abrangentes, incluindo um vasto espectro de políticas sectoriais, mas com a reforma do mercado de trabalho no topo da agenda. Outros países periféricos, com títulos de dívida soberana sujeitos a taxas de juro crescentes e com sistemas bancários tornados insolventes, como, por exemplo, a Itália e a Espanha, sofreram pressões da UE através de canais mais «informais», como cartas do BCE aos seus dirigentes nacionais (Berlusconi e Zapatero, respetivamente), exigindo explicitamente reformas no mercado de trabalho. Seja através de meios mais duros e diretos, seja por meios mais suaves e informais, os países periféricos do Sul da Europa foram alvo de crescentes exigências de reformas no mercado de trabalho, envolvendo o desmantelamento dos arranjos institucionais de negociação e contratação coletiva ao nível nacional e sectorial e o favorecimento da negociação ao nível da empresa, o que enfraquece o poder dos sindicatos e facilita o aumento da «flexibilidade» dos salários (Campos Lima, 2021).

Para a UE, só a flexibilidade (descendente) dos salários poderia reajustar as economias nacionais na senda da estabilidade no âmbito da união monetária. Esta preferência política é claramente confirmada por Yannis Varoufakis (2017, p. 200), antigo ministro das Finanças grego, nas suas memórias intituladas *Adultos na Sala*, onde relata um breve diálogo entre o ministro das Finanças italiano e Wolfgang Schäuble:

> Pier Carlo disse que havia pedido a Schäuble para lhe dizer uma coisa que ele pudesse fazer para ganhar a sua confiança. Essa qualquer coisa resultou ser a «reforma do mercado de trabalho» — modo codificado

> de significar enfraquecimento dos direitos dos trabalhadores com permissão às empresas de despedir mais facilmente, com pouca ou nenhuma compensação, e contratar pessoas com salários mais baixos e menor proteção. Uma vez adotada no parlamento italiano, por proposta de Pier Carlo, a legislação apropriada, com um custo político significativo para o governo Renzi, o ministro das Finanças alemão passou a ser mais delicado para com ele.

A desvalorização interna que agora foi estabelecida na eurozona como objetivo de política assumido consiste, de facto, na ressurreição de uma velha ideia (Petroulakis, 2017). As suas origens remontam à deflação intencional dos salários nominais operada no contexto do padrão-ouro, especificamente em países periféricos, para corrigir desequilíbrios negativos das balanças correntes (O'Rourke e Taylor, 2013). Episódios mais recentes, embora anteriores à criação do euro, incluem a «política de desinflação competitiva» adotada em França na década de 1980 (Uxó *et al.*, 2014). Os mesmos autores (O'Rourke e Taylor, 2013; Uxó *et al.*, 2014) identificam como principal fundamento teórico da ressurreição da desvalorização interna a Teoria das Zonas Monetárias Ótimas. Segundo esta teoria, numa zona monetária em que os Estados tenham abdicado da sua capacidade de usar a política monetária e cambial, em que uma autoridade orçamental central seja inexistente, assim como um orçamento comum capaz de aliviar, através de transferências, as consequências de choques adversos, a flexibilidade de salários e preços, a par da mobilidade do trabalho, podem supostamente realizar o ajustamento da balança externa.

Apesar das suas origens remotas, o termo «desvalorização interna» foi cunhado recentemente, na década de 1990, no contexto de debates na Suécia e na Finlândia acerca da adesão ao euro. Desde então, a ideia ganhou terreno ao ponto de se ter tornado um dos principais componentes da caixa de ferramentas da *troika* nos programas de ajustamento das periferias do Sul da Europa.

Em Portugal, a ideia de um processo de ajustamento baseado numa desvalorização interna foi apresentada anteriormente à GCF num artigo muito influente de Olivier Blanchard, publicado em 2007. Neste artigo, Blanchard, que viria a copresidir, enquanto economista-chefe do FMI, a intervenção da *troika* em Portugal, defendia a «desinflação competitiva» como um meio capaz de resolver o então considerável défice da balança corrente, coexistente com um igualmente considerável défice orçamental e baixo crescimento do PIB e da produtividade, resultantes — na sua opinião — de um anterior «*boom* do investimento» desencadeado na segunda metade da década de 1990 pelo «compromisso de adesão ao euro por parte de Portugal» e a resultante «queda das taxas de juro e expectativas de um crescimento mais rápido» (Blanchard, 2007, p. 2).

No referido artigo, Blanchard explorava as opções de política disponíveis para Portugal e outros países da zona euro em circunstâncias similares neste contexto. Na sua opinião, o problema português, cujo sintoma era o grande défice da balança corrente, era de competitividade, havendo apenas duas opções possíveis: a primeira (e mais atrativa) era conseguir um incremento sustentado no crescimento da produtividade; a segunda (considerada menos atrativa) era «um menor crescimento nominal dos salários», ou antes, dado o contexto de redução da inflação salarial em Portugal e na UE, «uma grande redução do salário nominal» (Blanchard, 2007, p. 2). Uma vez que a alternativa considerada mais atraente por Blanchard simplesmente não estava disponível, já que o incremento da produtividade dificilmente ocorreria do dia para a noite, o caminho mais rápido e menos doloroso passava por «conseguir um decréscimo dos salários nominais — sem que este decréscimo ocorra lentamente por força do desemprego» (Blanchard, 2007, p. 8).

Blanchard concentrava, então, a atenção nos meios capazes de induzir o decréscimo dos salários nominais com os menores custos possíveis em termos de desemprego. Fazendo notar que a desvalorização cambial estava bloqueada pela pertença de Portugal ao euro, afirmava que «o mesmo resultado pode ser conseguido [...], pelo menos no papel, através de um decréscimo no salário nominal e no preço dos não-transacionáveis, enquanto o preço dos transacionáveis se mantém constante». Isto requeria «decréscimos coordenados dos salários nominais» (Blanchard, 2007, p. 15). Os trabalhadores deveriam compreender que «para melhorar a competitividade, o ajustamento dos salários terá de vir mais tarde ou mais cedo» e que, como os preços dos transacionáveis permanecem inalterados e os preços dos não transacionáveis são fixados por uma margem fixa sobre os custos salariais, «qualquer decréscimo dos salários nominais implica um decréscimo menor dos salários em termos reais de consumo» (Blanchard, 2007, p. 16). Blanchard não especificava os instrumentos de política que poderiam ser mobilizados para obter a desvalorização dos salários nominais. Contudo, estava implícita uma reforma abrangente das instituições que regulam a proteção do emprego. O «mercado de trabalho português», rescrevia Blanchard, «é disfuncional», e «a principal causa parece ser o elevado nível de proteção do emprego» (Blanchard, 2007, p. 14).

O artigo de Blanchard sugere que a lógica do «ajustamento no quadro do euro», que viria a ser aplicada a partir de 2010 nos países periféricos da UE, estava já bem desenvolvida no FMI mesmo antes da crise (Caldas, 2015). No entanto, só entre 2010 e 2011 a desvalorização interna viria a ser plenamente aplicada em Portugal, no contexto de uma série de Programas de Estabilidade e Crescimento (PEC) adotados pelo Governo português em resposta a pressões da UE. O resgate da *troika* alargou e acelerou o processo. Em 2011, no *Staff Report* incluído no relatório do FMI *Portugal: Request for a Three-Year Arrangement Under the Extended Fund Facility*, ecoava, até certo ponto, ainda que num tom mais implacável, a análise de Blanchard:

> Numa união monetária, a restauração da competitividade será sem dúvida desafiadora. Sem recurso à mudança da taxa de câmbio, a questão-chave é se o governo conseguirá reduzir o défice externo através de reformas que aumentem a produtividade tornando a economia mais competitiva aos níveis salariais correntes. Se falhar, a pertença à eurozona significa que a economia será forçada, em vez disso, a recuperar o equilíbrio através de uma recessão profunda, inclusive através de um ajustamento doloroso dos salários nominais induzido pelo aumento do desemprego. (FMI, 2011a, p. 25)

Entre as medidas do «Memorando», orientadas para a desvalorização interna, contavam-se: *(a)* redução da indeminização por despedimento para todos os novos contratos; *(b)* redução da duração máxima das prestações de desemprego; *(c)* congelamento de qualquer aumento do salário mínimo; *(d)* redução da remuneração das horas extraordinárias; *(e)* limitação da extensão dos acordos coletivos; e *(f)* promoção da negociação ao nível da empresa. Outras medidas de consolidação orçamental convergiam também para produzir uma desvalorização interna, nomeadamente: *(a)* corte médio de 5% nos salários da administração pública, acompanhado de um congelamento das pensões e de uma contribuição especial sobre as pensões acima de 1500 euros; e *(b)* novos procedimentos de condição de recurso nas prestações do regime não contributivo da segurança social (FMI, 2011b). Estas medidas, como sublinhado (Campos Lima, 2021), além de rigorosamente aplicadas, foram também apoiadas por outras medidas orientadas para a aceleração da desvalorização interna.

Atualmente, oito anos depois, as consequências da desvalorização interna nos países periféricos do Sul da zona euro — incluindo Portugal

— materializaram-se e estão abertas à avaliação. Duas linhas de crítica foram adiantadas, ambas convergindo na afirmação de que a transmissão de custos do trabalho mais baixos aos preços de exportação foi imperfeita. A primeira, exemplificada por um estudo recente do BCE (Petroulakis, 2017), afirma que isto se deve principalmente à existência de «custos de comércio», implicando uma redução dos preços de exportação relativamente aos preços internos. Em todos os países considerados neste estudo — Grécia, Itália, Portugal, Espanha e Irlanda —, a desvalorização interna alcançou o objetivo de redução do défice da balança corrente. Porém, no caso da Grécia, ao contrário dos outros países, este resultado foi obtido à custa de uma queda profunda das importações e não de um aumento das exportações, possivelmente devido à especial relevância dos custos de comércio neste país. A segunda linha de avaliação crítica da desvalorização interna (Uxó *et al.*, 2014) atribui a imperfeição da transmissão dos custos de trabalho reduzidos a um aumento das margens de lucro.

Contudo, a nossa avaliação da desvalorização interna na próxima secção considera, não a questão dos mecanismos de transmissão, mas antes os efeitos distributivos da desvalorização e o seu impacto de longo prazo na senda do desenvolvimento. Baseando-nos em investigação em curso neste tópico, adotámos uma abordagem sectorial que sublinha os efeitos da desvalorização na estrutura da economia portuguesa e as suas consequências.

I.5. A desvalorização interna e a persistência dos seus efeitos

O programa de ajustamento em Portugal realizou os principais objetivos que havia anunciado. O défice externo, que havia alcançado quase 10% do PIB em 2008, foi eliminado em 2013 (ver Figura I.1). Isto foi conseguido entre 2010 e 2013 através da combinação de uma expansão das exportações e de uma redução das importações. Em anos subsequentes, importações e exportações cresceram a par, preservando o equilíbrio externo, enquanto mais recentemente (2016–2018) o ritmo de crescimento das importações foi marginalmente superior ao das exportações.

Figura I.1: Importações, exportações e balança de bens e serviços (preços correntes), 1995–2018

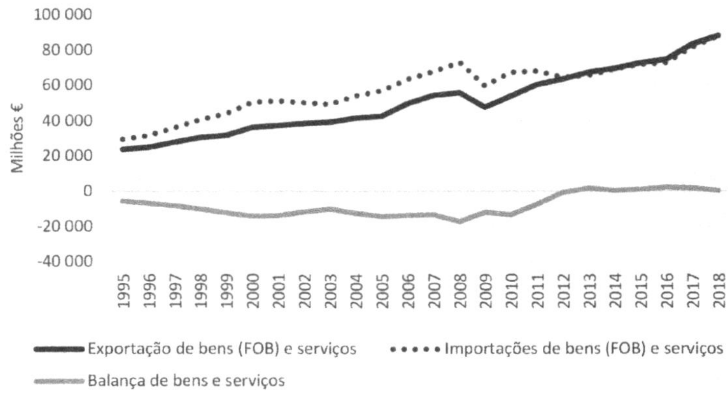

Fonte: INE, Contas Nacionais.

Figura I.2: PIB real e emprego, 1995–2018

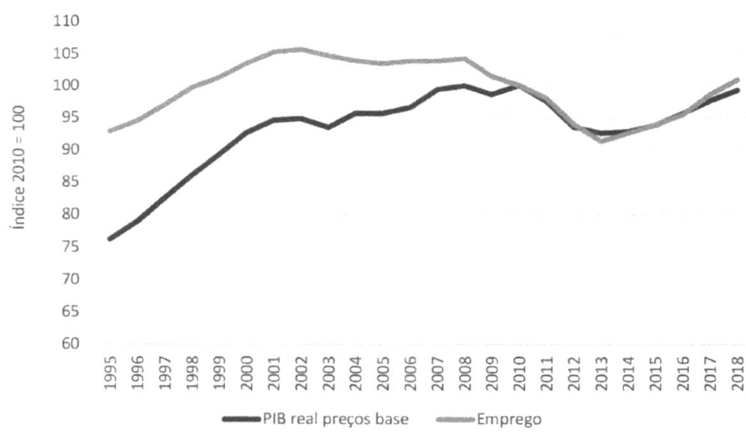

Fonte: INE, Contas Nacionais, cálculos dos autores.

No mesmo período temporal, o PIB e o emprego sofreram, até 2013, contrações importantes — momento em que uma recuperação sustentada teve início, como se pode observar na Figura I.2. Os salários reais médios tinham começado a cair acentuadamente em 2010, ao mesmo tempo que um acréscimo paradoxal da produtividade, combinado com a deflação dos salários reais, resultava num declínio acentuado da parte do trabalho no rendimento que se prolongou para além de 2013. Apesar da recuperação do emprego, iniciada em 2013, os salários reais médios desceram até 2015, tendo ficado praticamente estagnados desde então. A produtividade decresceu, enquanto a parte do trabalho no rendimento aumentou marginalmente, principalmente devido ao decréscimo da produtividade média. Isto sugere uma persistência dos efeitos da desvalorização interna para lá do período de ajustamento, apesar da recuperação do emprego e da redução do desemprego, materializada na estagnação dos salários médios e da parte do trabalho no rendimento, combinada com o declínio da produtividade (ver Figura I.3)[7]. Estes efeitos persistentes devem ser explicados.

Uma abordagem sectorial baseada numa análise *shift-share* de todos os sectores (com a exceção da agricultura)[8] é apropriada para analisar a desvalorização interna e os seus efeitos persistentes nos salários, na produtividade e na parte do trabalho no rendimento. Esta abordagem permite decompor as alterações de cada variável num dado período temporal em: *(a)* efeitos ocorridos no interior dos sectores — designados efeitos *shift*; e *(b)* efeitos resultantes de uma mudança estrutural — efeitos *share* ou estruturais estáticos. Uma terceira componente — efeitos de covariância ou estruturais dinâmicos —, normalmente pequena, não é tida em conta na análise (ver pormenores no Anexo 1).

Figura I.3: Salário médio real, parte do trabalho no rendimento e produtividade

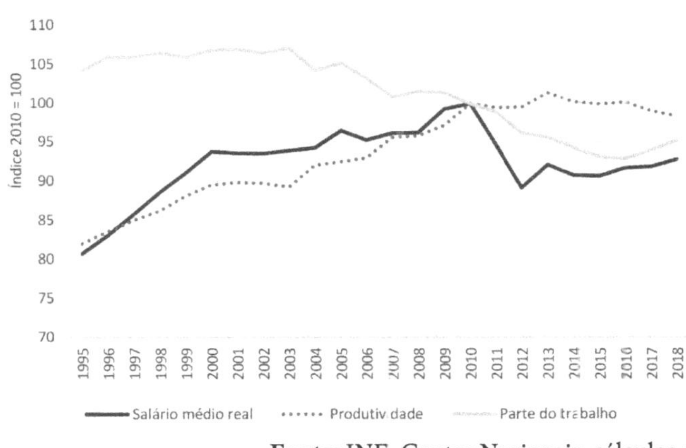

Fonte: INE, Contas Nacionais, cálculos dos autores.

[7] Acerca dos conceitos e métodos de computação dos salários médios, da parte do trabalho no rendimento e da produtividade, ver Anexo 1.

[8] Acerca das razões que sustentam a exclusão da agricultura, ver Anexo 1.

A análise *shift-share* baseia-se em dados das Contas Nacionais. Uma vez que à data da conclusão deste capítulo os dados sectoriais só estavam disponíveis até 2016, o período considerado no seu conjunto restringiu-se a 2010–2016, sendo decomposto em dois subperíodos: 2010–2013 (contração do emprego e do PIB) e 2013–2016 (recuperação do emprego e do PIB).

I.5.1. Salários, produtividade e parte do trabalho no rendimento: uma decomposição *shift-share*

Entre 2010 e 2013, os salários médios reais[9] (excluindo o sector agrícola) decresceram 7,7% no conjunto da economia. Os efeitos intrassectoriais (*XXXhift*), *per se*, teriam originado um decréscimo superior de 8,6%. Contudo, o efeito intrassectorial foi contrariado por um menor efeito intersectorial de 1,2%. O termo de covariância é negativo e residual (ver Figura I.4).

Figura I.4: Decomposição *shift-share* para os salários reais, 2010–2013

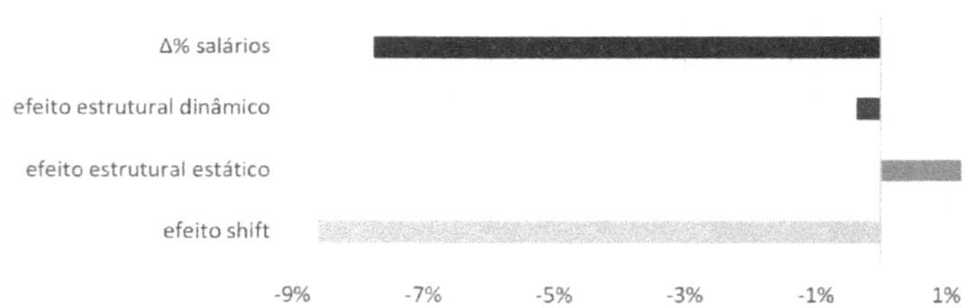

Fonte: INE, Contas Nacionais, cálculos dos autores.

Neste período — correspondente ao pico do «ajustamento» —, a deflação salarial foi transversal a todos os sectores (à exceção do B — Indústrias Extrativas). A decomposição sectorial dos efeitos, representada nas Figuras I.5 e I.6, assinala os sectores com maior contribuição para a deflação dos salários reais globais. Os que mais contribuíram para o efeito *shift* (interno ao sector) foram o O — Administração Pública, o P — Educação e o Q — Saúde e Apoio Social, todos eles relacionados com atividades de reprodução social com um peso considerável na estrutura de emprego (ver Santos e Príncipe, 2021)[10].

[9] Para simplificar, usamos a expressão «salários médios reais» para designar o que deveria ser mais apropriadamente chamado «rendimento médio do trabalho real» (ver Anexo 1).

[10] A lista completa dos sectores pode ser consultada na Tabela 1 do Anexo 2.

Figura I.5: Efeitos *shift* sectoriais para os salários

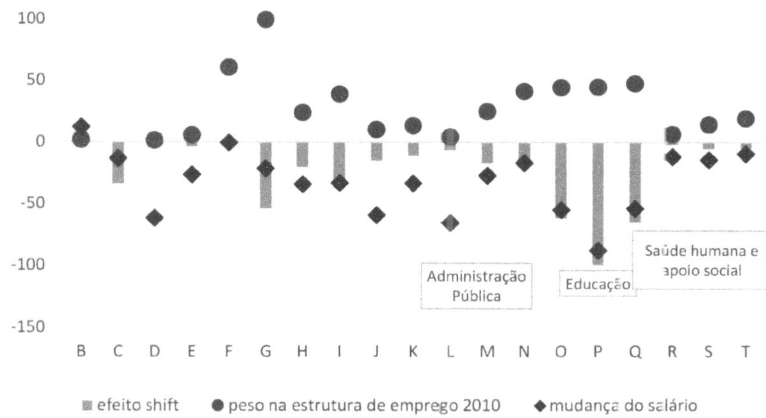

Fonte: INE, Contas Nacionais, cálculos dos autores.

Relativamente aos efeitos *share* (intersector), o F — Construção proporcionou um contributo positivo elevado para a evolução do salário médio. Isto deve-se ao facto de este sector, caracterizado por salários inferiores à média e, em 2010, por um elevado peso na estrutura de emprego, ter diminuído de peso em consequência da crise e do ajustamento.

Figura I.6: Efeitos *share* sectoriais para os salários, 2010–2013

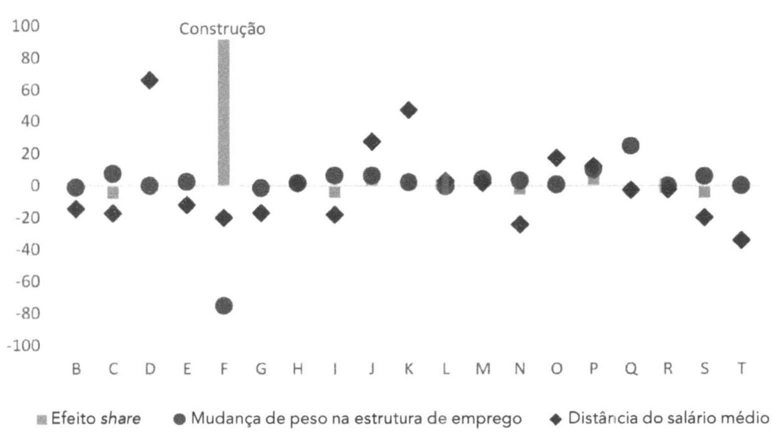

Fonte: INE, Contas Nacionais, cálculos dos autores.

No mesmo período, a produtividade aumentou 2,4% em termos anuais. É importante notar que o aumento global da produtividade não resultou de um aumento do Valor Acrescentado Bruto (VAB) superior ao do emprego, mas antes de um decréscimo do emprego superior ao decréscimo do VAB [exceto no G — Comércio Grossista e a Retalho, onde o VAB aumentou ligeiramente enquanto o emprego decrescia, e no S — Outras Atividades de Serviços, em que o VAB aumentou mais do que o emprego (ver Figura I.7]. O sector F — Construção destaca-se em termos de contribuição sectorial para este tipo paradoxal de aumento da produtividade verificado neste período.

Figura I.7: Variação percentual do Valor Acrescentado Bruto e do emprego com produtividade [representada pelo diâmetro dos balões sombreados (variação positiva) e não-sombreados (variação negativa)], 2010–2013

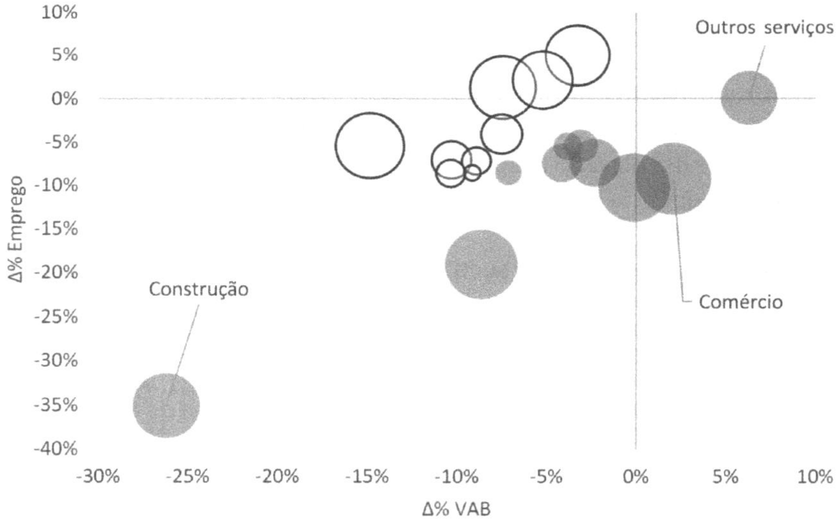

Fonte: INE, Contas Nacionais, cálculos dos autores.

Figura I.8: Decomposição *shift-share* para a produtividade, 2010–2013

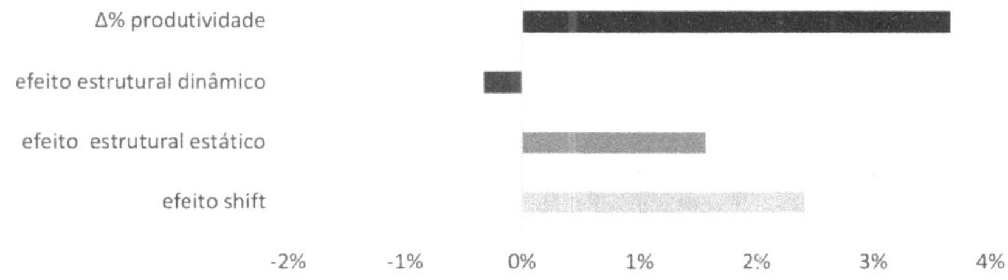

Fonte: INE, Contas Nacionais, cálculos dos autores.

Relativamente à produtividade, ao longo do período 2010–2013, os efeitos *shift* e *share* foram ambos positivos e de valor semelhante (ver Figura I.8), devido, sobretudo, à contribuição de dois sectores, G — Comércio e F — Construção. O sector G — Comércio, com um peso considerável na estrutura de emprego, estagnou do ponto de vista do VAB e perdeu um número significativo de postos de trabalho, dando origem a uma contribuição positiva importante para a produtividade global. Parte desta contribuição positiva foi contrariada pelo K — Atividades Financeiras e de Seguros, em que a queda da produtividade foi pronunciada. O sector F — Construção, com produtividade inferior à média, perdeu peso na estrutura de emprego, dando origem a uma contribuição positiva para o efeito *share* (ver Figuras I.9 e I.10).

Figura I.9: Efeitos *shift* sectoriais para a produtividade, 2010–2013

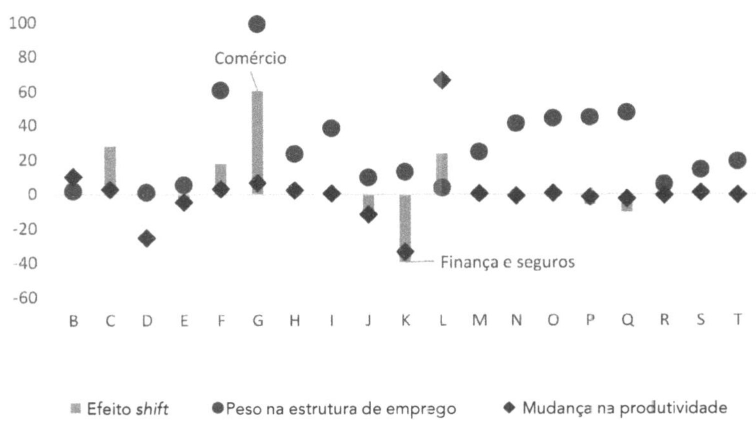

Fonte: INE, Contas Nacionais, cálculos dos autores.

Figura I.10: Efeitos *share* sectoriais para a produtividade, 2010–2013

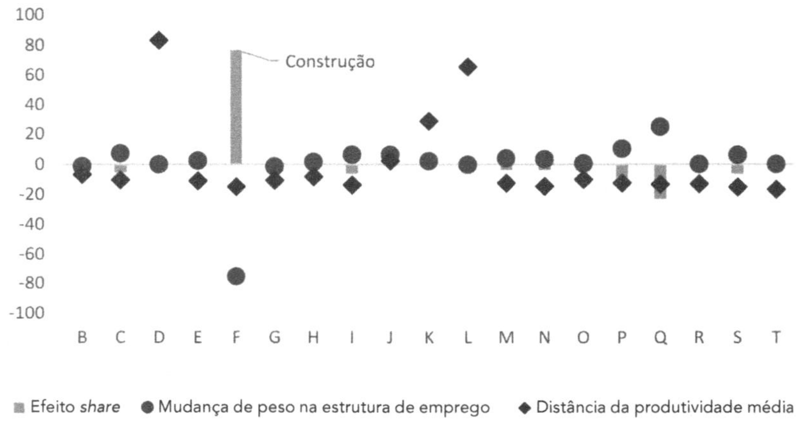

Fonte: INE, Contas Nacionais, cálculos dos autores.

Devido à combinação de mudanças nos salários e na produtividade, a parte do trabalho no rendimento caiu 2,9 pontos percentuais entre 2010 e 2013. A variação da parte do trabalho no rendimento reflete, como se pode ver na Figura I.11, a predominância de variações negativas no interior dos sectores. A variação global foi negativamente afetada pelo aumento de «produtividade» no sector L — Imobiliário e positivamente afetada pelo declínio da produtividade (superior ao aumento nominal dos salários) no K — Atividades Financeiras e de Seguros.

Figura I.11: Variação do salário e da produtividade ajustada pelos preços relativos e variação sectorial da parte do trabalho, 2010–2013 [representada pelo diâmetro dos balões sombreados (variação positiva) e não-sombreados (variação negativa)]

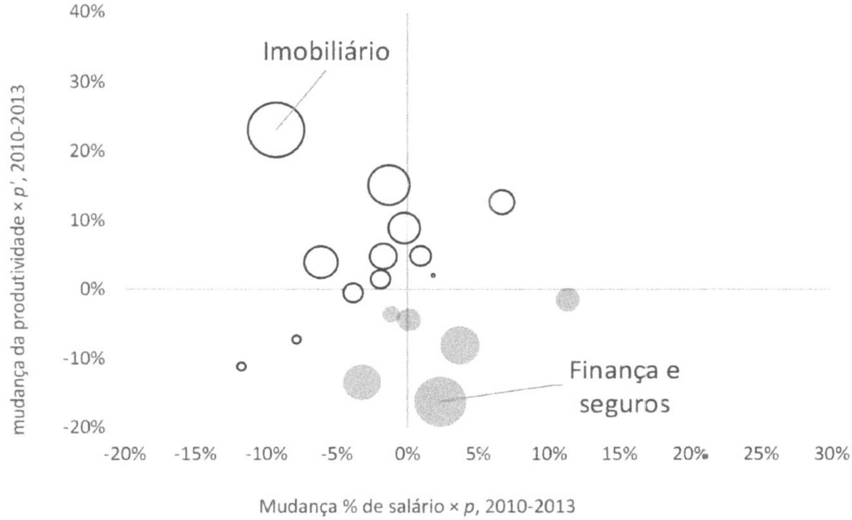

Fonte: INE, Contas Nacionais, cálculos dos autores.

No período 2013–2016, os salários reais desceram num montante inferior (0,39%). Esta variação negativa foi impulsionada, não por processos ocorridos no interior dos sectores, como no período anterior, mas por uma alteração estrutural. O efeito *shift* (no interior dos sectores) foi positivo (0,27%) ao mesmo tempo que o efeito *share* foi superior em valor absoluto e negativo (–0,75%) (ver Figura I.12). Na Figura I.13, que apresenta os efeitos *shift*, pode observar-se que as contribuições positivas para a variação dos salários em sectores com peso significativo na estrutura de emprego, como o C — Indústria Transformadora e o G — Comércio, foram compensadas por efeitos *shift* no sentido oposto, no K — Atividades Financeiras e de Seguros e no O — Administração Pública.

Figura I.12: Decomposição *shift-share* para os salários reais

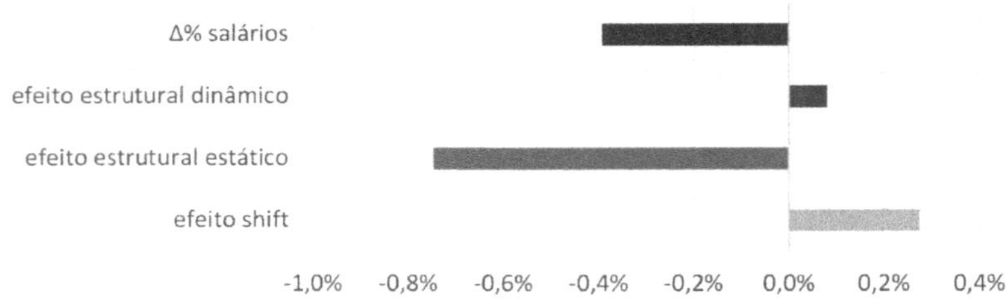

Fonte: INE, Contas Nacionais, cálculos dos autores.

Figura I.13: Efeitos *shift* sectoriais para os salários, 2013–2016

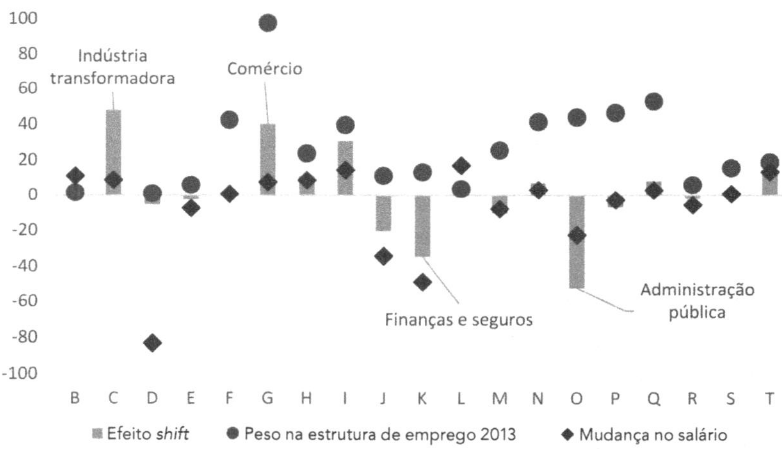

Fonte: INE, Contas Nacionais, cálculos dos autores.

O efeito *share* negativo, significativo neste período, foi por sua vez impulsionado, por um lado, pelo reforço na estrutura de emprego de sectores com salários abaixo da média, nomeadamente, o I — Alojamento e Restauração e o N — Atividades Administrativas e dos Serviços de Apoio, e, por outro, pelo declínio de um dos sectores com salários acima da média, nomeadamente, o K — Atividades Financeiras e de Seguros (ver Figura I.14).

Figura I.14: Efeitos *share* sectoriais para os salários, 2013–2016

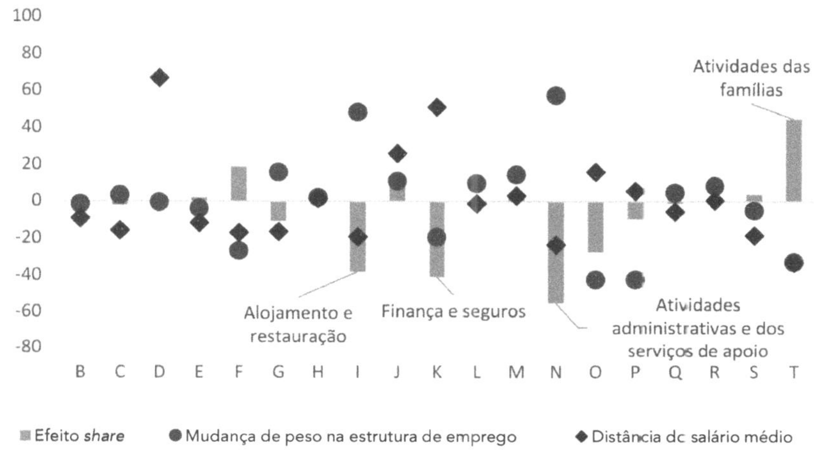

Fonte: INE, Contas Nacionais, cálculos dos autores.

Durante este período, relativamente à produtividade agregada, ocorreu um declínio significativo de 3,7%, sendo os efeitos *shift* esmagadores na variação negativa observada (ver Figura I.15).

Figura I.15: Decomposição *shift-share* para a produtividade, 2010–2016

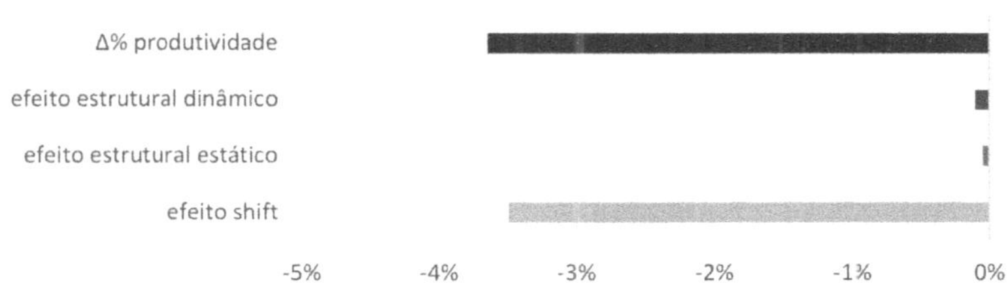

Fonte: INE, Contas Nacionais, cálculos dos autores.

Contudo, a predominância, quanto à produtividade, dos efeitos *shift* (intersector) sobre os efeitos estruturais pode ser enganadora. Relativamente aos efeitos *shift*, é importante notar que o sinal globalmente negativo resulta das contribuições acentuadamente negativas de dois sectores, o K — Atividades Financeiras e de Seguros e o L — Imobiliário, num contexto de estagnação (intersectores) da produtividade. Enquanto a evolução negativa da produtividade no sector financeiro foi principalmente determinada pelo declínio do VAB, o mesmo efeito no imobiliário foi principalmente resultado de uma expansão do emprego no sector (ver Figura I.16).

Figura I.16: Efeitos *shift* sectoriais para a produtividade, 2013–2016

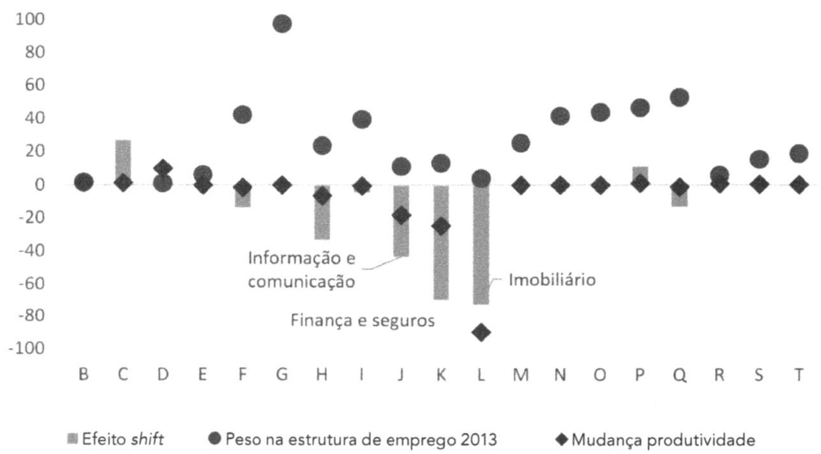

Fonte: INE, Contas Nacionais, cálculos dos autores.

Em contrapartida, a irrelevância do efeito *share* global resulta do efeito positivo do *share* do imobiliário — um sector com muito pouco peso na estrutura de emprego, mas com uma contribuição importante para o VAB. O reforço do peso deste sector, com «produtividade» acima da média na estrutura de emprego, compensou as variações negativas com origem no grande reforço do peso de sectores que emergiram neste período como grandes empregadores, nomeadamente o I — Alojamento e Restauração e o N — Serviços Administrativos e de Apoio. Se o imobiliário for excluído da análise *shift-share*, o efeito *shift* negativo seria mais vincado e o efeito estrutural negativo muito maior.

Figura I.17: Efeitos *share* sectoriais para a produtividade, 2013–2016

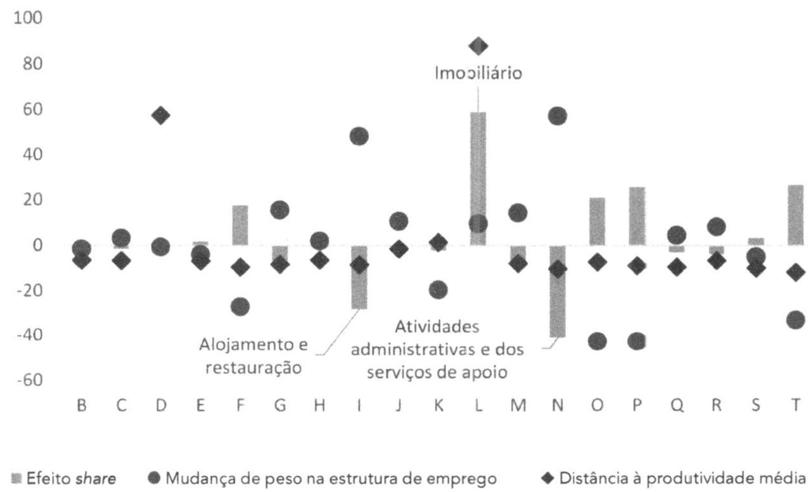

Fonte: INE, Contas Nacionais, cálculos dos autores.

Ao longo deste período, a parte do trabalho no rendimento agregado caiu 0,65 pontos percentuais. Contudo, a pequena escala desta variação negativa foi mais uma vez determinada essencialmente pela contribuição positiva do imobiliário, cujo declínio da «produtividade» contribuiu positivamente, de forma considerável, para a sustentação da parte do trabalho no rendimento agregado. Por outro lado, o sector D — Produção e Distribuição de Eletricidade, Gás, Vapor e Ar Frio contribuiu fortemente no sentido negativo, devido à combinação de um grande incremento da produtividade com um decréscimo dos salários médios (ver Figura I.18).

Em resumo, ao longo do período 2010–2013, a evolução dos salários reais médios agregados, da produtividade e da parte do trabalho no rendimento foi dominada por processos ocorridos no interior dos sectores. Os efeitos *shift* negativos associados aos salários foram principalmente induzidos por cortes na remuneração dos trabalhadores da administração pública e contrariados pela contração de um grande empregador com salários baixos, o F — Construção. O incremento da produtividade neste período é meramente aparente, uma vez que tem origem, na sua maior parte, no recuo do emprego e não no crescimento do VAB.

Em contrapartida, no período subsequente, 2013–2016, os processos de mudança estrutural convergiram com processos ocorridos no interior dos sectores, contrariando uma revalorização dos salários reais médios e um aumento da produtividade e conduzindo à persistência de uma parte do trabalho no rendimento deprimida. Quatro sectores foram os principais motores da mudança estrutural ao longo deste período: *(a)* dois caracterizados pelos baixos salários e pela baixa produtividade associados ao turismo — o I — Alojamento e Restauração e o N — Atividades Administrativas e dos Serviços de Apoio — que, tendo incrementado o seu peso na estrutura de emprego, impeliram os salários médios e a produtividade no sentido descendente; e *(b)* dois sectores caracterizados por salários e produtividade mais elevados, nomeadamente, o K — Atividades Financeiras e de Seguros e o L — Imobiliário, o primeiro em perda de peso na estrutura de emprego, empurrando os salários médios no sentido negativo, e o segundo reforçando o seu peso na estrutura de emprego, ocultando, deste modo, a tendência geral de declínio da produtividade.

Figura I.18: Variação do salário e da produtividade ajustada pelos preços relativos e variação da parte do trabalho, 2013–2016 [representada pelo diâmetro dos balões sombreados (variação positiva) e não-sombreados (variação negativa)]

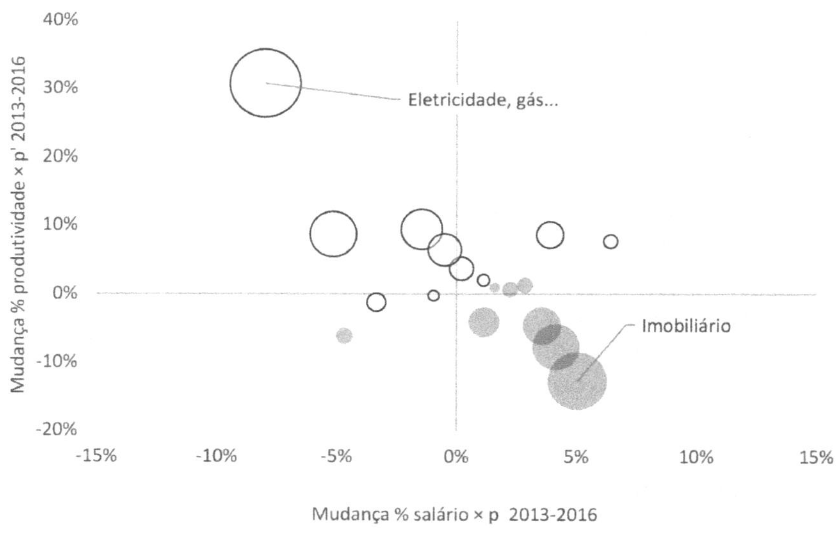

Fonte: INE, Contas Nacionais, cálculos dos autores.

Uma mudança de estrutura concomitante com a desvalorização interna ocorreu na economia portuguesa, enviesando a estrutura de emprego e o VAB no sentido de sectores fracamente remunerados e de baixa produtividade, dando origem (não obstante a recuperação dos níveis de emprego e do PIB) a uma estagnação persistente dos salários reais, da produtividade e do peso do trabalho no rendimento (ver Figuras I.19 e I.20, abaixo).

Desenvolvimentos mais recentes, posteriores a 2016, parecem confirmar a persistência dos efeitos da desvalorização interna. Dados sectoriais disponíveis referentes a 2017 confirmam que a criação de emprego ao longo do ano continuou concentrada (71%) em sectores com baixos salários e produtividade (ver Figura I.21).

Figura I.19a: Sectores ordenados de N (baixo salário) a T (salário elevado), mudança de peso na estrutura de emprego, 2010–2013

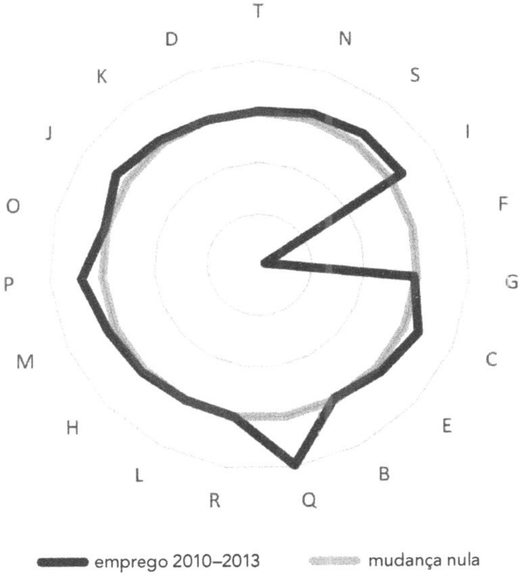

Fonte: INE, Contas Nacionais, cálculos dos autores.

Figura I.19b: Sectores ordenados de N (baixo salário) a T (salário elevado), mudança de peso na estrutura de emprego, 2013–2016

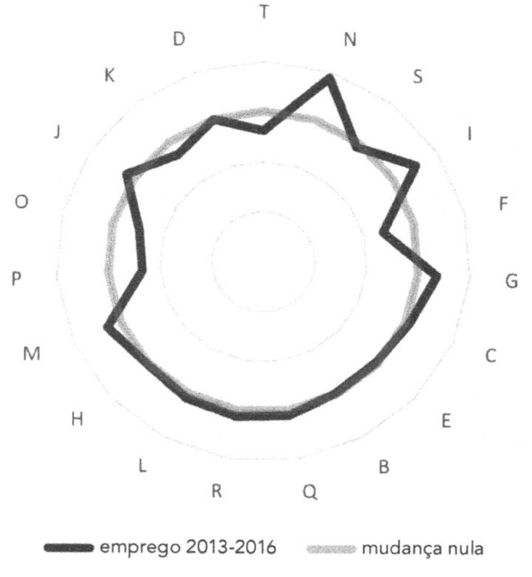

Fonte: INE, Contas Nacionais, cálculos dos autores.

Figura I.20a: Sectores ordenados de N (baixo salário) a T (salário elevado), mudança de peso na estrutura do VAB, 2010–2013

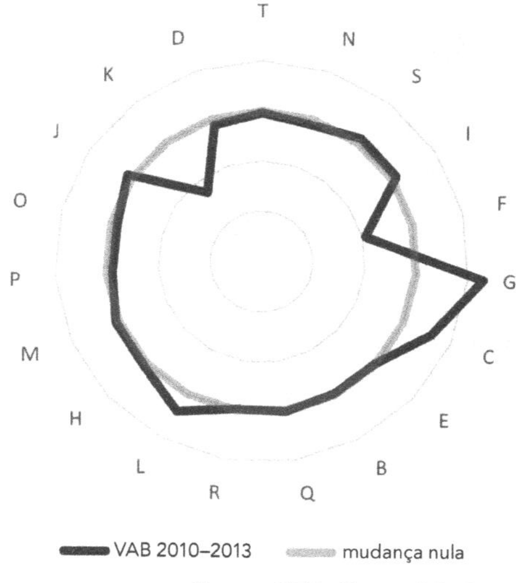

Fonte: INE, Contas Nacionais, cálculos dos autores.

Figura I.20b: Sectores ordenados de N (baixo salário) a T (salário elevado), mudança de peso na estrutura do VAB, 2013-2016

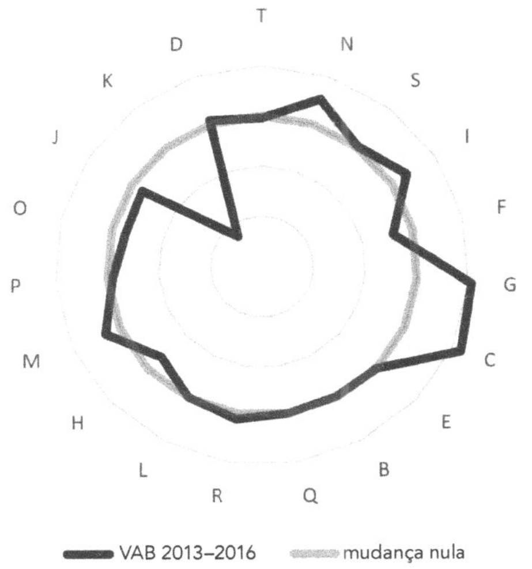

Fonte: INE, Contas Nacionais, cálculos dos autores.

Figura I.21: Distribuição da criação de emprego entre sectores, 2017 (a área dos balões representa a criação de emprego)

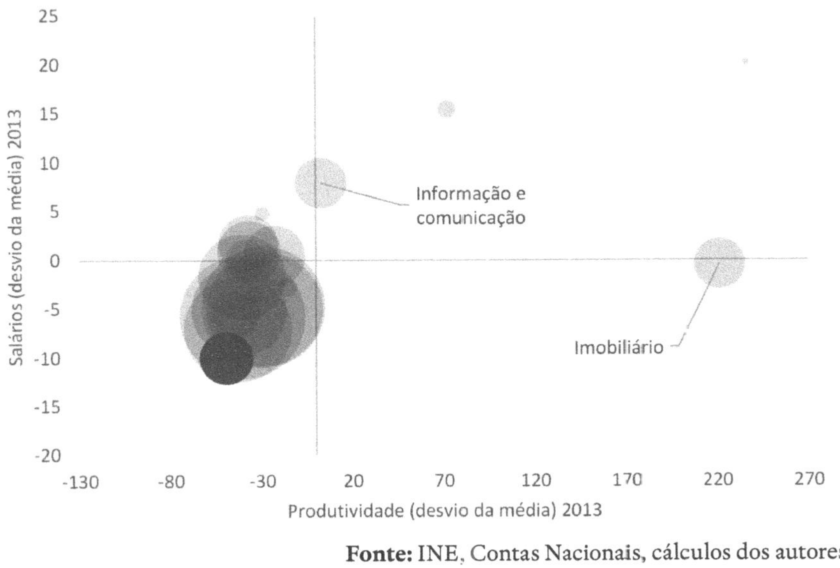

Fonte: INE, Contas Nacionais, cálculos dos autores.

I.5.2. Outros aspectos negligenciados da desvalorização interna

A par do seu impacto na estrutura de emprego e do VAB, explicativo da persistência, para lá do período de «ajustamento», da deflação salarial, da estagnação da produtividade e do baixo peso do trabalho no rendimento agregado, a desvalorização interna desencadeou outros processos que ensombram a recuperação futura e que merecem consideração.

O primeiro destes processos é demográfico. No caso de Portugal, a combinação de desemprego massivo com deflação salarial conduziu a uma contração de 3,5% nos números de população ativa entre 2011 e 2016 (ver Figura I.22). Este declínio, atribuível à inversão de fluxos migratórios positivos anteriores, foi seguido (a partir de 2016) de uma ligeira recuperação resultante de uma nova inversão do sinal dos fluxos. Não obstante, apesar da recuperação do emprego, em 2017 e 2018 a emigração manteve-se acima dos níveis de pré-ajustamento (ver Figura I.23). Isto pode ser atribuído, pelo menos parcialmente, ao aumento das diferenças salariais no interior da UE durante e após o ajustamento. Dada a ausência de acréscimos de produtividade, o declínio da população ativa, difícil de reverter no contexto de deflação salarial duradoura, pesa nas perspetivas futuras de crescimento económico.

Figura I.22: População ativa (20 a 64 anos), 2011–2018

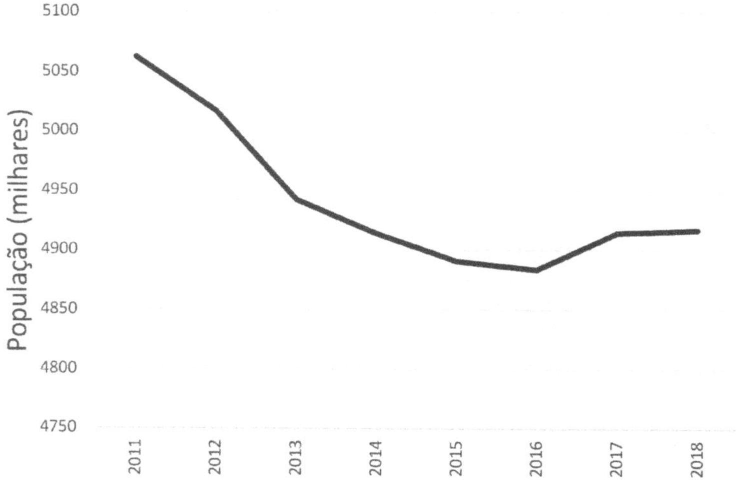

Fonte: INE, Inquérito ao emprego, cálculos dos autores.

Figura I.23: Imigração permanente, 2008-2018

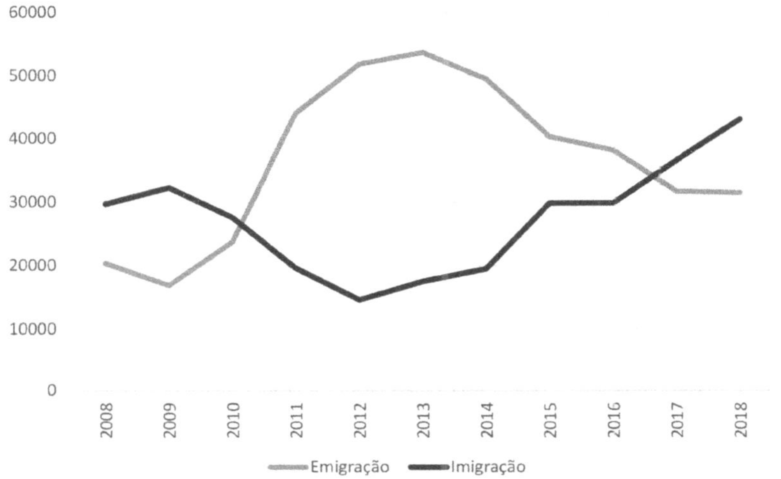

Fonte: INE, Estimativas anuais de emigração, cálculos dos autores.

O segundo ponto a considerar é que as condições para o crescimento da produtividade também foram depredadas pelo ajustamento. Entre 2010 e 2016, o investimento (Formação Bruta de Capital Fixo) diminuiu 23% em termos nominais. Além disso, a sua distribuição sectorial mudou consideravelmente, enviesando a estrutura a favor de sectores de baixa produtividade e salário. Entre 2013 e 2016, com a exceção anómala do L — Imobiliário, os sectores cuja estrutura do investimento ganhou peso caracterizam-se pelos baixos salários, especificamente o N — Atividades Administrativas e dos Serviços de Apoio, o G — Comércio e o C — Indústria Transformadora (ver Figura I.24). Uma vez que estas atividades, à exceção do sector C — Indústria Transformadora, são também caracterizadas pela baixa produtividade e pelo reduzido crescimento da produtividade, a probabilidade de um impulso movido pelo crescimento da produtividade é diminuta.

Figura I.24: Sectores ordenados de N (baixo salário) a T (salário elevado), mudança de peso na estrutura do investimento, 2013–2016

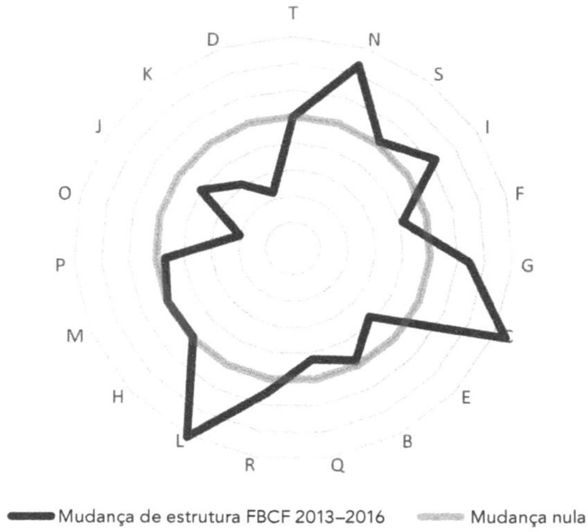

Fonte: INE, Contas Nacionais, cálculos dos autores.

Um terceiro aspecto merecedor de investigação é o das transformações dos canais de financiamento da economia portuguesa. Durante a GCF, a crise da eurozona, e o ajustamento subsequente, os fluxos de capitais mediados pela banca (sob a forma de crédito) parecem ter sido parcialmente substituídos — primeiro pelo crédito oficial e, subsequentemente, pela pura e simples alienação de ativos a não-residentes. Este processo foi mais visível no caso das privatizações e resgates bancários que ocorreram durante o ajustamento e, mais recentemente, no *boom* imobiliário que presentemente se desenrola, alimentado por fluxos de capitais de fundos imobiliários e indivíduos não-residentes. Esta deslocação no regime de financiamento da economia pode, também, convergir cumulativamente para dificultar uma plena recuperação da crise em Portugal, na medida em que a aquisição de ativos por não-residentes terá como contrapartida futura maiores fluxos de capitais para o exterior.

I.5.3. Os mecanismos cumulativos e potencialmente circulares da desvalorização interna

A desvalorização interna em Portugal, embora eficaz quanto ao reequilíbrio da balança externa, não só serviu interesses financeiros como desencadeou um processo regressivo de mudança estrutural que conduziu à estagnação dos salários reais, da produtividade e da parte do trabalho no rendimento. As características estilizadas deste processo são as seguintes:

(1) No contexto de desemprego massivo, a desvalorização interna tem impacto em todos os sectores;
(2) Enquanto os sectores de baixos salários/baixa produtividade que produzem para o mercado interno não beneficiaram da desvalorização, dado os seus efeitos prejudiciais na procura interna, os sectores expostos à procura externa (principalmente, no caso de Portugal, os ligados ao turismo) foram capazes de absorver uma proporção importante do «hiato» do mercado de trabalho a níveis baixos de salário;
(3) As exportações cresceram mais do que as importações (devido ao reduzido conteúdo importado destas exportações e à compressão da procura interna);
(4) Movido pela procura externa orientada para sectores trabalho-intensivos, o PIB e o emprego globais responderam positivamente. O emprego criado, principalmente, nos sectores de baixos salários/baixa produtividade e o declínio do desemprego alimentaram uma expansão mitigada da procura interna;
(5) Devido ao efeito combinado da emigração e da redução do desemprego, os salários nominais tendem a aumentar, afetando os custos e os rendimentos do capital nos emergentes sectores transacionáveis, trabalho-intensivos e de baixo salário;
(6) A revalorização salarial e a ausência de expansão da produtividade terão como consequência ou uma exaustão das margens do capital no sector emergente trabalho-intensivo orientado para as exportações, ou um impulso ascendente nos preços de oferta que tende a erodir a competitividade no preço destes sectores. A balança corrente desequilibra-se de novo no sentido de um novo défice;
(7) O fecho do ciclo ocorre por via de pressão acrescida para a desvalorização interna, com origem no sector exportador intensivo de trabalho e nos credores externos.

I.6. Conclusões

Este capítulo defendeu que a financeirização na periferia europeia do Sul é crucial para explicar o modo como a desvalorização interna se tornou o instrumento político preferido de ajustamento económico, no contexto da GCF e da crise da eurozona. Apartando-nos da literatura da financeirização sobre trabalho, que se foca no comportamento de curto prazo das empresas cotadas para com a sua força de trabalho no contexto de dominação financeira e de miopia do valor acionista, defendemos, em alternativa, que a financeirização nos países periféricos os afetou, antes de mais, sob a forma de um novo regime de política macroeconómica orientado para a preservação do valor e dos interesses financeiros, através da transformação do trabalho na principal variável de ajustamento a «choques assimétricos».

Os efeitos no trabalho e emprego deste novo regime macroeconómico assumiram um carácter dual. Por um lado, a vulnerabilidade dos trabalhadores aumentou devido à «desvalorização interna», externamente imposta por força da reforma das instituições que enquadram o mercado de trabalho. Por outro, a mudança estrutural originada por este processo na economia portuguesa, nos anos mais recentes, levou à prevalência de sectores caracterizados pela baixa produtividade e de emprego fracamente remunerado, aumentando, deste modo, ainda mais a vulnerabilidade da força de trabalho. Esta mudança estrutural reflete não só as políticas de ajustamento pós-*troika*, mas também uma nova visão acerca do modo como a economia portuguesa está hoje integrada nos mercados financeiros internacionais. Ao invés de recorrer a fluxos interbancários de crédito com origem noutros países europeus, a economia portuguesa está hoje integrada como recipiente de fundos de investimento imobiliário que buscam rendimento num contexto de baixas taxas de juro, tirando partido e impulsionando a expansão do sector do turismo e os preços relativamente reduzidos dos ativos portugueses.

No contexto da GCF, a desvalorização interna emergiu como a política estrutural necessária para restaurar a competitividade e corrigir os desequilíbrios externos na periferia europeia do Sul. A UE, que anteriormente carecia dos poderes coercivos capazes de impor as reformas no mercado de trabalho, abraçou a oportunidade para aplicar, no quadro da condicionalidade da *troika*, a sua velha agenda de flexibilização. Em Portugal, os principais objetivos da desvalorização interna e da austeridade orçamental — o reequilíbrio do Orçamento de Estado e das contas externas — foram realizados. Quando a austeridade foi aliviada, existia um certo grau de recuperação do emprego e do PIB. Mas, apesar destas recuperações, os níveis de salários reais da produtividade e do peso dos salários no rendimento estão ainda aquém dos que se verificavam antes do ajustamento. Exibindo uma senda característica dos processos histeréticos, estas variáveis permanecem estagnadas abaixo dos seus limiares anteriores.

Isto sugere que o sistema de ajustamento no período 2010–2013 desencadeou um processo cumulativo (e potencialmente circular) que aprofundou a condição periférica de Portugal no âmbito da UE. A análise do ajustamento regressivo de uma perspetiva sectorial levou a concluir que as reduções dos salários reais, da produtividade e do peso do trabalho no rendimento verificadas entre 2010 e 2013, e determinadas por processos ocorridos no interior dos sectores, favoreceram, no período subsequente de 2013–2016, processos de mudança estrutural que convergiram com processos internos aos sectores para impedir a revalorização dos salários reais e o crescimento da produtividade — dando origem a um persistentemente deprimido peso do trabalho no rendimento.

Podemos, portanto, concluir que, concomitante com a desvalorização interna, ocorreu na economia portuguesa um processo de mudança estrutural que enviesou a estrutura do emprego e do VAB a favor de sectores parcamente remunerados (e de baixa produtividade), o que explica a estagnação persistente dos salários reais, da produtividade e do peso do trabalho no rendimento. A análise dos mecanismos capazes de produzir esta reconfiguração estrutural suscita a conjetura de que a reversão do processo regressivo posto em marcha pela desvalorização interna, sendo cumulativo e potencialmente circular, pode ser difícil de conseguir. Numa economia política inclinada para a «exportação» de serviços *low cost* (parcamente remunerados) e ativos imobiliários, os interesses constituídos entrincheirados no sector exportador *low cost*, legitimados no argumento de que novos desequilíbrios das contas externas, uma compressão das margens de lucro e um recrudescimento do desemprego ocorrerão caso seja permitida um recuperação dos salários, não estarão isolados nas suas tentativas de bloqueio de reformas progressistas no mercado de trabalho (e planeamento urbano).

Difícil de reverter, o processo cumulativo de declínio dos salários da produtividade e do peso do trabalho no rendimento, desencadeado pelo ajustamento regressivo baseado na desvalorização interna, está a comprometer as possibilidades da economia e da sociedade portuguesas. O declínio demográfico, a delapidação do potencial produtivo do capital fixo e a dependência de fundos de investimento alimentadores de uma bolha imobiliária são sintomas de uma doença difícil de curar, pelo menos no quadro dos atuais constrangimentos políticos financeirizados do euro. A esta luz, tomar o ajustamento português como um caso de sucesso deve ser considerado, no mínimo, um exagero.

ANEXO 1. RENDIMENTO DO TRABALHO E DECOMPOSIÇÃO *SHIFT-SHARE*

a) Cálculo do rendimento do trabalho

O rendimento do trabalho pode ser estimado a partir de dados das Contas Nacionais, ajustando a «Remuneração dos Empregados» agregada ou sectorial (AcE) do seguinte modo:

$$\text{AcE} = \frac{\text{remuneração dos empregados}}{\text{empregados}} \times \text{emprego}$$

Isto inclui quer o rendimento dos trabalhadores por conta de outrem (empregados) quer o dos trabalhadores independentes. Assume-se que o rendimento médio do trabalho dos trabalhadores independentes é igual à remuneração média dos trabalhadores por conta de outrem de cada sector, ou da economia. Em Portugal, dada a pluriatividade nas áreas rurais, este pressuposto envolve grandes distorções no caso da agricultura. Assim, a análise aqui apresentada exclui a agricultura.

b) Computação da parte do trabalho no rendimento, dos salários médios e da produtividade

Uma vez computado o rendimento do trabalho para todos os sectores, as partes do trabalho sectoriais — LS_i — são dadas por:

$$LS_i = \frac{AcE_i}{VAB_i}$$

Em que VAB_i é o Valor Acrescentado Bruto do sector i e a parte do trabalho no rendimento agregada — LS_T — é dada por:

$$LS_T = \frac{\sum_{i=1}^{n} AcE_i}{\sum_{i=1}^{n} VAB_i}$$

Note-se que a parte do trabalho no rendimento expressa em termos nominais como $LS = \frac{AcE}{VAB}$ também pode ser escrita como $LS = \frac{w \times l}{VAB}$, em que w é a remuneração nominal média do trabalho e l, o emprego. Dividindo por l o dividendo e o divisor obtém-se $LS = \frac{w}{\frac{VAB}{l}}$, ou $\frac{\text{salário real médio} \times \text{p}}{\text{produtividade do trabalho} \times \text{p'}}$, com p a denotar o índice de preços de consumidor e p' o deflator do VAB.

Isto significa que (abstraída de flutuações dos preços relativos) a análise da dinâmica da parte do trabalho no rendimento pode ser decomposta numa análise da dinâmica dos salários reais e numa análise da dinâmica da produtividade. Quando os salários reais crescem mais rapidamente (ou decrescem menos) do que a produtividade, a parte do trabalho no rendimento aumentará. Em contrapartida, quando os salários reais crescem menos ou decrescem mais do que a produtividade, a parte do trabalho no rendimento declinará.

Os salários reais sectoriais são dados por $w_i = \frac{AcE_i}{l_i} \times \frac{1}{p}$ e a produtividade por $\pi_i = \frac{VAB_i}{l_i}$.

c) As equações e a análise *shift-share*

Os salários reais e a produtividade podem variar, quer em consequência de mudanças no interior dos sectores quer por alterações na estrutura de emprego. Decompondo as dinâmicas dos salários reais e da produtividade com uma análise *shift-share*, é possível separar os efeitos intrasector (efeitos *shift*) sobre estas variáveis dos efeitos intersectoriais (efeitos *share*), permitindo a avaliação de ambos os tipos de efeito na evolução dos salários e da produtividade e, portanto, do peso do trabalho no rendimento. A decomposição *shift-share* dos salários e da produtividade assenta nas seguintes expressões aritméticas:

(1) Para os salários reais,

$$\Delta w = \underbrace{\sum_i^n \Delta w_i \times l_{i0}}_{\text{efeito } shift} + \underbrace{\sum_i^n (w_{i0} - w_{T0}) \times \Delta l_i}_{\substack{\text{efeito } share \\ \text{(efeito estrutural estático)}}} + \underbrace{\sum_i^n \Delta w_i \times \Delta l_i}_{\substack{\text{efeito de covariância} \\ \text{(efeito estrutural dinâmico)}}}$$

em que Δw é a variação do salário médio agregado no período de análise (entre o momento 0 e o momento *t*), Δw_i é a variação do salário médio no sector *i*, entre 0 e *t*, l_{i0} o peso do sector *i* no emprego total no momento 0, $(w_{i0} - w_{T0})$ é o desvio do salário do sector *i* da média dos salários em todos os sectores, no momento 0, e Δl_i é a variação do peso na estrutura de emprego do sector *i*, entre 0 e *t*;

(2) Para a produtividade,

$$\Delta\pi = \underbrace{\sum_{i}^{n} \Delta\pi_i \times l_{i0}}_{\text{efeito } \textit{shift}} + \underbrace{\sum_{i}^{n} (\pi_{i0} - \pi_{T0}) \times \Delta l_i}_{\substack{\text{efeito } \textit{share} \\ \text{(efeito estrutural estático)}}} + \underbrace{\sum_{i}^{n} \Delta\pi_i \times \Delta l_i}_{\substack{\text{efeito de covariância} \\ \text{(efeito estrutural dinâmico)}}}$$

em que $\Delta\pi$ é a variação da produtividade média agregada no período de análise, $\Delta\pi_i$ é a variação da produtividade média em cada sector, l_{i0} o peso na estrutura de emprego de cada sector no momento 0, $(\pi_{i0} - \pi_{T0})$ o desvio entre a produtividade de cada sector e a média de todos os sectores no momento, e Δl_i a variação do peso na estrutura de emprego de cada sector.

O efeito *shift* global quantifica a contribuição dos efeitos internos aos sectores para a variação do salário médio agregado (ou da produtividade). Para cada sector, a contribuição para o efeito *shift* global é positiva se a variação do salário médio (ou da produtividade) for positiva e vice-versa, no caso de ser negativa.

O efeito *share* global quantifica os efeitos no salário médio agregado (ou na produtividade) de mudanças na estrutura de emprego. Um sector com salários (ou produtividade) abaixo da média no momento 0 contribui negativamente para o efeito *share* quando o seu peso na estrutura de emprego aumenta e contribui positivamente para este efeito quando o seu peso decresce. Em contrapartida, um sector com salários acima da média contribui negativamente para o efeito *share* quando o seu peso decresce e contribui positivamente quando o seu peso aumenta.

O efeito estrutural dinâmico (ou efeito de covariância), normalmente residual, é positivo quando as variações correlacionadas positivas dos salários (ou da produtividade) e o peso na estrutura predominam sobre as variações não correlacionadas. No caso contrário é negativo.

Como nota final, assinala-se que a equação *shift-share* (para o salário médio neste caso) é habitualmente dada por:

$$\text{(i)} \quad \Delta w = \underbrace{\sum_{i}^{n} \Delta w_i \times l_{i0}}_{\text{efeito } \textit{shift}} + \underbrace{\sum_{i}^{n} w_{i0} \times \Delta l_i}_{\substack{\text{efeito } \textit{share} \\ \text{(efeito estrutural estático)}}} + \underbrace{\sum_{i}^{n} \Delta w_i \times \Delta l_i}_{\substack{\text{efeito de covariância} \\ \text{(efeito estrutural dinâmico)}}}$$

Em vez disso, foi usado:

$$\text{(ii)}\quad \Delta w = \underbrace{\sum_{i}^{n} \Delta w_i \times l_{i0}}_{\text{efeito } shift} + \underbrace{\sum_{i}^{n} (w_{i0} - w_{T0}) \times \Delta l_i}_{\substack{\text{efeito } share \\ \text{(efeito estrutural estático)}}} + \underbrace{\sum_{i}^{n} \Delta w_i \times \Delta l_i}_{\substack{\text{efeito de covariância} \\ \text{(efeito estrutural dinâmico)}}}$$

Contudo, dado que,

$$\sum_{i}^{n} (w_{i0} - w_{T0}) \times \Delta l_i = \sum_{i}^{n} (w_{i0} \times \Delta l_i - w_{T0} \times \Delta l_i) = \sum_{i=1}^{n} (w_{i0} \times \Delta l_i) - \sum_{i=1}^{n} (w_{T0} \times \Delta l_i)$$

e

$$\sum_{i=1}^{n} (w_{T0} \times \Delta l_i) = w_{T0} \times \sum_{i=1}^{n} \Delta l_i = 0, \text{ porque } \sum_{i=1}^{n} \Delta l_i = 0$$

as equações (i) e (ii) são equivalentes para os efeitos agregados (*shift*, *share* e covariância), mas (ii) proporciona valores mais apropriados para o efeito *share* de cada sector.

Com a equação (ii), obtemos:

1. Efeitos *shift* (sectoriais e totais): mudanças no salário médio de cada sector, ponderadas pela sua quota do emprego total, e mudanças no salário médio do conjunto da economia resultantes de mudanças no interior dos sectores;
2. Efeitos *share* (efeitos estruturais estáticos): mudanças do salário médio resultantes de mudanças na alocação do emprego; para cada sector o termo é positivo se a quota de emprego do sector, com um salário médio acima (abaixo) da média, no momento inicial, tiver aumentado (diminuído);
3. Efeitos de covariância (efeitos estruturais dinâmicos): interação entre mudanças no salário médio sectorial e mudanças na alocação do emprego entre sectores; um valor positivo para o sector significa que variações no salário médio e na parte do emprego do sector no emprego total foram ambas positivas ou ambas negativas. Um valor positivo para a média agregada significa que as mudanças sectoriais positivas predominaram sobre as negativas no conjunto dos sectores.

ANEXO 2: NOMENCLATURA DOS RAMOS DE ATIVIDADE

	Designação
A	Agricultura, Silvicultura e Pesca
B	Indústrias Extrativas
C	Indústria Transformadora
D	Produção e Distribuição de Eletricidade, Gás, Vapor e Ar Frio
E	Captação, Tratamento e Distribuição de Água; Saneamento, Gestão de Resíduos e Despoluição
F	Construção
G	Comércio por Grosso e a Retalho; Reparação de Veículos Automóveis e Motociclos
H	Transportes e Armazenagem
I	Atividades de Alojamento e Restauração
J	Atividades de Edição, Gravação e Programação de Rádio e Televisão; Telecomunicações; Consultoria, Atividades Relacionadas de Programação Informática e Atividades dos Serviços de Informação
K	Atividades Financeiras e de Seguros
L	Atividades Imobiliárias
M	Atividades Jurídicas, de Contabilidade, Gestão, Arquitetura, Engenharia e Atividades de Ensaios e Análises Técnicas; Investigação Científica e Desenvolvimento; Outras Atividades de Consultoria, Científicas e Técnicas
N	Atividades Administrativas e dos Serviços de Apoio
O	Administração Pública e Defesa; Segurança Social Obrigatória
P	Educação
Q	Atividades de Saúde Humana; Atividades de Apoio Social
R	Atividades Artísticas, de Espetáculos e Recreativas
S	Outras Atividades de Serviços
T	Atividades das Famílias Empregadoras de Pessoal Doméstico; Atividades de Produção de Bens e Serviços pelas Famílias para Uso Próprio

REFERÊNCIAS BIBLIOGRÁFICAS

Blanchard, O. (2007). «Adjustment within the euro: the difficult case of Portugal». *Portuguese Economic Journal*, 6 (1): pp. 1–21.

Caldas, J. C. (2015). «Desvalorização do trabalho: do memorando à prática», *Cadernos do Observatório*, N.º 6. Observatório sobre Crises e Alternativas. Disponível em www.ces.uc.pt/observatorios/crisalt/documentos/cadernos/CadernoObserv_VI_jun2015_final.pdf.

Campos Lima, M. P. (2021). «Reconfiguring labour market and collective bargaining institutions in Portugal: turning the page on internal devaluation?». Em A. C. Santos e N. Teles (orgs.), *Financialisation in the European Periphery: Work and Social Reproduction in Portugal*. Londres: Routledge.

Christophers, B. (2015). «The limits to financialization». *Dialogues in Human Geography*, 5 (2): pp. 183–200.

Cushen, J., e Thompson, P. (2016). «Financialization and value: why labour and the labour process still matter». *Work, Employment and Society*, 30 (2): pp. 352–365.

Dostal, J. M. (2004). «Campaigning on expertise: how the OECD framed EU welfare and labour market policies — and why success could trigger failure». *Journal of European Public Policy*, 11 (3): pp. 440–460.

FMI (Fundo Monetário Internacional). (2011a). «Request for a three-year arrangement under the Extended Fund Facility». IMF Country Report, N.º 11/127. Disponível em https://www.imf.org/external/pubs/ft/scr/2011/cr11127.pdf.

FMI (Fundo Monetário Internacional). (2011b). «Letter of Intent, Memorandum of Economic and Financial Policies and Technical Memorandum of Understanding». Disponível em www.imf.org/external/np/loi/2011/prt/051711.pdf.

Goetschy, J. (2003). «The European Employment Strategy, multi-level governance, and policy coordination: past, present and future». Em Jonathan Zeitlin e David M. Trubek (orgs.), *Governing Work and Welfare in a New Economy: European and American Experiments*. Oxford: Oxford University Press, pp. 59–87.

Goetschy, J. (1999). «The European Employment Strategy: genesis and development». *European Journal of Industrial Relations*, 5 (2): pp. 117–137.

Hein, E. (2015). «Finance-dominated capitalism and re-distribution of income: a Kaleckian perspective». *Cambridge Journal of Economics*, 39: pp. 907–934.

Lagoa, S., e Barradas, R. (2021). «Financialisation and inequality in the semi periphery: evidence from Portugal». Em A. C. Santos e N. Teles (orgs.), *Financialisation in the European Periphery: Work and Social Reproduction in Portugal*. Londres: Routledge.

Lapavitsas, C., Kaltenbrunner, A., Lambrinidis, G., Lindo, D., Meadway, J. S., Michell, J., Painceira, J. P., Pires, E., Powell, J., Stenfors, A., Teles, N., e Vatikiotis, L. (2012). *Crisis in the Eurozone*. Londres: Verso.

Layard, R., Nickell, S., e Jackman, R. (2005). *Unemployment: Macroeconomic Performance and the Labour Market.* 2.ª edição. Oxford: Oxford University Press (1.ª edição 1991).

Lazonick, W., e O'Sullivan, M. (2000). «Maximising shareholder value: a new ideology for corporate governance». *Economy & Society*, 29: pp. 13–35.

Lopes, H. (2021). «Financialisation, work and labour relations». Em A. C. Santos e N. Teles (orgs.), *Financialisation in the European Periphery: Work and Social Reproduction in Portugal.* Londres: Routledge.

Martin, R., Rafferty, M., e Bryan, D. (2018). «Financialization, risk and labour». *Competition & Change*, 12: pp. 120–132.

Mitchell, W., e Muysken, J. (2008). *Full Employment Abandoned: Shifting Sands and Policy Failures.* Cheltenham: Edward Elgar.

Mosher, J. S., e Trubek, D. M. (2003). «Alternative approaches to governance in the EU: EU social policy and the European Employment Strategy». *Journal of Common Market Studies*, 41 (1): pp. 63–88.

O' Rourke, K., e Taylor, A. M. (2013). «Cross of Euros». *Journal of Economic Perspectives*, 27 (3): pp. 167–192.

Petroulakis, F. (2017). «Internal devaluation in currency unions: the role of trade costs and taxes». *European Central Bank Working Paper* N.º 2049. Disponível em www.ecb.europa.eu/pub/pdf/scpwps/ecb.wp2049.en.pdf.

Reis, J., Rodrigues, J., Santos, A. C., e Teles, N. (2014). «Compreender a crise: a economia portuguesa num quadro europeu desfavorável». Em J. Reis (org.), *Economia Política do Retrocesso: crise, causas e objectivos.* Lisboa: Almedina, pp. 21–87.

Rodrigues, J., Santos, A. C., e Teles, N. (2016). *A Financeirização do Capitalismo em Portugal.* Lisboa: Conjuntura Actual Editora.

Rodrigues, J., Santos, A. C., e Teles N. (2021). «Revisiting the concept of semi-peripheral financialisation». Em A. C. Santos e N. Teles (orgs.), *Financialisation in the European Periphery:Work and Social Reproduction in Portugal.* Londres: Routledge.

Santos, A. C., e Teles, N. (2021). «Post-crisis financialisation in the Southern European periphery: introduction». Em A. C. Santos e N. Teles (orgs.), *Financialisation in the European Periphery: Work and Social Reproduction in Portugal.* Londres: Routledge.

Santos, A. C., e Príncipe C. (2021). «The deepening of financialised social reproduction in Southern Europe». Em A. C. Santos e N. Teles (orgs.), *Financialisation in the European Periphery: Work and Social Reproduction in Portugal.* Londres: Routledge.

Stockhammer, E. (2008). «Some stylized facts on the finance-dominated accumulation regime». *Competition & Change*, 12 (2): pp. 184–202.

Streeck, W., e Trampusch, C. (2006). «Economic reform and the political economy of the German welfare state». Em K. Dyson e S. Padgett (orgs.), *The Politics of Economic Reform in Germany*. Oxford: Routledge, pp. 60–81.

Teles, N. (2017). «O trabalho como variável de ajustamento: da teoria à prática». Em M. Carvalho da Silva, P. Hespanha e J. Caldas (orgs.), *Trabalho e Políticas de Emprego: um retrocesso evitável*. Lisboa: Almedina, pp. 35–79.

Thompson, P. (2013). «Financialization and the workplace: extending and applying the disconnected capitalism thesis». *Work, Employment and Society*, 27 (3): pp. 472–88.

Turrini, A., Koltay, G., Pierini, F., Goffard, C., e Kiss, A. (2014). «A decade of labour market reforms in the EU: insights from the LABREF database». *European Economy Economic Papers* N.º 522. Bruxelas: Comissão Europeia.

Uxó, J., Paúl, J., e Febrero, E. (2014). «Internal devaluation in the European periphery: the story of a failure». *Working Paper* 2014/2, University of Castilla-La Mancha. Disponível em www.researchgate.net/publication/270896333_Internal_devaluation_in_the_European_periphery_the_story_of_a_failure.

van der Zwan, N. (2014). «Making Sense of Financialization». *Socioeconomic Review*, 12 (1): pp. 99–129.

Varoufakis, Y. (2017). *Adults in the Room*. Londres: Bodley Head.

CAPÍTULO II
DESVALORIZAÇÃO INTERNA E DESIGUALDADE ECONÓMICA EM PORTUGAL: DESAFIOS ÀS RELAÇÕES LABORAIS EM TEMPOS DE CRISE E RECUPERAÇÃO[1]

Maria da Paz Campos Lima[2], Diogo Martins[3],
Ana Cristina Costa[4] e António Velez[5]

II.1. Introdução

Este capítulo insere-se no debate sobre a persistência da desigualdade económica e do lento crescimento dos salários (OCDE, 2018; Nações Unidas, 2015), analisando o papel das políticas de desvalorização interna (Blanchard, 2007) implementadas nos países do Sul da Europa. Estas políticas intensificaram as trajetórias de liberalização (Baccaro e Howell, 2017) e fragilizaram o mercado de trabalho e as instituições de negociação coletiva envolvidas na determinação dos níveis salariais, distribuição de salários e peso dos salários no rendimento nacional (Álvarez *et al.*, 2018; Cruces *et al.*, 2015; Grimshaw *et al.*, 2014; Müller *et al.*, 2019). Esta linha de investigação articula-se com contribuições recentes de outros autores que examinaram o efeito das inversões políticas em relação às medidas de desvalorização interna e a margem de manobra disponível para os governos dos países periféricos sob as restrições da União Económica e Monetária (UEM) (Branco *et al.*, 2019; Bulfone e Tassinari, 2020). Essa linha de investigação debruça-se sobre uma questão

[1] A investigação subjacente a este capítulo foi financiada por fundos nacionais através da FCT — Fundação para Ciência e Tecnologia — no quadro do projeto REVAL — *Da desvalorização interna à revalorização do trabalho: o caso de Portugal*. Referência: PTDC/SOC-SOC/28811/2017. Este capítulo foi anteriormente publicado em língua inglesa em: Campos Lima, M. P., Martins, D., Costa, A.C., e Velez, A. (2021). «Internal devaluation and economic inequality in Portugal: challenges to industrial relations in times of crisis and recovery». *Transfer: European Review of Labour and Research*, 27 (1): pp. 47–73. Os coordenadores e autores agradecem à *Transfer* a permissão da publicação e adaptação em língua portuguesa.

[2] Instituto Universitário de Lisboa (ISCTE-IUL) e DINAMIA'CET, Lisboa, Portugal.

[3] Centro de Estudos Sociais (CES), Universidade de Coimbra; e Universidade de Massachusetts Amherst, EUA.

[4] Instituto Universitário de Lisboa (ISCTE-IUL) e DINAMIA'CET, Lisboa, Portugal.

[5] Instituto Universitário de Lisboa (ISCTE-IUL) e DINAMIA'CET, Lisboa, Portugal.

principal: que mudanças políticas foram relevantes (e em que medida) para reforçar as instituições do mercado de trabalho e o poder de negociação sindical, com potencial para fazer a diferença no combate à desigualdade? Ao longo do capítulo, consideram-se também contribuições que realçam os efeitos cumulativos e os impactos variegados das políticas de desvalorização interna na reprodução e expansão dos sectores de baixos salários e baixa produtividade e na trajetória da queda do peso dos salários no rendimento nacional (Teles *et al.*, 2022).

As questões que orientam a análise apresentada neste capítulo são as seguintes:

- Como é que a combinação das políticas de austeridade e de desvalorização interna, impostas desde 2010 nos países do Sul da Europa, sob condições explícitas ou implícitas — que incluem a desregulamentação do mercado de trabalho e das instituições de negociação coletiva —, se relacionam com as tendências salariais e com a desigualdade económica durante a crise e além dela? Até que ponto as dinâmicas de recuperação económica, as mudanças políticas e a reversão parcial das medidas prepararam o caminho para a redução da desigualdade económica?
- As políticas de desvalorização interna e de reversão de políticas tiveram um impacto diferenciado ao nível sectorial? Como se relaciona esse impacto com as características das relações laborais sectoriais em termos de coordenação ou centralização da negociação, cobertura negocial e densidade sindical, bem como com as características económicas e do mercado de trabalho específicas de cada sector?

Para explorar estas questões, analisamos o caso de Portugal, o país do Sul da Europa em que a queda do peso dos salários no rendimento nacional foi mais pronunciada, na sequência da aplicação das políticas de desvalorização interna (Cruces *et al.*, 2015; OIT, 2018, 2019), mas também aquele em que as mudanças políticas para a esquerda do espectro político e as consequentes inversões de medidas no que respeita às políticas de desvalorização interna começaram mais cedo (em 2015) e tiveram um âmbito mais alargado (Branco *et al.*, 2019; Bulfone e Tassinari, 2020).

A análise considera dois períodos contrastantes: o período de crise económica e a intervenção da *troika* (2011–2014), quando as políticas de desvalorização interna foram implementadas pela coligação governamental de centro-direita Partido Social Democrata (PSD)/Centro Democrático

Social (CDS); e o período pós-*troika* e de recuperação que, desde novembro de 2015 e até ao fim do período de análise, coincidiu com um ciclo político de esquerda sob um governo constituído pelo Partido Socialista (PS), com o apoio parlamentar de três outros partidos de esquerda: o Bloco de Esquerda (BE), o Partido Comunista Português (PCP) e o Partido Ecologista os Verdes (PEV).

No plano empírico, esta análise mapeia as políticas de desvalorização interna e o contexto de reversão dessas políticas, bem como identifica os impactos da evolução do salário mínimo e da negociação coletiva sobre as tendências salariais. Este exercício é sustentado na análise das trajetórias de desigualdade salarial e do peso dos salários no rendimento nacional — os dois tipos de desigualdade económica mais diretamente ligados às instituições do mercado de trabalho, nomeadamente à negociação coletiva (Álvarez *et al.*, 2018; Müller *et al.*, 2019). A análise incide sobre a evolução de quatro segmentos do sector privado: C – Indústria Transformadora, F – Construção, I – Serviços de Alojamento e Restauração e K – Atividades Financeiras e de Seguros. Mostra-se a importância da análise sectorial na identificação da heterogeneidade do impacto das políticas de desvalorização interna sobre a desigualdade salarial e a evolução do peso dos salários na repartição do rendimento e a sua interdependência com a evolução sectorial da economia portuguesa. As diferenças sectoriais exploradas consideram as seguintes dimensões: relações laborais (nível de negociação e cobertura, coordenação e centralização, e densidade sindical); estruturas económicas e do mercado de trabalho (como a percentagem de PME, de trabalho temporário[6] e de trabalhadores que auferem o salário mínimo); e trajetórias de declínio e recuperação do emprego e da produtividade em cada sector.

II.2. Desvalorização interna, instituições do mercado de trabalho e desigualdade económica

Nas últimas décadas, a literatura económica de raiz neoclássica procurou explicar as desigualdades como resultado principal da globalização, do nível e diferenças de qualificação/educação e das mudanças do perfil tecnológico

[6] O conceito de trabalho temporário a que se refere a análise neste capítulo segue a definição da Labour Force Survey/Eurostat, que considera trabalho temporário como um trabalho ao abrigo de um contrato de trabalho a termo (certo ou incerto, sob diferentes formas e duração, incluindo através de agências de trabalho temporário), por oposição a um trabalho permanente com duração indeterminada.

de produção. No entanto, autores de várias disciplinas e abordagens têm apontado para o papel fundamental das instituições do mercado de trabalho e do poder de negociação sindical, salientando que, desde os anos 1980, a transformação neoliberal na esfera laboral — traduzida na desregulamentação dos mercados de trabalho, na facilitação dos despedimentos, na expansão das formas de trabalho precário e no declínio da negociação coletiva — resultou numa contínua deterioração das condições de negociação salarial dos trabalhadores, contribuindo para níveis de desigualdade sem precedentes (Alvaredo *et al.*, 2017; Piketty, 2014; Schäfer e Streeck, 2013; Vaughan-Whitehead, 2017, 2018).

Com a produtividade a aumentar mais rapidamente do que os salários reais, o declínio da proporção dos rendimentos do trabalho na distribuição do rendimento nacional entre capital e trabalho (distribuição funcional do rendimento) tem tendido a evoluir em paralelo com uma maior desigualdade na distribuição pessoal do rendimento, medida pelo coeficiente de Gini (Alvaréz *et al.*, 2018; OCDE e OIT, 2015; Piketty, 2014). Embora a relação entre a distribuição funcional do rendimento e a desigualdade geral do rendimento não seja simples (OCDE e OIT, 2015; Therborn, 2013), pesquisas recentes chamaram a atenção para o papel distributivo desempenhado pelas relações laborais e instituições do mercado de trabalho «com incidência no espaço onde tem lugar a distribuição dos ganhos de produtividade» (Álvarez *et al.*, 2018, p. 8) e para as interligações entre o peso da distribuição de rendimentos entre capital e trabalho (distribuição funcional do rendimento) e a desigualdade salarial (entre a população empregada).

A estratégia de desvalorização interna (Blanchard, 2007) imposta pela Comissão Europeia desde 2010, no contexto da crise da dívida da zona euro — sob condições implícitas ou explícitas, e em conjunto com o BCE, o FMI, ou ambos —, tem desafiado as relações laborais e as instituições do mercado de trabalho nos países do Sul da Europa. A implementação dessas reformas não resultou da livre escolha desses países, mas antes de programas de condicionalidade macroeconómica em troca de financiamento da dívida soberana (Schafer e Streeck, 2013). Esta abordagem combinou três políticas principais com impacto potencial na evolução dos salários, no peso dos salários no rendimento nacional e na desigualdade salarial: *(i)* intervenção direta do Estado na redução dos salários nominais no sector público e no congelamento ou redução dos salários mínimos; *(ii)* facilitação dos despedimentos, das formas generalizadas de trabalho temporário e redução da proteção no desemprego; e *(iii)* reconfiguração das instituições de negociação coletiva no sentido da «descentralização desorganizada» (Marginson, 2014), em linha com a «flexibilidade salarial descendente» (Schulten e Müller, 2013), ao mesmo tempo que obstaculizaram a extensão das convenções coletivas de trabalho (Cruces *et al.*, 2015; Koukiadaki *et al.*, 2016; Leonardi e Pedersini, 2018). Estas medidas assinalaram um movimento de aprofundamento da liberalização do mercado de trabalho, no sentido da expansão do poder discricionário dos empregadores, reduzindo os constrangimentos a esse poder resultantes da legislação laboral e da contratação coletiva (Baccaro e Howell, 2017).

II.2.1. Determinantes da distribuição funcional do rendimento

O impacto imediato e a longo prazo de uma estratégia de desvalorização interna sobre a distribuição funcional do rendimento desenvolve-se através de três mecanismos distintos. O primeiro atua por via do desemprego gerado pela queda da procura agregada, que é causada pelos cortes no consumo público e pela diminuição dos salários. O desemprego é uma componente essencial do enfraquecimento do poder de negociação dos trabalhadores (Álvarez *et al.*, 2018) e vários estudos têm salientado uma relação cíclica negativa entre o peso dos salários no rendimento nacional e o desemprego (Barbosa-Filho e Taylor, 2006; Boddy e Crotty, 1975). Embora o mecanismo causal seja principalmente cíclico — a recuperação do emprego volta a exercer uma pressão positiva sobre os salários —, a importância deste canal não pode ser minimizada, porque os elevados níveis de desemprego podem ter um impacto de longo prazo no poder de negociação devido aos efeitos de persistência/histerese (Blanchard e Summers, 1986).

O segundo mecanismo atua por meio das alterações na legislação que regulamenta a proteção do emprego e os subsídios de desemprego (Álvarez *et al.*, 2018). A desregulamentação da legislação de proteção do emprego (exemplo dos cortes nas indemnizações por despedimento) aumenta a probabilidade de perda de postos de trabalho. Os cortes na duração e no montante dos subsídios de desemprego têm um impacto negativo na posição negocial dos trabalhadores. Este mecanismo difere do primeiro na medida em que o seu impacto é permanente, a menos que as reformas sejam invertidas. Outras dimensões do Estado-Providência também desempenham um papel importante. Um sistema de previdência social que fornece serviços gratuitos e universais proporciona aos trabalhadores uma posição mais robusta na relação de negociação.

O terceiro compreende as mudanças nas regras da negociação coletiva e na definição do salário mínimo. Ao contrário do que sucede nos mecanismos anteriores, neste caso o impacto nos salários é direto por via da negociação salarial. Mas, tal como o segundo mecanismo, os efeitos são permanentes, a menos que as reformas sejam revogadas. As reduções na cobertura da negociação e/ou no montante dos salários negociados têm um impacto direto na estagnação salarial e, portanto, na probabilidade de os salários ficarem aquém da produtividade. Estudos recentes chamaram a atenção para o papel combinado dos salários mínimos e da negociação coletiva no combate à desigualdade, quer quanto à evolução do peso dos baixos salários, quer quanto à forma e intensidade dos seus efeitos em cadeia na estrutura salarial (*spillover effect*) (Grimshaw *et al.*, 2014).

O debate pós-crise de 2008 trouxe à superfície preocupações sobre o lento crescimento dos salários e a persistente desigualdade económica (Nações Unidas, 2015; OCDE, 2018). Dado que nos países do Sul da Europa estes fenómenos estão correlacionados com os impactos (a curto e longo prazo) da austeridade e da desvalorização interna, vários autores têm sugerido a necessidade de restabelecer instituições do mercado de trabalho e de negociação coletiva que melhorem a sua cobertura e coordenação e reforcem o poder de negociação sindical como condições necessárias para o crescimento dos salários, para o aumento do seu peso no rendimento nacional e para a redução da desigualdade salarial (Schulten e Luebker, 2017; Álvarez *et al.*, 2018; Müller *et al.*, 2019).

Uma nova linha de investigação que examinou as condições para uma mudança de orientação das políticas laborais nos países do Sul da Europa salientou que o fim da condicionalidade foi uma condição necessária, mas não suficiente, para a inversão de políticas. As inversões ocorreram apenas quando a composição ideológica dos governos mudou, como nos casos de Portugal, em 2015, e de Espanha e Itália, em 2018 (Branco *et al.*, 2019). Foi sugerido, contudo, que, embora as estratégias políticas tenham tido um impacto na inversão de «medidas corolárias», tais como as relativas ao emprego temporário, salários mínimos e proteção do desemprego, essas estratégias não conduziram à inversão de «medidas centrais» de desregulamentação orientadas para um modelo de crescimento liderado pelas exportações, tais como as medidas facilitadoras dos despedimentos e a descentralização da negociação coletiva (Bulfone e Tassinari, 2020). No entanto, resta saber em que medida uma estratégia governamental visando inverter os elementos centrais da desregulamentação seria compatível com as restrições da UEM e de que forma os limites das inversões de políticas (totais ou parciais) influenciariam a dinâmica e a cobertura da negociação coletiva, sem esquecer a alteração do poder de negociação sindical.

Os efeitos das políticas de austeridade e da desvalorização interna na desigualdade económica foram analisados principalmente a uma escala nacional e internacional (Álvarez *et al.*, 2018; Müller *et al.*, 2019). Contudo, os efeitos variegados das políticas de desvalorização interna e os seus impactos desiguais merecem também ser explorados ao nível sectorial (Koukiadaki *et al.*, 2016; Grimshaw *et al.*, 2014). Isto inclui, em particular, a tomada em consideração das diferenças sectoriais em relação às instituições de negociação coletiva e ao poder negocial dos sindicatos, aos mercados de produtos e de trabalho e à exposição à concorrência internacional, bem como às trajetórias de crise económica e de recuperação que implicam mudanças na trajetória do emprego. Por outro lado, os efeitos cumulativos das políticas de desvalorização interna para a reprodução e extensão dos sectores de baixos salários e de baixa produtividade, com uma elevada incidência de trabalho precário, devem também ser tidos em consideração na análise das tendências das desigualdades económicas ao nível sectorial (Müller *et al.*, 2019; Teles *et al.*, 2022).

Em Portugal, a variação sectorial do emprego durante os períodos de austeridade e recuperação económica pós-crise foi muito desigual (Teles *et al.*, 2022). Mas quais foram os sectores que sofreram as perdas líquidas de emprego mais pesadas desde 2008? Os sectores em declínio foram mais intensivos em capital ou mais intensivos em mão de obra? O aumento do emprego ocorreu principalmente nos sectores com salários mais baixos e com maior intensidade de mão de obra? A diversidade dos regimes de relações industriais entre sectores em Portugal é também muito acentuada (Bechter *et al.*, 2011; Távora e González, 2016). Como ponto de partida da análise, conjetura-se que a configuração destas características, ao nível sectorial, pode ser fundamental para explicar a lenta recuperação dos salários, mesmo num contexto que beneficiava de um novo consenso político comprometido a inverter as medidas de austeridade e a impulsionar a recuperação dos rendimentos.

À luz da literatura relevante e da trajetória particular das reformas e da situação económica em Portugal, podem formular-se algumas hipóteses relativas aos efeitos da desvalorização interna. Em primeiro lugar, espera-se que, durante os anos de austeridade, todos os mecanismos (desemprego elevado, enfraquecimento da negociação coletiva e dos subsídios de desemprego e congelamento dos salários mínimos) tenham influenciado negativamente os resultados salariais e o peso dos salários ao nível nacional e sectorial.

Numa segunda fase, espera-se ver alguma inversão destes resultados negativos devido à recuperação gradual do emprego, à lenta recuperação na negociação coletiva e ao aumento significativo do salário mínimo. Estes efeitos positivos podem, contudo, ser parcialmente travados pelas pressões negativas, criadas pelo facto de algumas reformas — tais como cortes no subsídio de desemprego ou nas indemnizações por despedimento — não terem sido invertidas. Finalmente, podemos também esperar impactos distintos em determinados sectores, dependendo da proporção dos trabalhadores que recebem o salário mínimo, do nível de cobertura das convenções coletivas e, em particular, da cobertura das atualizações salariais convencionais. Os efeitos positivos nos resultados salariais são mais suscetíveis de surgir em sectores em que um maior número de trabalhadores recebe o salário mínimo e em que existe uma taxa mais elevada de cobertura das convenções coletivas.

II.3. Desvalorização interna e alterações de políticas: a exploração do caso português

O «Memorando de entendimento com a *troika*» estabeleceu diretrizes relativas à austeridade orçamental e à desvalorização interna. A coligação centro-direita, PSD/CDS, explorou esta «janela de oportunidade» para, a partir de 2011, recorrer ao aprofundamento de medidas neoliberais que favoreceram a trajetória de declínio salarial (Costa e Caldas, 2014; Campos Lima e Abrantes, 2016; Cardoso e Branco, 2017). Estas incluíam medidas excecionais, como o congelamento e o corte dos salários nominais do sector público e o congelamento do salário mínimo, e reformas estruturais da negociação coletiva com impacto no sector privado (Cruces *et al.*, 2015; Távora e Gonzaléz, 2016; Campos Lima, 2019). Outras medidas destinaram-se a fragilizar a proteção do emprego e a proteção social dos desempregados (Campos Lima e Abrantes, 2016; Pereirinha e Murteira, 2016). Estes desenvolvimentos políticos amplificaram a crise económica e aumentaram o desemprego (Reis *et al.*, 2013). No seu conjunto, o efeito combinado da redução dos salários, dos cortes na proteção social e do elevado desemprego concorreu para reduzir o peso dos salários no rendimento salarial e aumentar as desigualdades económicas e o risco de pobreza e exclusão social (OIT, 2018).

Após o período de crise, a economia portuguesa testemunhou um crescimento económico e uma forte diminuição do desemprego, atingidos a par de medidas antiausteridade implementadas pelo novo governo. Em particular, a inversão dos cortes salariais nominais no sector público afetou positivamente os níveis salariais globais. Essas medidas impulsionaram a recuperação dos rendimentos e a procura interna, mas verificou-se a persistência de uma elevada desigualdade económica e de um crescimento salarial lento (Caldas, 2019; Teles *et al.*, 2022). Por seu lado, a estratégia governamental de contenção da despesa pública e de redução do défice, além dos limites fixados pelo Tratado Orçamental, impediu a atualização da negociação salarial no sector público, o que, por sua vez, desencorajou a evolução da negociação salarial no sector privado (Campos Lima, 2020).

No sector privado e no sector empresarial do Estado, as mudanças políticas mais relevantes, com incidência potencial nas tendências de desigualdade económica, podem ser resumidas nos pontos que se seguem.

a) Do congelamento à trajetória ascendente do salário mínimo:

A política da coligação centro-direita, alinhada com os requisitos do «Memorando de Entendimento», consistia em congelar o salário mínimo obrigatório (entre 2011 e 2014), não obstante a inflação crescente. Este era o «equivalente funcional» de um corte salarial nominal, medida com efeito negativo esperado no aumento da desigualdade através da sua incidência negativa na metade inferior da distribuição de salários (Grimshaw *et al.*, 2014). Por oposição, o programa do governo do PS para 2015 atribuiu uma elevada prioridade à recuperação da trajetória do salário mínimo. Apesar das preocupações iniciais com potenciais efeitos negativos — nomeadamente os expressos pela Comissão Europeia nos relatórios associados ao «Semestre Europeu» (Comissão Europeia, 2016) —, o aumento do salário mínimo em cerca de 19% em quatro anos foi acompanhado por um aumento significativo do emprego, com a criação de cerca de 400 000 empregos entre o final de 2014 e o final de 2018 (GEP/MTSSS, 2019a).

b) Da desregulamentação da negociação coletiva ao progresso limitado:

A coligação de centro-direita alterou substancialmente o quadro jurídico da negociação coletiva, com o objetivo declarado de alinhar os salários com a produtividade ao nível da empresa. Introduziu critérios mais rigorosos para a extensão das convenções coletivas, com base na representatividade das organizações patronais; permitiu cláusulas abertas sobre uma série de questões, nomeadamente sobre o tempo de trabalho; permitiu a suspensão das convenções coletivas em situações de crise, embora com acordo sindical; e encurtou a validade das convenções coletivas caducadas (Távora e Gonzaléz, 2016;

Campos Lima, 2019). Durante o período de governo de esquerda (2015–2019), todas estas mudanças estruturais permaneceram, no essencial, em vigor, com uma exceção significativa quanto às regras de extensão das convenções coletivas. Em 2017, entraram em vigor novas regras de extensão, tendo em conta o impacto da extensão na promoção da igualdade de género e da inclusão, de acordo com o princípio constitucional «salário igual para trabalho igual» (Campos Lima, 2019). Por outro lado, o acordo tripartido de 2017 (CES, 2017) incluiu um compromisso bipartido, comprometendo os sindicatos e as associações patronais a suspender por 18 meses quaisquer pedidos unilaterais de rescisão de convenções coletivas. No entanto, o governo do PS rejeitou as propostas mais ambiciosas dos partidos à sua esquerda (BE, PCP e PEV), que exigiam a reversão permanente do regime de caducidade unilateral, a sobrevigência das convenções coletivas e o restabelecimento total do princípio do tratamento mais favorável.

c) Da continuidade na liberalização dos despedimentos e ligeiras adaptações no trabalho temporário e da proteção dos desempregados:

A política da coligação de centro-direita, alinhada com o «Memorando da *troika*», contribuiu para limitar o poder de negociação sindical, ao liberalizar as relações laborais — cortando as indemnizações por despedimento, alargando o leque de motivos de despedimento e acrescentando regras excecionais facilitadoras dos vínculos de trabalho temporários —, e reduziu a proteção social, ao diminuir o nível e a duração dos subsídios de desemprego. O impacto destas medidas foi amplificado num contexto de elevada taxa de desemprego. No novo ciclo político, o governo do PS não prolongou as medidas excecionais que estendiam o trabalho temporário, mas opôs-se às tentativas dos partidos de esquerda (BE, PCP e PEV) de reverter as medidas de liberalização dos despedimentos (Campos Lima, 2020). Além disso, os cortes do período da *troika* no montante e duração do subsídio de desemprego não foram totalmente revertidos (Pedroso, 2020).

II.4. O impacto variegado das políticas de desvalorização interna ao nível sectorial

Embora vários estudos apontem para a influência das políticas de desvalorização interna no aumento da desigualdade de rendimentos e na diminuição do peso dos salários no rendimento nacional durante a crise económica em

Portugal (Cruces *et al.*, 2015; OIT, 2018), o seu impacto variegado ao nível sectorial não recebeu a mesma atenção. Por outro lado, as alterações de política pública em conjunto com a recuperação económica poderão ter tido algum impacto na redução da desigualdade e no aumento do peso do trabalho no rendimento nacional, nomeadamente através do efeito combinado do aumento do salário mínimo e de uma nova dinâmica de negociação salarial. Com efeito, conjetura-se que as políticas de desvalorização interna e as mudanças de política tenham um impacto variegado ao nível sectorial, tendo em conta as relações industriais sectoriais, as características do mercado de trabalho e as trajetórias de declínio e recuperação específicas do sector, com reflexo na variação dos níveis de emprego. São analisados quatro sectores (privados) da economia portuguesa: C – Indústria Transformadora, F – Construção, I – Serviços de Alojamento e Restauração e K – Atividades Financeiras e de Seguros.

II.4.1. Configuração das relações industriais sectoriais e dinâmicas de emprego em crise e recuperação

A configuração das relações laborais e os recursos de poder dos sindicatos (Lehndorff *et al.*, 2017) diferem nos quatro sectores quanto ao nível de centralização/coordenação da negociação coletiva e da sua cobertura e quanto à densidade sindical. Na Indústria Transformadora, na Construção e nas Atividades de Alojamento e Restauração, a «cobertura das convenções coletivas em vigor»[7] continua a ser elevada em 2017, com 92,7%, 94,8% e 94,4%, respetivamente, com as convenções coletivas de âmbito sectorial, isto é, os Contratos Coletivos de Trabalho (CCT), a abranger entre 93% e 98% dos trabalhadores. Contudo, os sectores diferem substancialmente em termos de centralização/coordenação, dado o número de acordos e atores envolvidos na negociação. A Construção é a mais centralizada e menos fragmentada, com três acordos de ramo. As Atividades de Alojamento e Restauração, pelo contrário, têm 17 convenções, enquanto a Indústria Transformadora inclui

[7] A noção de «convenções coletivas em vigor» refere-se ao *stock* de convenções válidas que abrangem uma vasta gama de questões, e não apenas os salários. Inclui não só convenções novas e convenções atualizadas, mas também convenções que permanecem válidas, e que não foram atualizadas. A taxa de cobertura das convenções em vigor é o indicador normalmente utilizado nas comparações internacionais. Por outro lado, a «taxa de cobertura da negociação salarial» refere-se à cobertura das atualizações salariais anuais estabelecidas por novas convenções e convenções atualizadas (OIT, 2018; Campos Lima, 2019).

cerca de 220 convenções coletivas. O sector de Atividades Financeiras e de Seguros também tem uma elevada cobertura das convenções coletivas, embora tenha diminuído entre 2010 (95,1%) e 2017 (88,1%). Neste sector, a cobertura dos CCT, que em 2010 representava cerca de 20% dos trabalhadores, reduziu-se para metade em 2017, enquanto os Acordos Coletivos de Trabalho (ACT), acordos assinados por grupos de empresas e sindicatos sem a mediação de associações patronais, e os Acordos de Empresa (AE) aumentaram a sua cobertura em 10 e 19 pontos percentuais, respetivamente. O peso das grandes empresas neste sector favoreceu a descentralização, a coordenação e a densidade sindical.

A densidade sindical (proporção dos trabalhadores filiados em sindicatos), de acordo com estudos recentes (Portugal e Vilares, 2013)[8] e dados ao nível sectorial disponibilizados pelo GEP/MTSSS para o ano 2017, com base na informação prestada pelas empresas no âmbito do *Relatório Único*, apresentava uma média de 10,6% no sector privado e empresarial do Estado em 2010, descendo para 7,6% em 2017. A densidade sindical no sector da Banca e dos Seguros situava-se muito acima daquela média geral, embora tenha tido uma quebra acentuada entre 2010 e 2017, de 64,0% para 48,3%. Na Indústria Transformadora, os valores estavam próximos da média geral e seguiam a mesma tendência descendente, isto é, de 11,7%, em 2010, para 7,5% em 2017; no sector do Alojamento e Restauração, a densidade sindical desceu de 8,3%, em 2010, para 3,4% em 2017; e, finalmente, na Construção, o sector com menor densidade sindical, desceu sensivelmente de 2,9% em 2010 para 2,0% em 2017. O sector das Atividades Financeiras e de Seguros é o menos dependente de extensão administrativa das convenções coletivas, dada a elevada densidade sindical e a ampla cobertura dos acordos negociados diretamente com os sindicatos pelas grandes empresas. Em contrapartida, os outros três sectores estão muito dependentes dos procedimentos de extensão devido às baixas taxas de densidade sindical e à prevalência de convenções de nível sectorial, o que os torna dependentes da representatividade das associações patronais. As características sectoriais em termos da quota das pequenas e médias empresas (PME) podem também contribuir para as diferenças observadas na densidade sindical, na medida em que é mais difícil organizar os trabalhadores em microempresas. Além disso, a filiação das empresas em associações patronais está relacionada com a sua dimensão — as empresas maiores têm mais probabilidades de aderir do que as PME (Dray, 2016).

[8] Estudo baseado no inquérito obrigatório *Relatório Único* do Ministério do Trabalho, Solidariedade e Segurança Social (MTSSS), relativo a todas as empresas privadas e estatais.

Quadro II.1: Indicadores sectoriais, 2010–2017

		Total	Indústria Transformadora	Construção	Alojamento e Restauração	Atividades Financeiras e de Seguros
Emprego (variação %)	2010–2013	−8,9	−7,5	−35,8	−5,1	−4,9
	2013–2017	10,7	11,8	2,9	25,4	−6,6
% Trabalhadores com vínculos temporários	2010	21,2	15,4	29,0	30,2	6,0
	2013	24,1	19,7	32,3	35,1	5,2
	2017	30,3	24,6	40,7	46,5	5,8
Salário médio anual (milhares de €)	2010	10,20	12,20	10,44	6,99	22,54
	2013	10,01	12,43	10,63	6,69	23,02
	2017	10,49	13,47	10,80	7,33	23,05
% Trabalhadores com o salário mínimo	2017	21,6	28,5	32,0	42,4	2,2
VAB a preços constantes (variação %)	2010–2013	−4,8	−2,1	−25,9	−3,8	−14,8
	2013–2017	6,9	14,3	−1,6	15,7	−16,0

Fonte: Cálculos dos autores com base nas contas nacionais (INE) e no Relatório Único (GEP/MTSSS, 2019c).

Em 2017, as PME representavam, respetivamente, cerca de 90%, 85% e 74% do emprego, nos sectores da Construção, Atividades de Alojamento e Restauração e Indústria Transformadora (GEP/MTSSS, 2019b). Em contraste, as Atividades Financeiras e de Seguros eram dominadas por grandes empresas, com mais de 250 empregados, que representavam mais de dois terços (68,9%) do emprego no sector. Também a percentagem de trabalho temporário nos quatro sectores revela diferenças significativas que podem ter influenciado não só o poder de negociação dos sindicatos, mas também as diferenças salariais entre trabalhadores permanentes e temporários. Em 2010, em comparação com a média geral do sector privado (20%), a percentagem de trabalho temporário nas Atividades Financeiras e de Seguros era baixa (6%), enquanto a da Indústria Transformadora estava próxima da média (15%). Na Construção e nas Atividades de Alojamento e Restauração, porém, os níveis eram muito mais elevados, com valores de 29% e 30%, respetivamente.

A evolução do emprego no contexto da crise e o programa de austeridade da *troika* foram muito desiguais entre os sectores económicos. O sector Construção sofreu a quebra mais dramática do emprego durante a crise, com 35,8% dos postos de trabalho perdidos entre 2010 e 2013. Após 2013, a Construção exibiu uma trajetória de estagnação económica com uma ligeira recuperação do emprego (2,9% de criação de emprego entre 2013 e 2017) e um declínio persistente na sua contribuição para o valor acrescentado bruto (VAB). Do mesmo modo, as Atividades Financeiras e de Seguros exibiram uma trajetória de declínio económico em termos de emprego e de VAB. Em contraste, as Atividades de Alojamento e Restauração apresentaram uma trajetória de expansão, com forte recuperação económica dos níveis de emprego e VAB. Os sinais de recuperação foram também evidentes na Indústria Transformadora, com um aumento total do emprego de 11,8% entre 2013 e 2017 (em comparação com 7,5% dos empregos perdidos de 2010 a 2013) e um aumento significativo do VAB (14,3%) no mesmo período.

De acordo com a discussão teórica anterior, seria expectável que a recuperação do emprego e da atividade económica nos serviços de alojamento e restauração e na indústria transformadora tivesse exercido uma pressão positiva sobre os salários. Pelo contrário, a persistente trajetória de estagnação económica e mesmo o declínio nos sectores Construção e Atividades Financeiras e de Seguros poderá ter deteriorado o poder de negociação dos trabalhadores, com um efeito negativo duradouro nos resultados salariais e na perda do peso dos salários no rendimento. A expansão dos contratos atípicos pode, contudo, ter contrariado parcialmente a pressão positiva sobre os salários, mesmo nos sectores com expressiva recuperação do emprego. Em 2016, o salário nominal médio dos trabalhadores temporários representava somente 72% dos trabalhadores permanentes (MTSSS, 2018). A percentagem global de trabalhadores com vínculos de trabalho temporário na economia portuguesa aumentou de 21,2%, em 2010, para 30,3%, em 2017, uma trajetória particularmente evidente no sector Alojamento e Restauração, onde a percentagem de contratos temporários aumentou para 46,5% em 2017.

II.4.2. O impacto sectorial do salário mínimo

Os salários médios nominais e reais reagiram muito lentamente à recuperação económica que teve início em Portugal em 2014. De 2014 a 2018, o salário nominal médio nacional cresceu apenas 1,44%/ano, enquanto o salário real médio nacional cresceu 0,56%/ano. Esta falta de resposta por parte dos salários pode ser explicada pela ação conjunta de dois fatores principais: primeiro, os efeitos a longo prazo no mercado de trabalho do elevado desemprego e da recessão; segundo, o enfraquecimento do poder de negociação dos trabalhadores através de reformas legislativas que criaram um cenário desfavorável para o crescimento dos salários também no período subsequente de recuperação.

O salário mínimo permaneceu fixado em 485 euros entre 2011 e setembro de 2014. Posteriormente, foi aumentado todos os anos e em 2019 o salário mínimo foi fixado em 600 euros, com um aumento nominal anual de 5,5%/ano e um aumento real de 4,2%/ano. Como este aumento foi consideravelmente superior ao aumento do salário médio, conduziu a um grande aumento da percentagem de trabalhadores que recebiam o salário mínimo. De 2014 a 2019, a proporção de trabalhadores que receberam o salário mínimo aumentou mais de 10 pontos percentuais, de 12% para 22,1%.

Este aumento foi inicialmente considerado perigoso por alguns agentes económicos e políticos, que afirmaram que poderia pôr em risco a recuperação do emprego. No entanto, isso não se verificou: o desemprego diminuiu continuamente de um pico de 16,2% em 2013 para 6,5% no final de 2019, enquanto a taxa de emprego aumentou em 11,3% no mesmo período. Além de não ter tido um impacto negativo na criação de emprego, o aumento do salário mínimo foi crucial para evitar uma recuperação em que os indicadores de crescimento salarial teriam sido ainda menos sensíveis ao ciclo económico crescente (Martins, 2019).

É expectável que o efeito do aumento do salário mínimo nos salários médios sectoriais seja mais evidente nos sectores com um maior número de trabalhadores que recebem o salário mínimo — tais como a Indústria Transformadora, a Construção e os Serviços de Alojamento e Restauração (representando, respetivamente, 28,5%, 32% e 42,4% dos trabalhadores abrangidos pelo salário mínimo nacional em 2017). Em contrapartida, a percentagem de trabalhadores que recebem o salário mínimo em Atividades Financeiras e de Seguros é de apenas 2,2%. Evidência empírica anterior assinala que a associação é particularmente forte nos sectores com uma percentagem de trabalhadores que recebem o salário mínimo superior a 15%, mesmo após controlar outros fatores do lado da procura e da oferta de trabalho (Martins, 2019).

II.4.3. Desenvolvimentos na negociação coletiva ao nível nacional e sectorial

Portugal figura no grupo de países com dinâmicas negativas de *wage drift*, com os salários a ficarem fortemente atrás do crescimento da produtividade, em parte porque a negociação coletiva «não [foi] suficientemente forte ou abrangente» para fazer os salários reais acompanharem os aumentos de produtividade (Eurofound, 2018, pp. 9–11). Todos os sectores sofreram um declínio substancial na evolução dos salários nominais nos anos da crise. Com exceção da Indústria Transformadora, todos os sectores apresentaram variações anuais negativas dos salários nominais durante este período. As Atividades Financeiras e de Seguros exibiram uma trajetória de estagnação na evolução dos salários nominais, mesmo durante a recuperação. No caso da Construção, o aumento mais significativo dos salários nominais foi alcançado com uma variação anual de 1,2% em 2017. Os Serviços de Alojamento e Restauração registaram o maior aumento de salários, com variações anuais de 2,5% e 3,3% em 2016 e 2017, respetivamente. A Indústria Transformadora aparenta ser o mais robusto dos quatro sectores, exibindo uma trajetória positiva sustentada na evolução dos salários nominais a partir de 2015. Os salários fixados na contratação coletiva (nominais e reais) no sector privado e das empresas públicas caíram progressivamente durante a crise, atingindo os seus níveis mais baixos no período de austeridade, só começando a recuperar em 2017 e 2018. Além disso, a cobertura da negociação coletiva referente a aumentos salariais convencionais — que diminuiu drasticamente em 2013 e 2014 para níveis inferiores a 10% — melhorou nos anos mais recentes, atingindo cerca de 26% em 2018. Contudo, esta ligeira melhoria não foi suficiente para restabelecer os níveis pré-crise. Antes de 2008, as atualizações salariais anuais convencionais tendiam a cobrir cerca de 50% dos trabalhadores (GEP/MTSSS, 2019b; CRL/MTSSS, 2019).

Figura II.1: Número de convenções coletivas publicadas, taxa de cobertura (%) e número de extensões emitidas (2008–2018)

Fonte: Cálculos dos autores com base nos Relatórios sobre Variação Média Ponderada Intertabelas (DGERT/MTSSS, 2019b) e Séries Cronológicas Quadros de Pessoal 2010–2017 (GEP/MTSSS, 2019b).

Figura II.2: Salários convencionais nominais e reais* (variação % anual), 2008–2018

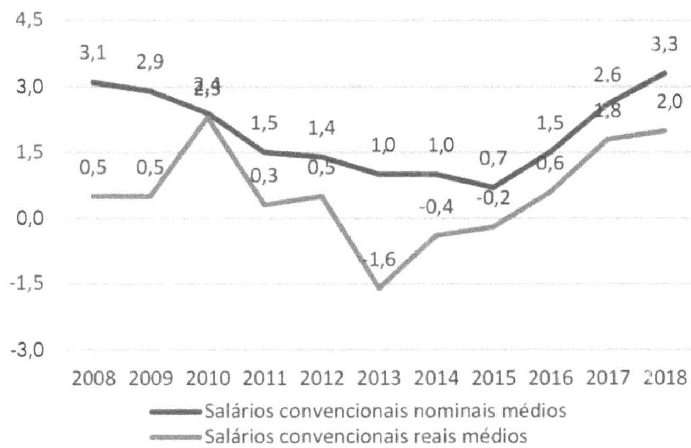

*Crescimento dos salários convencionais reais = crescimento dos salários convencionais deflacionado com base na inflação passada.
Fonte: Cálculos dos autores com base nos Relatórios sobre Variação Média Ponderada Intertabelas (DGERT/MTSSS, 2019b).

No período 2010–2017, os quatro sectores mostraram trajetórias contrastantes em relação aos aumentos salariais nominais acordados anualmente e à evolução dos salários nominais médios efetivos (ver Figura II.3). Os anos de cobertura zero correspondem a anos sem acordos coletivos sobre aumentos salariais. Correspondem a um período económico de crise, embora com impactos diferenciados ao nível sectorial, mas também a um período em que as associações patronais se mostraram relutantes em assinar acordos se estes não fossem objeto de extensão administrativa (Campos Lima, 2019).

Figura II.3: Evolução dos salários nominais médios convencionais e efetivos (crescimento % anual) e taxa de cobertura da atualização convencional (%), 2010–2017

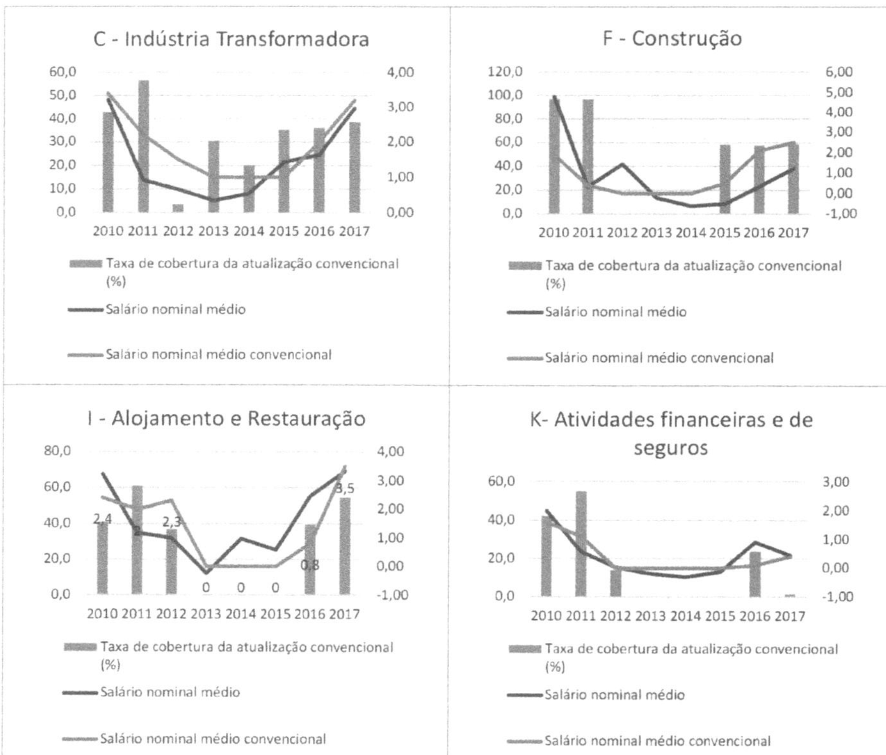

Fonte: Cálculos dos autores com base nos Relatórios sobre Variação Média Ponderada Intertabelas (DGERT/MTSSS, 2019b) e Séries Cronológicas Quadros de Pessoal 2010–2017 (GEP/MTSSS, 2019b).

O sector da Indústria Transformadora — altamente heterogéneo e que compreende várias convenções subsectoriais — parece ser o único sector com alguma dinâmica de negociação durante a crise, embora com uma queda dramática em 2012. Apresentou uma cobertura de negociação salarial entre 20% e 60%, com exceção de 2012, ano em que não excedeu os 5%. Por outro lado, este sector recuperou as dinâmicas de negociação mais cedo do que os restantes. Durante a recessão, a evolução dos salários nominais médios efetivos no sector foi consistentemente inferior à evolução dos aumentos acordados, porque as poucas convenções assinadas eram aplicadas apenas a uma minoria de trabalhadores, na ausência de extensão. Pelo contrário, durante o período de recuperação, a distância entre o crescimento dos salários efetivos e convencionais diminuiu. O efeito combinado das novas regras de extensão e dos aumentos dos salários mínimos em conjunção com a recuperação económica positiva e a dinâmica de emprego do sector poderá ter ajudado a melhorar a dinâmica de negociação.

A Construção e os Serviços de Alojamento e Restauração, os sectores com negociação mais centralizada entre aqueles em análise, mostraram tendências de negociação coletiva semelhantes, com um bloqueio total entre 2012 e 2015, período em que não foram assinados acordos salariais (e em que, por conseguinte, houve uma cobertura zero de renovações salariais). A posterior recuperação da dinâmica e cobertura da negociação está claramente relacionada com o impacto das novas regras sobre os procedimentos de extensão. Por outro lado, o aumento do salário mínimo ajudou a desbloquear a negociação coletiva, levando a atualizações em toda a estrutura salarial. A evolução contrastante do emprego e as trajetórias do VAB dos dois sectores podem explicar por que razão, nos Serviços de Alojamento e Restauração, a evolução dos aumentos salariais convencionais foi inferior à dos salários nominais efetivos, enquanto o oposto foi observado no sector da Construção. O sector Atividades Financeiras e de Seguros — caracterizado por uma elevada sindicalização, descentralização, elevada cobertura dos acordos coletivos em vigor e coordenação intermédia — não acordou quaisquer aumentos salariais durante cinco anos e teve apenas aumentos salariais muito limitados em 2016 e em 2017, com uma cobertura de negociação salarial de 24% e 2%, respetivamente. A evolução dos salários nominais efetivos — com variação anual negativa em 2013, 2014 e 2015 — reflete, em certa medida, a ausência de atualizações das convenções coletivas. O aumento dos salários nominais efetivos mais significativo — 1% em 2016 — coincide com o aumento extremamente baixo acordado de 0,1% em 2016. A profunda crise no sector, de 2008 a 2014, alterou substancialmente a dinâmica de negociação e o poder sindical no contexto da contínua perda de postos de trabalho.

II.5. Análise dos padrões e tendências da desigualdade económica ao nível sectorial

Em 2009, a desigualdade pessoal de rendimentos medida pelo rácio S80/S20 (inquéritos UE-SILC e ECHP)[9] situava-se em aproximadamente 6,2, aumentando a partir de 2011, para atingir o seu nível mais alto em 2014 (6,6), diminuindo posteriormente para 5,9 em 2017. Como esta medida inclui tanto desempregados como empregados e diferentes tipos de rendimento, e não apenas salários, as tendências refletiram os efeitos combinados da recuperação do emprego, transferências sociais e recuperação salarial.

No que concerne à distribuição funcional do rendimento, o peso (ajustado) dos salários no PIB caiu 8,4 pontos percentuais entre 2008 e 2017. O seu valor atingiu 55% em 2015 e manteve-se a este nível nos dois anos seguintes, muito abaixo dos 63% de 2008 (OIT, 2019).

II.5.1. Desigualdade da distribuição salarial e dinâmica sectorial

Esta secção concentra-se na desigualdade salarial, o perfil de desigualdade mais diretamente influenciado pela política do salário mínimo e pela negociação coletiva. Examinamos a distribuição salarial ao nível nacional e nos quatro sectores em análise, no período 2010–2017, com base nos Quadros de Pessoal/GEP/MTSSS, um inquérito anual obrigatório a todas as empresas, abrangendo toda a economia, com exceção da administração pública (cujos trabalhadores têm o direito de negociar, mas não de celebrar acordos coletivos sobre salários). A análise considera o «ganho salarial» mensal nominal bruto (salário-base mais bónus e subsídios regulares e pagamentos de horas extraordinárias) dos trabalhadores a tempo inteiro cuja remuneração de base corresponda a pelo menos 80% do salário mínimo nacional[10].

[9] Rácio do rendimento total recebido pelos 20% da população com o rendimento mais elevado (quintil superior) para o recebido pelos 20% da população com o rendimento mais baixo (quintil inferior). (Inquéritos UE-SILC e ECHP).

[10] Os trabalhadores em estágio e aprendizes podem receber 20% menos do que o salário mínimo obrigatório.

O exame das tendências de distribuição desigual ao nível nacional — referindo-se ao aumento do limite inferior de cada ponto/percentil nos períodos 2010–2013 e 2013–2017 — dá algumas indicações sobre o papel potencial das alterações da política salarial mínima e da negociação coletiva no período pós-crise. No período de austeridade, o aumento do limite inferior foi aproximadamente semelhante em toda a distribuição, dos mais pobres (percentis 1 a 5) aos mais ricos (percentis 95 a 99).

Figura II.4: Alteração do limite inferior de salários por percentil (%) – total da economia com exceção da administração pública: 2010–2013 e 2013–2017

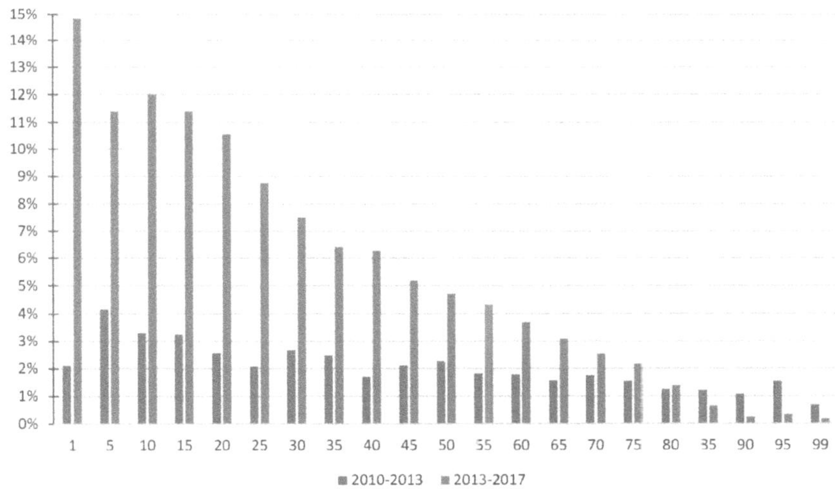

Fonte: Cálculos dos autores com base no *Relatório Único*/Quadros de Pessoal (GEP/MTSSS, 2019c).

A perda significativa de postos de trabalho desempenhou um papel relevante. No período pós-crise, os mais pobres beneficiaram de aumentos mais elevados nos limites inferiores, com os cinco percentis de rendimento mais baixos a refletirem as tendências de aumento do salário mínimo (um crescimento de cerca de 15% no período 2013–2017). Além disso, a estrutura de evolução ao longo da distribuição sugere um efeito de *spillover* dos salários mínimos, provavelmente tornado possível pela negociação coletiva em alguns sectores. Por outro lado, a recomposição sectorial da economia portuguesa — indicando a redução do peso dos empregos com salários elevados e a expansão dos sectores com salários na parte superior da distribuição mais baixos em termos relativos, como veremos para o sector dos Serviços de Alojamento e Restauração — poderá explicar por que razão os limites mais baixos dos percentis mais elevados registaram um crescimento tão baixo no período pós-crise.

A desigualdade da distribuição salarial[11], medida pelos rácios S80/S20 e P90/P10, mostra uma clara redução em 2017. A posição salarial relativa dos trabalhadores com baixos salários em relação à mediana melhorou ligeiramente com a redução do rácio P50/P10. A posição salarial relativa dos trabalhadores com salários mais elevados deteriorou-se ligeiramente, como mostra a evolução do rácio P90/P50. Por conseguinte, a desigualdade P90/P10 diminuiu devido a uma ligeira melhoria dos salários baixos e a uma ligeira deterioração dos salários mais elevados (Figura II.5).

Figura II.5: Indicadores de desigualdade da distribuição salarial – total da economia com exceção da administração pública (2010, 2013 e 2017)

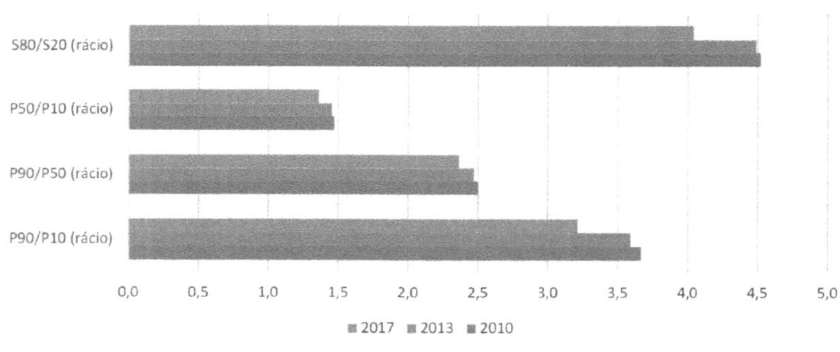

Fonte: Cálculos dos autores com base no *Relatório Único*/Quadros de Pessoal (GEP/MTSSS, 2019c).

[11] A medida de desigualdade salarial S80/S20 é o rácio entre o salário médio dos 20% mais ricos e os 20% mais pobres. P90/P10 é o rácio entre o valor limite superior do nono decil (os 10% de pessoas com os salários mais elevados) e o do primeiro decil (os 10% de pessoas com os salários mais baixos). P50/P10 é o rácio entre o rendimento mediano e o valor limite superior do primeiro decil (os 10% mais pobres). P90/P50 é o rácio entre o valor limite superior do nono decil e o rendimento mediano. S90 (%), S80 (%) e S20 (%) referem-se, respetivamente, às percentagens dos 10% mais ricos, dos 20% mais ricos e dos 20% mais pobres em relação ao total dos rendimentos salariais.

A percentagem dos 10% mais ricos (S90) diminuiu de 29,4% em 2013 para 28,6% em 2017. Apesar desta tendência e do baixo crescimento dos limites inferiores dos percentis mais altos, os salários médios dos 1% mais ricos aumentaram visivelmente no período de recuperação (2013–2017): os 1% mais ricos registaram um aumento de 2,6%; os 0,1% mais ricos um aumento de 10,6%; e os 0,01% mais ricos um aumento de 30,6%.

Comparando os rácios e as quotas de desigualdade salarial nos quatro sectores (Quadro II.2), a conclusão mais marcante é que o sector financeiro, o mais desigual, é o único em que a desigualdade de distribuição medida por P90/P10 e S80/S20 aumentou durante o período de recuperação. A posição dos salários de topo (P90/P50) em relação aos salários medianos manteve-se constante, tal como a sua quota medida por S90 (em percentagem). A posição de baixos salários (P50/P10) deteriorou-se ligeiramente, tal como a percentagem dos 20% mais pobres.

A diminuição da desigualdade nos outros três sectores parece estar relacionada com o impacto do aumento do salário mínimo em interação com a negociação coletiva para os grupos de salários mais baixos, o que melhorou a sua posição em termos do rácio P50/P10 e da percentagem de S20. Os Serviços de Alojamento e Restauração surgem como o sector com a quota-parte mais baixa dos rendimentos superiores medida por S90.

Quadro II.2: Mudanças na desigualdade da distribuição ao nível sectorial, 2010, 2013 e 2017

	Indústria Transformadora			Construção		
	2010	**2013**	**2017**	**2010**	**2013**	**2017**
P90/P10	3,1	3,1	2,9	2,7	2,8	2,5
P90/P50	2,2	2,2	2,1	2,1	2,1	2,0
P50/P10	1,4	1,4	1,3	1,3	1,3	1,2
S80/S20	3,9	3,8	3,5	3,6	3,6	3,1
S90	27,7%	27,3%	26,5%	27,4%	27,2%	25,4%
S80	41,8%	41,3%	40,4%	40,7%	40,6%	38,6%
S20	10,7%	10,9%	11,4%	11,4%	11,3%	12,5%
Salário mediano	730,00 €	753,95 €	816,80 €	720,00 €	740,80 €	750,00 €
	Alojamento e Restauração			Atividades Financeiras e de Seguros		

P90/P10	2,1	2,2	2,0	3,3	3,2	3,4
P90/P50	1,7	1,7	1,7	1,9	1,9	1,9
P50/P10	1,3	1,3	1,2	1,7	1,7	1,8
S80/S20	2,7	2,7	2,4	4,2	4,2	4,3
S90	22,9%	22,7%	21,9%	24,5%	24,1%	24,4%
S80	35,4%	35,3%	34,2%	38,6%	38,3%	38,5%
S20	13,2%	13,3%	14,1%	9,2%	9,2%	8,9%
Salário mediano	598,56 €	609,25 €	665,00 €	1909,59 €	1956,16 €	1961,22 €

Fonte: Cálculos dos autores com base no *Relatório Único* (GEP/MTSSS 2019c).

A análise das tendências salariais relativas aos 1% mais ricos (Quadro II.3) mostra contrastes marcantes entre os sectores. No sector Atividades Financeiras e de Seguros, os rendimentos de topo, cujo salário médio estagnou na crise, ganharam consideravelmente com a recuperação, em particular para os 0,01% mais ricos, que viram um aumento de 67,3%. Na Indústria Transformadora, os 0,01% mais ricos registaram um declínio de 4,8% durante a crise, seguido de um aumento de 7,8% no ciclo de recuperação. Em contraste radical, o sector dos Serviços de Alojamento e Restauração é o único que apresenta um padrão contracíclico, com um aumento do salário médio dos 0,01% mais ricos de 14,9% durante a crise e uma diminuição de 17,2% no período de recuperação. O sector da Construção mostrou uma diminuição no salário médio dos 1% mais ricos de 6,6% no período de recuperação, consistente com a crise persistente do sector. No entanto, os 0,01% mais ricos deste sector aumentaram o seu salário médio em 9%.

Quadro II.3: Variação do salário (ganho) médio dos 1%, 0,1% e 0,01% mais ricos em quatro sectores, 2010-2017

	Var (%) 2010-2013			Var (%) 2013-2017		
	1% mais ricos	0,1% mais ricos	0,01% mais ricos	1% mais ricos	0,1% mais ricos	0,01% mais ricos
Indústria Transformadora	0,1%	0,0%	-4,8%	2,9%	4,3%	7,8%
Construção	0,1%	-0,9%	0,9%	-6,6%	2,2%	9,0%
Alojamento e Restauração	1,4%	5,5%	14,9%	1,0%	-6,2%	-17,2%
Atividades Financeiras e de Seguros	-1,4%	-0,6%	0,2%	4,2%	17,9%	67,3%

Fonte: Cálculos dos autores com base no *Relatório Único* (GEP/MTSSS 2019c).

II.5.2. Distribuição funcional do rendimento ao nível sectorial

Nesta secção, explora-se a evolução sectorial da distribuição funcional do rendimento ao nível sectorial entre 2010 e 2017, cobrindo o período de crise e a posterior recuperação.

a) Indústria Transformadora

Entre 2010 e 2012, o peso dos salários no rendimento aumentou ligeiramente, mas esse aumento não foi impulsionado por um aumento do poder de compra dos salários. Na verdade, os salários reais médios caíram, enquanto a produtividade real média do trabalho se manteve estável. Embora os trabalhadores tenham conseguido melhorar a sua posição relativa mantendo o seu salário nominal quase constante durante o período, enquanto a produtividade nominal diminuiu, isso não foi seguido por um aumento dos seus salários reais. Foi a mudança no rácio dos índices de preços (deflator IPC/VAB) que impulsionou o aumento do peso dos salários, avaliando esta evolução em termos reais. Entre 2012 e 2016, ocorreu o oposto: os salários reais médios começaram a recuperar, mas a queda na relação entre o IPC e o deflator do VAB foi mais forte. Em termos de conflitos sobre o peso dos rendimentos, este período foi caracterizado por um crescimento lento dos salários nominais, juntamente com um pico na produtividade nominal média, causando uma queda contínua do peso dos salários. Olhando para todo o período, é possível verificar uma redução persistente do salário real médio e do peso dos salários no rendimento. Note-se que em 2017 o salário real médio ainda estava abaixo do nível de 2010, enquanto o peso dos salários no rendimento era cerca de dois pontos percentuais mais baixo.

Figura II.6: Indústria Transformadora — evolução do peso dos salários no rendimento, 2010-2017

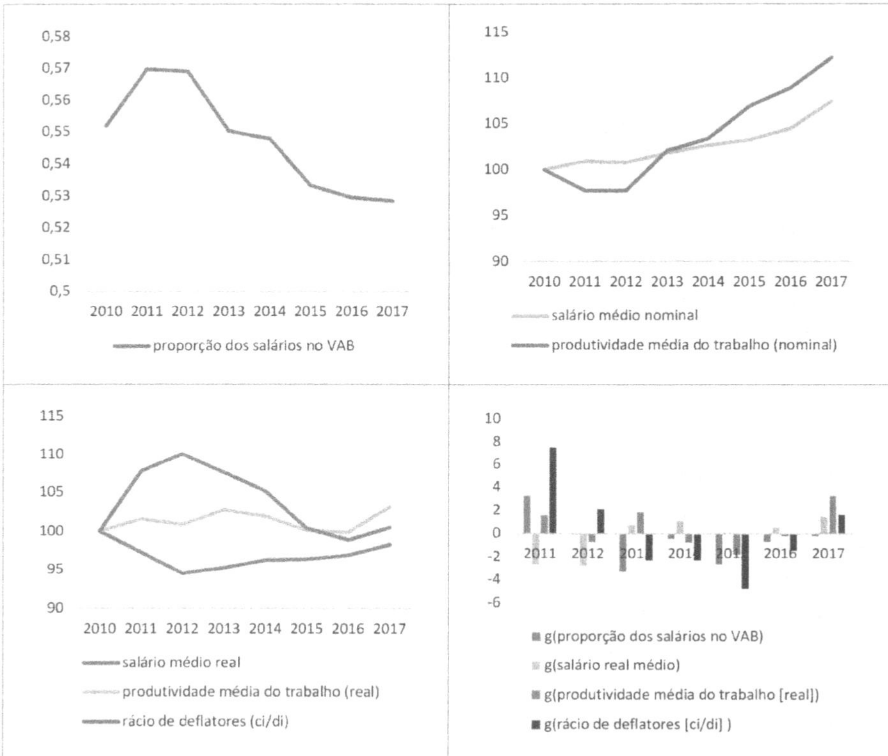

Fonte: Cálculo dos autores com base nas Contas Nacionais, Instituto Nacional de Estatística (INE, 2019).

b) Construção

Tal como a Indústria Transformadora, o sector da Construção registou um aumento moderado do peso dos salários no rendimento nacional no primeiro ano de observação. Este crescimento foi seguido por uma diminuição acentuada de mais de quatro pontos percentuais em apenas dois anos. Ao contrário da Indústria Transformadora, o peso dos salários na massa salarial começou a recuperar após 2013. No entanto, a recuperação foi mais lenta do que a queda anterior. Em 2017, o peso dos salários no sector estava ainda cerca de dois pontos percentuais abaixo do seu valor em 2010. No sector da Construção, os salários nominais médios e a produtividade estavam a crescer ao longo do período, mas durante os anos de austeridade a produtividade nominal média cresceu mais rapidamente do que o salário nominal médio, enquanto no período de expansão ocorreu o oposto. A recuperação da capacidade reivindicativa no período de recuperação, contudo, não foi suficiente para compensar a quota de rendimento perdida durante a austeridade. O salário real médio permaneceu estável ao longo da amostra e o rácio dos índices de preços desempenhou um papel negligenciável.

Figura II.7: Construção — evolução do peso dos salários no rendimento, 2010–2017

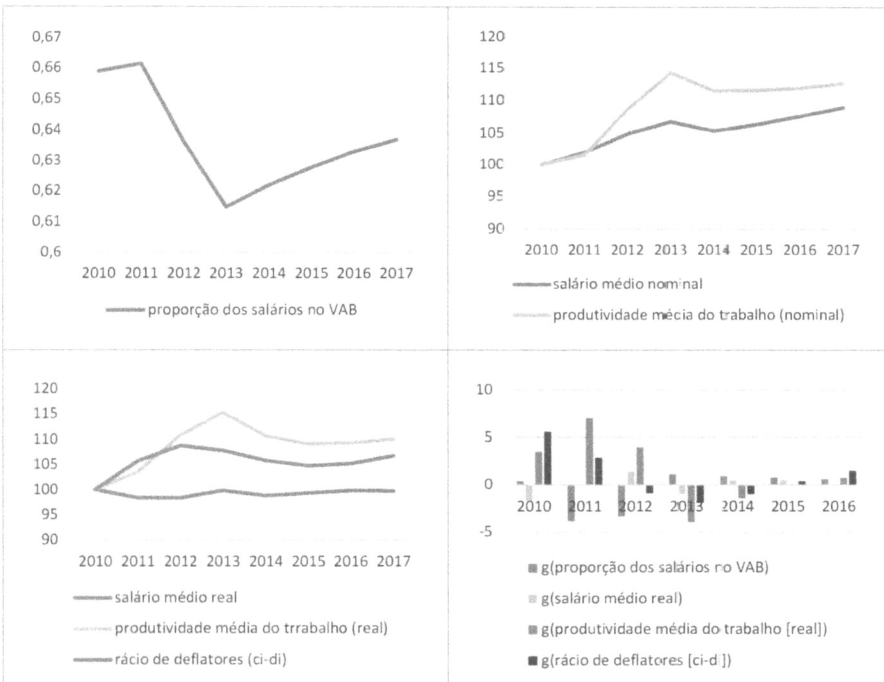

Fonte: Cálculo dos autores com base nas Contas Nacionais, Instituto Nacional de Estatística (INE, 2019).

c) Alojamento e Restauração

O sector do Alojamento e Restauração difere dos demais devido ao forte impacto do período de recessão sobre os salários. De 2010 a 2013, os salários nominais médios caíram oito pontos percentuais, enquanto os salários médios reais caíram cerca de 15%. Nenhuma dessas variáveis recuperou o seu nível de 2010 até o final do período de observação, apesar da expansão acima da média do sector durante a recuperação. Em 2017, o salário real médio ainda estava 10% abaixo do de 2010. O sector apresentou uma tendência de queda do peso dos salários no rendimento de 2010 a 2014. A queda é particularmente forte nos anos mais severos de austeridade, entre 2011 e 2014, com salários reais e produtividade movendo-se em direções opostas. O peso dos salários no rendimento teve uma recuperação lenta entre 2014 e 2016, mas voltou a diminuir em 2017. No final do período de observação, o peso dos salários no rendimento era inferior em cinco pontos percentuais ao peso observado em 2010 (Figura II.8).

Figura II.8: Alojamento e Restauração — evolução do peso dos salários no rendimento, 2010–2017

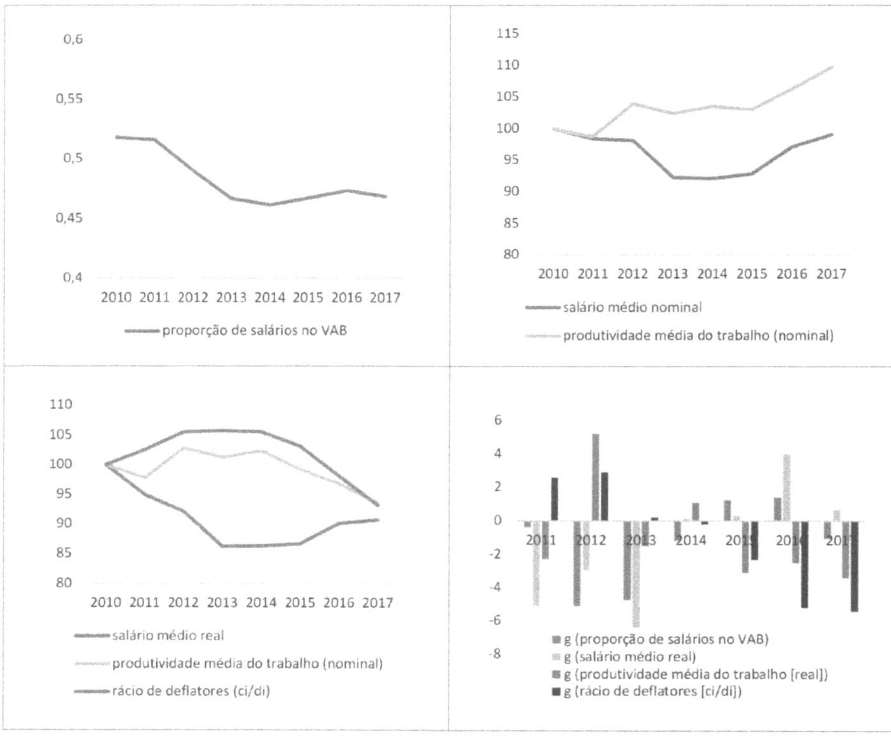

Fonte: Cálculo dos autores com base nas Contas Nacionais, Instituto Nacional de Estatística (INE, 2019).

d) Atividades Financeiras e de Seguros

A evolução do peso dos salários neste sector difere da evolução dos outros sectores em análise. Após uma breve queda de 2010 a 2011, começou um aumento acentuado de quase 15 pontos percentuais até 2013. A partir de então, o peso dos salários no PIB diminuiu até 2016, seguido de uma recuperação pouco expressiva em 2017. Este padrão invulgar pode ser explicado pelo forte choque que atingiu o sector durante a crise, especialmente no contexto português, em que muitos bancos tiveram de solicitar ao Estado fundos de resgate após terem sofrido uma forte quebra no valor dos seus ativos. Este impacto é claramente visível nos níveis de produtividade. Em 2013, a produtividade nominal média do trabalho foi 15% inferior à de 2010, embora posteriormente tenha gozado de uma lenta recuperação. Em termos reais, a queda na produtividade real média do trabalho foi quase contínua até ao final do período de observação. Em 2017, foi mais de 15% inferior à do início do período. Finalmente, é de notar que um peso salarial crescente no rendimento nacional não significa necessariamente um aumento dos rendimentos dos trabalhadores. Isto é particularmente evidente num sector com uma grande queda na produtividade. Note-se que, embora o peso dos salários nas Atividades Financeiras e de Seguros fosse quase 5% mais elevado em 2017 do que em 2010, o salário real médio diminuiu cerca de 7% durante o mesmo período.

Figura II.9: Atividades Financeiras e de Seguros — evolução do peso dos salários no rendimento: 2010–2017

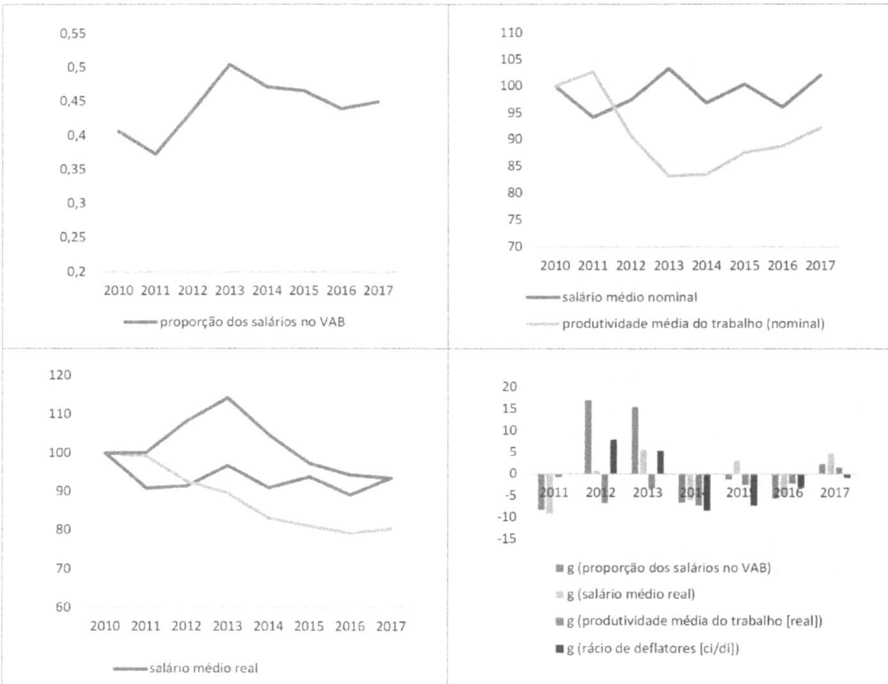

Fonte: Cálculo dos autores com base nas Contas Nacionais, Instituto Nacional de Estatística (INE, 2019).

Todos os sectores, à exceção das Atividades Financeiras e de Seguros, sofreram uma diminuição substancial do seu peso nos salários. Na Indústria Transformadora e nos Serviços de Alojamento e Restauração — dois dos sectores mais importantes para a estrutura de emprego da economia portuguesa —, essa trajetória decrescente continuou durante o período de recuperação. Em todos os sectores, os salários reais eram mais baixos em 2017 do que no início da amostra, sete anos antes. Embora não possam ser dadas respostas definitivas, estes resultados descritivos apontam para um efeito negativo da recessão, amplificada pela mudança institucional que ocorreu no mercado de trabalho. Estes resultados são consistentes com a revisão de literatura e com a ação dos três mecanismos de transmissão da desvalorização interna à distribuição funcional do rendimento examinados anteriormente.

II.6. Conclusão

A desvalorização interna revelou-se prejudicial para o poder reivindicativo das estruturas sindicais. Apesar de alguma recuperação na dinâmica e cobertura da negociação coletiva, os seus níveis pré-crise financeira não foram totalmente restabelecidos nos anos de recuperação económica. Em parte, isso deve-se à manutenção de medidas legislativas do período da *troika* que promovem a desvalorização do fator trabalho, como a liberalização dos despedimentos e a diminuição do nível de proteção dos desempregados. Apesar da inversão das limitações à extensão das convenções coletivas e da medida temporária para evitar a sua rescisão unilateral, parte das reformas que debilitaram as instituições de negociação coletiva foram mantidas. Por outro lado, a estratégia de rápida consolidação orçamental dificultou a negociação salarial no sector público, contribuindo negativamente para o dinamismo da negociação salarial no sector privado.

Mesmo num contexto de recuperação económica e de inversão de políticas, os efeitos duradouros da desvalorização interna são revelados pela persistência da desvalorização dos salários reais em alguns sectores. A persistência e expansão de formas precárias de trabalho e o aumento da proporção de trabalhadores temporários compensaram parcialmente a pressão positiva sobre os salários exercida pela recuperação do emprego. As mudanças compensatórias desencadeadas pelas medidas antiausteridade, em particular os aumentos regulares do salário mínimo, não foram suficientes para inverter uma trajetória salarial descendente devido à desvalorização interna. O impacto positivo dos aumentos regulares do salário mínimo permaneceu confinado aos sectores com salários mais baixos.

A taxa de variação do emprego e do PIB, tanto no período de crise como no de recuperação económica, foi muito desigual entre sectores. Esta heterogeneidade, combinada com uma elevada variação das relações laborais entre sectores, produziu diferentes trajetórias de desigualdade salarial e de distribuição funcional do rendimento. O crescimento do emprego teve origem, em parte, em sectores de serviços com salários baixos. Nos Serviços de Alojamento e Restauração, em paralelo com a expansão da atividade e do emprego, a proporção de empregados em trabalho temporário aumentou. A remuneração *per capita* neste sector é a mais baixa da economia e, no final do período de análise, o salário real médio e o peso dos salários ainda eram inferiores aos de 2010, apesar da evolução dos salários nominais acima das taxas salariais acordadas.

Dado o desempenho relativo dos salários médios em vários sectores, conclui-se que a política de salários mínimos foi essencial para promover o crescimento salarial durante a recuperação, evitando alterações mais prejudiciais nas relações laborais e um efeito mais persistente da recessão nos salários. O impacto da política do salário mínimo na negociação coletiva é importante em todos os sectores em análise, com exceção do das Atividades Financeiras e de Seguros. Tal corrobora a afirmação de que em sectores caracterizados por salários elevados, por uma maior variação nos rendimentos e por atividades altamente qualificadas, o impacto redistributivo de um aumento do salário mínimo tende a ser menor (Grimshaw *et al.*, 2014). O impacto redistributivo do aumento do salário mínimo é particularmente elevado em sectores caracterizados por emprego com baixos salários e está positivamente correlacionado com a diminuição da desigualdade salarial. O impacto redistributivo limitado desta política, além dos salários mais baixos, poderia ser explicado em termos da limitação do poder negocial dos sindicatos, que em Portugal é muito diferenciado entre sectores, e das mudanças sectoriais no emprego que favorecem a expansão dos sectores de serviços de baixos salários, tais como os Serviços de Alojamento e Restauração. Ambos os processos têm em comum a sua ancoragem numa estratégia de desvalorização interna. Simultaneamente, os mais ricos tornaram-se mais ricos no período pós-crise em todos os sectores analisados.

Por último, os efeitos duradouros da desvalorização interna são revelados pela persistência da desvalorização salarial real em alguns sectores, incluindo a Indústria Transformadora e os Serviços de Alojamento e Restauração, apesar da retoma económica. Embora o peso dos salários tenha recuperado, por exemplo, na Construção, permanece abaixo do nível pré-crise e resulta essencialmente do rácio entre a evolução da produtividade real média do trabalho e as alterações nos preços relativos, uma vez que os salários reais médios permaneceram estáveis. O crescente peso dos salários no sector de Atividades Financeiras e de Seguros ocorreu a par de uma diminuição dos salários reais médios, devido a uma grande queda da produtividade num sector caracterizado por um declínio persistente (tanto em termos de emprego como de valor acrescentado bruto). Mais investigação pode explorar as implicações da evolução negativa observada no sector financeiro e de seguros. O poder de negociação sindical neste sector é claramente mais forte do que nos outros analisados, considerando a densidade sindical, a dimensão das empresas e o baixo peso de trabalho temporário. Por outro lado, a negociação coletiva é menos centralizada e menos coordenada do que nos outros sectores.

Apesar do impacto potencial da mudança tecnológica neste sector, resta ainda explorar melhor a forma como tanto as sucessivas rondas de liberalização como uma trajetória de declínio persistente da atividade e do emprego criaram um ambiente muito hostil no que respeita à fixação dos salários — e minaram o poder de negociação sindical.

ANEXO

O peso dos salários no rendimento nacional (*wage share*) é uma variável central para estudar a distribuição funcional do rendimento e tem sido amplamente utilizada em estudos que pretendem observar as consequências de alterações na legislação do mercado de trabalho e nas regras de fixação de salários.

É importante esclarecer quatro aspectos: *i)* a definição precisa do conceito, *ii)* a relação formal entre *wage share*, salário médio nominal/real e produtividade média real/nominal do trabalho, *iii)* a importância de considerar diferentes índices de preços para avaliar a dinâmica do *wage share*, e *iv)* a distinta importância da análise dos níveis e do *wage share* para a investigação das relações laborais.

Definição

O Produto Interno Bruto (PIB) pode ser medido por três óticas equivalentes: rendimento, despesa e produção. A abordagem do rendimento é a que é relevante para esta investigação. Definido pela abordagem do rendimento, o PIB pode ser descrito como a soma de todos os rendimentos distribuídos numa economia durante um período de tempo. Estes rendimentos incluem salários, lucros, rendas e juros. Se agregarmos lucros, rendas e juros numa categoria chamada *capital share* (ou simplesmente, *profit share*), podemos definir o PIB como:

$$Y = \frac{W}{Y} L + \frac{\Pi}{Y} K$$

Onde Y representa o PIB nominal, W representa o salário nominal total, Π representa o rendimento nominal total do capital, L representa o número de empregados e K representa o *stock* de capital.

Esta divisão lata entre salários e rendimentos de capital é consistente com a informação reportada pelas autoridades estatísticas nas contas nacionais ao nível agregado e sectorial. Utilizando a terminologia das contas nacionais, W corresponde à remuneração dos empregados e Π corresponde ao excedente bruto de exploração/rendimento misto.

Alguns estudos utilizam uma medida ligeiramente diferente para capturar a parte do rendimento atribuída aos trabalhadores, designada *adjusted wage share*. Esta medida visa superar uma das desvantagens da categorização feita nas contas nacionais. Note-se que W se refere exclusivamente aos salários dos trabalhadores por conta de outrem. Por conseguinte, o *wage share* não inclui os rendimentos dos trabalhadores independentes, que são indiscutivelmente mais bem caracterizados como trabalhadores do que como empregadores. O rendimento desses trabalhadores é incluído no *capital share* como rendimento misto. No entanto, dado que o rendimento misto não é medido de forma independente de outros rendimentos do capital, os investigadores têm de trabalhar com uma medida aproximada conhecida como *adjusted wage share*. O *wage share* é calculado como o produto do peso dos salários e o rácio entre emprego e empregados.

Nesta exposição, decidiu-se utilizar o *wage share* em vez do *adjusted wage share*. A decisão é orientada pelo objeto de investigação. Uma vez que se pretende estudar o impacto dos programas de austeridade e das alterações legislativas nas relações laborais, opta-se pela concentração na evolução dos rendimentos que são diretamente enquadrados por uma relação empregador-empregado. Contudo, isto não significa que os impactos de tais fatores não possam também ter impacto nos trabalhadores independentes. Esse impacto deve ser abordado por investigações futuras.

Wage share, salário médio e produtividade média

Conceitos como *wage share*, salário médio e produtividade laboral média são geralmente utilizados em conjunto em estudos de relações laborais. No entanto, nem sempre é explicitamente enfatizado que estes três conceitos são interdependentes. Uma análise significativa tem de estar consciente disso e chegar a diferentes interpretações que emergem de diferentes padrões de interdependência.

A relação entre estas três variáveis pode ser formalmente descrita como a seguinte:

$$wage\ share = \frac{W}{Y} = \frac{W/L}{Y/L} = \frac{\text{salário médio nominal}}{\text{produtividade média do trabalho nominal}}$$

Portanto, observamos que o peso dos salários pode ser expresso como o rácio entre a produtividade nominal média e a produtividade nominal média do trabalho.

Consequentemente, a relação dinâmica destas variáveis pode ser expressa por:

$$g_{W/_Y} \approx g_{W/_L} - g_{Y/_L}$$

Onde g representa a taxa de crescimento de uma variável.

Por conseguinte, conclui-se que a taxa de crescimento do *wage share* é dada pela diferença entre a taxa de crescimento do salário nominal médio e a taxa de crescimento da produtividade nominal média do trabalho. Esta relação tem implicações importantes para os resultados das relações laborais. Isto pode ser ilustrado com um exemplo: imagine-se um caso em que a produtividade do trabalho se mantém inalterada. Em tal situação, um aumento do salário médio implica um aumento do *wage share*, o que significa que os capitalistas terão de aceitar uma queda na sua reivindicação sobre a produção total. O mesmo resultado não está implícito se tivermos um crescimento positivo da produtividade média do trabalho. Nesse caso, os capitalistas podem aumentar o salário médio sem diminuir a sua quota-parte na produção total. De facto, um aumento salarial é consistente com um aumento da participação nos lucros, assumindo que a taxa de crescimento do salário médio é mais baixa do que a taxa de crescimento da produtividade.

A importância dos índices de preços

Até agora, considerou-se, por simplificação, a relação entre as variáveis em termos nominais. Uma análise mais pormenorizada requer um estudo baseado em variáveis em termos reais, no qual se destrinça entre os efeitos de alteração de preços. Note-se que se o salário nominal médio e a produtividade nominal média se deflacionassem pelo mesmo índice de preços, não ocorreria qualquer alteração na exposição anterior. Os índices de preços iriam simplesmente anular-se. Contudo, esta não é uma condição desejável. Os salários e a produtividade devem ser deflacionados por diferentes índices de preços. Os salários devem ser deflacionados pelo índice de preços de consumo (IPC) para dar uma visão mais precisa do poder de compra dos trabalhadores. Por outro lado, deve-se utilizar o deflator do PIB para ajustar a produtividade à evolução dos preços. Uma vez que os índices são diferentes, não se anularão e a sua evolução deve ser considerada na evolução dinâmica do *wage share*. O peso dos salários é dado por:

$$wage\ share = \frac{\left(\frac{W}{c_i \times L}\right) \times c_i}{\left(\frac{Y}{d_i \times L}\right) \times d_i}$$

Onde c_i é o índice de preços ao consumidor e d_i é o deflator do PIB. Observe que esta expressão é equivalente à expressão apresentada anteriormente para a parcela salarial.

Assim, podemos expressar a taxa de crescimento da parcela salarial pela seguinte expressão:

$$g_{WS} = \left(g_{\frac{W}{c_i L}} - g_{\frac{Y}{d_i L}}\right) + (g_{c_i} - g_{d_i})$$

Onde g_{WS} é a taxa de crescimento da parcela salarial, $\left(g_{\frac{W}{c_i L}} - g_{\frac{Y}{d_i L}}\right)$ é a diferença entre as taxas de crescimento do salário real médio e a produtividade média do trabalho, em termos reais, e $(g_{c_i} - g_{d_i})$ é a diferença entre as taxas de crescimento do IPC e do deflator do PIB.

REFERÊNCIAS BIBLIOGRÁFICAS

Alvaredo, F., Chancel, L., Piketty, T., Saez, E., e Zucman, G. (orgs.) (2017). *World Inequality Report 2018*. World Inequality Lab. Cambridge, MA: Harvard University Press.

Álvarez, N., Cruces, J., Keune, M., e Uxó, J. (2018). «The functional income distribution and labour market institutions: the missing links in the agenda for inclusive growth after austerity». CAWIE Research Paper 3.2. Lovaina: KU Leuven.

Baccaro, L., e Howell, C. (2017). *Trajectories of Neoliberal Transformation: European Industrial Relations since the 1970s*. Cambridge: Cambridge University Press.

Barbosa-Filho, N. H., e Taylor, L. (2006). «Distributive and demand cycles in the US economy — a structuralist Goodwin model». *Metroeconomica*, 57 (3): pp. 389–411.

Bechter, B., Brandl, B. J., e Meardi, G. (2011). *From National to Sectoral Industrial Relations: Developments in Sectoral Industrial Relations in the EU Member States*. Dublin: European Foundation for the Improvement of Living and Working Conditions.

Blanchard, O. (2007). «Adjustment within the euro. The difficult case of Portugal». *Portuguese Economic Journal*, 6 (1): pp. 1–21.

Blanchard, O. J., e Summers, L. H. (1986). «Hysteresis and the European unemployment problem». Em S. Fisher (org.), *NBER macroeconomics annual Vol.1*. Cambridge, MA: MIT Press, pp. 15–78.

Boddy, R., e Crotty, J. (1975). «Class conflict and macro-policy: the political business cycle». *Review of Radical Political Economics*, 7 (1): pp. 1–19.

Branco, R., Cardoso, D., Guillén, A. M., Sacchi, S., e Balbona, D. L. (2019). «Here to stay? Reversals of Structural Reforms in Southern Europe as the Crisis Wanes». *South European Society and Politics*, 24 (2): pp. 205–232.

Bulfone, F., e Tassinari, A. (2020). «Under pressure. Economic constraints, electoral politics and labour market reforms in Southern Europe in the decade of the Great Recession». *European Journal of Political Research*, 60 (3): pp. 509–538. Disponível em https://ejpr.onlinelibrary.wiley.com/doi/full/10.1111/1475-6765.12414

Caldas, J. C. (2019). *Negociação Salarial: o que está em jogo? Barómetro das crises/20*. Coimbra: Observatório sobre Crises e Alternativas. Disponível em https://www.ces.uc.pt/observatorios/crisalt/documentos/barometro/20BarometroCrises_Negociacao_salarial.pdf (acedido a 15 de abril de 2020).

Campos Lima, M. P. (2019). «Portugal: reforms and the turn to neoliberal austerity». Em T. Müller, K. Vandaele e J. Waddington (orgs.), *Collective Bargaining in Europe: towards an endgame, Vol. III*. Bruxelas: ETUI, pp. 483–505.

Campos Lima, M. P. (2020). «Reconfiguring labour market and CB institutions in Portugal: turning the page on internal devaluation mechanisms?». Em A. C. Santos e N. Teles (orgs.),

Financialisation in the European Periphery: Work and Social Reproduction in Portugal. Londres: Routledge, pp. 103–126.

Campos Lima, M. P., e Abrantes, M. (2016). «Country report Portugal». DIADSE — dialogue for advancing social Europe, University of Amsterdam. Disponível em http://www.cesis.org/admin/modulo_projects/upload/files/DIADSE_Portugal%20Report.pdf

Cardoso, D., e Branco, R. (2017). «Labour market reforms and the crisis in Portugal: No change, U-turn or New Departure?». *Working Paper N.º 56/2017*. Lisboa: IPRI-NOVA.

CES. (2017). *Compromisso Tripartido para um Acordo de Concertação de Médio Prazo*. Lisboa: Conselho Económico e Social, Comissão Permanente de Concertação Social.

Comissão Europeia. (2007). *The Labour Income Share in the European Union: Employment in Europe*. Bruxelas: Comissão Europeia, pp. 237–272.

Comissão Europeia. (2016). «Council Recommendation of 12 July 2016 on the 2016 National Reform Programme of Portugal». *Official Journal of the European Union*, C 299/109, 18.8.2016: pp. 109–113.

Costa, A., e Caldas, J. C. (2014). «A União Europeia e Portugal entre os resgates bancários e a austeridade: um mapa das políticas e das medidas». Em J. Reis (org.), *A Economia Política do Retrocesso*. Coimbra: Almeida, pp. 72–107.

CRL/MTSSS. (2019). *Relatório Anual sobre a Evolução da Negociação Coletiva em 2018*. Lisboa: Centro de Relações Laborais do Ministério do Trabalho, Solidariedade e Segurança Social.

Cruces, J., Álvarez, I., Trillo, F., e Leonardi, S. (2015). «Impact of the euro crisis on wages and CB in southern Europe — a comparison of Italy, Portugal and Spain». Em G. Van Gyes e T. Schulten (orgs.), *Wage Bargaining under the New European Economic Governance — alternative strategies for inclusive growth*. Bruxelas: ETUI, pp. 93–139.

DGERT/MTSSS. (2019a). *Relatório sobre Regulamentação Coletiva de Trabalho Publicada no Ano de 2018*. Lisboa: Direção-Geral do Emprego e das Relações de Trabalho/Ministério do Trabalho, Solidariedade e Segurança Social.

DGERT/MTSSS. (2019b). *Variação Média Ponderada Intertabelas — Relatórios publicados*. Lisboa: Direção-Geral do Emprego e das Relações de Trabalho/Ministério do Trabalho, Solidariedade e Segurança Social. Disponível em https://www.dgert.gov.pt/variacao-media-ponderada-intertabelas-relatorios-anteriores.

Dray, G. (org.). (2016). *Livro Verde sobre as Relações Laborais*. Lisboa: Gabinete de Estratégia e Planeamento/Ministério do Trabalho, Solidariedade e Segurança Social.

Eurofound. (2018). *Developments in Collectively Agreed Pay 2000–2017*. Luxemburgo: Publications Office of the European Union, pp. 10–11.

GEP/MTSSS. (2018). *Acompanhamento do Acordo sobre a Retribuição Mínima Mensal Garantida*. Lisboa: Gabinete de Estratégia e Planeamento/Ministério do Trabalho, Solidariedade e Segurança Social.

GEP/MTSSS. (2019a). *Salário Mínimo Nacional 45 Anos depois — Balanço e Perspetivas Atuais Sobre Emprego e Salários em Portugal.* Lisboa: Gabinete de Estratégia e Planeamento/ /Ministério do Trabalho, Solidariedade e Segurança Social.

GEP/MTSSS. (2019b). *Séries Cronológicas QUADROS DE PESSOAL 2010–2017.* Lisboa: Gabinete de Estratégia e Planeamento/Ministério do Trabalho, Solidariedade e Segurança Social.

GEP/MTSSS. (2019c). *Relatório Único.* Lisboa: Gabinete de Estratégia e Planeamento/ /Ministério do Trabalho, Solidariedade e Segurança Social[12].

Grimshaw, D., Bosch, G., e Rubery, J. (2014). «Minimum wages and collective bargaining: what types of pay bargaining can foster positive pay equity outcomes?». *British Journal of Industrial Relations,* 52 (3): pp. 470–498.

INE. (2019). *Portuguese National Accounts.* Lisboa: Statistics Portugal. Disponível em https:// www.ine.pt/xportal/xmain?xpid=INE&xpgid=ine_cnacionais

Koukiadaki, A., Távora, I., e Martinez Lucio, M. (2016). «Joint regulation and labour market policy during the crisis: a seven-country comparison». Em A. Koukiadaki, I. Távora e M. Martinez Lucio (orgs.), *Joint Regulation and Labour Market Policy in Europe During the Crisis.* Bruxelas: ETUI, pp. 7–135.

Lehndorff, S., Dribbusch, H., e Schulten, T. (2017). «European Trade unions in a time of crisis — an overview». Em S. Lehndorff, H. Dribbusch e T. Schulten (orgs.), *Rough Waters — European trade unions in a time of crisis.* Bruxelas: ETUI, pp. 7–37.

Leonardi, S., e Pedersini, R. (2018). *Multi-Employer Bargaining Under Pressure: decentralisation trends in five European countries.* Bruxelas: ETUI.

Marginson, P. (2014). «Coordinated bargaining in Europe: from incremental corrosion to frontal assault?». *European Journal of Industrial Relations,* 21 (2): pp. 97–114.

Martins, D. (2019). «Quando a decisão pública molda o mercado: a relevância do salário mínimo em tempos de estagnação salarial». Observatório sobre Crises e Alternativas. *Cadernos do Observatório,* 14, outubro. Coimbra: CES — Centro de Estudos Sociais da Universidade de Coimbra.

MTSSS. (2018). *Atualização do Livro Verde sobre as Relações Laborais 2016.* Lisboa: Ministério do Trabalho, Solidariedade e Segurança Social. Disponível em https://www.portugal.gov.pt/download-ficheiros/ficheiro.aspx?v=8dfd193e-fe40-4960-9c5f-5dbd179556bc (acedido a 20 de maio de 2020).

[12] As séries de microdados do *Relatório Único*/GEP/MTSSS utilizadas neste estudo não estão disponíveis *online.* Os microdados foram fornecidos ao projeto REVAL no âmbito de um acordo entre o INE, a FCT e o GPEARI-MCTES (Gabinete de Planeamento, Estratégia, Avaliação e Relações Internacionais do Ministério da Ciência, Tecnologia e Ensino Superior), assinado em dezembro de 2018.

Müller, T., Rasnača, T., e Vandaele, K. (2019). «Wages and collective bargaining: time to deliver on the European Pillar of Social Rights». Em ETUI e ETUC, *Benchmarking Working Europe*. Bruxelas: ETUI e ETUC, pp. 47–66.

Nações Unidas. (2015). *Transforming our world: The 2030 Agenda for Sustainable Development*. 21 outubro 2015, A/RES/70/1.

OCDE. (2018). *Good Jobs for All in a Changing World of Work: The OECD Jobs Strategy*. Paris: OECD.

OCDE e OIT. (2015). *The Labour Share in G20 Economies: trends, impacts and causes, Report prepared for the G20 Employment Working Group Antalya*. Turquia, 26–27 fevereiro 2015.

OIT. (2018). *Decent work in Portugal 2008–2018: from crisis to recovery*. Genebra: International Labour Office.

OIT. (2019). *The Global Labour Income Share and Distribution*. Genebra: International Labour Office.

Pedroso, P. (2020). «A proteção social no desemprego». Em R. C. Mamede e P. A. Silva (coord.), *O Estado da Nação 2020: Valorizar as Políticas Públicas*. Lisboa: IPPS-ISCTE, pp. 119–124.

Pereirinha, J. A., e Murteira, M. C. (2016). «The Portuguese welfare system in a time of crisis and fiscal austerity». Em K. Schubert, P. de Villota e J. Kuhlmann (orgs.), *Challenges to European Welfare Systems*. Suíça: Springer Cham, pp. 587–613.

Perez, S. A., e Matsaganis, M. (2019). «Export or Perish: Can Internal Devaluation Create Enough Good Jobs in Southern Europe?». *South European Society and Politics*, 24 (2): pp. 259–285.

Piketty, T. (2014). *Capital in the Twenty-First Century*. Cambridge (Mass.): The Belknap Press of Harvard University Press.

Portugal, P., e Vilares, H. (2013). *Labor Unions, Union Density and the Union Wage Premium*. Technical Report. Banco de Portugal.

Reis, J., Rodrigues, J., Santos, A., e Teles, N. (2013). «Compreender a Crise: A economia portuguesa num quadro europeu desfavorável». Em *Anatomia da Crise: identificar os problemas e construir alternativas*. Observatório sobre Crises e Alternativas, pp. 12–67.

Schäfer, A., e Streeck, W. (orgs.). (2013). *Politics in the Age of Austerity*. Cambridge: Polity Press.

Schulten, T., e Luebker, M. (2017). «Why Won't Wages In Europe Rise As They Should?». Disponível em https://www.socialeurope.eu/wont-wages-europe-rise

Schulten, T., e Müller, T. (2013). «A new European interventionism? The impact of the new European economic governance on wages and collective bargaining». Em D. Natali e B. Vanhercke (orgs.), *Social Developments in the European Union*. Bruxelas: ETUI, pp. 181–213.

Távora, I., e González, P. (2016). «The reform of joint regulation and labour market policy during the current crisis: national report on Portugal». Em A. Koukiadaki, I. Távora e M. Martínez Lucio (orgs.), *Joint Regulation and Labour Market Policy in Europe During the Crisis*. Bruxelas: ETUI, pp. 321–394.

Teles, N., Caldas, J. C., e Martins, D. (2022). «Financeirização, trabalho e mudança estrutural: o caso da desvalorização interna em Portugal». Em M. P. Campos Lima e J. M. Caldas (orgs.), *A Persistência da Desvalorização do Trabalho e a Urgência da sua Desvalorização.* (2023) Coimbra: Almedina.

Therborn, G. (2013). *The Killing Fields of Inequality*. Cambridge: Polity Press.

Vaughan-Whitehead, D. (org.). (2017). *Inequalities and the World of Work: What Role for Industrial Relations and Social Dialogue?*. Genebra: International Labour Office.

Vaughan-Whitehead, D. (org.). (2018). *Reducing Inequalities in Europe. How Industrial Relations and Labour Policies Can Close the Gap*. Cheltenham/Northampton/Genebra: Edward Elgar Publishing e International Labour Organization.

CAPÍTULO III

CRISE, RECUPERAÇÃO ECONÓMICA E MUDANÇA INSTITUCIONAL: A RECONFIGURAÇÃO DAS PRÁTICAS SALARIAIS E DAS RELAÇÕES LABORAIS AO NÍVEL SECTORIAL

Sérgio Lagoa[1] e Maria da Paz Campos Lima[2]

III.1. Introdução

Neste capítulo procedemos à análise da evolução das práticas salariais e das relações laborais ao nível sectorial em Portugal, na década 2009–2019, comparando os períodos da crise (2009 a 2013) e da recuperação económica (2013 a 2019), os quais são marcados por mudanças económicas, políticas e institucionais reconfigurando o regime de emprego e de negociação coletiva (Campos Lima, 2021). Esta análise inscreve-se no debate sobre o efeito cumulativo das políticas de «desvalorização interna» na desvalorização do trabalho e sobre os entraves à sua valorização (Teles *et al.*, 2022), escrutinando dimensões do seu impacto variegado ao nível sectorial, entendendo o sector de atividade económica como *locus* privilegiado de observação, enquanto espaço específico de articulação de formas de regulação e espaço estruturado de relações económicas e sociais (Campos Lima *et al.*, 2022).

Este capítulo visa explorar a diversidade de padrões e de trajetórias sectoriais quanto à evolução dos salários e das relações laborais — na perspetiva da desvalorização e da valorização do trabalho — bem como as condições económicas e sociais a que se associam, baseando-se numa análise descritiva com base na fonte Quadros de Pessoal, a qual incide sobre 80 subsectores de atividade económica, no âmbito do sector privado e empresarial do Estado (ver o ponto III.3).

Com base na reflexão sobre trabalho anterior (Teles *et al.*, 2022; Campos Lima *et al.*, 2022; Suleman *et al.*, 2017), a análise da evolução das práticas salariais conjuga-se com a análise das seguintes características sectoriais e da sua

[1] Instituto Universitário de Lisboa (ISCTE-IUL) e DINAMIA'CET, Lisboa, Portugal.
[2] Instituto Universitário de Lisboa (ISCTE-IUL) e DINAMIA'CET, Lisboa, Portugal.

evolução: atividade produtiva (mão de obra intensiva *versus* capital intensivo; bens transacionáveis *versus* não transacionáveis; intensiva em conhecimento *versus* não intensiva; e baixa *versus* alta produtividade); dimensão das empresas; supressão e criação de emprego; modalidades de contrato de trabalho predominantes; nível de qualificação/educação dos trabalhadores e reconhecimento das qualificações; prémio salarial de educação; peso do salário mínimo; a estrutura da negociação coletiva em cada sector e a sua evolução (tipo de convenções coletivas de trabalho em vigor — de âmbito sectorial, multiempresa ou de empresa — e respetivo nível de cobertura); e a amplitude das práticas sectoriais de flexibilidade salarial face aos salários estabelecidos pela contratação coletiva.

Por um lado, procura-se apreender a influência destas condições na evolução diferenciada dos salários médios ao nível sectorial e, por outro, indagar como é que a alteração destas condições pode significar *per se* um processo de desvalorização ou valorização do trabalho. Por exemplo, a precarização do emprego pode significar *per se* um processo de desvalorização do trabalho e concorrer ao mesmo tempo para a descida ou estagnação dos salários médios. Finalmente, procuramos identificar por onde passa a valorização do trabalho e a que condições estará associada, admitindo que, da mesma forma que são expectáveis impactos variegados da desvalorização interna na desvalorização do trabalho ao nível sectorial, também serão expectáveis impactos variegados quanto à sua eventual revalorização, no quadro do ciclo político-económico iniciado em 2015 e concluído em 2019[3].

Neste sentido, procura-se mapear em que sectores existiu maior deterioração ou melhoria das práticas laborais avaliadas em diversas vertentes: salários, tipo de contratos, nível de educação da força de trabalho e prémio educacional. Além disso, esta pesquisa procura responder a várias questões. Examina-se em que sectores ocorreu uma maior desvalorização da educação e se os sectores com maiores níveis de educação tiveram mais dificuldade em aumentar os salários. Avalia-se se os sectores com maior crescimento de emprego foram os de salários baixos e qual o contributo da trajetória do salário mínimo. Escrutina-se em que sectores a erosão das convenções coletivas se fez sentir mais marcadamente, com eventuais implicações na dinâmica salarial. Por outro lado, procura-se identificar os fatores que determinam

[3] Os efeitos socioeconómicos da crise pandémica que emergiu em 2020 definiram um período significativamente distinto, o qual não é incluindo nesta análise (Almeida e Caldas, 2020; Mamede *et al.*, 2020).

as variações na amplitude da distância salarial entre salários efetivos e convencionais (almofada salarial/*wage cushion*) ao nível sectorial (Cardoso e Portugal, 2005; Suleman *et al.*, 2017, 2022b), e como tais variações se relacionam com a estrutura da negociação coletiva (tipo de convenções coletivas e respetiva cobertura), a qualificação dos trabalhadores e o prémio salarial.

III.2. A desvalorização e a revalorização do trabalho: quadro analítico

A crise da dívida soberana que atingiu fortemente Portugal em 2011, em conjugação com as políticas de austeridade e de desvalorização interna, iniciou um período de forte regressão económica e social com especial impacto na degradação das condições laborais e salariais (Campos Lima, 2021; Teles *et al.*, 2022). A recuperação do emprego e a reorientação de políticas, no quadro do novo ciclo político iniciado pelo governo do PS e apoiado nos acordos de incidência parlamentar à esquerda (2015–2019), não produziu o aumento dos salários ao ritmo esperado, com estes a crescerem abaixo da produtividade do trabalho e a uma cadência inferior à observada antes da Grande Recessão de 2008, tendo em conta a evolução do desemprego (OCDE, 2018). Enquanto no início da recuperação económica o fraco crescimento das remunerações pode ser explicado pelo elevado desemprego, pela reduzida dinâmica de negociação coletiva e pelo fraco crescimento da produtividade do trabalho (Banco de Portugal, 2016), nos anos mais recentes a melhoria destes indicadores não se traduziu na recuperação salarial expectável.

As razões para este fenómeno de histerese, de longa duração, são diversas, sugerindo um efeito cumulativo da desvalorização interna, para lá do período da crise económica. Este impacto, que se traduziu na persistência da estagnação salarial e de relações laborais precárias, resultou em larga medida do efeito das políticas de desvalorização interna na mudança da estrutura sectorial da economia, com os sectores de baixos salários e de baixa produtividade, como, por exemplo, o turismo, a ganharem peso na estrutura de emprego no período de recuperação económica (Teles *et al.*, 2022).

Em paralelo com a recuperação salarial mitigada, a expansão económica caracterizou-se por uma forte redução do défice da balança corrente, fruto do crescimento dos sectores exportadores, bem como pela correção de outros desequilíbrios da economia: redução da dívida pública e privada e redução do crédito não produtivo dos bancos (Lagoa, 2021). A melhoria da estrutura económica na direção de sectores com salários mais elevados também foi refreada pela fraca taxa de investimento durante o período de crise.

No novo ciclo político, as principais medidas de recuperação salarial foram: a reversão dos cortes dos salários nominais e o descongelamento das carreiras no sector público; a subida do salário mínimo (congelado de 2011 a 2014), que aumentou 19% no período de 2015 a 2019; e a partir do início de 2017, as novas regras facilitadoras da extensão das convenções coletivas, além de uma medida temporária que limitou os pedidos de caducidade das convenções coletivas por um período de 18 meses. Não obstante, foram mantidas algumas medidas penalizadoras na legislação — favorecendo a desvalorização salarial e a redução do poder negocial dos sindicatos —, como o corte no pagamento das horas extraordinárias e a manutenção da maior facilidade de despedimento, medidas estabelecidas pela revisão do Código do Trabalho em 2012. Note-se, por outro lado, que, durante todo este período (2009 a 2019), o governo do PS e o seu grupo parlamentar se opuseram — apesar da pressão favorável dos partidos à esquerda — à reintrodução integral do princípio do tratamento mais favorável ao trabalhador e à revogação do regime da caducidade e «sobrevigência» da contratação coletiva, condições indispensáveis ao reequilíbrio das relações laborais e da negociação coletiva (Campos Lima, 2021; Campos Lima *et al.*, 2022).

O aumento do salário mínimo teve um efeito transversal positivo, no sentido de aumentar o crescimento dos salários médios a uma cadência mais acelerada, num contexto em que a evolução salarial se encontrava pouco reativa à boa conjuntura económica (Martins, 2019), e, em conjunto com alguma recuperação da negociação coletiva, contribuiu para a redução da desigualdade salarial e de rendimentos num país que, apesar das melhorias verificadas desde 1995, ainda era no final do ano 2020 um dos mais desiguais e com maiores níveis de pobreza da UE15 (Lagoa e Barradas, 2021; Campos Lima *et al.*, 2022).

A atualização anual dos salários em sede da negociação coletiva não acompanhou o nível de aumento anual do salário mínimo. O ano de 2019 constituiu uma exceção, com o crescimento do salário mínimo (3,4%) a ser superado pelo aumento médio do salário nominal convencional (4,4%) negociado em sede da contratação coletiva no sector privado, mas este só abrangeu cerca de 30% dos trabalhadores (DGERT/MTSSS, 2021). Por outro lado, no sector público, com níveis educacionais superiores ao sector privado, a dinâmica de crescimento salarial em sede de negociação coletiva continuou bloqueada. A crescente proximidade do salário mínimo e do salário médio nominal efetivo (GEP/MTSSS, 2018, 2019, 2021) sugere que os grupos de trabalhadores mais qualificados e os sectores com maior presença de trabalhadores mais qualificados estarão em perda salarial relativa. Uma avaliação recente estimou que entre 2015 e 2022 a trajetória de crescimento do salário-base médio mensal (+10,1%) estaria muito aquém da trajetória de evolução do salário mínimo nacional (+39,6%), indicando que se descurou a atualização dos salários dos trabalhadores mais qualificados e com níveis de educação mais elevados (Rosa, 2021). Esta estimativa sugere que se acentuou o problema do retorno privado do investimento em educação, medido pelos ganhos salariais, que já evidenciava uma ligeira queda entre 1996 e 2013 (Campos e Reis, 2017).

Esta evolução dos salários dos trabalhadores mais qualificados poderá estar relacionada com o fenómeno de crescente «sobrequalificação», situação em que os trabalhadores possuem um nível de qualificação mais elevado do que o requerido pelos empregos que ocupam. Nos países do Sul da Europa, esta «sobrequalificação» não é tanto o resultado da expansão da educação superior que exacerbaria a subutilização das qualificações dos seus detentores (*supply side*), mas principalmente o resultado da incapacidade da economia de integrar estas qualificações (*demand side*), nomeadamente quando se conjugam as seguintes condições: aumento acentuado da proporção de diplomados, baixo peso no Produto Interno Bruto (PIB) dos sectores com alta tecnologia da indústria transformadora e dos serviços e fraco crescimento do PIB (Marques *et al.*, 2022).

Esta evolução resulta igualmente da dificuldade de a negociação coletiva alcançar aumentos salariais mais favoráveis aos trabalhadores, e da heterogeneidade dos resultados da negociação ao nível sectorial, tendo em consideração o tipo de convenções em vigor, a dinâmica de atualização salarial e o seu nível de cobertura (Campos Lima *et al.*, 2022). Além disso, as formas de ajustamento das políticas de flexibilidade salarial das empresas no contexto da crise e da recuperação podem ter limitado o crescimento do salário médio efetivo através de vários mecanismos, designadamente pelo ajustamento do nível do «prémio salarial» atribuído aos trabalhadores com níveis educacionais mais elevados e da amplitude da almofada salarial (*wage cushion*), isto é, do diferencial entre os salários-base efetivos praticados e os valores salariais de referência das convenções coletivas de trabalho (Cardoso e Portugal, 2005; Suleman *et al.*, 2017, 2022b).

A análise das políticas salariais das grandes empresas portuguesas (≥ 250 trabalhadores) mostrou que estas respondem de forma diferenciada à regulação do mercado de trabalho e aos constrangimentos institucionais, segundo três modelos típicos de práticas/estratégias salariais: o competitivo (baixos salários), o mercado interno de trabalho (salários médios) e o baseado em incentivos (altos salários). Tendencialmente, as empresas dos serviços menos intensivos em conhecimento e a indústria de baixa intensidade tecnológica com uma grande exposição às condições de mercado estão mais próximas do modelo competitivo, enquanto as empresas dos sectores de serviços intensivos em conhecimento tendem a privilegiar o modelo de incentivos, usando estímulos individuais para diferenciar a força de trabalho (Suleman *et al.*, 2017, 2022b).

Em 2014, a análise das políticas salariais das empresas europeias mostrou que no grupo das economias do Sul, em que Portugal se insere, dominavam dois tipos de *clusters*, o Estandardizado e o Internalizado, seguindo as normas das convenções coletivas e baseando-se em políticas organizacionais, numa lógica de Mercados Internos de Trabalho; no entanto, registava-se igualmente uma preponderância do *cluster* Competitivo, de regulação pelo mercado, eventualmente fruto de estratégias de competitividade baseadas em baixos salários ainda seguidas por muitas empresas (Suleman *et al.*, 2022a). Estes estudos sugerem a importância de se apreciarem as práticas salariais e a sua predominância ao nível sectorial.

Também um estudo recente sobre o impacto da negociação coletiva na determinação dos salários em Portugal (Card e Cardoso, 2022) demonstrou que o efeito líquido do acréscimo salarial estabelecido pela negociação coletiva no aumento dos salários efetivos depende da forma como os empregadores reagem ajustando a almofada salarial. No caso da estratégia patronal de compressão da almofada salarial, em resposta aos aumentos estabelecidos pela negociação coletiva, a «taxa de transmissão», isto é, o impacto da negociação coletiva na variação do salário efetivo, é menor. Por outro lado, este estudo — incidindo sobre os salários pagos no sector privado aos trabalhadores abrangidos por contratos coletivos de trabalho (CCT), renegociados no período de 2008 a 2016 — estima que a perda do salário real médio foi de cerca de 2%, apesar do forte aumento da escolaridade, o qual apontaria para um aumento real de 7% se se atendesse exclusivamente à sua melhoria. As causas apontadas para tal discrepância foram as seguintes: aumentos salariais da negociação coletiva abaixo da inflação (perda média de 2% no salário real); redução da almofada salarial em cada categoria profissional (mais 2% de perda real); e reafetação de trabalhadores reposicionando-os em categorias mais baixas, através de processos de recrutamento ou de promoções internas mais lentos (levando a uma redução de 4 a 5% no salário real) (Card e Cardoso, 2022).

Este último mecanismo não pode deixar de alertar para os efeitos dos processos de precarização na desvalorização do trabalho.

Em todas as dimensões supramencionadas é de supor que as condições económicas, sociais e institucionais, a especificidade das relações laborais ao nível sectorial e as diferentes temporalidades sectoriais da crise não só apontem para trajetórias diferenciadas, como acentuem ou consolidem padrões existentes — por exemplo, reproduzindo os sectores de baixos salários e mantendo ou aumentando o nível de precariedade das relações laborais, apesar de alguma melhoria nas habilitações dos trabalhadores; ou suscitando reconfigurações dos padrões sectoriais, por exemplo, em sectores com baixos níveis de precariedade laboral e qualificações mais elevadas, reduzindo quer a proporção de trabalhadores com contratos permanentes quer o nível do prémio salarial dos mais qualificados. O impacto das dinâmicas de supressão e criação de emprego não será um fator de somenos importância nestes processos de reconfiguração (Cruces *et al.*, 2015; Teles *et al.*, 2022).

III.3. Metodologia e variáveis

A unidade de análise usada no presente trabalho é o sector, considerando o segundo nível de desagregação da Classificação de Atividades Económica (CAE), o que inclui 88 subsectores[4]. Pela própria natureza da fonte utilizada — Quadros de Pessoal (QP) —, a análise não inclui a administração pública. A fonte QP é uma base de dados anual LEED (*Linked Employer-Employee Data*) que cobre todas as empresas com pelo menos um trabalhador assalariado. As variáveis médias sectoriais são obtidas dos Quadros de Pessoal (QP) a partir das observações para os Trabalhadores por Conta de Outrem (TCO), abarcando empresas de todas as dimensões.

A análise incide sobre 80 subsectores[5], com destaque para uma subamostra de 14 subsectores relevantes da indústria e dos serviços que inclui

[4] Este nível de desagregação intermédio permite uma análise aprofundada das diversas realidades sectoriais, incluindo os subsectores da indústria transformadora, ao mesmo tempo que constitui uma amostra suficientemente ampla para a análise estatística de associação entre variáveis.

[5] Foram excluídos oito sectores por vários motivos. Como o estudo não abrange a administração pública, foi excluída a CAE 84 — Administração pública e defesa; segurança social obrigatória. Para garantir a representatividade dos indicadores calculados, excluíram-se as CAE com menos de 500 trabalhadores em cada ano, isto é, três CAE: 09 — Atividades dos serviços relacionados com a indústria extrativa; 39 — Descontaminação e atividades similares; e 99 — Atividades de

indústrias tecnologicamente avançadas, indústrias mais tradicionais, serviços de alta e de baixa intensidade de conhecimento, sem descurar as atividades culturais e de turismo e o imobiliário.

Como se referiu na introdução, examinam-se três anos-chave que permitem ter perspetivas diferenciadas do ciclo económico e dos impactos das mudanças institucionais: 2009, 2013 e 2019.

A análise considera as seguintes variáveis: o salário médio, a variação do emprego, a percentagem de TCO com contratos sem termo e com contrato a tempo parcial, o nível educacional dos trabalhadores, o prémio educacional, o tipo de instrumentos de regulação coletiva em vigor e a sua cobertura, a almofada salarial (*wage cushion*) e a percentagem de trabalhadores que auferem o salário mínimo.

- Salário médio: equivalente ao conceito de ganho, incluindo remuneração-base, benefícios regulares e pagamentos de horas extraordinárias. Foi deflacionado usando o Índice de Preços ao Consumidor (IPC) e foram excluídos os trabalhadores com salário total inferior a 80% do salário mínimo[6].
- Nível educacional: percentagem de TCO com habilitações iguais ou superiores ao 12.º ano de escolaridade.
- Prémio educacional: (Salário dos trabalhadores com pelo menos o 12.º ano)/(Salário dos trabalhadores com menos do 12.º ano) – 1. Foi usado o salário ou ganho real horário para todos os TCO com remuneração completa, incluindo os *part-time*.
- Instrumento de Regulamentação Coletiva (IRC): são identificadas quatro categorias: CCT — Contrato Coletivo de Trabalho; ACT — Acordo Coletivo de Trabalho; AE — Acordo de Empresa; e PCT — Portaria de Condições de Trabalho[7]. Enquanto o CCT é celebrado entre uma

organizações internacionais. As CAE 05 — Extração de hulha e lenhite, 06 — Extração de petróleo bruto e gás natural, 97 — Atividades das famílias empregadoras de pessoal doméstico e 98 — Atividades de produção de bens e serviços pelas famílias para uso próprio também não foram analisadas por não terem dados disponíveis.

[6] Os estagiários podem auferir até 80% do salário mínimo (Campos Lima *et al.*, 2022).

[7] As condições de trabalho para os referidos trabalhadores foram sendo estabelecidas por via administrativa, por portaria de regulamentação do trabalho cuja denominação foi alterada pelo Código do Trabalho, a partir de 2009, para Portaria de Condições de Trabalho (ver Portaria n.º 182/2018, de 22 de junho, e Portaria n.º 411-A/2019). No plano salarial, as PCT atualizam as retribuições mínimas, tendo em atenção a trajetória do salário mínimo, e atualizam as remunerações correspondentes aos demais níveis previstos na tabela de remunerações por grupo de qualificação. As PCT aplicam-se,

ou mais associações patronais e uma ou mais organizações sindicais, cobrindo potencialmente todo o sector, o ACT é celebrado entre grupos de empregadores (não organizados formalmente em associações) e um ou mais sindicatos, e o AE é negociado ao nível de uma única empresa//estabelecimento e uma ou mais organizações sindicais[8]. Além destes tipos de IRC e das PCT que regulamentam as condições de trabalho por via administrativa, considera-se uma quinta categoria: a de trabalhadores não abrangidos por qualquer tipo de IRC, que permite calcular a taxa de cobertura dos IRC em vigor ao nível sectorial.

- Almofada salarial (*wage cushion*): avalia em que medida os trabalhadores cobertos por um IRC recebem acima do valor negociado na contratação coletiva, isto é, corresponde à diferença entre salários efetivos e convencionais, sendo medida pelo rácio: (salário-base acrescido de prestações regulares)/(salário mensal negociado coletivamente). A sua operacionalização irá assumir que o salário negociado coletivamente é aproximado pela moda da «remuneração-base» na categoria profissional e no IRC (Cardoso e Portugal, 2005). Note-se que se conseguiu calcular esta variável para 2009 e 2013, mas não para 2019, porque os Quadros de Pessoal deixaram de disponibilizar os códigos pormenorizados dos IRC. Como alternativa, usámos o *wage cushion* de 2018 em vez do de 2019, com a hipótese de que esta variável não sofre alterações significativas de um ano para o outro.
- Salário mínimo: percentagem de trabalhadores com remuneração-base igual ao salário mínimo, no universo de trabalhadores por conta de outrem, a tempo integral e com remuneração completa.

Como variáveis de controlo (para análise de regressão), considerou-se também o número médio de trabalhadores das empresas por CAE2 e a produtividade do trabalho por CAE2 (Valor acrescentado bruto a custo de fatores/pessoal ao serviço, em euros e em termos reais). A produtividade é a única variável obtida fora dos QP, junto do INE.

na impossibilidade de recurso a portarias de extensão, a trabalhadores a desempenhar funções em sectores ou ramos de atividade para os quais não exista associação de empregadores com a qual as associações sindicais possam celebrar convenções coletivas.

[8] Com o Código de Trabalho de 2009, passou a poder ser negociado também pelas comissões de trabalhadores, desde que tenham mandato sindical, dependendo da dimensão da empresa.

III.4. Análise empírica dos principais indicadores

III.4.1. Evolução dos salários e do emprego e trajetórias sectoriais

III.4.1.1. Evolução dos salários

O salário médio real calculado tendo como unidade de análise o trabalhador[9] teve uma queda de 0,65%/ano entre 2009 e 2013, no contexto da forte crise económica. Na fase de recuperação, verifica-se um ganho nos salários de 0,98%/ano, o que permite que o salário médio real em 2019 se situe num nível superior ao de 2009. Esta evolução pró-cíclica dos salários está amplamente documentada na literatura (Abraham e Haltiwanger, 1995; Martins, 2007).

Quadro III.1: Salários médios e alguns indicadores-chave do mercado de trabalho

	2009	2013	2019
Salário total real (base/ano 2019), €	1163,94	1133,81	1202,52
Taxa média de crescimento anual (TMCA)	-	–0,65%	+0,98%
% TCO com contratos permanentes	68,9%	71,9%	64,0%
% TCO com contratos a tempo parcial	5,7%	7,2%	7,5%
Ganho salarial % de quem tem 12.º ou mais	55%	52%	37%
Almofada salarial	1,548	1,552	1,500*

*Nota: Refere-se ao ano 2018.

Fonte: Quadros de Pessoal, cálculos dos autores.

Entre 2009 e 2013, há uma queda dos salários em quase todos os sectores, particularmente na pesca (–16,9%), na fabricação de produtos farmacêuticos de base (–11%), nas telecomunicações (–12,5%), na consultoria e programação informática (–12%) e nas atividades de teatro, música (–17,5%)[10]. A queda

[9] A média é calculada usando o salário individual de cada trabalhador.

[10] A informação sobre os 14 sectores encontra-se no Quadro III.2. Nos próximos pontos, estes sectores selecionados irão também surgir nos quadros.

nas atividades culturais pode ser explicada pela redução drástica dos apoios públicos a estas atividades num contexto de contenção orçamental.

Em oposição, a larga maioria dos sectores regista um aumento do salário real entre 2013 e 2019. Destacam-se pela positiva o aumento dos salários médios em alguns sectores da indústria transformadora: têxteis (14%), vestuário (19%), couro (20%) e mobiliário (14%), sectores onde as perdas salariais entre 2009 e 2013 foram menos desfavoráveis (estagnação ou redução limitada) comparativamente com os outros sectores. A restauração também regista um aumento considerável dos salários (16%) durante a expansão económica, mas o mesmo não se pode dizer do alojamento, em que o crescimento entre 2013 e 2019 (5,4%) não compensou a perda no período anterior (–5,5%).

Quadro III.2: Evolução dos salários médios e % de trabalhadores auferindo o salário mínimo (%)

	Salário médio €			Variação do salário médio %		% TCO com salário mínimo	
	2009	2013	2019	2009–2013	2013–2019	2009	2019
13 Têxteis	844	841	979	–0,3%	**16,4%**	**31,5%**	28,0%
14 Vestuário	686	687	819	0,2%	**19,2%**	**53,6%**	**43,8%**
21 Produtos farmacêuticos	**2002**	1781	1950	-11,0%	9,5%	2,7%	3,1%
27 Equipamento elétrico	1354	1318	1428	-2,6%	8,4%	4,1%	3,6%
29 Veículos automóveis, reboques...	1277	1264	1310	-1,1%	3,7%	3,3%	8,7%
35 Eletricidade e gás	**2858**	**2848**	**2809**	-0,3%	-1,4%	0,2%	1,1%
41 Promoção imobiliária/construção	962	930	937	-3,4%	0,8%	11,2%	29,4%
47 Comércio a retalho	928	909	993	-2,0%	9,3%	19,5%	27,6%
55 Alojamento	1023	967	1019	-5,5%	5,4%	7,1%	13,1%
56 Restauração	697	672	780	-3,6%	**16,1%**	**29,9%**	**40,7%**
62 Consultadoria e programação informática	**2057**	1807	1896	-12,2%	4,9%	2,8%	3,5%

64 Serviços financeiros[11]	**2637**	**2508**	**2481**	–4,9%	–1,1%	0,1%	0,5%
68 Atividades imobiliárias	1173	1120	1179	–4,5%	5,3%	21,1%	29,6%
90 Atividades de teatro, de música...	1523	1257	1298	–17,5%	3,3%	12,5%	18,9%

Fonte: Quadros de Pessoal, cálculos dos autores.
Nota: Um número marcado a **negrito** indica que a CAE se encontra no Top 10 de todas as CAE no respetivo indicador naquele ano, e um número sublinhado refere-se a uma CAE que se encontra entre as 10 últimas[12].

O sector dos serviços financeiros continuou em perda salarial na fase ascendente do ciclo económico (decréscimo de 6% entre 2009 e 2019), em parte devido à crise no sector bancário se ter prolongado apesar da recuperação da economia nacional (Campos Lima *et al.*, 2022) e provavelmente por via dos processos de reestruturação e das mudanças tecnológicas associadas ao *Internet banking*.

Refira-se, por último, que no período analisado o crescimento do salário mínimo foi superior ao do salário médio e que a percentagem de trabalhadores a receber salário mínimo sofreu um aumento considerável na maioria dos sectores (Quadro III.2), especialmente no período de recuperação económica, quando o crescimento do salário mínimo foi mais acentuado.

Durante a crise económica e fase de expansão, a economia portuguesa desenvolveu consideravelmente as exportações, em contraste com o colapso do mercado interno na fase da crise, tendo sido o sector dos bens transacionáveis aquele que demonstrou maior dinamismo económico e de emprego. Assim, testou-se a hipótese de os salários cresceram mais nos sectores de atividades transacionáveis (hipótese H1). Contudo, na fase de crise, testou-se a hipótese oposta (H2), uma vez que a estratégia de desvalorização interna procurou reduzir os salários para reforçar a competitividade externa da economia.

Foram criadas duas variáveis dicotómicas para identificar a indústria transformadora e extrativa, por um lado, e o sector primário, por outro. Os três sectores ligados ao turismo, isto é, o alojamento, os transportes aéreos e as agências de viagem e operadores turísticos, onde há uma parte orientada

[11] CAE — sector de serviços financeiros, exceto seguros e fundos de pensões, que designamos apenas por serviços financeiros ao longo do texto.

[12] Esta nota aplica-se a todos os quadros seguintes em que aparecem números a negrito ou sublinhados.

para o mercado interno e outra para o mercado externo, foram por isso agregados numa variável separada. Finalmente, agruparam-se os restantes sectores da economia noutra variável, ficando assim um total de quatro variáveis que identificam a totalidade dos CAE. O teste das hipóteses realizado correlacionou a variação do salário total real com as quatro variáveis que identificam os grupos de sectores, de forma separada para o período de crise e para o período de recuperação. Em 2009–2013, os resultados validam a hipótese H1 para a indústria transformadora e extrativa com uma correlação de +0,23 (significativa a 5%). Pelo contrário, os sectores não transacionáveis apresentam uma correlação de −0,20 com a variação dos salários (significativa apenas a 10%). Em 2013–2019, a hipótese H1 é novamente confirmada para a indústria transformadora e extrativa com uma correlação de 0,18, significativa apenas a 10%, e confirmada claramente para o sector primário com uma correlação de 0,42 (*p-value* = 0,0001). Os sectores não transacionáveis continuaram com uma *performance* salarial inferior à da restante economia.

Quadro III.3: Correlação da variação do salário com grupos de sectores

	2009–2013	2013–2019
Variáveis dicotómicas	ΔW	ΔW
Indústria transformadora	0,2374 (0,0340)	0,1884 (0,0942)
Sector primário	−0,1189 (0,2935)	0,4218 (0,0001)
Turismo	0,0744 (0,5118)	−0,1065 (0,3470)
Restantes sectores	−0,2097 (0,0619)	−0,3024 (0,0064)

Nota: 80 observações por ano. ΔW: variação do salário total real.
Entre parênteses encontra-se o *p-value*.
Fonte: Quadros de Pessoal, cálculos dos autores.

III.4.1.2. Da supressão à criação de emprego: evolução e trajetórias sectoriais

A evolução salarial que observámos acima está intimamente relacionada com a evolução do emprego. Entre 2009 e 2013 existiu uma queda muito forte no emprego de trabalhadores por conta de outrem no sector privado (–5,03%/ano), seguida de uma recuperação significativa até 2019 (+3,19%/ano) que permitiu ultrapassar o nível de emprego existente em 2009.

Quadro III.4: Evolução do emprego

	2009	2013	2019
Emprego n.º de TCO	2 878 960	2 384 121	2 930 482
Taxa média de crescimento anual		–5,03%	+3,19%

Fonte: Quadros de Pessoal.

Quadro III.5: Crescimento do emprego por sectores (taxa de variação)

	2009–2013	2013–2019
13 Têxteis	–16%	2%
14 Vestuário	–20%	0%
21 Produtos farmacêuticos	0%	42%
27 Equipamento elétrico	–6%	5%
29 Veículos automóveis	–9%	**54%**
35 Eletricidade e gás	–13%	3%
41 Promoção imobiliária/construção	–50%	24%
47 Comércio a retalho	–15%	17%
55 Alojamento	–6%	50%
56 Restauração	–21%	45%
62 Consultadoria e programação informática	**25%**	**77%**
64 Serviços financeiros	–11%	–20%
68 Atividades imobiliárias	–29%	**60%**
90 Atividades de teatro, de música...	–14%	**55%**

Fonte: Quadros de Pessoal, cálculos dos autores.

No período de recessão económica, os sectores imobiliários (a construção no seu conjunto com uma perda de 42% e o imobiliário com uma perda de 24%) estiveram entre os mais afetados. A redução do crédito bancário criou fortes limitações ao sector, ao que se juntou a significativa quebra de expectativas de rendimento dos agentes, o que os levou a focarem-se nos consumos mais essenciais. No período pré-crise, o sector dos bens não transacionáveis tinha registado um crescimento elevado, apoiado no endividamento e em investimentos não produtivos, o que, com o advento da crise económica, conduziu a uma redução permanente do emprego naquele sector (Costa, 2014). A incapacidade de pagamento dos clientes e a queda da procura foram dois dos principais choques que afetaram as empresas durante a crise, em particular no sector da construção, comércio e energia (Martins, 2016). A consultoria e programação informática e as atividades dos serviços de informação conseguiram aumentar o volume de emprego mesmo num período de crise, respetivamente em 25% e em 31%, muito provavelmente devido à digitalização crescente da economia e da sociedade.

Na fase de recuperação, o crescimento do turismo e o aumento de residentes estrangeiros dinamizaram fortemente o crescimento do emprego nos sectores de alojamento (50%), restauração (45%) e atividades imobiliárias (60%) e em menor grau a construção no seu conjunto (23%). Outros sectores que recuperaram fortemente foram os veículos automóveis (54%) e os equipamento de transporte (62%), o que era expectável devido à natureza cíclica destas atividades. Por sua vez, os serviços financeiros continuaram a destacar-se pela negativa, uma vez que entre 2013 e 2019 o decréscimo do emprego praticamente duplicou (–20%) relativamente ao observado entre 2009 e 2013 (–11%).

A estratégia de desvalorização interna visou a flexibilidade salarial descendente, alegadamente para aumentar a competitividade e recuperar a economia e o emprego. Assim, pode-se perguntar se os sectores onde houve maior crescimento de emprego foram os de salários mais baixos. Examinando a variação do emprego e o nível salarial para o conjunto dos sectores nos dois períodos (2009–2013 e 2013–2019), observa-se que, apesar de a relação entre as variáveis não ser particularmente forte, existe uma relação não linear (Figura III.1). Fazendo uma regressão que assume tal relação verifica-se que esta é estatisticamente significativa, com o emprego a crescer mais nos sectores com salários mais elevados, mas só até um nível salarial de 1915 €/mês, enquanto a partir deste valor o aumento do salário está associado a um menor crescimento do emprego (Quadro III.6).

Figura III.1: Relação entre o salário e a variação de emprego

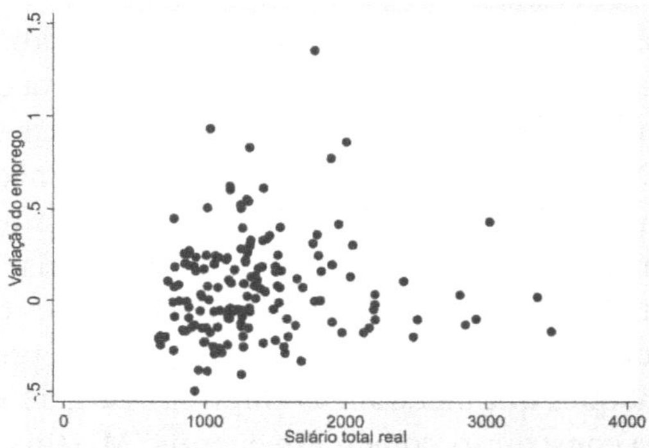

Fonte: Quadros de Pessoal, cálculos dos autores.

Quadro III.6: Relação entre a evolução do emprego e o nível salarial do sector

	ΔEmp
w	0,000 497 8 *** (0,009)
w^2	−0,000 000 13 ** (0,013)
Constante	−0,3298 ** (0,032)
N	160
R^2	0,0433
F(2,157)	3,55 (0,0309)

Nota: ΔEmp: variação percentual do emprego, w: salário total real. *P-value*: entre parênteses. *, **, *** significância a 10%, 5% e 1%, respetivamente.
Fonte: Quadros de Pessoal, cálculos dos autores.

Note-se que apenas 11 sectores têm um nível salarial médio acima de 1915 €/mês em 2019, sendo eles: extração de minérios metálicos, tabaco, produtos petrolíferos, produtos farmacêuticos, eletricidade e gás, transportes aéreos, rádio e televisão, telecomunicações, serviços financeiros (incluindo seguros) e investigação científica. Assim sendo, a resposta à pergunta formulada em cima seria que, com exceção de alguns sectores, o emprego cresceu mais nos sectores com salários médios mais elevados. De qualquer modo, o poder explicativo do modelo é relativamente baixo, demonstrando que os salários são apenas um dos muitos fatores correlacionados com o emprego.

III.4.2. Precarização do emprego: evolução e trajetórias sectoriais

Apesar de o salário ser uma dimensão central da relação laboral, não se podem ignorar as condições contratuais, em especial no que se refere ao termo dos contratos de trabalho. Os dados analisados indicam um ligeiro aumento dos contratos permanentes, isto é, sem termo, entre 2009 e 2013, de 68,9% para 71,9%, com uma queda acentuada (7,9 pp.) entre 2013 e 2019 para 64%. O ligeiro aumento da percentagem de contratos permanentes observado no período de crise deve-se, em grande parte, à redução do emprego, afetando mais fortemente os trabalhadores com contrato a termo, mais fáceis de «despedir» por via da não renovação dos contratos (OIT, 2014). Esta dinâmica tem implicações salariais decisivas — a destruição de emprego temporário ao eliminar empregos de baixos salários — produzindo um efeito estatístico de aumento do salário médio (Cruces *et al.*, 2015).

A redução dos contratos permanentes a partir de 2013 parece estar associada à recuperação do emprego baseada em contratos a termo, sobretudo numa fase inicial de recuperação incerta, em que apenas 15% dos contratos a termo são convertidos em contratos permanentes na mesma empresa (Banco de Portugal, 2014). Note-se que a liberalização dos despedimentos implementada em 2012 veio facilitar a substituição de trabalhadores com contratos permanentes por trabalhadores com contratos a termo, com salários mais baixos e piores condições de trabalho. Essa legislação vigorou para além do período de intervenção da *troika*, continuando no período de recuperação (Campos Lima, 2021).

Quadro III.7: Trabalhadores com contratos permanentes (%)

	% de TCO com contratos permanentes			Variação (pp.)	
	2009	2013	2019	2009-2013	2013-2019
13 Têxteis	85,1%	83,4%	78,1%	-1,7	-5,3
14 Vestuário	78,4%	77,4%	76,8%	-0,9	**-0,6**
21 Produtos farmacêuticos	83,2%	80,2%	71,7%	-3,0	-8,4
27 Equipamento elétrico	75,2%	80,2%	73,2%	5,0	-7,0
29 Veículos automóveis	82,3%	77,3%	68,1%	-4,9	-9,2
35 Eletricidade e gás	**93,1%**	**93,8%**	**93,4%**	0,7	**-0,4**
41 Promoção imobiliária/ /construção	63,9%	64,0%	49,8%	0,2	-14,2
47 Comércio a retalho	69,4%	73,2%	65,9%	3,8	-7,3
55 Alojamento	61,4%	60,5%	47,4%	-1,0	-13,1
56 Restauração	59,7%	61,6%	47,8%	2,0	-13,9
62 Consultoria e programação informática	71,9%	70,8%	72,9%	-1,0	**2,1**
64 Atividades de serviços financeiros	**92,0%**	**96,1%**	**94,8%**	4,1	-1,3
68 Atividades imobiliárias	67,8%	71,3%	61,0%	3,4	-10,3
90 Atividades de teatro, de música...	66,6%	72,9%	63,2%	6,3	-9,7

Fonte: Quadros de Pessoal, cálculos dos autores.

Alguns dos subsectores com a mais elevada proporção de contratos permanentes em 2009 aumentaram o peso deste tipo de contratos entre 2009 e 2013, sendo eles: o tabaco (3,8 pp.), os produtos petrolíferos (+5,4 pp.), a eletricidade e o gás (+0,7 pp.), as atividades postais (+5,3 pp.), os sectores da rádio e de televisão (+0,9 pp.) e os serviços financeiros (+4,1 pp.), mas estes dois últimos com alguma perda entre 2013 e 2019. Todos estes sectores são caracterizados por grandes empresas que ainda recorrem a vínculos laborais estáveis, estando o aumento do peso dos contratos permanentes sobretudo associado à supressão de empregos com vínculo precário no contexto da crise e além dela, em ligação com as reestruturações em curso. Em geral, a indústria transformadora apresentou uma maior proporção de contratos permanentes do que os serviços, com algumas diferenças sectoriais, sugerindo a valorização da aprendizagem na ocupação (Lagoa e Suleman, 2016), mas observa-se uma redução do peso dos contratos permanentes entre 2009 e 2013, que prossegue entre 2013 e 2019.

Os sectores onde se verificou maior queda do peso de contratos permanentes e, portanto, onde ocorreu uma maior precarização, foram diferentes nos dois subperíodos estudados. Entre 2009 e 2013, aquele grupo de sectores inclui: a agricultura (–4,6 pp.), a silvicultura (–5,2 pp.) e algumas indústrias transformadoras de bebidas (–3,5 pp.), do couro (–5 pp.), de produtos farmacêuticos (–3 pp.), de equipamentos informáticos e produtos eletrónicos (–5,3 pp.) e de veículos automóveis (–4,9 pp.), bem como os serviços de informação (–7,7 pp.) e atividades auxiliares de serviços financeiros (–3,8 pp.). Já entre 2013 e 2019, no período da recuperação do emprego, os sectores onde ocorreu o maior aumento da precariedade laboral por via da redução do peso dos contratos permanentes foram: a pesca (–18,8 pp.), os produtos informáticos e eletrónicos (–14,2 pp.), a promoção imobiliária (–14,2 pp.), o comércio e reparação de automóveis (–11,8 pp.), os transportes marítimos e aéreos (–14,6 pp. e –13,5 pp., respetivamente), o alojamento (–13,1 pp.), os restaurantes (–13,9 pp.), as atividades de aluguer (–15,8 pp.) e as atividades desportivas, de diversão e recreativas (–15% pp.). Observamos que as atividades ligadas ao turismo, que registaram um grande crescimento, estão entre as que mais reduziram em termos percentuais o uso de contratos permanentes, sugerindo que o emprego criado foi predominantemente com contratos a termo.

De igual modo, os sectores onde se verifica um aumento do peso dos contratos permanentes também são diferentes nos dois períodos analisados. Sem aprofundar, apenas destacamos o aumento percentual nos sectores das telecomunicações (+1,7 pp.) e consultadoria e programação informática (+2,1 pp.), entre 2013 e 2019. A evolução no último sector sugere que alguns dos sectores das novas tecnologias melhoraram as condições contratuais dos seus trabalhadores, eventualmente devido ao seu poder negocial, resultante da sua escassez. Já nas telecomunicações, onde o emprego recuou 15% entre 2013 e 2019, o aumento percentual dos contratos permanentes pode estar associado à diminuição do emprego, que recaiu mais sobre os contratos com termo, e, eventualmente, à externalização de atividades.

Outra das características primordiais do contrato laboral é o tempo de trabalho, que pode ser completo ou parcial. Observou-se um ligeiro aumento do uso dos contratos a tempo parcial sobretudo durante a crise económica de 2009–2013, demonstrando que estes contratos foram usados pelas empresas para satisfazer a procura num contexto de grande incerteza.

III.4.3. Os níveis de educação dos trabalhadores, as práticas salariais e as trajetórias sectoriais

III.4.3.1. A evolução dos níveis de educação dos trabalhadores

Na abordagem do capital humano (Becker, 1964), o nível salarial e as condições contratuais dos sectores estão relacionados com a educação dos trabalhadores, isto é, com o capital humano de carácter geral útil a todas as empresas, reconhecido como um fator determinante dos salários e da produtividade dos trabalhadores. A evolução dos níveis de educação dos trabalhadores foi muito favorável no período em análise, tendo ocorrido um aumento muito significativo da percentagem média de trabalhadores com habilitações iguais ou superiores ao 12.º ano de escolaridade, de um valor de 36,3% em 2009 para 51,5% em 2019 (Quadro III.8). Esta evolução é fruto não só da melhoria geral da formação na população ativa, mas também de um esforço das empresas para melhorarem a sua posição competitiva. A tendência de crescimento da proporção de trabalhadores com ensino superior já remonta pelo menos a 2001 (Banco de Portugal, 2014). Contrariamente ao expectável, o aumento do nível educacional dos trabalhadores não foi superior durante o período de recuperação económica comparativamente ao período de crise: +1,46 pp./ano e +1,58 pp./ano, respetivamente. Uma possível explicação pode ser o facto de os trabalhadores com menor educação terem estado mais expostos ao desemprego durante o período de crise, aumentando assim artificialmente o nível de escolaridade médio dos trabalhadores; e, por outro lado, ter-se registado o crescimento do emprego nos sectores de menores qualificações e baixos salários.

Quadro III.8: Nível de educação dos trabalhadores (valores agregados)

	2009	2013	2019
% de trabalhadores com habilitações iguais ou superiores ao 12.º ano	36,35	42,69	51,46

Fonte: Quadros de Pessoal, cálculos dos autores.

Quadro III.9: Nível de educação dos trabalhadores por sectores (% com habilitações ≥ ao 12.º ano)

	% TCO nível de habilitações ≥ ao 12.º ano			Variação (pp.)		
	2009	2013	2019	2009–2013	2013–2019	2009–2019
13 Têxteis	15,5%	20,0%	32,4%	4,6	12,3	16,9
14 Vestuário	8,8%	12,3%	20,6%	3,5	8,3	11,8
21 Produtos farmacêuticos	66,0%	71,3%	79,4%	5,3	8,1	13,4
27 Equipamento elétrico	39,3%	49,3%	57,8%	**10,0**	8,5	18,5
29 Veículos automóveis	29,4%	37,1%	50,8%	**7,7**	**13,7**	**21,4**
35 Eletricidade e gás	52,6%	57,9%	74,5%	5,3	**16,5**	**21,8**
41 Promoção imobiliária e construção	18,2%	19,9%	23,1%	1,8	3,2	4,9
47 Comércio a retalho	40,4%	47,2%	58,7%	6,8	11,5	18,3
55 Alojamento	33,8%	40,5%	54,2%	6,6	**13,8**	**20,4**
56 Restauração	18,7%	24,0%	38,1%	5,3	**14,1**	19,4
62 Consultoria e programação informática	**94,2%**	**95,3%**	**96,8%**	1,1	1,5	2,6
64 Atividades de serviços financeiros	**89,7%**	**91,0%**	**95,7%**	1,3	4,7	6,0
68 Atividades imobiliárias	51,8%	54,9%	63,2%	3,2	8,3	11,4
90 Atividades de teatro e música	68,9%	75,4%	77,9%	6,5	2,5	9,0

Fonte: Quadros de Pessoal, cálculos dos autores.

De uma forma geral, os trabalhadores dos serviços têm um maior nível de educação, em particular os dos serviços financeiros (95,7%), da consultoria e da programação informática (96,8%), das telecomunicações (88,8%) e do transporte aéreo (92,6%). No outro extremo, a indústria e o sector primário são caracterizados, em regra, por níveis de educação inferiores.

Os maiores ganhos em termos de educação ocorreram em algumas indústrias que partiram de níveis relativamente baixos de educação. Alguns exemplos são as indústrias de equipamento elétrico (+18,5 pp.), de veículos automóveis (+21,4 pp.) e de eletricidade e gás (+21,8 pp.). É interessante notar que o alojamento e a restauração também registaram melhorias importantes no nível de educação dos seus trabalhadores. Em oposição, um dos sectores que, tendo níveis de educação baixos, registou uma das subidas mais ténues na formação escolar dos trabalhadores foi a promoção imobiliária/construção (+4,9 pp.).

III.4.3.2. O reconhecimento salarial da educação e a evolução do prémio educacional

Como se mencionou (ver o ponto III.2), as abordagens recentes sobre a evolução dos salários dos trabalhadores com níveis de educação mais elevados sugeriram que a evolução dos salários médios ficou muito aquém do que seria expectável face ao aumento da proporção desse grupo de trabalhadores, tendo em conta a fragilidade da negociação coletiva, a diminuição da almofada salarial e o reposicionamento de trabalhadores, através de várias formas, em categorias abaixo das suas qualificações (Card e Cardoso, 2022); e vincaram a incapacidade da economia de integrar trabalhadores com níveis de educação mais elevados (*demand side*) nos países do Sul da Europa, em função do fraco peso dos sectores com alta tecnologia da indústria e dos serviços na estrutura sectorial do emprego (Marques *et al.*, 2022). Como se depreende da evolução sectorial dos níveis de educação analisada anteriormente, as dinâmicas sectoriais foram diversas e, portanto, serão distintos os desafios de reconhecimento salarial.

A título exploratório considerou-se a hipótese de os sectores com níveis de educação mais elevados estarem associados a uma pior evolução salarial. Para tal, correlacionou-se, ao nível sectorial, a variação do salário total (ganho mensal) com o nível de educação (% de trabalhadores com 12.º ano ou mais), tendo chegado a uma correlação negativa (−0,15) e estatisticamente significativa a 10% (*p-value* = 0,0519), confirmando de forma fraca a hipótese de partida.

O menor crescimento dos salários nos sectores mais qualificados levou-nos a interrogar de que forma o «prémio educacional» — um indicador que permite avaliar o reconhecimento salarial dos níveis de educação mais elevados — terá evoluído no período estudado. Como referido, o prémio salarial foi calculado com base no salário ou ganho real horário para todos os TCO com remuneração completa, incluindo em regime de *part-time* (ponto III.2).

A leitura deste indicador exige algum cuidado. Como este indicador compara o ganho real horário médio do grupo com maior nível de educação (≥ 12.º ano) ao ganho real horário do grupo com menor educação (< 12.º ano), a sua variação é influenciada pela composição interna de cada um dos grupos. Por exemplo, dois sectores com médias salariais idênticas no primeiro grupo (≥ 12.º ano) podem ter um prémio educacional muito distinto se as diferenças de média salarial no segundo grupo (< 12.º ano) (denominador) forem muito acentuadas por razões da sua própria composição interna. É possível um sector ter um prémio de educação muito mais elevado, apenas porque a maioria dos trabalhadores no segundo grupo detém níveis de habilitação muito inferiores ao 12.º ano (correspondendo a uma polarização de qualificações), caso de vários subsectores da indústria transformadora mais intensivos em mão de obra e de subsectores de serviços pouco qualificados; ou ter um prémio de educação muito menos elevado, quando no segundo grupo a maioria dos trabalhadores tiver níveis de habilitação muito próximos, embora inferiores ao 12.º ano (correspondendo a uma aproximação da estrutura de qualificações dos dois grupos), caso do sector financeiro.

Considerando o conjunto de subsectores analisados, o prémio salarial da educação diminuiu de 55% em 2009 para 52% em 2013 e atingiu 37% em 2019. Entre 2009 e 2019, observa-se uma queda de 18 pp. no prémio educacional, ou seja, os trabalhadores com pelo menos o 12.º ano de escolaridade tiveram uma perda relativa de 18 pp. de salário horário real face aos trabalhadores com menor escolaridade. Esta queda significativa foi muito mais pronunciada no período de crescimento económico (15 pp.).

As razões para a queda do prémio educacional entre 2009 e 2019 são diversas, além das que já aludimos acima: o redireccionamento da economia para sectores de mais baixos salários; a supressão de emprego dos trabalhadores com longas carreiras, níveis de educação e salários elevados; a precarização transversal aos grupos mais qualificados. E, finalmente, a redução do «poder de mercado» destes trabalhadores, tendo em conta o aumento da quantidade de trabalhadores qualificados, num contexto de precarização do trabalho e de facilidade da sua substituição, no contexto de um «exército precário e qualificado de reserva».

Quadro III.10: Prémio salarial da educação

	Prémio salarial de educação			Variação (pp.)		
	2009	**2013**	**2019**	**2009–2013**	**2013–2019**	**2009–2019**
13 Têxteis	86,0%	68,0%	39,2%	−18,0	−28,8	−46,8
14 Vestuário	62,4%	57,0%	39,6%	−5,4	−17,4	−22,8
21 Produtos farmacêuticos	**91,6%**	**82,2%**	**70,6%**	−9,4	−11,6	−21,0
27 Equipamento elétrico	67,7%	57,0%	45,2%	−10,7	−11,8	−22,5
29 Veículos automóveis	71,6%	56,0%	37,2%	−15,5	−18,8	−34,4
35 Eletricidade e gás	35,5%	36,7%	20,8%	1,2	−15,9	−14,7
41 Promoção imobiliária/construção	**91,1%**	76,8%	41,0%	−14,3	−35,8	−50,1
47 Comércio a retalho	36,8%	28,0%	20,4%	−8,8	−7,6	−16,4
55 Alojamento	40,0%	37,5%	24,6%	−2,5	−12,9	−15,4
56 Restauração	21,7%	17,2%	12,1%	−4,5	−5,1	−9,6
62 Consultoria e programação informática	44,8%	35,7%	48,6%	−9,0	**12,9**	3,9
64 Atividades de serviços financeiros	6,2%	10,5%	15,4%	4,4	**4,9**	**9,3**
68 Atividades imobiliárias	63,5%	74,7%	53,7%	**11,2**	−20,9	−9,7
90 Atividades de teatro, de música...	37,9%	40,4%	46,2%	2,5	**5,9**	**8,4**

Fonte: Quadros de Pessoal, cálculos dos autores.

Entre os sectores com maiores prémios educacionais encontram-se os produtos farmacêuticos (70,6%), a investigação científica (113%), a educação (112%) e a saúde humana (71%), os quais possuem níveis educacionais relativamente altos.

De entre os sectores com menor prémio educacional destacam-se o comércio a retalho (20,4%), a restauração (12,1%), os transportes aéreos (23%) e as atividades financeiras (15,4%). Os dois últimos sectores são caracterizados por níveis de qualificação elevados, podendo a pouca relevância do prémio educacional ser explicada pelo facto de a maioria dos trabalhadores no grupo com níveis de habilitação inferiores ao 12.º ano deter níveis de habilitação muito próximas do 12.º ano, além da prevalência da lógica de mercado interno de trabalho, com a valorização de carreiras profissionais associadas à experiência adquirida na empresa e profissão.

Na evolução entre 2009 e 2019, entre os sectores que aumentaram mais significativamente o prémio educacional contam-se, por ordem crescente: o teatro, música e dança (+8,4 pp.), os serviços financeiros (+9,3 pp.), os transportes aéreos (+16,7 pp.), as telecomunicações (+11,5 pp.), a educação (+18,4 pp.), os seguros (+23,3 pp.) e a investigação científica (+43 pp.). Observa-se que algumas destas atividades, designadamente os transportes aéreos e as atividades financeiras, estão entre as de prémio educacional mais baixo.

De entre os sectores com pior evolução do prémio educacional, destacam-se alguns sectores da indústria transformadora, como os têxteis (−46,8 pp.), o couro (−34,1 pp.), os equipamentos informáticos e eletrónicos (−56,8 pp.), os veículos automóveis (−34,4 pp.), os quais aumentaram significativamente os níveis de educação nesse período, e também a promoção imobiliária/construção (−50,1 pp.), um sector com um dos aumentos mais baixos do nível de educação nesse período.

Num contexto em que as empresas procuraram ganhar competitividade através da contenção de salários, sobretudo dos trabalhadores mais qualificados, pode colocar-se a hipótese de «os sectores com trabalhadores com maior nível de educação terem tido uma maior redução do prémio educacional». Para testar esta asserção correlacionou-se o nível de educação do sector com a variação do prémio educacional, obtendo uma correlação de +0,40 (*p-value* = 0,0000). Deste modo, a hipótese não é confirmada, com os dados a indicarem, pelo contrário, que os sectores com maiores níveis de escolaridade privilegiaram o crescimento salarial dos trabalhadores com níveis educacionais superiores[13]. Este resultado corrobora a observação anterior quanto aos sectores com elevadas formações escolares que aumentaram o prémio educacional.

[13] De referir que esta evidência não é contraditória com o concluído acima, de que os sectores com maiores níveis de educação tiveram menor crescimento salarial, porque aqui estamos a analisar o crescimento salarial relativo dos trabalhadores do mesmo sector.

III.4. 4. A negociação coletiva e as práticas salariais: padrões e evolução sectorial

III.4.4.1. A cobertura das convenções coletivas e a evolução dos salários

No que se refere aos impactos salariais da negociação coletiva há que ter em conta a diferença entre dois tipos de indicadores da cobertura dos Instrumentos de Regulamentação Coletiva de trabalho (IRC): a cobertura considerando o número de trabalhadores (TCO) abrangidos pela «contratação coletiva em vigor» (CC, AC, AE e PRCT/PCT) compreendendo as convenções «atualizados» e as «não atualizados» (fonte: Quadros de Pessoal); e a cobertura considerando os TCO abrangidos pela contratação coletiva publicada em cada ano, incluindo apenas as «atualizações» dos IRC (fonte: DGERT) — a qual indica a dinâmica de negociação coletiva no plano salarial[14] (DGERT/MTSSS, 2021).

A taxa de atualização da contratação coletiva calculada pela DGERT corresponde à percentagem de TCO abrangidos por IRC em vigor que tiveram aumentos salariais convencionais em cada ano, por via da atualização das tabelas salariais dos IRC em vigor ou da publicação de primeiras convenções coletivas. A sua evolução mostra que no período de intervenção da *troika* a percentagem de trabalhadores abrangidos por aumentos salariais dos IRC (salários convencionais) desceu a níveis sem precedentes, de 47% em 2011 para 13%, 8% e 9% nos três anos seguintes, aumentando gradualmente a partir daí até atingir os 25% em 2019, portanto, níveis ainda muito inferiores aos observados entre 2009 e 2011. Comparativamente, a taxa de cobertura das convenções em vigor sofreu um ligeiro decréscimo (Figura III.2).

[14] A «taxa de cobertura dos IRC em vigor» tem como denominador o total do TCO no sector privado e empresarial do Estado, utilizando como fonte os Quadros de Pessoal; enquanto a «taxa de atualização da contratação coletiva» tem como numerador os TCO abrangidos pelas atualizações e primeiras convenções (DGERT) e como denominador o total de trabalhadores cobertos por IRC em vigor (DGERT/MTSSS, 2021).

Figura III.2: TCO cobertos por IRC em vigor e atualizados (milhares) e taxas de cobertura (%), 2009-2019

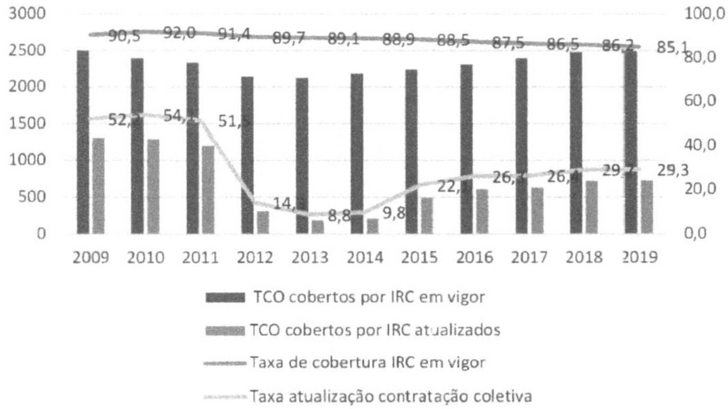

Fonte: Cálculo dos autores com base em DGERT/MTSSS (2021).

A análise a que se procede neste capítulo, visando apreender os impactos salariais da negociação coletiva no período de 2009 a 2019, compreende «o conjunto dos trabalhadores abrangidos por IRC em vigor»[15] (e também os não abrangidos). Note-se que o conceito de «IRC em vigor» inclui as convenções coletivas atualizadas e não atualizadas e que a sua cobertura em termos absolutos e relativos se manteve bastante elevada[15], embora com diferenças sectoriais significativas. Com efeito, a ligeira perda da taxa de cobertura observada em Portugal não foi sentida com a mesma intensidade em todos os sectores de atividade, dadas as diferenças da própria estrutura de negociação coletiva em cada sector (tipo, número e âmbito das convenções, existência ou não de associação patronal, etc.). A análise dessas diferenças e do seu impacto salarial está por fazer. É de admitir que as práticas salariais dos sectores possam variar em função da constelação específica de convenções que regulam o sector (CCT, ACT ou AE) e do seu nível de cobertura e tendo em conta as mudanças no sentido de maior descentralização ou fragmentação da negociação coletiva nalguns sectores (Jung e Schnabel, 2011).

[15] Note-se que a «taxa de cobertura das convenções coletivas em vigor» (incluindo atualizadas e não atualizadas) é o indicador mais comum utilizado em estudos de comparação internacional das relações coletivas de trabalho (Visser *et al.*, 2015) e na evolução das políticas salariais (Suleman *et al.*, 2017).

[16] Ao contrário do que passou na Grécia, país em que a cobertura das convenções sofreu uma fortíssima erosão no âmbito da intervenção da *troika* (Muller *et al.*, 2019).

Considerando a taxa de cobertura dos IRC em vigor no conjunto dos sectores em estudo, observa-se, entre 2009 e 2019, um aumento em 5,44 pp. dos trabalhadores não cobertos por convenções coletivas, com o maior aumento (+4,16 pp.) a ocorrer entre 2013 e 2019 (Quadro III.11). Em todo o caso, os CCT de âmbito sectorial continuam a ser o tipo de convenção predominante, abrangendo, em 2019, 70,9% dos trabalhadores, embora seja o tipo de IRC com a maior perda percentual (−6,19 pp.). Esta perda não é compensada pelo pequeno acréscimo da cobertura dos ACT, nem pelos AE, que não abrangem sequer 4% dos trabalhadores. Quanto às Portarias de Condições de Trabalho (PCT), isto é, aos instrumentos de regulamentação coletiva não negociais, o seu peso mantém-se sensivelmente constante.

Quadro III.11: Cobertura dos instrumentos de regulamentação coletiva em vigor (% de trabalhadores), 2009–2018

	2009	2013	2018	Variação 2009–2018 (pp.)
CCT	77,09	73,70	70,90	−6,19
ACT	3,10	4,02	3,59	+0,49
AE	3,49	3,54	3,31	−0,18
PCT	6,81	7,95	7,26	+0,45
% Trabalhadores não abrangidos	9,51	10,79	14,95	+5,44

Nota: inclui todos os sectores.

Fonte: Quadros de Pessoal, cálculos dos autores.

O mapeamento dos sectores que se diferenciam pelo maior nível de cobertura, por cada tipo de convenção coletiva (CCT, ACT e AE), em 2018, aponta para a heterogeneidade sectorial das relações laborais. Como se vê em alguns sectores, os AE, presentes em empresas de grande dimensão, asseguram um nível de cobertura tão elevado como os CCT — é o caso dos sectores do tabaco (91%), de coque e produtos petrolíferos (94%) e de transportes aéreos (83%). Isso não acontece com os ACT, cuja cobertura sectorial máxima atinge os 65% (Quadro III.12).

Em numerosos sectores há modelos mistos, vigorando vários tipos de convenções sem articulação entre si e com diferentes níveis de cobertura: por exemplo, o sector de transportes marítimos (CCT 25%; ACT 12%; e AE 34%), com 23% dos trabalhadores não cobertos; o sector dos serviços financeiros (CCT 2%; ACT 51,4%; AE 20%), com 20% dos trabalhadores não cobertos; ou o sector das atividades de rádio e televisão (CCT 14%; e AE 41%), com 44% dos trabalhadores não cobertos por qualquer IRC.

Em 2019, o vazio contratual medido pela percentagem de trabalhadores não abrangidos por nenhum IRC continua a ser um problema de grande amplitude em alguns sectores: além das atividades de rádio e televisão mencionadas, nos sectores de consultoria e programação informática (41%), no de serviços de informação (75%), no de captação, tratamento e distribuição de água (65%), no de saneamento, gestão de resíduos e despoluição (variando no conjunto das CAE2 que o compõem, entre os 50% e os 90%); no da investigação científica (61%) e no do teatro, música e dança (48%).

Quadro III.12: Sectores com maior nível de cobertura de trabalhadores, em cada tipo de IRC, 2019

IRC	Sectores	Nível de cobertura no sector
CCT	Indústria do couro, 99%; indústria da madeira, 97%; indústria de produtos farmacêuticos, 96%; indústria de artigos de borracha, 95%; indústria de equipamento elétrico, 93%, indústria de veículos automóveis, 94%; fabricação de mobiliário e colchões, 96%; construção (promoção imobiliária, 91%; engenharia civil, 89%; e atividades especializadas, 84%); comércio a retalho, 91%; alojamento, 92%; e restauração, 94%.	Entre 84% e 99%
ACT	Eletricidade e água, 59%; atividades de serviços financeiros, 51%, seguros e resseguros e fundos de pensões, 64%; telecomunicações, 56%.	Entre 50% e 65%
AE	Indústria do tabaco, 91%; indústria de coque e produtos petrolíferos, 94%; transportes aéreos, 83%; atividades postais, 75%; e atividades de rádio e televisão, 41%.	Entre 40% a 91%

Fonte: Quadros de Pessoal, cálculos dos autores.

Numa análise mais geral, verificamos que os CCT prevalecem na indústria transformadora (onde atingem os níveis mais elevados de cobertura) e em alguns serviços de baixos salários. Os AE são mais usados em sectores dominados por grandes empresas, o que coincide com a maior presença de estruturas representativas de trabalhadores (sindicais ou de outro tipo) nas empresas de grande dimensão[17]. Finalmente, a baixa cobertura das convenções tende a incidir não só em sectores de alta tecnologia intensivos em conhecimento (consultoria e programação informática, serviços de informação e investigação científica), mas também em sectores da área cultural (rádio e televisão e teatro, música e dança).

Quadro III.13: Trabalhadores abrangidos por tipo de IRC ao nível sectorial (%), 2019

	CCT	ACT	AE	PRT	Não cobertos
13 Têxteis	85,30	0,00	0,00	0,87	13,83
14 Vestuário	**92,56**	0,00	0,00	0,24	7,20
21 Produtos farmacêuticos	**96,07**	0,00	0,00	0,76	3,17
27 Equipamento elétrico	**92,65**	0,00	0,82	1,73	4,80
29 Veículos automóveis	**94,38**	0,00	0,00	0,20	5,43
35 Eletricidade e gás	2,48	**59,36**	**17,83**	8,07	12,26
41 Promoção imobiliária/ /construção	90,55	0,02	0,00	1,22	8,21
47 Comércio a retalho	91,28	0,03	0,03	4,87	3,79
55 Alojamento	**92,16**	0,00	3,04	0,88	3,91
56 Restauração	**93,69**	0,01	0,13	0,59	5,58
62 Consultoria e programação informática	25,77	1,27	0,04	**31,71**	**41,22**
64 Atividades de serviços financeiros	1,57	**51,37**	**20,10**	6,76	20,20
68 Atividades imobiliárias	49,99	0,85	0,84	**30,49**	17,82
90 Atividades de teatro, de música...	28,60	0,00	0,00	**23,16**	**48,24**

Fonte: Quadros de Pessoal, cálculos dos autores.

[17] Portugal está entre os três países da UE com a menor proporção de empresas com estruturas representativas dos trabalhadores (Eurofound e Cedefop, 2020, p. 111).

No que se refere à percentagem de trabalhadores não abrangidos por IRC, entre 2009 e 2019, a indústria transformadora não registou um aumento expressivo, com exceção do têxtil (+10 pp.). Os sectores onde ocorreram aumentos mais significativos foram nos sectores de serviços, designadamente os sectores de rádio e televisão (+12,3 pp.), de serviços de informação (+30,9 pp.), de serviços financeiros (+14,6 pp.), de atividades auxiliares de serviços financeiros (+13,2 pp.), de outras atividades de consultoria (+14,3 pp.) e de serviços administrativos e de apoio às empresas (+15,2 pp.). O aumento dos trabalhadores não cobertos ocorre em detrimento de diversos tipos de IRC: pela perda nos AE (rádio e televisão), nos ACT (serviços financeiros) ou CCT (atividades auxiliares de serviços financeiros, outras atividades de consultoria). No caso particular do sector dos seguros, o padrão de regulação coletiva altera-se substancialmente com a queda da percentagem de trabalhadores cobertos por CCT (–90,2 pp.), a qual não é totalmente compensada pelo novo modo de regulação baseado nos ACT e nos AE (cujo nível de cobertura sobe, respetivamente, 64 pp. e 15 pp.), reduzindo a cobertura em cerca de 8 pp.

Nos 14 sectores seguintes (Quadro III.14), as alterações mais significativas na cobertura dos trabalhadores são: a diminuição da percentagem de trabalhadores cobertos por CCT no têxtil (–11 pp.), no vestuário (–6 pp.) e na promoção imobiliária (–7 pp.), que não é compensada pela incipiente ou inexistente cobertura de ACT ou AE nestes sectores; a diminuição da percentagem de trabalhadores cobertos por ACT nos serviços financeiros (–17 pp.), que se traduz num aumento significativo da percentagem de trabalhadores não abrangidos por IRC no sector (+15 pp.); nas atividades imobiliárias, o ligeiro crescimento da cobertura do CCT (+2,3 pp.) não compensa a perda significativa de cobertura de Portarias (–6 pp.); na eletricidade e água há uma perda da percentagem de trabalhadores cobertos por ACT e uma ligeira subida da percentagem dos cobertos por CCT, AE e Portarias.

Quadro III.14: Evolução da % de trabalhadores abrangidos por tipo de IRC em pp. (2009-2019)

	CCT	ACT	AE	PRT	Não cobertos
13 Têxteis	−11,38	−0,05	−0,05	0,60	10,88
14 Vestuário	−5,89	0,00	0,00	−0,50	6,39
21 Produtos farmacêuticos	−1,02	0,00	0,00	0,33	0,69
27 Equipamento elétrico	1,05	0,00	−1,02	0,17	−0,19
29 Veículos automóveis	0,76	0,00	0,00	−0,12	−0,63
35 Eletricidade e gás	2,22	<u>−5,58</u>	**1,95**	2,45	−1,05
41 Promoção imobiliária/ /construção	−6,62	0,02	0,00	0,54	6,05
47 Comércio a retalho	0,21	−0,02	−0,01	−1,98	1,80
55 Alojamento	−3,12	−0,06	0,92	0,35	1,91
56 Restauração	−3,24	−0,03	0,01	0,09	3,17
62 Consultoria e programação informática	**7,22**	−0,67	−0,06	<u>−16,29</u>	9,80
64 Atividades de serviços financeiros	0,77	<u>−16,83</u>	1,89	−0,45	**14,64**
68 Atividades imobiliárias	2,32	0,41	0,84	<u>−5,79</u>	2,22
90 Atividades de teatro, de música...	−0,93	0,00	−0,87	−3,77	5,57

Fonte: Quadros de Pessoal, cálculos dos autores.

III.4.4.2. Os tipos de convenções coletivas e os níveis e variações salariais

Um ponto relevante a explorar é em que medida os vários tipos de IRC estão relacionados com os níveis e variações salariais. Para tal estimou-se uma regressão que explica o salário total (em logaritmo) em cada CAE2, usando como variáveis explicativas a percentagem de trabalhadores cobertos por cada IRC acrescidas de variáveis de controlo.

Equação (1)

$$\ln(w)it = c + \beta_1 ACT_{it} + \beta_2 PRT_{it} + \beta_3 AE_{it} + \beta_4 NC_{it} + \beta_5 EDU_{it} + \beta_6 TER_{it} + \beta_7 PAR_{it} + \\ + \beta_8 \ln(DIM)_{it} + \beta_9 \ln(Prod)_{it} + \beta_{10} ANO13_{it} + \beta_{11} ANO19_{it} + \beta_{12} IND_{it} + \epsilon_{it}$$

Onde:

w representa o salário total real médio da CAE2.
ACT, PRT, AE e NC é a percentagem de trabalhadores da CAE2 cobertos por ACT, Portarias, AE e não cobertos por qualquer IRC, respetivamente.
EDU é a percentagem de trabalhadores da CAE2 com níveis de habilitações iguais ou superiores ao 12.º ano de escolaridade.
TER e PAR representam a percentagem de trabalhadores da CAE2 com contrato sem termo e com contrato a tempo parcial, respetivamente.
DIM é a dimensão média em número de trabalhadores das empresas da CAE2.
PROD é a produtividade do trabalho das empresas da CAE2 (em euros e em termos reais). A introdução da produtividade leva à perda de três CAE2 pertencentes às atividades financeiras e de seguros: 64, 65, 66.
ANO13 e ANO19 são variáveis categóricas que assumem o valor 1 no ano 2013 e 2019, respetivamente.
IND é a variável categórica que indica se a CAE2 pertence à indústria transformadora ou extrativa.

Os resultados indicam que uma maior cobertura dos trabalhadores por AE está associada a um salário 37,7% acima do dos trabalhadores cobertos por CCT[18] (Quadro III.15). Note-se que este efeito (bem como os outros analisados de seguida) assume que os impactos das outras variáveis da regressão, designadamente da educação e da produtividade, permanecem constantes. Por outras palavras, analisa-se o impacto da negociação coletiva expurgando o efeito das outras variáveis incluídas no modelo econométrico. Os trabalhadores sob ACT também têm um salário médio superior em 29,1% ao dos trabalhadores sob CCT. Os trabalhadores cobertos por Portarias ou não cobertos não apresentam uma diferença salarial estatisticamente significativa face aos trabalhadores em CCT. O facto de os trabalhadores não cobertos não apresentarem uma perda salarial pode dever-se ao facto de estarem concentrados em sectores de elevados salários, como se viu acima, e não tanto ao facto de não estarem abrangidos por um IRC.

[18] Os resultados são lidos em comparação com a categoria base de CCT.

Quadro III.15: Fatores associados ao salário total real

	ln(w)
EDU	0,6591*** (0,0632)
TER	−0,0173 (0,1053)
PAR	−0,0762 (0,1624)
ACT	0,2561** (0,1160)
PRT	0,1623 (0,1278)
AE	0,3223*** (0,0664)
NC	0,0566 (0,06365)
ln(DIM)	0,0172 (0,0133)
ln(PROD)	0,1877*** (0,0200)
ANO13	−0,0645*** (0,0229)
ANO19	−0,0722*** (0,0250)
IND	0,0563* (0,0310)
Constante	4,9014*** (0,1830)
n	228
R^2	0,8379
F(12,215)	92,62 (0,0000)

Nota: *P-value* — entre parênteses. *, **, *** — significância a 10%, 5% e 1%, respetivamente.

Fonte: Quadros de Pessoal, cálculos dos autores.

O efeito das variáveis de controlo também é interessante só por si. Enquanto o nível educacional e a produtividade do trabalho surgem como fatores de grande importância para os salários, os contratos permanentes e os contratos a tempo parcial não demonstram uma associação significativa com os salários[19]. Em particular, a educação demonstra ter um efeito quantitativo significativo: um aumento de 1 pp. no nível educacional produz um aumento de 0,65% no salário. É também de notar que, quando se introduz a produtividade do trabalho, a variável dimensão da empresa torna-se não significativa[20]. Isto demonstra que muitas análises que usam a dimensão das empresas como determinante da política de recursos humanos devem ter o cuidado de usar também a produtividade do trabalho.

No sentido de perceber se o efeito dos IRC variou ao longo do tempo, permitiu-se que os coeficientes da equação (1) variassem nos anos estudados. Isto foi concretizado fazendo a interação de cada uma das variáveis explicativas com as variáveis categóricas temporais. Este procedimento equivale a estimar uma equação diferente para cada um dos anos. Os resultados indicam que o efeito dos IRC não varia de forma significativa ao longo do tempo, assim como o efeito das outras variáveis explicativas.

Pode-se interrogar se o possível prejuízo salarial dos trabalhadores não cobertos é mais observável quando se analisa a variação dos salários. Neste sentido, realizámos a correlação entre a variação dos salários totais (para o conjunto dos dois períodos, 2009–2013 e 2013–2019) e o grau de cobertura dos diversos IRC. Os trabalhadores não cobertos apresentam uma correlação com a variação do salário total de −0,14, que é estatisticamente significativa a 10% (*p-value* = 0,0651), o que sugere que os trabalhadores não cobertos por IRC acabam por estar numa situação de relativa desvantagem (Quadro III.16)[21]. De referir que os trabalhadores cobertos por CCT são os únicos com uma correlação positiva (+0,18) e estatisticamente significativa com a variação dos salários.

[19] Quando se remove a produtividade e a educação da regressão, os contratos permanentes e os contratos a tempo parcial passam a ser estatisticamente significativos, com os primeiros a terem uma associação positiva com os salários e os segundos uma associação negativa. Isto sugere que a produtividade da empresa e a educação dos trabalhadores são os fatores realmente importantes para explicar os salários e que acabam também por condicionar as condições contratuais. As empresas de maior produtividade estão, de facto, fortemente correlacionadas com melhores condições contratuais: correlação de 0,50 com os contratos permanentes e de −0,41 com contratos a tempo parcial.

[20] A correlação entre as duas variáveis é de 0,48, o que não indicia multicolinearidade. Chegámos à mesma conclusão quando analisámos as correlações entre as outras variáveis explicativas.

[21] Retirámos o sector da pesca em 2019 por ter uma variação *outlier* do salário.

Quadro III.16: Correlação entre variação salarial e tipo de IRC, 2009–2013 e 2013–2019

Variável dicotómica	Variação % salário total real
ACT	–0,1559 (0,0877)
CCT	0,1868 (0,0184)
PRT	–0,1389 (0,0808)
AE	–0,0094 (0,9062)
Não cobertos	–0,1467 (0,0651)

Nota: 159 observações. Entre parênteses encontra-se o *p-value*.

Fonte: Quadros de Pessoal, cálculos dos autores.

III.4.4.3. A negociação coletiva e a almofada salarial (*wage cushion*): diversidade e evolução sectorial

A almofada salarial ou *wage cushion* permite avaliar a distância entre o salário pago pelas empresas (salário efetivo) e o salário estabelecido pelas convenções coletivas (salário convencional). As empresas podem usar a almofada salarial para individualizar o pagamento dos trabalhadores, tendo em conta as suas características pessoais, tais como a educação, a experiência na empresa e a sua *performance* individual ou de grupo, afastando-se dos salários negociados coletivamente, que tendem a ser mais igualitários (Cardoso e Portugal, 2005; Jung e Schnabel, 2011; Suleman *et al.*, 2017; Card e Cardoso, 2022).

Considerando os trabalhadores de todos os sectores, o *wage cushion* médio registou praticamente uma estabilização em torno de 1,55 entre 2009 e 2013, a que se seguiu uma queda para 1,50 em 2018. Este valor significa que o «salário ganho» dos trabalhadores pago efetivamente pelas empresas é superior à média dos salários-base convencionais (IRC) em 50%. A redução do *wage cushion* entre 2013 e 2018 está, em parte, ligada à subida dos «salários-base» convencionais por via da recuperação da negociação coletiva no final do ciclo de recuperação económica, associada à trajetória ascendente do salário mínimo; e ao possível impacto na evolução do salário ganho das alterações legislativas que reduziram a remuneração das horas extraordinárias.

Numa perspetiva sectorial, os níveis mais elevados de *wage cushion,* isto é, em que o salário ganho efetivo é bastante superior ao salário-base convencional dos IRC, encontram-se nos sectores de informação e comunicação (1,96 é a média de toda a CAE de nível um, exceto telecomunicações que tem um indicador baixo), de investigação científica (2,67), de publicidade e estudos de mercado (2,13), de outras atividades de consultoria (1,84) e de atividades desportivas, de diversão e recreativas (2,11). Assim, os sectores que pagam *wage cushions* maiores são os serviços com salários acima da média e intensivos em conhecimento, alguns deles com características *high-tech.*

Em contrapartida, os sectores com menores *wage cushions* incluem os sectores de vestuário (1,25), de restauração (1,24), de telecomunicações (1,18), de segurança (1,23), de atividades relacionadas com edifícios e jardins (1,24), de educação (1,29), e de outros serviços pessoais (1,22). Deste modo, encontramos entre os sectores com menores almofadas salariais muitos sectores de serviços onde imperam os baixos salários.

Quadro III.17: *Wage cushion* sectorial

	Wage cushion			Variação pp.		
	2009	**2013**	**2019**	**2009-2013**	**2013-2019**	**2009-2019**
13 Têxteis	1,40	1,41	1,40	0,01	–0,01	0,00
14 Vestuário	1,26	1,27	1,25	0,01	–0,01	0,00
21 Produtos farmacêuticos	1,70	1,70	1,71	0,00	0,01	0,01
27 Equipamento elétrico	1,61	1,67	1,68	0,07	0,01	**0,08**
29 Veículos automóveis	1,57	1,65	1,68	0,09	0,03	**0,12**
35 Eletricidade e gás	1,61	1,47	1,54	–0,14	**0,07**	–0,07
41 Promoção imobiliária/ /construção	1,49	1,56	1,44	0,07	–0,12	–0,05
47 Comércio a retalho	1,45	1,42	1,40	–0,03	–0,02	–0,05
55 Alojamento	1,41	1,35	1,36	–0,06	0,01	–0,05
56 Restauração	1,26	1,24	1,24	–0,03	0,01	–0,02
62 Consultoria e programação informática	**2,30**	**2,11**	**1,93**	–0,19	–0,19	–0,38

64 Atividades de serviços financeiros	1,93	1,86	1,80	–0,07	–0,06	–0,13
68 Atividades imobiliárias	1,96	1,85	1,70	–0,10	–0,15	–0,25
90 Atividades de teatro, de música...	**2,08**	2,09	1,84	0,01	–0,25	–0,24

Fonte: Quadros de Pessoal, cálculos dos autores.

A evolução entre 2009 e 2018 foi niveladora, até certo ponto, da almofada salarial entre os sectores. De facto, as maiores diminuições ocorreram nos sectores com *wage cushions* superiores: atividades imobiliárias (–0,25), consultoria e programação informática (–0,38), serviços de informação (–0,42), investigação científica (–0,52), publicidade e estudos de mercado (–0,29), outras atividades de consultoria (–0,30) e atividades desportivas, de diversão e recreativas (–0,54).

Pelo contrário, os maiores aumentos nas almofadas salariais verificaram-se, em regra, nos sectores onde estas estavam abaixo da média: na extração de minérios metálicos (+0,23); em alguns sectores da indústria transformadora: tabaco (+0,41), couro (+0,07), equipamentos elétricos (+0,08) e veículos automóveis (+0,12); e nos sectores dos transportes terrestres (+0,12), da rádio e televisão (+0,14) e dos seguros (+0,20).

Os dados sugerem que o *wage cushion* é maior nos sectores com nível educacional superior. Esta sugestão é confirmada quando correlacionamos a almofada salarial com o nível educacional da CAE2: a correlação é de 0,54 (*p-value* = 0,0000). Isto demonstra que a regulamentação coletiva exerce maior efeito sobre os salários nos sectores com trabalhadores de níveis educacionais mais baixos. Este resultado corrobora a ideia de que a negociação coletiva é mais determinante dos salários das categorias profissionais menos qualificadas em qualquer sector, ficando ao critério da gestão das empresas o nível salarial praticado acima do disposto nas convenções coletivas para as categorias mais qualificadas ou com níveis educacionais mais elevados.

Outra questão relevante que exploramos consiste em saber até que ponto o *wage cushion* varia em função do tipo de IRC (Jung e Schnabel, 2011). A correlação entre a almofada salarial e a percentagem de trabalhadores que é coberta por cada tipo de IRC indica uma associação negativa e estatisticamente significativa entre o *wage cushion* e os CCT (–0,32) e o *wage cushion* e os acordos de empresa (–0,13), ao passo que a associação com as PRT é positiva (0,64), enquanto os ACT não apresentam uma correlação significativa

(Quadro III.18). O resultado relativo aos CCT pode estar relacionado com a forte presença deste tipo de IRC em algumas indústrias transformadoras e em serviços de baixos salários, onde a regulamentação coletiva consegue ser mais atuante. Estes sectores também pagam menos complementos e bónus remuneratórios, fazendo com que o salário recebido não se afaste muito da remuneração-base negociada. Por sua vez, a associação negativa entre os AE e o *wage cushion* pode dever-se ao facto de neste IRC existir uma negociação direta entre a empresa e os sindicatos para definir os salários que realmente se aplicam.

Quadro III.18: Correlação entre o *wage cushion* e os tipos de IRC

Variável dicotómica	Almofada salarial
ACT	−0,0493 (0,4475)
CCT	−0,3269 (0,0000)
PRT	0,6474 (0,0000)
AE	−0,1303 (0,0437)
Não cobertos	0,3681 (0,0000)

Nota: 240 observações. Entre parênteses encontra-se o *p-value*.
Fonte: Quadros de Pessoal, cálculos dos autores.

III.5. Conclusão

Neste trabalho avaliámos a evolução sectorial das práticas laborais em diversas vertentes, procurando uma visão global em três anos-chave (2009, 2013 e 2019), marcando dois ciclos distintos de crise (2009–2013 e 2013–2019), de recuperação económica e de mudanças institucionais. As conclusões quanto à evolução dos salários e do emprego durante a crise e durante a recuperação económica coincidem com análises anteriores (Teles *et al.*, 2022), visto que esta evolução, embora refletindo as alterações do ciclo económico (diminuíram na crise, em especial o emprego, e aumentaram na recuperação), espelhou também os impactos das políticas de austeridade e de liberalização do mercado de trabalho e o seu efeito prolongado, para lá da crise, que limitou o alcance da recuperação salarial observada, apesar de alguma dinâmica da negociação coletiva e da trajetória ascendente do salário mínimo.

O crescimento dos salários médios teve um comportamento melhor na indústria transformadora do que nos restantes sectores, traduzindo o maior dinamismo do sector de bens transacionáveis e o impacto da subida do salário mínimo e da negociação coletiva de âmbito sectorial. Apesar disso, a indústria transformadora abarca realidades bastante diversificadas, com alguns sectores a registarem uma forte redução do emprego durante a crise e uma fraca criação de emprego na fase de expansão; e com diferenças muito significativas, quer ao nível de salários médios e peso dos trabalhadores auferindo o salário mínimo quer quanto à sua trajetória de evolução, de que é exemplo o contraste entre a indústria do vestuário e a indústria farmacêutica.

Os sectores da restauração e das atividades de construção e imobiliárias estiveram entre os que diminuíram significativamente o emprego durante a recessão económica, ao passo que na fase de recuperação o aumentaram expressivamente, mas com aumentos limitados dos salários médios, no caso da construção, (que não permitiram superar os valores de 2009) e melhorias limitadas, no caso da restauração. Além disso, destacaram-se pelo aumento da precarização do emprego, com a redução significativa da proporção de trabalhadores com contrato permanente.

Numa perspetiva mais geral, considerando os 80 sectores, aqueles com salários mais elevados apresentaram uma boa *performance* de criação de emprego, o que põe em causa a estratégia de saída da crise seguida pelo governo PSD/CDS, baseada na desvalorização interna. Mas neste subconjunto observam-se dinâmicas contrastantes, como, por exemplo, no sector dos serviços financeiros e no sector da consultadoria e programação informática. O primeiro, dos serviços financeiros, apresentou uma perda acumulada de emprego, entre 2009 e 2019, da ordem dos 30% e uma redução do salário médio, no mesmo período, da ordem dos 6%. A temporalidade da crise neste sector prolongou-se por todo o período e conjugou-se com um processo de reestruturação contínua associada à digitalização e financeirização. O segundo, da consultadoria e programação informática, apresentou o maior crescimento do emprego em termos relativos, entre 2009 e 2019, da ordem dos 100%, reduzindo no mesmo período o salário médio em cerca de 3,5%.

A proporção dos contratos permanentes subiu durante a crise económica e caiu acentuadamente na fase de recuperação, o que pode estar associado à dinâmica de destruição e criação de emprego baseada em contratos com termo. Entre 2013 e 2019, observamos que as atividades ligadas ao turismo, que registaram um grande crescimento, estão entre as que mais reduziram o uso de contratos permanentes. Pelo contrário, observou-se em agregado um ligeiro aumento do uso dos contratos a tempo parcial sobretudo durante a crise económica de 2009–2013, demonstrando que estes contratos foram usados pelas empresas para satisfazer a procura num contexto de grande incerteza.

No período em estudo, observou-se uma evolução bastante favorável no mercado laboral português com o aumento muito significativo da percentagem média de trabalhadores com habilitações iguais ou superiores ao 12.º ano. Esta evolução constituiu um fator positivo que alavancou a recuperação económica, apesar de o crescimento salarial ter sido menor nos sectores com níveis mais elevados de educação. Contrariamente ao expectável, o aumento do nível educacional dos trabalhadores não foi maior durante o período de recuperação económica comparativamente ao período de crise, o que mais uma vez pode ser explicado pela dinâmica de destruição de emprego durante a crise, que pode ter atingido mais os trabalhadores de menor nível educacional. Os maiores ganhos em termos de educação ocorreram em alguns sectores que partiram de níveis educacionais médios relativamente baixos, como o alojamento e a restauração.

Em paralelo com o crescimento do nível de educação dos trabalhadores, verificou-se uma queda muito significativa no prémio educacional, que se acentuou entre 2013 e 2019, com o ganho salarial dos trabalhadores com níveis de educação iguais ou superiores ao 12.º ano (comparativamente com os trabalhadores com níveis mais baixos) a descer de 52% para 37%. A redução do prémio educacional foi mais acentuada nos sectores com menor nível educacional dos trabalhadores, o que sugere a sua maior incapacidade de integração de trabalhadores com maiores níveis de escolarização, corroborando outros estudos (Marques *et al.*, 2022).

Por outro lado, a evolução do prémio salarial pode refletir a evolução relativa do salário mínimo e do salário médio. Em complemento à negociação coletiva, o salário mínimo é um importante instrumento de regulação dos salários, que ganhou uma importância crucial na redução da desigualdade e da pobreza (Campos Lima *et al.*, 2022). No período de recuperação económica, o crescimento do salário mínimo foi superior ao crescimento do salário médio, e a percentagem de trabalhadores a receber salário mínimo sofreu um aumento considerável.

A evolução salarial e o prémio de educação são influenciados decisivamente pela fragilidade da negociação coletiva. Durante o período de intervenção da *troika* de 2011 a 2013, a percentagem de trabalhadores abrangidos por aumentos salariais dos IRC (salários convencionais) desceu a níveis sem precedentes, aumentando gradualmente a partir daí até 2019, situando-se ainda assim em níveis muito inferiores aos observados entre 2009 e 2011. O mapeamento dos sectores por cada tipo de convenção coletiva (CCT, ACT e AE) aponta para a heterogeneidade sectorial das relações laborais, atores envolvidos, tipo de convenções coletivas predominantes e respetivo grau de cobertura. Relativamente ao último ponto, entre 2009 e 2019, ocorreu um aumento em 5,44 pp. dos trabalhadores não cobertos por convenções coletivas, com o maior aumento a registar-se entre 2013 e 2019. O crescimento dos trabalhadores não cobertos foi superior nos serviços não só em sectores de alta tecnologia intensivos em conhecimento, mas também em sectores da área cultural. Esta evolução acarreta consequências negativas para os trabalhadores não cobertos por IRC, que estão numa situação de relativa desvantagem em termos de aumentos salariais. A penalização salarial dos trabalhadores não cobertos só não é mais significativa porque estes estão concentrados em sectores de elevados salários, como, por exemplo, no sector dos serviços financeiros e no sector da consultadoria e programação informática, respetivamente com 20% e 40% dos trabalhadores não abrangidos por convenções coletivas. Como era expectável, a menor cobertura é característica de sectores onde não existem convenções coletivas de âmbito sectorial.

Sabemos que os salários podem aumentar devido à remuneração-base convencionada ou à componente paga acima da componente-base acordada, também designada por almofada salarial. Esta registou em termos agregados uma estabilização entre 2009 e 2013, a que se seguiu uma queda até 2018. A evolução foi niveladora das diferenças de almofada salarial entre os sectores, pois as maiores diminuições ocorreram nos sectores com *wage cushions* superiores. A almofada é maior nos sectores com níveis educacionais mais elevados e é menor nos sectores industriais e de serviços de baixos salários. A almofada salarial também está relacionada com o tipo de IRC, sendo menor, como era expectável, nos sectores onde predominam os AE, mas também nos sectores de baixos salários onde predominam os CCT. A redução do *wage cushion*, em vários sectores, em ambos os períodos de crise e recuperação, sugere dinâmicas distintas de ajustamento das empresas: nos tempos de crise, a dupla penalização dos trabalhadores pelo bloqueio da negociação coletiva e pela redução do *wage cushion*; nos tempos de recuperação, a redução do *wage cushion*, absorvendo, pelo menos parcialmente, os aumentos convencionais. Relativamente a outros estudos (Card e Cardoso, 2022), a vantagem de comparar os dois períodos e escrutinar o nível sectorial é colocar em evidência diferentes estratégias.

Em conclusão, na fase de recuperação económica ocorreram ganhos salariais (em termos de salário médio e ainda mais em termos de salário mínimo), significativa criação de emprego e aumento do nível educacional da força de trabalho, com intensidade variável de sector para sector. No entanto, noutras facetas laborais, ocorrem perdas, designadamente a redução do prémio educacional, o aumento dos contratos com termo, o aumento dos trabalhadores não cobertos pela negociação coletiva e o aumento da percentagem de trabalhadores com salário mínimo. Nestes pontos, a evolução foi menos favorável durante a recuperação do que o antecipado, devido à concentração da recuperação em sectores e em empresas que usam fatores de competitividade que privilegiam os baixos salários e a baixa produtividade, pela dinâmica de recuperação baseada em emprego precário, pouco remunerador da educação e não integrado em convenções coletivas, e pelos progressos limitados da negociação coletiva comparativamente com a evolução do salário mínimo. Sugerimos que a forma como a criação e destruição de emprego afetou aquelas variáveis seja alvo de uma investigação mais aprofundada noutros trabalhos.

Verificámos igualmente que a forma como os sectores reagiram em termos de recursos humanos à conjuntura económica foi heterogénea e determinada por um conjunto de características específicas, tais como ser ou não um sector transacionável, o nível salarial médio e a distribuição salarial, o nível educacional médio, a sazonalidade das atividades, a importância do conhecimento específico ao sector e à empresa e a intensidade tecnológica e de conhecimento.

Os resultados sugerem que, em geral e em contexto de recuperação económica, são necessárias políticas públicas para reduzir a precariedade contratual e reforçar a negociação coletiva, ao mesmo tempo que a trajetória ascendente do salário mínimo mantém um papel-chave na recuperação salarial dos sectores de salários baixos. Também sugerem que a estagnação salarial em alguns sectores tradicionalmente mais qualificados e de salários mais elevados advém menos da baixa produtividade e mais do resultado de processos de mudança tecnológica, reestruturação e externalização das atividades num processo quase contínuo de redução de emprego.

REFERÊNCIAS BIBLIOGRÁFICAS

Abraham, K., e Haltiwanger, J. (1995). «Real wages and the business cycle». *Journal of Economic Literature,* XXXIII (Sep): pp. 1215–1264.

Almeida, J. R., e Caldas, J. C. (2020). «Saúde e economia: a primeira, a segunda e a vaga de fundo». Observatório sobre Crises e Alternativas, *Barómetro das Crises*: 22.

Banco de Portugal. (2014). *Relatório do Conselho de Administração: A Economia Portuguesa.* Lisboa: Banco de Portugal.

Banco de Portugal. (2016). «Boletim Económico Maio 2016». Lisboa: Banco de Portugal.

Becker, G. (1964). *Human Capital.* Chicago/Londres: The University of Chicago Press.

Campos Lima, M. P. (2021). «Reconfiguring labour market and collective bargaining institutions in Portugal: turning the page on internal devaluation?». Em A. C. Santos e N. Teles (orgs.), *Financialisation in the European Periphery: Work and Social Reproduction in Portugal.* Londres: Routledge, pp. 103–126.

Campos Lima, M. P., Martins, D., Costa, A., e Velez, A. (2022). «Desvalorização interna e desigualdade económica em Portugal: desafios às relações laborais em tempos de crise e recuperação». Em M. P. Campos Lima e J. M. Caldas (orgs.). (2023). *A Persistência da Desvalorização do Trabalho e a Urgência da sua Revalorização.* Coimbra: Almedina.

Campos, M. M., e Reis, H. (2017). «Uma reavaliação do retorno do investimento em educação na economia portuguesa». *Revista de Estudos Económicos,* abril, Banco de Portugal.

Card, D., e Cardoso, R. (2022). «Wage Flexibility Under Sectoral Bargaining». *Journal of the European Economic Association.* [Forthcoming.]

Cardoso, A. R., e Portugal, P. (2005). «Contractual Wages and the Wage Cushion under Different Bargaining Settings». *Journal of Labor Economics,* 23: pp. 875–902.

Costa, C. da S. (2014). «O desafio da absorção do desemprego estrutural em Portugal». Conferência da ACEGE, 25/1/2014.

Cruces, J., Avarez, I., Trillo, F., e Leonardi, S. (2015). «Impact of the euro crisis on wages and CB in southern Europe — a comparison of Italy, Portugal and Spain». Em G. Van Gyes e T. Schulten (orgs.), *Wage Bargaining Under the New European Economic Governance — Alternative Strategies for Inclusive Growth.* Bruxelas: ETUI, pp. 93–139.

DGERT/MTSSS. (2021). *Relatório sobre Regulamentação Coletiva de Trabalho publicada no ano 2020.* Lisboa: Direção-Geral do Emprego e das Relações de Trabalho.

Eurofound e Cedefop. (2020). «European Company Survey 2019: Workplace practices unlocking employee potential». *European Company Survey 2019 series.* Luxemburgo: Publications Office of the European Union.

GEP/MTSSS. (2018). *Acompanhamento do Acordo sobre a Retribuição Mínima Mensal Garantida.* Lisboa: Gabinete de Estratégia e Planeamento/Ministério do Trabalho, Solidariedade e Segurança Social.

GEP/MTSSS. (2019). *Salário Mínimo Nacional 45 Anos depois — Balanço e Perspetivas Atuais Sobre Emprego e Salários em Portugal*. Lisboa: Gabinete de Estratégia e Planeamento/ /Ministério do Trabalho, Solidariedade e Segurança Social.

GEP/MTSSS. (2021). *Retribuição Mínima Mensal Garantia — Novembro 2021*. Lisboa: Gabinete de Estratégia e Planeamento/Ministério do Trabalho, Solidariedade e Segurança Social.

Jung, S., e Schnabel, C. (2011). «Paying more than necessary? The wage cushion in Germany». *Labour*, 25 (2): pp. 182–197.

Lagoa, S. (2021). «Finanças». Em R. P. Mamede e P. A. Silva (orgs.), *O Estado da Nação e as Políticas Públicas 2021: Governar em estado de emergência*. Lisboa: IPPS-ISCTE, pp. 54–58.

Lagoa, S., e Barradas, R. (2021). «Financialisation and inequality in the semi-periphery: Evidence from Portugal». Em A. Santos e N. Teles (orgs.), *Financialisation in the European Periphery: Work and Social Reproduction in Portugal*. Londres: Routledge.

Lagoa, S., e Suleman, F. (2016). «Industry- and occupation-specific human capital: evidence from displaced workers». *International Journal of Manpower*, 37 (1): pp. 44–68.

Mamede, R. P., Pereira, M., e Simões, A. (2020). *Portugal: Uma análise rápida do impacto da COVID-19 na economia e no mercado de trabalho*. Organização Internacional do Trabalho, OIT.

Marques, P., Suleman, F., e Costa, J. M. (2022). «Moving beyond supply-side arguments to explain over-qualification: The ability to absorb graduates in different models of capitalism». *European Journal of Education*, 57 (2): pp. 342–360.

Martins, D. (2019). «Quando a decisão pública molda o mercado: a relevância do salário mínimo em tempos de estagnação salarial». Observatório sobre Crises e Alternativas, *Cadernos do Observatório*, 14: pp. 1–34. Disponível em https://www.ces.uc.pt/observatorios/crisalt/documentos/cadernos/Caderno_14_salario_minimo_em_tempos_de_estagnacao_salarial_04102019.pdf

Martins, F. (2016). «A reação das empresas portuguesas à crise económica e financeira: principais choques e canais de ajustamento». *Revista de Estudos Económicos*, janeiro, Banco de Portugal.

Martins, P. S. (2007). «Heterogeneity in real wage cyclicality». *Scottish Journal of Political Economy*, 54 (5): pp. 684–698.

Müller, T., Vandaele, K., e Waddington J. (2019). *Collective Bargaining in Europe: towards an endgame*. Bruxelas: ETUI.

OCDE. (2018). «OECD Employment Outlook 2018». OECD — Organization for Economic Cooperation and Development Publishing.

OIT. (2014). *Tackling the Jobs Crisis in Portugal*. Genebra: OIT.

Rosa, E. (2021). «A distorção de salários em Portugal é causa da fuga dos trabalhadores mais qualificados para o estrangeiro, está a destruir a administração pública e é um obstáculo ao crescimento e ao desenvolvimento do país», 7 novembro. Disponível em https://www.eugeniorosa.com/shared/docs/2021/11/46-2021-distorcoes-salariais-pais.pdf

Suleman, F., Lagoa, S., e Suleman, A. (2017). «Patterns of employment relationships: the association between compensation policy and contractual arrangements». *The International Journal of Human Resource Management,* 30 (7): pp. 1136–1156.

Suleman, F., Duarte, H., Brewster, C., e Suleman, A. (2022a). «Compensation policies and comparative capitalisms». *European Journal of Industrial Relations,* 0: pp. 1–21.

Suleman, F., Lagoa, S., e Suleman, A. (2022b). «Políticas salariais das empresas em Portugal nas últimas décadas: forças institucionais ou forças do mercado». Em M. P. Campos Lima e J. C. Caldas (orgs.), *A Persistência da Desvalorização do Trabalho e a Urgência da sua Desvalorização.* Coimbra: Almedina, pp. [em falta].

Teles, N., Caldas, J. C., e Martins, D. (2022). «Financeirização, trabalho e mudança estrutural: o caso da desvalorização interna em Portugal». Em M. P. Campos Lima e J. C. Caldas (orgs.), *A Persistência da Desvalorização do Trabalho e a Urgência da sua Desvalorização.* (2023). Coimbra: Almedina.

Visser, J., Hayter, S., e Gammarano, R. (2015). «Trends in collective bargaining coverage: stability, erosion or decline?». *Labour Relations and Collective Bargaining Policy Brief,* 1. International Labour Organisation, ILO.

CAPÍTULO IV
POLÍTICAS SALARIAIS DAS EMPRESAS EM PORTUGAL NAS ÚLTIMAS DÉCADAS: FORÇAS INSTITUCIONAIS OU FORÇAS DO MERCADO

Fátima Suleman[1], Sérgio Lagoa[2] e Abdul Suleman[3]

IV.1. Introdução

As políticas salariais das empresas tendem a responder a estratégias e objetivos particulares, designadamente o desenvolvimento de competências específicas, a capacidade de atrair e reter trabalhadores, mas igualmente a quadros institucionais que regulam o mercado de trabalho. A regulação dos salários e do emprego por entidades nacionais e internacionais tem como objetivo promover a equidade e o bem-estar social dos trabalhadores (Berg, 2015). Neste sentido, alguma literatura propõe uma divisão entre forças institucionais e forças de mercado no desenho de políticas de recursos humanos (Doeringer e Piore, 1971; Jacoby 2005), admitindo que as empresas tendem, cada vez mais, a seguir uma lógica mercantil (Bidwell, Briscoe, Fernandez-Mateo e Sterling, 2013). Outros estudos (e.g. Lasierra, 2007) apontam no sentido de uma margem de autonomia das empresas e, consequentemente, para a existência de diferentes opções para gerir a mão de obra. Dessa literatura sobrevem então a seguinte questão: em que medida as empresas tendem a seguir uma lógica de mercado?

A nossa pesquisa procura responder a esta questão com base numa análise das políticas salariais das grandes empresas que operam em Portugal e, deste modo, pretende contribuir para o debate sobre a (des)valorização do trabalho. É sabido que os salários em Portugal são fixados com base em dois quadros regulamentares: o salário mínimo, que é definido ao nível nacional, e os instrumentos de regulamentação coletiva do trabalho, definidos a diferentes

[1] Instituto Universitário de Lisboa (ISCTE-IUL) e DINAMIA'CET, Lisboa, Portugal.
[2] Instituto Universitário de Lisboa (ISCTE-IUL) e DINAMIA'CET, Lisboa, Portugal.
[3] Instituto Universitário de Lisboa (ISCTE-IUL) e Business Research Unit (BRU-IUL), Lisboa, Portugal.

níveis (Cardoso e Portela, 2009). A investigação sobre a formação dos salários aponta para uma flexibilidade salarial que se traduz na reação dos salários à taxa de desemprego (e.g. Portugal *et al.*, 2010), de modo que se torna pertinente colocar outras questões de pesquisa: como se comportam as empresas perante uma subida (descida) do desemprego? Qual a relevância do salário mínimo no desenho das políticas salariais? Qual a influência das outras regras salariais definidas coletivamente?

Esta pesquisa tem como pressuposto as empresas adotarem uma diversidade de práticas salariais, pelo que podemos esperar que essas práticas se traduzam em modelos que se aproximam de uma lógica institucionalizada ou de uma lógica mercantil em diferentes graus. Essa diversidade reflete-se numa segmentação do mercado de trabalho e tem como consequência a desigualdade entre trabalhadores. O nosso estudo empírico foca-se então na segmentação do mercado de trabalho português e tem por base as políticas salariais adotadas pelas empresas. Recorre aos Quadros de Pessoal, uma base de dados simétrica com informação pormenorizada sobre trabalhadores e empresas (para mais pormenores, ver Cardoso e Portela, 2009). Os dados sobre os trabalhadores são previamente agregados ao nível da empresa, sendo esta a unidade de análise da nossa pesquisa empírica. A estimação dos tipos de políticas salariais realiza-se através da técnica estatística de agrupamento k-médias, a qual permite identificar segmentos de empresas com características similares em termos da gestão dos salários e outras componentes da remuneração.

O capítulo está organizado da seguinte forma: na próxima secção, apresenta-se o debate teórico em torno das políticas salariais, bem como algumas notas relativas aos estudos disponíveis sobre esta temática em Portugal; a metodologia e algumas características do mercado de trabalho português são expostos na secção 3; a secção 4 é dedicada às diferentes dimensões de análise tratadas na avaliação empírica e inclui ainda a discussão dos resultados; finalmente, as notas conclusivas e orientações de política são apresentadas na secção 5.

IV.2. Enquadramento teórico: as políticas salariais das empresas

É largamente consensual, numa certa literatura, que a relação de emprego, no que respeita a contratos de trabalho e à política salarial, é condicionada pelas regras de mercado (Bidwell *et al.*, 2013). Parece existir uma espiral de desregulação e de descentralização da negociação coletiva nas economias capitalistas (Dølvik *et al.*, 2018) e, consequentemente, a regulação e a flexibilidade do mercado têm sido objeto de intenso debate. Todavia, a evidência empírica é inconclusiva. Em Portugal, o debate foi já lançado há décadas e a realidade continua a suscitar dúvidas relativamente à tendência geral que se dissemina na literatura (e.g. Rodrigues, 1985; Centeno e Novo, 2012; Suleman, Lagoa e Suleman, 2019).

IV.2.1. Mercados internos de trabalho e individualização

O estudo das políticas salariais das empresas remonta ao clássico estudo de Doeringer e Piore (1971), que propuseram uma divisão entre Mercados Internos de Trabalho (MIT) e Mercados Externos de Trabalho (MET). Nos MIT, os salários são determinados por processos institucionais e, como tal, protegidos da pressão das forças do mercado. A fixação da remuneração realiza-se a partir de uma hierarquia profissional, havendo assim uma diferenciação entre níveis hierárquicos. A promoção interna, ao nível salarial ou profissional, representa um mecanismo de incentivo. Nos MET, os salários são pró-cíclicos e desempenham um papel central no processo de ajustamento, respondendo assim aos choques económicos (Baker *et al.*, 1994). Neste tipo de mercado, são muito frequentes a remuneração contingencial e a contratação flexível (Bidwell *et al.*, 2013).

Outros investigadores, e.g. Jacoby (2005), seguem esta lógica dicotómica e assinalam dois tipos de relação de emprego: a que é baseada em regras organizacionais e a centrada em regras de mercado. As regras de fixação dos salários de acordo com o modelo organizacional incluem a avaliação e a hierarquia dos empregos, regras administrativas e a variação salarial reduzida dentro e entre empregos (Cobb, 2015). Pretende-se garantir a equidade salarial e reduzir os custos associados à comparação social. Na lógica de mercado, os salários estão ligados às competências e à avaliação do desempenho. Essa ligação traduz-se numa elevada dispersão salarial horizontal (num mesmo nível profissional) e vertical (distância salarial entre níveis profissionais). A diferenciação salarial representa um incentivo monetário que visa remunerar diferenças de produtividade dos trabalhadores.

Um outro debate prende-se com a evolução dos MIT. Certos estudos sublinham a persistência de regras dos MIT, ou seja, argumentam que o modelo continua a ser relevante no desenho das políticas salariais e, como tal, não existe a sua erosão (Osterman e Burton, 2006). Efetivamente, as organizações tendem a combinar equidade interna e competitividade externa quando decidem as regras salariais. Além disso, Davis *et al.* (2009) sugerem que as práticas de recursos humanos são bastante persistentes ao longo do tempo e que as empresas respondem lentamente às forças do mercado.

Todavia, há fatores que afetam as políticas salariais das empresas e provocam diversidade no mercado de trabalho. Do contexto externo, destacam-se as condições do mercado de trabalho, designadamente o nível de desemprego (Schmidt *et al.*, 2018) e os arranjos institucionais (Pedrini, 2016) que influenciam as práticas de recursos humanos. Acresce ainda a influência dos sindicatos nas estruturas salariais (Freeman, 1982). Os estudos sugerem que a negociação centralizada tende a reduzir a desigualdade salarial, enquanto a descentralização permite aos empregadores ajustar os salários às condições do mercado e remunerar as competências individuais (Bastos, Monteiro e Straume, 2009; OCDE, 2004).

As políticas salariais diferem ainda de acordo com as características da empresa. Por exemplo, os MIT são mais frequentes em grandes do que em pequenas empresas (Belfield e Wei, 2004). As multinacionais tendem a oferecer pacotes salariais mais atrativos do que os empregadores locais, não apenas para incentivar e remunerar o desempenho, mas também para reduzir o sentimento de iniquidade entre expatriados e trabalhadores locais (Yanadori, 2014).

Finalmente, alguns estudos sobre determinantes dos salários indicam que há diferenças sectoriais — os MIT são mais frequentes no sector financeiro, que é um sector estruturado e fortemente regulamentado (Seltzer, 2010). Embora exposto a alterações, o modelo persiste no sector bancário (Suleman, 2012). Por outro lado, as regras salariais que reduzem os custos e aumentam a eficiência são mais frequentes em indústrias intensivas em trabalho e sujeitas a uma intensa concorrência internacional, como é o caso do têxtil e do vestuário (Nordäs, 2004).

IV.2.2. Políticas salariais de empresas em Portugal

As políticas salariais de empresas que operam em Portugal também têm sido objeto de análise por diversos autores (ver Quadro IV.1), em grande parte economistas do trabalho que tentam compreender o impacto dos quadros regulamentares nas opções da empresa (Cardoso e Portugal, 2005; Cardoso e Portela, 2009). O primeiro destes dois estudos explora a centralidade dos salários acordados na negociação coletiva para a definição dos salários na empresa. Usa o conceito de almofada salarial (*wage cushion*) para medir a discrepância entre salário auferido e salário negociado. Por seu turno, Cardoso e Portela (2009) apontam para a ciclicidade dos salários para concluir que o salário mínimo e a negociação coletiva constituem mecanismos de proteção dos trabalhadores em contextos recessivos.

No quadro da economia do trabalho, corre em paralelo a avaliação das determinantes do salário (Cardoso, 1999), sendo expectável que as empresas tendam a remunerar características individuais que afetam a produtividade. Cardoso conclui que os mecanismos tradicionais do crescimento de salários, designadamente a antiguidade, começam a perder importância a favor das qualificações académicas, as quais implicam maiores salários. A esse respeito, não se deve descurar o recurso a incentivos salariais como mecanismo de atração de trabalhadores mais qualificados.

Numa perspetiva diferente, Suleman, Lagoa e Suleman (2019) procuram discriminar práticas salariais e construir tipologias prevalecentes de políticas salariais, para identificar padrões que aglomeram empresas por práticas salariais e identificar o tipo predominante de contratos de trabalho. O resultado aponta para três tipos de políticas que se distinguem pelo nível salarial, pela relevância da equidade e pela utilização de mecanismos de incentivos. Não obstante a diferença entre as tipologias emergentes, todas elas evidenciam a resposta dos salários aos ciclos económicos. As empresas do tipo competitivo oferecem salários mais baixos e maior flexibilidade salarial e contratual. As que adotam regras do MIT denotam duas componentes essenciais: uma hierarquia salarial e um crescimento dos salários com a antiguidade.

Quadro IV.1: Exemplos de estudos sobre políticas salariais das empresas em Portugal

Objetivos	Metodologia e dados	Principais resultados	Referência
Analisar o impacto das políticas salariais no aumento da desigualdade no mercado de trabalho.	Quadros de Pessoal, 1983 e 1992; regressão salarial com modelo multinível.	Os rendimentos associados a atributos dos trabalhadores variam entre empresas. Os mecanismos do crescimento de salários tradicionais tendem a perder importância. Verifica-se uma valorização de competências gerais, através do crescente prémio salarial da educação, e uma menor valorização da antiguidade, *i.e.*, de competências específicas. A mão de obra feminina e jovem tende a auferir salários mais baixos.	Cardoso (1999)
Analisar o espaço que a empresa tem para definir os salários num contexto de regulação.	Quadros de Pessoal, 1998 e 1999; cálculo da almofada salarial, a diferença entre o salário auferido e o salário definido na contratação coletiva; regressão salarial Tobit.	A almofada salarial varia entre sectores e provoca maior dispersão dos salários que o salário negociado. Essa almofada é mais heterogénea no topo da distribuição salarial e mais homogénea na base. A almofada salarial representa um mecanismo para remunerar as qualificações gerais e específicas dos trabalhadores. Existem ainda diferenças relacionadas com as características das empresas.	Cardoso e Portugal (2005)
Analisar fatores que afetam a flexibilidade salarial nas empresas. Para tal, estudar a segurança que as empresas garantem aos trabalhadores em contexto de choques económicos transitórios e permanentes.	Quadros de Pessoal entre 1991 e 2000; regressão salarial com método dos momentos generalizados.	Os salários são sensíveis aos choques permanentes sobre a *performance* da empresa, mas não aos choques transitórios. As instituições do mercado de trabalho, negociação coletiva e salário mínimo protegem os trabalhadores dos impactos dos choques económicos. Empresas em que grande proporção de trabalhadores auferem o salário mínimo tendem a garantir maior segurança salarial em contexto de choques permanentes na procura de produtos.	Cardoso e Portela (2009)

Classificar as políticas salariais das empresas e identificar a associação a características dos trabalhadores e das empresas.	Quadros de Pessoal 2009; análise de *clusters* difusa (*fuzzy clustering*).	Existem três tipo de empresas: competitivas, mercados internos de trabalho (MIT) e individualizadas (*incentive*). Nas primeiras, os salários são baixos e há uma forte assimetria interna. Os salários são também pró-cíclicos. As empresas designadas de MIT tendem a proteger os seus investimentos em competências específicas através de crescimento dos salários com a antiguidade. As individualizadas pagam salários altos e usam vários mecanismos para diferenciar os trabalhadores. Uma característica comum é a pró-ciclicidade dos salários, embora mais intensa nas competitivas. Trabalhadores jovens ou do género feminino prevalecem em empresas do tipo competitivas.	Suleman, Lagoa e Suleman (2019)

Fonte: Elaboração própria.

Finalmente, as empresas que se diferenciam pelos incentivos atribuídos apresentam uma almofada salarial mais elevada, maior dispersão salarial e maior dispersão no crescimento dos salários. Estas últimas empresas tendem a usar menos frequentemente os contratos flexíveis.

Apesar da peculiaridade desta última abordagem, o estudo empírico não inclui a evolução das políticas, como fizeram os anteriores investigadores. Fica então por esclarecer se as políticas salariais em Portugal são estáveis ao longo do tempo ou se se ajustam aos contextos particulares.

IV.3. Metodologia e dados

Nesta secção apresentam-se algumas características do mercado de trabalho português nas últimas décadas, as quais poderão ser relevantes para compreender os padrões de políticas salariais das empresas. A seguir, procura-se enumerar as variáveis e indicadores utilizados para identificar padrões de política salarial no universo das grandes empresas em Portugal. O estudo visa as últimas duas décadas e os dados analisados reportam-se aos anos de 1999, 2009 e 2019. Recorde-se que o novo regime económico, com a entrada de Portugal na zona euro, se iniciou nos finais dos anos 1990. Este pode ser um bom ponto de partida para a análise do comportamento das empresas relativo às remunerações.

IV.3.1. Mercado de trabalho português

De uma forma geral, o mercado de trabalho português é caracterizado pela rigidez dos salários nominais e por uma legislação muito protetora do emprego (Brewster, 2004), ao mesmo tempo que a duração do subsídio de desemprego é mais extensa do que na média da UE (Martins, 2016). Existem dois importantes mecanismos de regulação dos salários: o salário mínimo nacional e a negociação coletiva dos salários (Cardoso e Portela, 2009). Por vezes, o governo define portarias para estender as condições acordadas coletivamente a todos os trabalhadores e empresas. A negociação coletiva é muito centralizada, com a maioria dos acordos coletivos a abarcarem todo o sector. Em conjunto com os mecanismos de extensão, a cobertura dos acordos coletivos ronda 90% dos trabalhadores de cada sector (Martins, 2016), contribuindo assim para reduzir a desigualdade salarial.

Todavia, certas políticas do mercado de trabalho conduziram a uma elevada flexibilidade. Desde o início do século que têm sido tomadas medidas para flexibilizar o mercado de trabalho, especialmente durante a crise da dívida soberana iniciada em 2011 (OCDE, 2013; Campos Lima *et al.*, 2011). As políticas de liberalização do mercado de trabalho implementadas sob os auspícios da *troika* durante a crise da dívida soberana significaram perdas salariais, menor proteção dos empregados e desempregados e enfraquecimento da negociação coletiva (Campos Lima *et al.*, 2011).

O mercado de trabalho é caracterizado por diferenças muito significativas entre a legislação dos contratos permanentes e a termo (Centeno e Novo, 2012). Isto traduz-se numa segmentação entre os trabalhadores flexíveis, que facilitam uma resposta rápida e sem custos às mudanças económicas, e os trabalhadores permanentes, que estão protegidos e recebem um prémio salarial. De facto, os salários em Portugal são consideravelmente sensíveis à conjuntura económica (Cardoso e Portela, 2009).

Nas últimas décadas, o mercado de trabalho português foi afetado por fatores de crescimento e recessão que tiveram fortes impactos sobre o emprego e os salários. Os finais da década de 1990 foram marcados por um crescimento das ofertas de emprego registadas no Instituto do Emprego e Formação Profissional (IEFP) (Figura IV.1b) e por um acentuado decréscimo do desemprego (Figura IV.1a), que volta a crescer a partir do início de 2000 (Blanchard, 2007). O mercado de trabalho nos finais da década de 2000 foi especialmente afetado pela crise das dívidas soberanas, com um crescimento continuado do desemprego, que atingiu o seu máximo em 2013, com uma taxa de 16,2%.

A recuperação começou em 2014, o que se pode aferir através do crescimento das ofertas de emprego e de uma redução do desemprego declarado.

Figura IV.1a: Desemprego declarado (IEFP, milhares)

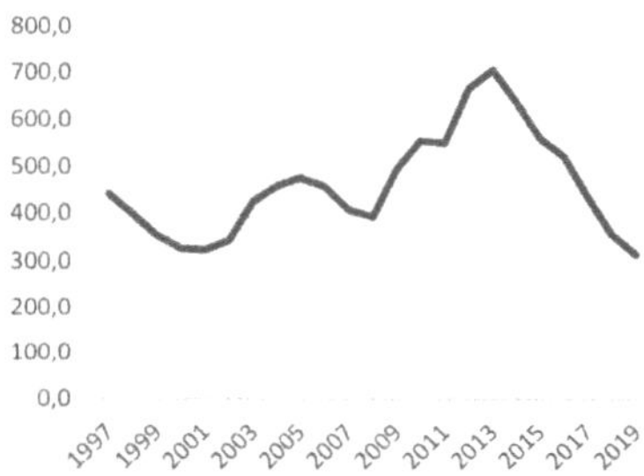

Figura IV.1b: Ofertas de emprego (IEFP, milhares)

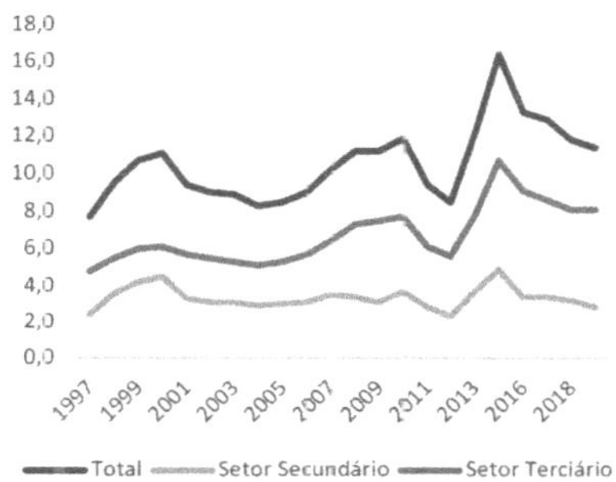

Fonte: Instituto de Emprego e Formação Profissional, IEFP.

Nas últimas décadas, ocorreram, ou consolidaram-se, diversas alterações estruturais no mercado de trabalho português (entre 2001 e 2013) — veja-se Banco de Portugal (2014) para uma síntese. No que respeita aos salários, as empresas procuraram reforçar a sua competitividade através de reduções salariais: 29% das empresas reduziram as remunerações totais e 10% congelaram os salários (2002 e 2013). Nos anos da crise económica (2011–2013), a proporção de empresas que congelou os salários cresceu, em parte devido à estabilização do salário mínimo.

Para o conjunto da economia, a remuneração por trabalhador diminuiu em torno dos 2% nos anos de 2011, 2012 e 2014 — a exceção foi o ano de 2013, durante o qual existiu uma subida das remunerações (Banco de Portugal, 2020). A partir de 2014, com o início da recuperação económica, acompanhada da redução do desemprego, do aumento do salário mínimo e da dinamização da contratação coletiva, a remuneração por trabalhador voltou a crescer. Contudo, na fase inicial (2014–2015), esse crescimento foi parco; e entre 2015 e 2019, partindo de uma taxa ligeiramente abaixo de 1% em 2015, atingiu um aumento de 3,1% em 2019 (Banco de Portugal, 2020). Teles (2021) acrescenta que as mudanças sectoriais ocorridas na economia, após a crise de 2011, tiveram consequências duradouras na depressão da evolução salarial. É neste contexto que Martins (2019) conclui que a subida do salário mínimo foi muito importante para elevar os salários médios.

A par das alterações no mercado trabalho, assiste-se nas últimas décadas a um aprofundar da terceirização da economia portuguesa. Enquanto em 1999 o peso do sector terciário no emprego era de 52,7%, em 2019 é de 71,8%. Tendo em conta as diversas características do mercado de trabalho português, esta pesquisa procura incluir variáveis que permitam compreender a influência do contexto no desenho das políticas salariais e das suas determinantes.

IV.3.2. Operacionalização da pesquisa

A análise empírica suporta-se na base de dados Quadros de Pessoal, disponibilizada pelo Ministério do Emprego e Segurança Social através do Instituto Nacional de Estatística de Portugal. Trata-se de uma fonte que integra todas as empresas do sector privado e sector empresarial do Estado, desde que tenham pelo menos um trabalhador contratado. Os dados são recolhidos anualmente através de um inquérito único, que é de preenchimento obrigatório. A informação contida refere-se a empresas, trabalhadores e estabelecimentos (para mais pormenores, ver Cardoso e Portela, 2009).

A estratégia empírica adotada nesta pesquisa foi a de utilizar a empresa como unidade de análise. Assim sendo, a informação dos trabalhadores foi agregada por empresa, seguindo algumas opções em termos de estatística descritiva. Recorde-se que cada trabalhador está associado a uma empresa, o que permite construir uma nova base de dados com dados agregados sobre práticas salariais por empresa. Além disso, há outras características da empresa disponíveis na base de dados, designadamente o sector de atividade, a dimensão, o instrumento de regulamentação coletiva, entre outras (para mais informações, ver Cardoso e Portela, 2009).

O estudo incide sobre os dados de três anos, 1999, 2009 e 2019, para analisar em que medida os padrões de política salarial são persistentes (ou mudam) ao longo de duas décadas. A pesquisa incide apenas sobre empresas com 250 ou mais trabalhadores, de forma a incluir unidades que tenham políticas salariais mais complexas e, ao mesmo tempo, reduzir diferenças excessivas associadas à dimensão da empresa (Brown e Medoff, 1989).

Para analisar as políticas salariais das empresas, optou-se pelas seguintes dimensões da política salarial:

- Lógica dos mercados internos ou organizacional:
  - Nível de salário (salário médio);

  - Correlação entre hierarquia profissional e salário (hierarquia salarial);
  - Crescimento dos salários com a antiguidade (prémio salarial por antiguidade).
- Importância das instituições do mercado de trabalho:
  - Proporção (%) de trabalhadores a auferir o salário mínimo;
  - Distância (diferença) entre o salário mínimo e o salário médio da empresa.
- Lógica do mercado externo:
  - Dispersão salarial por nível profissional (dispersão salarial no emprego);
  - Ajustamento dos salários ao ciclo económico (flexibilidade salarial);
  - Desigualdade interna (coeficiente de Gini);
  - Almofada salarial (*wage cushion*).

O cálculo das variáveis para estudar as políticas salariais é descrito nos próximos parágrafos. O nível salarial é o salário total horário real médio da empresa, calculado a partir dos dados dos trabalhadores, usando o salário total a dividir pelo número de horas trabalhadas. O salário total inclui a remuneração-base, os benefícios regulares (incluindo os relacionados com a antiguidade) e o pagamento do trabalho extraordinário, correspondendo assim ao conceito de ganho. As horas trabalhadas incluem o trabalho normal e extraordinário. Para obter o salário real foi usado o Índice de Preços no Consumidor (IPC) de base 1994 para deflacionar o salário horário, fazendo com que este esteja expresso a preços de 1994. Para simplificar, chamaremos ao salário total horário real simplesmente salário horário. O salário horário médio da empresa é calculado como a média do salário horário dos trabalhadores.

A variável hierarquia salarial foi calculada usando a correlação de Spearman entre o salário horário e o nível de qualificação. Os níveis de qualificação são: 1 — Quadros Superiores; 2 — Quadros Médios; 3 — Encarregados, Contramestres, Mestres, Chefes de equipa; 4 — Profissionais Altamente Qualificados; 5 — Profissionais Qualificados; 6 — Profissionais Semiqualificados; 7 — Profissionais não Qualificados; e 8 — Praticantes e Aprendizes. Como os níveis mais qualificados assumem valores menores, será de esperar uma correlação negativa entre as duas variáveis — nível hierárquico e salário.

O perfil de antiguidade é medido pela correlação de Pearson entre o salário horário e a antiguidade do trabalhador. Esta variável foi apenas construída para trabalhadores com o nível de qualificação mais frequente, que são a mão de obra central da empresa, medida através da moda do nível de qualificação na empresa.

A percentagem de trabalhadores com salário mínimo é calculada comparando o salário total horário real com o salário mínimo mensal convertido para valores horários e deflacionado. O salário mínimo mensal considerado corresponde a 14 meses a dividir por 12, atendendo a que os trabalhadores recebem 14 meses de ordenado.

A distância entre o salário mínimo e o salário médio da empresa é obtida usando o salário mínimo horário real e o salário total médio horário real. Esta variável é calculada para a empresa a partir da média da variável para os trabalhadores. Em função daquela distância, foi criada uma variável categórica ordinal com cinco níveis: 1 — se o salário médio é inferior a 125% do salário mínimo; 2 — se o salário médio se situa entre 125% e 150% do salário mínimo; 3 — se o salário médio se situa entre 150% e 175% do salário mínimo; 4 — se o salário médio se situa entre 175% e 200% do salário mínimo; e 5 — se o salário médio é igual ou superior a 200% do salário mínimo.

A dispersão salarial no emprego é calculada a partir do coeficiente de variação do salário horário no nível de qualificação mais frequente. O uso deste nível permite isolar a variância salarial que não é explicada por diferenças de nível de qualificação.

A flexibilidade salarial da empresa é avaliada pela elasticidade do salário horário real médio à taxa de desemprego do período anterior. A elasticidade é calculada como o rácio entre a variação anual percentual do salário-base horário real médio da empresa e a variação anual percentual da taxa de desemprego do período anterior. Isto é realizado para o ano em estudo e para os quatro anos precedentes, sendo depois feita uma média destas cinco observações. Usamos a taxa de desemprego do período anterior, uma vez que o salário do período t é fixado no período anterior.

O coeficiente de Gini da empresa é obtido tendo em conta a distribuição do salário horário dos trabalhadores.

A almofada salarial é um indicador obtido como o rácio entre o salário total mensal e o salário mensal negociado na contratação coletiva. Seguindo Cardoso e Portugal (2005), o último salário é aproximado pela moda do salário na categoria profissional e no Instrumento de Regulamentação Coletiva (IRC). Nesta variável foram usados apenas os trabalhadores a tempo integral com remuneração completa. Não foi possível calcular a almofada salarial para 2019 por não se dispor do código do IRC. Como alternativa, usou-se em 2019 a almofada salarial de 2018, assumindo que esta variável não sofre uma alteração significativa de um ano para o outro.

O conjunto de figuras a seguir apresentadas ilustram a evolução das nove variáveis ao longo dos anos em análise (Figura IV.2). Um olhar sobre a distribuição de cada variável permite concluir que o ano de 1999 é particular em certos aspectos, designadamente na elasticidade do salário, que é positiva, e na menor proporção de trabalhadores que auferem o salário mínimo.

No ano de 2009, a diferença entre o salário médio e o mínimo é a mais elevada, a par das variáveis que ilustram diferenças internas mais acentuadas: salário médio mais alto, almofada salarial e dispersão salarial no emprego mais elevadas e menor prémio de antiguidade. Finalmente, a importância maior do salário mínimo é visível nos dados de 2019, nas suas duas dimensões: maior proporção de trabalhadores com salário mínimo e menor diferença salarial com esse mínimo.

Figura IV.2: Evolução das práticas salariais: 1999, 2009 e 2019

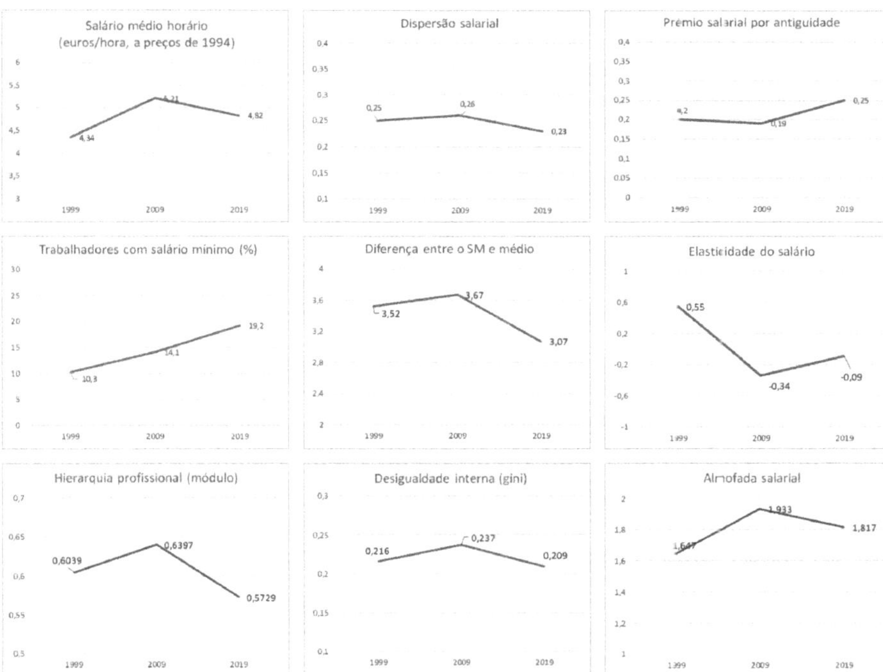

Fonte: Quadros de Pessoal, cálculos dos autores.

Além das variáveis relativas às políticas salariais, foram ainda construídos indicadores relativos às características das empresas, designadamente características económicas, demográficas e de regulação, concretizadas nas seguintes variáveis:

- Instrumento de Regulamentação Coletiva (IRC): cinco tipos de instrumentos foram identificados nos Quadros de Pessoal: ACT — Acordo Coletivo de Trabalho; CCT — Contrato Coletivo de Trabalho; PCT/PCT — Portaria de Regulamentação de Trabalho/Portaria de Condições de Trabalho; AE — Acordo de Empresa; e trabalhadores não abrangidos. A variável corresponde ao IRC, que é a moda para os trabalhadores da empresa.
- Capital social: identifica o tipo de proprietários da empresa, agrupados nas seguintes categorias de capital: nacional privado; nacional público; estrangeiro; misto: público, privado e estrangeiro; misto: público e privado; misto: público e estrangeiro; e misto: privado e estrangeiro.
- Os sectores de atividade agrupados por intensidade tecnológica (indústria) e de conhecimento (serviços) de acordo com a classificação da Eurostat (2014). As várias categorias usadas podem ser consultadas no Quadro IV.2.
- As diferenças de género no emprego apontam para o indicador de proporção de mulheres na força de trabalho da empresa.
- As diferenças etárias foram trabalhadas a partir da proporção de jovens com 30 anos ou menos no conjunto de trabalhadores da empresa.

IV.3.3. Análise de *clusters*

Para levar a cabo a segmentação do mercado de trabalho português, optámos por decompor as amostras em *clusters*, usando o algoritmo de k-médias (Jain, Murty e Flynn, 1999), e medir o ajustamento com base no critério de Davies e Bouldin (1979). Foram ensaiadas soluções concorrentes, em que se fez variar o valor de c desde $c = 2$ até $c = \sqrt{N_a}$ *clusters*, sendo N_a a dimensão da amostra de cada ano. Tendo em conta que o algoritmo de k-médias é sensível à inicialização e, por isso, as soluções ideais podem não ocorrer para o mesmo valor de c, optou-se pela solução mais frequente, resultante da sua execução sucessiva. Assim, a solução considerada foi de $c = 4$ para o ano de 1999 e de $c = 3$ para os anos de 2009 e 2019. Em todo o caso, houve o cuidado de escolher as soluções que conduziram ao mínimo absoluto do índice de Davies e Bouldin, conforme se documenta na Figura IV.3.

Figura IV.3: Comportamento do índice de Davies e Bouldin para os três anos em análise, e os respetivos mínimos absolutos: (a) 1999, $c = 4$; (b) 2009, $c = 3$; e (c) 2019, $c = 3$

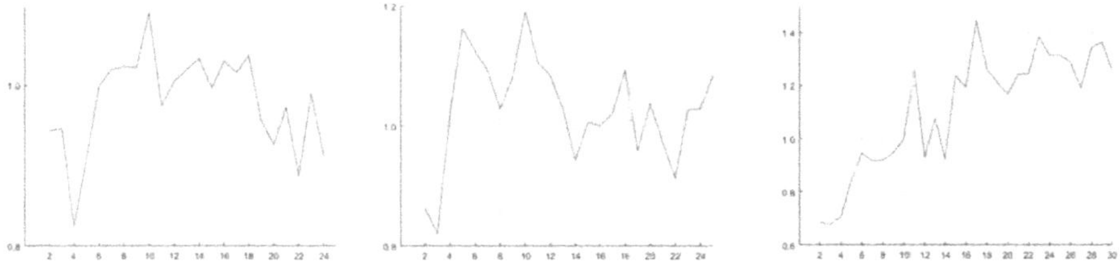

(a) (b) (c)

Fonte: Quadros de Pessoal, cálculo dos autores.

A análise empírica a seguir apresentada incide assim sobre a segmentação obtida para os três anos em estudo. Quer isto dizer que para 1999 temos quatro tipos de políticas salariais, enquanto para 2009 e 2019 a estimação aponta para a existência de três tipos.

IV.4. Resultados empíricos

IV.4.1. Tipos de políticas salariais e a sua evolução

A análise de *clusters* conduziu à segmentação das empresas em três grandes grupos que se mantêm ao longo das décadas e a um grupo que existiu apenas em 1999. O Quadro IV.2 sistematiza a informação sobre cada uma das variáveis nos *clusters* e permite concluir que existem empresas que seguem as regras instituídas nos instrumentos de regulação do mercado de trabalho, enquanto outras apresentam uma lógica mais discricionária. Entendemos designar as primeiras de «Reguladas», devido à relevância do salário mínimo, quer em termos de proporção de trabalhadores quer do peso na remuneração média. Como se pode observar, através dos dados expostos no Quadro IV.2, trata-se de empresas de baixos salários, com a maior proporção de trabalhadores a auferir o salário mínimo, em que a diferença entre salário mínimo e médio é a mais baixa, a dispersão salarial é diminuta e os incentivos são igualmente reduzidos (almofada salarial mais baixa da amostra, 1,34). São assim empresas onde a desigualdade é mínima (Gini = 0,18).

Do lado oposto, identificámos um segmento com salários muito altos, onde o salário mínimo não tem relevância e em que as empresas adotam práticas salariais que visam a individualização dos salários. Essas empresas utilizam a dispersão salarial no emprego e a almofada salarial para remunerar o desempenho individual. Todavia, mantêm uma hierarquia profissional que revela uma preocupação com a equidade interna e tendem a valorizar competências específicas, o que se pode aferir pela prática de evolução do salário com a antiguidade. Por isso, a designação de «Mercados internos com incentivos» visa ilustrar a existência de mercados internos de trabalho combinados com incentivos monetários.

O segmento que designámos por «Hierárquico» apresenta uma hierarquia profissional acentuada, embora em 1999 não tenha sido a maior; oferece salários mais altos do que as «Reguladas», e o salário mínimo continua a não ser relevante nas duas dimensões analisadas. São, em certa medida, bastante desiguais, procurando individualizar os salários através da almofada salarial em 2009 e 2019. Os tipos de políticas salariais analisadas revelam ainda uma outra característica do mercado de trabalho português: o ajustamento dos salários às condições económicas. Enquanto em 2009 e 2019 a elasticidade do salário é negativa, ou seja, os salários descem devido à subida do desemprego, em 1999 é positiva em todos os tipos de empresas.

Quadro IV.2: Segmentação das empresas e descrição das políticas salariais

Práticas salariais	1999				2009			2019		
	Regulada	Hierárquica	Individualizada	MIT e Incentivo	Regulada	Hierárquica	MIT e Incentivo	Regulada	Hierárquica	MIT e Incentivo
Salário médio	2,71	4,57	**4,98**	**8,80**	3,00	5,39	**10,30**	3,48	5,79	**10,18**
Dispersão salarial no emprego	0,22	0,26	**0,29**	**0,29**	0,22	0,26	**0,33**	0,18	0,27	**0,41**
Prémio salarial por antiguidade	0,14	0,22	**0,33**	**0,35**	**0,22**	0,17	**0,18**	0,19	**0,33**	**0,33**
Trabalhadores com salário mínimo (%)	**0,21**	0,01	0,09	0,00	**0,32**	0,03	0,00	**0,31**	0,03	0,00
Diferença SM e médio	2,08	4,70	4,00	**5,00**	1,98	4,78	**5,00**	1,90	4,68	**5,00**
Elasticidade do salário	0,39	0,57	**8,43**	0,02	-0,45	-0,26	-0,30	**-0,09**	-0,08	-0,08
Hierarquia salarial	-0,54	**-0,65**	-0,63	**-0,67**	-0,59	**-0,68**	**-0,66**	-0,53	**-0,66**	**-0,55**
Desigualdade interna (Gini)	0,18	0,25	**0,30**	0,24	0,19	0,27	0,27	0,18	0,26	**0,27**
Almofada salarial	1,34	1,75	**2,38**	**2,25**	1,44	2,03	**2,93**	1,51	2,08	**2,94**

Fonte: Quadros de Pessoal; em negrito os valores mais altos em cada variável.

Os finais da década de 1990 foram marcados por uma descida acentuada do desemprego, como vimos anteriormente. Importa referir que no ano de 1999 foi identificado um segmento que se designou por políticas salariais «Individualizadas», as quais se caracterizam por quatro fortes componentes de individualização: maior almofada salarial, maior desigualdade, oferta de salários elevados num contexto de decréscimo do desemprego (elasticidade do salário = 8,43) e elevada dispersão salarial. Todavia, este tipo de empresas não oferecem os salários mais elevados. Não obstante o desaparecimento do *cluster* de políticas salariais «Individualizadas», os outros três *clusters* mantiveram-se ao longo das três décadas, indicando uma certa estabilidade no tipo de *clusters* que caracterizam as políticas salariais em Portugal.

Em termos evolutivos, devemos sublinhar que as empresas que adotam regras salariais definidas coletivamente tiveram um crescimento acentuado em 2019, enquanto as outras tenderam a decrescer. Os dados indicam também que o modelo de salários baixos e incentivos monetários reduzidos é predominante no mercado de trabalho português e, em 2019, foi adotado por 58,8% das empresas. Do seu lado, a proporção de empresas com políticas salariais que envolvem altos salários e incentivos elevados é, de facto, mais reduzida, mas atingiu um valor muito baixo em 2019 (8,8%). As empresas que ofereceram salários bastante acima do salário mínimo e com forte hierarquia salarial («Hierárquicas») tenderam também a perder importância em 2019.

Figura IV.4: Evolução das políticas salariais nas últimas duas décadas

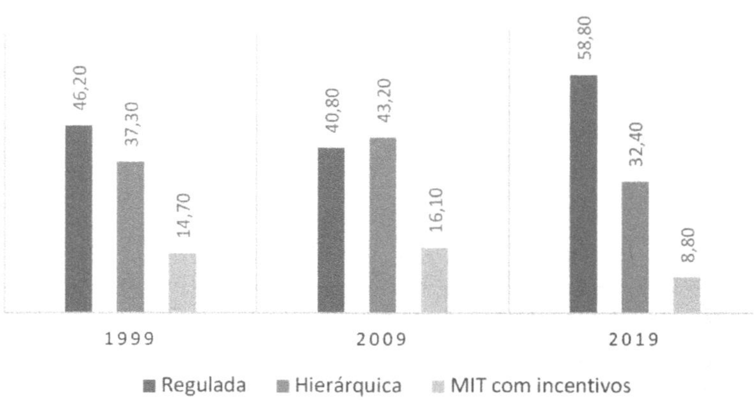

Fonte: Quadros de Pessoal, cálculo dos autores.

A predominância do grupo de empresas «Reguladas» era expectável porque a economia portuguesa é caracterizada por empresas de pequena dimensão que usam os salários baixos como fator-chave de competitividade. Em 2009, a diminuição da proporção de empresas naquele grupo é um sinal de um esforço de melhoria do padrão de concorrência, privilegiando elementos como a inovação e a qualidade dos produtos. O retrocesso verificado em 2019 pode ter resultado do impacto das crises económicas de 2008 e de 2011 e da concomitante política económica de desvalorização interna, sob a *troika*, que redirecionaram a economia para sectores de baixos salários e baixa produtividade (Teles *et al.*, 2021).

Outra questão relevante é a evolução das características dos três *clusters* que permanecem ao longo dos anos. Os três grupos de empresas têm um aumento do salário médio horário entre 1999 e 2019, mas este é muito maior no «Regulado» (+28%) e no «Hierárquico» (+26,8%) do que no «MIT e Incentivos» (+15%). Esta evolução contribuiu para a redução da desigualdade salarial na economia, mas indica um certo esgotamento da capacidade do grupo de salários mais elevados de continuar a aumentá-los.

Entre 1999 e 2019, o *cluster* de empresas «Reguladas» aprofundou, em regra, algumas das suas características típicas: menor dispersão salarial, maior proporção de trabalhadores com salário mínimo e menor distância do salário mínimo ao salário médio. Esta evolução pode ser explicada pelo crescimento considerável do salário mínimo em termos reais, que se situou em 14,28% entre 1999 e 2009, e em 17,98% entre 2009 e 2019. Sobretudo as empresas do *cluster* «Regulado», que baseiam a sua competitividade em baixos salários, quando confrontadas com aumentos do salário mínimo, acabam por estendê-lo a mais trabalhadores, porque não conseguem que os outros salários cresçam ao mesmo ritmo. De igual modo, o salário médio tende a aproximar-se do salário mínimo.

Todavia, o *cluster* das empresas «Reguladas» teve dois desenvolvimentos que o aproximaram das características típicas dos outros *clusters*: aumento da almofada salarial e redução da elasticidade em módulo do salário à taxa de desemprego. As empresas, apesar de mais influenciadas pelo salário mínimo, procuram individualizar os salários com recurso à almofada salarial. A redução da elasticidade entre 2009 e 2019 é uma evolução transversal a todos os *clusters*, indicando que as empresas nos diversos *clusters* evoluíram no sentido de uma maior proteção dos salários relativamente às pressões do mercado externo.

O conjunto de empresas que designamos «MIT e Incentivos» sofreram uma evolução no sentido de um aprofundamento das suas principais características: aumento da dispersão e desigualdade salariais, elevação da almofada salarial e redução da elasticidade dos salários (entre 2009 e 2019). A única alteração que vai no sentido da erosão das características do *cluster* é a redução da ligação dos salários à hierarquia salarial, o que sugere o uso crescente dos salários para incentivar os trabalhadores.

Por fim, o *cluster* «Hierárquico» foi aquele que menos evoluiu, sendo de destacar apenas o aumento da ligação dos salários à antiguidade e a diminuição da elasticidade dos salários (entre 2009 e 2019), alterações que reforçam as características deste grupo de empresas.

Em suma, o mercado de trabalho português parece convergir para políticas de baixos salários, em que as regras coletivas definidas na contratação coletiva e a existência de um salário mínimo são determinantes. Importa ainda referir que as empresas marcadamente vocacionadas para a individualização emergiram como um segmento autónomo apenas em 1999. Isto é uma indicação de que a lógica mercantil pura de individualização dos salários (Bidwell *et al.*, 2013) não se afirmou. O uso do modelo de MIT continuou a verificar-se (Osterman e Burton, 2006), se bem que combinado com políticas salariais que permitem incentivar e individualizar os trabalhadores.

IV.4.2. Políticas salariais e características das empresas

A questão seguinte prende-se com outras características das empresas que estão associadas aos diferentes tipos de políticas salariais: características económicas (capital social, sector de atividade); instrumento de regulação coletiva (nível de contratação coletiva); e características sociodemográficas (proporção de trabalhadores do género feminino e de jovens).

Os dados reportados no Quadro IV.3 indicam que as empresas portuguesas com capital privado são prevalecentes em todos os segmentos, exceto no agrupamento do modelo misto «MIT e Incentivos». É ainda de notar que as políticas salariais que seguem uma lógica de individualização são predominantes em empresas multinacionais ou em empresas nacionais com capital estrangeiro, variando entre 40% (em 2009) e 50% (1999 e 2019).

A distribuição sectorial revela uma alteração considerável ao longo dos anos em análise. Enquanto nos sectores de baixa intensidade tecnológica prevaleciam políticas salariais designadas de «Reguladas» em 1999, estas passaram a ser predominantes nos serviços de fraca intensidade de conhecimento

(FRIC) em 2009 e 2019. A indústria de baixa intensidade tecnológica inclui um conjunto de indústria transformadora e de especialização produtiva nacional, cujas empresas adotaram salários baixos e um cumprimento de regras salariais definidas coletivamente (Figura IV.5).

Figura IV.5: Políticas salariais de tipo «Reguladas» e distribuição sectorial

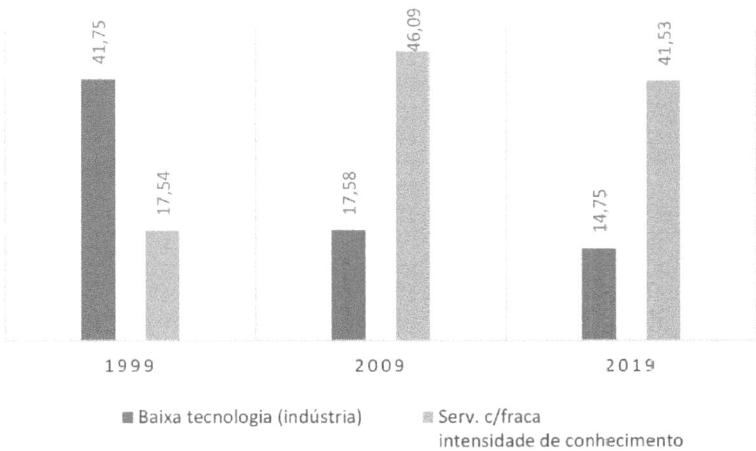

Fonte: Quadros de Pessoal, cálculo dos autores.

Quadro IV.3: Características da empresa associadas a cada tipo de política salarial

	1999				2009			2019		
	Reguladas	Hierárquicas	Individualizadas	MIT e Incentivo	Reguladas	Hierárquicas	MIT e Incentivo	Reguladas	Hierárquicas	MIT e Incentivo
Capital Social (%)										
Nacional privado	**77,54**	**54,35**	**54,55**	**28,57**	**78,13**	**55,35**	**37,62**	**61,38**	**38,74**	31,71
Nacional público	0,35	7,83	0,00	14,29	1,17	7,75	13,86	2,00	15,56	10,98
Estrangeiro	12,28	16,09	**18,18**	15,38	14,06	21,40	**23,76**	**23,13**	**34,77**	**37,80**
Misto: público, privado e estrangeiro					0,00	0,37	0,00			
Misto: público e privado	0,70	0,87	0,00	4,40	0,39	0,74	5,94	1,09	0,66	2,44
Misto: público e estrangeiro	0,00	0,43	9,09	1,10	0,00	0,74	2,97	0,36	0,33	1,22
Misto: privado e estrangeiro	6,32	16,09	**18,18**	**34,07**	2,34	8,86	**15,84**	6,92	6,62	13,41
IRC										
Acordo coletivo	0,00	0,87	9,09	25,27	2,73	2,21	22,77	2,91	4,64	21,95

Contrato coletivo	**97,54**	**81,74**	**72,73**	**38,46**	**86,72**	**70,48**	**29,70**	**78,14**	**55,63**	14,63
Portaria de extensão	0,35	0,87	0,00	4,40	3,52	2,95	0,99	3,10	7,28	4,88
Acordo de empresa	1,75	14,35	0,00	25,27	1,95	11,07	22,77	2,55	10,26	23,17
Outros (não abrangidos)	0,35	2,17	**18,18**	6,59	5,08	13,28	**23,76**	13,30	22,19	**35,37**
Sectores de atividade (%)										
Alta tecnologia	1,40	3,48	0,00	5,49	0,78	1,48	1,98	1,28	3,31	1,22

Quadro IV.3: Características da empresa associadas a cada tipo de política salarial (cont.)

	1999				2009			2019		
	Reguladas	Hierárquicas	Individualizadas	MIT e Incentivo	Reguladas	Hierárquicas	MIT e Incentivo	Reguladas	Hierárquicas	MIT e Incentivo
Média-alta tecnologia	3,86	13,48	**18,18**	5,49	4,69	**12,18**	1,98	6,74	**12,25**	1,22
Média-baixa tecnologia	7,72	13,04	9,09	2,20	5,08	11,07	3,96	6,38	9,93	2,44
Baixa tecnologia	**41,75**	14,35	**36,36**	9,89	17,58	9,23	4,95	**14,75**	10,26	2,44
Serv. financeiros c/FIC	0,00	0,00	0,00	**29,67**	0,00	1,11	**25,74**	0,18	2,65	**20,73**
Serv. de mercado c/FIC	**20,35**	11,30	**18,18**	14,29	16,41	15,87	**17,82**	19,85	26,82	26,83
Serv. de AT c/FIC	0,00	0,00	0,00	5,49	0,78	2,95	**17,82**	1,09	7,95	20,73
Serv. c/FRIC	**17,54**	**29,57**	0,00	15,38	**46,09**	**29,52**	14,85	**41,53**	17,55	15,85
Eletricidade, água e gás	0,00	1,30	0,00	7,69	0,78	0,00	7,92	2,91	1,66	4,88
Construção	7,37	13,04	9,09	3,30	7,42	**15,13**	2,97	3,83	6,62	2,44
Indústria extrativa	0,00	0,00	9,09	1,10	0,00	0,74	0,00	0,00	0,66	1,22

ACFP	0,00	0,43	0,00	0,00	0,39	0,74	0,00	1,46	0,33	0,00
Demografia da empresa										
% média de mulheres	**54,00**	28,00	39,00	29,00	**55,00**	31,00	36,00	**50,00**	39,00	39,00
% média de jovens	35,00	26,00	**36,00**	23,00	**30,00**	23,00	15,00	**27,00**	20,00	19,00

AT: alta tecnologia; FIC: forte intensidade de conhecimento; FRIC: fraca intensidade de conhecimento; ACFP: Agricultura, Caça, Floresta, Pesca. Os valores da tabela indicam a percentagem de empresas do *cluster* com a respetiva característica. Por exemplo, em 2019, no *cluster* MIT e Incentivo, 19% dos trabalhadores estavam na categoria de jovens.

Fonte: Quadros de Pessoal, cálculo dos autores.

Em 2009 e 2019, este tipo de políticas salariais surgiu com mais intensidade nos sectores de serviços como o comércio, alojamento e restauração, transportes, entre outros. Assistiu-se, assim, a uma deslocação do modelo da indústria para os serviços, ambos com menor exigência em termos de tecnologia ou conhecimento. Por sua vez, os serviços com Forte Intensidade de Conhecimento (FIC) — os serviços financeiros com FIC, serviços de mercado com FIC e serviços de alta tecnologia com FIC — tendem a usar políticas salariais do *cluster* «MIT e Incentivo», com os serviços de mercado a preferirem também os *clusters* «Hierárquico» e «Regulado» — este com grande intensidade em 1999. Neste sector, nota-se um crescimento do *cluster* «Hierárquico» e sobretudo do *cluster* «MIT e Incentivo».

Embora a negociação coletiva ao nível mais centralizado esteja associada a todos os tipos de políticas salariais, verifica-se uma certa segmentação entre as «Reguladas» e as «MIT e Incentivo». Nota-se que, ao longo dos anos em análise, o contrato coletivo tende a ser menos predominante nas empresas que seguem uma lógica de aproximação à regulação do mercado de trabalho.

Enquanto, em 1999, a quase totalidade das empresas com políticas salariais de tipo «Reguladas» (97,54%) adotavam uma negociação centralizada através dos contratos coletivos de trabalho, essa proporção tendeu a diminuir em 2009 (86,72%) e mais intensamente em 2019 (78,14%), sendo que, paralelamente, os trabalhadores não abrangidos cresceram de forma considerável. Sublinhe-se ainda que, mesmo num contexto mais centralizado, existe um conjunto considerável de empresas que seguem a lógica da individualização («MIT e Incentivos» — 1999: 38,46%; 2009: 29,70%). Em 2019, essa proporção decresceu substancialmente, cerca de 15 pp., e em contrapartida cresceu a representação dos trabalhadores não abrangidos.

A negociação descentralizada permite uma gestão das remunerações mais discricionária. Os dados indicam que mais de 20% das empresas que seguem o acordo coletivo de trabalho ou acordo de empresa implementaram políticas salariais mais individualizadas[4]. O mesmo sucede com empresas que seguem outros instrumentos de regulação coletiva que não são especificados na base de dados. Esta proporção é particularmente elevada em 2019 (35,37%).

Finalmente, a demografia das empresas visa elucidar sobre a presença de certas categorias de trabalhadores em determinado tipo de empresas. Verifica-se, a partir dos dados do Quadro IV.3, que trabalhadores do género

[4] 1999: AC = 25,27%, AE = 25,27%; 2009: AC = 22,77%, AE = 23,76%; 2019: AC = 21,95%, AE = 23,21%.

feminino e jovens tendem a encontrar emprego em empresas de baixos salários. Além disso, este padrão tende a manter-se ao longo do tempo, exceto em 2019 — em que há uma igualdade na distribuição de homens e mulheres nas empresas que adotam políticas salariais «Reguladas». A associação destas categorias da população poderá também estar ligada a uma segregação profissional por sectores de atividade.

IV.4.3. Discussão dos resultados

Esta pesquisa visa identificar padrões de políticas salariais de empresas que operam em Portugal e verificar a evolução desses padrões ao longo do tempo. A investigação realizada contribui para o debate sobre a prevalência da lógica de mercado na relação de emprego desenvolvida pelas empresas. Segundo este raciocínio, estaria a generalizar-se, ou pelo menos a intensificar-se, uma tendência de individualização dos salários, a qual assumiria diferentes formas e, consequentemente, traduziria um afastamento de regras salariais definidas coletivamente (Bidwell *et al.*, 2013).

Os resultados empíricos ilustram uma segmentação das empresas de acordo com a política salarial implementada. A evidência obtida mostra, na linha dos trabalhos anteriores, que as empresas aderem às regras coletivas, mas têm também um espaço de autonomia para opções próprias (Lasierra, 2007; Suleman, Lagoa e Suleman, 2019). Identificaram-se, assim, três tipos de políticas que se distinguem pela influência das regras coletivas, salário mínimo e salário definido pela via da negociação coletiva. Uma proporção considerável de empresas segue regras coletivas e apresenta níveis de desigualdade reduzida. São empresas com baixos salários, com ajustamento mais intenso às condições do mercado de trabalho na época de recessão e com menor subida dos salários em época de expansão. Devido às suas características centrais, denominaram-se essas empresas como «Reguladas», as quais seguem o padrão de «Competitivas» no estudo de Suleman *et al.* (2019).

É importante sublinhar que este modelo acompanha a alteração da estrutura produtiva em Portugal. A terceirização da economia provocou uma deslocação das políticas salariais de tipo «Reguladas» da indústria de baixa intensidade tecnológica (1999) para os serviços de fraca intensidade em conhecimento (2009, 2019). Quer isto dizer que o crescimento dos sectores de serviços manteve o padrão de competitividade da indústria, oferecendo baixos salários e fracos incentivos. Nesses sectores, a existência de regras definidas coletivamente contribui para limitar o poder discricionário dos empregadores no sentido dos salários mais baixos. Nessas empresas prevalecem trabalhadores do género feminino e jovens, o que indicia a vulnerabilidade destas categorias no mercado de trabalho. Esta evidência confirma a segmentação no mercado de trabalho, sobretudo no que respeita aos jovens.

Em oposição, mas em menor proporção, encontram-se as empresas de salários altos, com fortes incentivos monetários, que se afastam substancialmente das regras coletivas. Todavia, as políticas salariais assinaladas como «MIT e Incentivos» mantêm a relevância da equidade interna e da valorização das competências específicas, ilustrando assim a continuidade do modelo dos mercados internos de trabalho (Osterman e Burton, 2006). Como indicaram Davis *et al.* (2009), as práticas de gestão dos recursos, neste caso, as salariais, são persistentes ao longo do tempo. As multinacionais e as empresas nacionais com capital estrangeiro, em sectores como o financeiro ou sectores altamente qualificados, parecem ter mais capacidade para oferecer remunerações mais elevadas e encontrar práticas salariais que permitam a individualização dos salários (Seltzer, 2010; Suleman 2012; Yanadori, 2014).

Tal como foi visto anteriormente, a negociação centralizada tende a reduzir a desigualdade salarial, enquanto a descentralização abre espaço ao poder discricionário dos empregadores para recompensar as competências e o desempenho (Bastos, Monteiro e Straume, 2009; OCDE, 2004). Todavia, qualquer que seja o nível de negociação, não reduz a probabilidade do ajustamento dos salários às condições do mercado, como vimos em 2009 e 2019. Esta é, aliás, uma característica distintiva do mercado de trabalho português (Cardoso e Portela, 2009) muito marcante em 2009, com o início da recessão económica. Mas é interessante notar que, de 2009 para 2019, a elasticidade do salário à taxa de desemprego diminui em módulo, em todos os *clusters*, indicando um afastamento do modelo de mercado. Do seu lado, a diminuição do desemprego e a maior oferta de emprego poderão explicar a elasticidade positiva do salário em 1999 (Blanchard, 2007).

IV.5. Notas conclusivas

A pesquisa desenvolvida procurou revelar de que forma as empresas respondem às condições e à regulação do mercado de trabalho em Portugal. Esta análise parece-nos relevante para responder à questão da (des)valorização do trabalho que o Projeto REVAL pretendeu explorar. Uma análise a partir das políticas salariais das empresas permitiu identificar segmentos que se diferenciam pela forma como se remunera o trabalho.

Neste sentido, os diferentes tipos de políticas salariais identificados mostraram que há duas lógicas distintas. Na maioria das empresas, parece haver um cumprimento das regras definidas coletivamente, que garantem um nível salarial e protegem os trabalhadores de uma competição no mercado de trabalho. Designámos essas empresas de «Reguladas». São empresas que oferecem salários próximos do salário mínimo a uma quantidade considerável de trabalhadores e que reduzem fortemente os salários em época de recessão. Claramente, a regulação é aqui determinante para garantir condições salariais mínimas.

É de notar que este padrão de política salarial prevalece em sectores de baixa intensidade tecnológica ou de conhecimento, que empregam trabalhadores do género feminino. Acresce ainda que o padrão acompanha a alteração da estrutura produtiva em Portugal. Quer isto dizer que o modelo «Regulado» era dominante na indústria de baixa tecnologia em 1999 e passou a ser também prevalecente nos serviços com fraca intensidade em conhecimento em 2009 e 2019.

Em sentido oposto, há uma pequena proporção de empresas que oferecem salários altos, acompanhados de recompensas associadas à *performance* e tendem no sentido da individualização salarial. Nessas organizações, há uma preocupação com a equidade interna e com o reconhecimento de competências específicas. São empresas reguladas por uma negociação descentralizada que deixa espaço discricionário ao empregador. O trabalho é valorizado, mas a desigualdade é mais forte.

Em suma, os padrões de política salarial identificados apresentam uma forte dicotomia e revelam o papel das empresas enquanto produtoras de segmentação no mercado de trabalho e desigualdade entre trabalhadores. Os decisores políticos e os atores sociais precisam de envolver os empregadores no processo de (re)valorização do trabalho e na criação de condições de competitividade das empresas que não seja pela via tradicional dos baixos salários.

REFERÊNCIAS BIBLIOGRÁFICAS

Baker G., Gibbs, M., e Holmstrom, B. (1994). «The wage policy of a firm». *The Quarterly Journal of Economics*, 109 (4): pp. 921–955.

Banco de Portugal. (2014). *Relatório do Conselho de Administração: A economia portuguesa*. Lisboa: Banco de Portugal.

Banco de Portugal. (2020). *Boletim Económico: A economia portuguesa em 2019*, Maio. Lisboa: Banco de Portugal.

Bastos, P., Monteiro, N. P., e Straume, O. R. (2009). «Firm heterogeneity and wages in unionised labour markets: Theory and evidence». *Labour Economics*, 16: pp. 440–450.

Belfield, C. R., e Wei, X. (2004). «Employer size-wage effects: Evidence from matched employer/employee survey data in the UK». *Applied Economics*, 36: pp. 185–193.

Berg, J. (org.). (2015). *Labour Markets, Institutions and Inequality Building Just Societies in the 21st Century*. Geneva: ILO.

Bidwell, M., Briscoe, F., Fernandez-Mateo, I., e Sterling, A. (2013). «The employment relationship and inequality: How and why changes in employment practices are reshaping rewards in organizations». *The Academy of Management Annals*, 7: pp. 61–121.

Blanchard, O. (2007). «Adjustment within the euro. The difficult case of Portugal». *Portuguese Economic Journal*, 6 (1): pp. 1–21.

Brewster, C. (2004). «European perspectives on human resource management». *Human Resource Management Review*, 14: pp. 365–382. Doi http://dx.doi.org/10.1016/j.hrmr.2004.10.001

Brown, C., e Medoff, J. (1989). «The employer size-wage effect». *Journal of Political Economy*, 97 (5): pp. 1027–1059.

Campos Lima, M. D. P., e Artiles, A. M. (2011). «Crisis and trade union challenges in Portugal and Spain: between general strikes and social pacts». *Transfer: European Review of Labour and Research*, 17 (3): pp. 387–402.

Cardoso, A. R. (1999). «Firms' wage policies and the rise in labor market inequality: The case of Portugal». *International Labor Relations Review*, 53 (1): pp. 87–102.

Cardoso, A. R., e Portela, M. (2009). «Micro foundations for wage flexibility: Wage insurance at the firm level». *The Scandinavian Journal of Economics*, 111: pp. 29–50.

Cardoso, A. R., e Portugal, P. (2005). «Contractual wages and the wage cushion under different bargaining settings». *Journal of Labor Economics*, 23 (4): pp. 875–902.

Centeno, M., e Novo, A. A. (2012). «Segmentação». *Boletim Económico*, Primavera, 18 (1): pp. 7–30.

Cobb, A. (2015). «How firms shape income inequality: stakeholder power, executive decision making, and the structuring of employment relationships». *Academy of Management Review*, 41 (2): pp. 324–348.

Davies, D. L., e Bouldin, D. W. (1979). «A cluster separation measure». *IEEE Transactions on Pattern Analysis and Machine Intelligence*, 1 (2): pp. 224–227.

Davis M., Lane, J., Mccall, B., Nestoriak, E. N., Freedman, M., e Lane, J. (2009). «Product Market Competition and Human Resource Practices in the Retail Food Sector». *Industrial Relations: A Journal of Economy and Society*, 48 (2): pp. 350–371.

Doeringer, P. B., e Piore, M. (1971). *Internal Labour Markets and Manpower Analysis.* Lexington, MA: D. C. Heath.

Dølvik, J. E., Marginson, P., Alsos, K., Arnholtz, J., Meardi, G., Müller, T., e Trygstad, S. (2018). «Collective wage regulation in northern Europe under strain: multiple drivers of change and differing responses». *European Journal of Industrial Relations* 24 (4): pp. 321–339.

Eurostat. (2014). «Eurostat indicators of High-tech industry and knowledge-intensive services, Annex 2 — NACE Rev. 1.1, Annex 3 — NACE Rev. 2», January. Disponível em https://ec.europa.eu/eurostat/cache/metadata/Annexes/htec_esms_an2.pdf; https://ec.europa.eu/eurostat/cache/metadata/Annexes/htec_esms_an3.pdf

Freeman, R. B. (1982). «Union wage practices and wage dispersion within establishments». *Industrial and Labor Relations Review*, 36: pp. 3–21. Doi https://doi.org/10.2307/2522290

Jacoby, S. M. (2005). *The Embedded Corporation: Corporate Governance and Employment Relations in Japan and the United States.* Princeton, NJ: Princeton University Press.

Jain, A. K., Murty, M. N., e Flynn, P. J. (1999). «Data clustering: a review». *ACM Computing Surveys*, 31 (3): pp. 264–323.

Lasierra, J. M. (2007). «Labour flexibility and job market segmentation in Spain: A perspective from the labour demand side». *The International Journal of Human Resource Management*, 18: pp. 1858–1880.

Martins, F. (2016). «A reação das empresas portuguesas à crise económica e financeira: principais choques e canais de ajustamento». *Revista de Estudos Económicos*, janeiro, Banco de Portugal.

Martins, D. (2019). «Quando a decisão pública molda o mercado: a relevância do salário mínimo em tempos de estagnação salarial». *Cadernos do Observatório*, N.º 14, pp. 1–34, Observatório sobre as Crises e as Alternativas. Disponível em https://www.ces.uc.pt/observatorios/crisalt/documentos/cadernos/Caderno_14_salario_minimo_em_tempos_de_estagnacao_salarial_04102019.pdf.

Nordås, H. K. (2004). *The Global Textile and Clothing Industry Post the Agreement on Textiles and Clothing.* Geneva: WTO Secretariat, Discussion Paper 5.

OCDE. (2004). «Wage-setting institutions and outcomes». Em OCDE, *Employment Outlook.* Paris: OCDE, pp. 127–181.

OCDE. (2013). «Protecting jobs, enhancing flexibility: A new look at employment protection legislation». Em OCDE, *Employment Outlook.* Paris: OCDE, pp. 65–126.

Osterman, P., e Burton, M. D. (2006). «Ports and Ladders the nature and relevance of internal labour markets in a changing world». Em R. Ackroyd, S. Thompson, P. Batt e P. S. Tolbert (orgs.), *The Oxford Handbook of Work and Organization*. Oxford: Oxford University Press, pp. 425–445.

Pedrini, G. (2016). «Varieties of capitalism in Europe: An inter-temporal comparison of HR policies». *Personnel Review*, 45: pp. 480–504.

Portugal, P., Carneiro, A., e Guimarães, P. (2010). «On the cyclical sensitivity of real wages». *Banco de Portugal — Economic Bulletin*, Winter: pp. 87–99.

Rodrigues, M. J. (1985). «O mercado de trabalho nos anos 70: das tensões aos metabolismos». *Análise Social*, 21 (87/88/89): pp. 679–733.

Schmidt, J. A., Willness, C. R., Jones, D. A., e Bourdage, J. S. (2018). «Human resource management practices and voluntary turnover: a study of internal workforce and external labor market contingencies». *The International Journal of Human Resource Management*, 29 (3): pp. 571–594.

Seltzer, A. J. (2010). «Did firms cut nominal wages in a deflationary environment? Microlevel evidence from the late-19th and early-20th century banking industry». *Explorations in Economic History*, 47: pp. 112–125.

Suleman, F. (2012). «The impact of skills and performance on earnings: Evidence from retail bankers in Portugal». *The International Journal of Human Resource Management*, 23: pp. 2205–2220.

Suleman, F., Lagoa, S., e Suleman, A. (2019). «Patterns of employment relationships: the association between compensation policy and contractual arrangements». *The International Journal of Human Resource Management*, 30 (7): pp. 1136–1156.

Teles, N., Caldas, J. C., e Martins, D. (2021). «Financialisation, labour and structural change: The case of Portuguese internal devaluation». Em A. C. Santos, N. Teles (orgs.), *Financialisation in the European Periphery: Work and social reproduction in Portugal*. Londres: Routledge.

Yanadori, Y. (2014). «Compensation and benefits in the global organisation». Em D. Collings, G. Wood e P. M. Caligiuri (orgs.), *The Routledge Companion to International Human Resource Management*. Oxon: Routledge, pp. 190–209.

CAPÍTULO V

POLÍTICAS SALARIAIS NA EUROPA: UMA COMPARAÇÃO ENTRE VARIEDADES DO CAPITALISMO E SECTORES DE ACTIVIDADE[1] [2]

Henrique Duarte[3], Fátima Suleman[4] e Abdul Suleman[5]

V.1. Introdução

O desenho de políticas salariais ao nível organizacional e as suas determinantes têm merecido uma atenção especial no debate sobre a flexibilidade e a regulação do mercado de trabalho. Através das políticas salariais, as empresas procuram atrair melhores candidatos e reconhecer a sua maior produtividade. Assim, as organizações usam salários mais elevados para garantir a competitividade no mercado (Milkovich, Newman e Gerhart, 2014; Williams, McDaniel e Nguyen, 2006) e a dispersão salarial, vertical ou horizontal, como incentivos para recompensar o desempenho (Gupta, Conroy e Delery, 2012).

Contudo, há forças institucionais que influenciam as opções das organizações e condicionam o desenho de políticas salariais. Trata-se de mecanismos de regulação, os quais têm sido explorados na literatura sobre economias capitalistas numa perspectiva comparada (Amable, 2003; Hall e Soskice, 2001). Os trabalhos de Suleman, Lagoa e Suleman (2019) e Suleman, Duarte, Brewster e Suleman (2022) oferecem evidência empírica sobre a influência das instituições do mercado de trabalho nos vários tipos de políticas salariais. Uma outra literatura acrescenta as diferenças sectoriais de salários individuais (Ghinetti e Lucifora, 2013; Krueger e Summers, 1988; Lausev, 2014;

[1] A investigação subjacente a este capítulo foi parcialmente financiada por fundos nacionais através da FCT — Fundação para Ciência e Tecnologia — no quadro do projeto REVAL — *Da desvalorização interna à revalorização do trabalho: o caso de Portugal*. Referência: PTDC/SOC-SOC/28811/2017.

[2] Por vontade dos autores, este capítulo não segue o Acordo Ortográfico de 1990.

[3] Instituto Universitário de Lisboa (ISCTE-IUL) e BRU-IUL, Lisboa, Portugal.

[4] Instituto Universitário de Lisboa (ISCTE-IUL) e DINAMIA'CET, Lisboa, Portugal.

[5] Instituto Universitário de Lisboa (ISCTE-IUL) e BRU-IUL, Lisboa, Portugal.

Shim e Yang, 2018), mas não explora as políticas salariais entre sectores. Além disso, é igualmente omissa sobre a associação entre os tipos de economia capitalista e os sectores de actividade para explicação da diversidade de políticas salariais. A presente pesquisa procura preencher esta lacuna com base num estudo empírico, usufruindo de uma base de dados europeia.

Esta pesquisa é uma extensão do estudo de Suleman *et al.* (2022) e desenvolve uma análise econométrica que permite determinar o impacto dos sectores de actividade nas políticas salariais das organizações, bem como o efeito conjugado de sectores e economias capitalistas. Os dados provêm da *Structure of Earnings Survey* (EU-SES), uma base de dados europeia que contém dados sobre organizações e trabalhadores ao nível europeu. A análise em *clusters,* baseada em conjuntos difusos (*fuzzy clustering*), permitiu identificar padrões de política salarial, enquanto uma regressão Tobit possibilitou subsequentemente a estimação das determinantes das políticas salariais. Nessas determinantes, destacam-se a pertença institucional, através da tipologia de economias capitalistas (Amable 2003; Hall e Soskice, 2001), e a pertença sectorial. Os resultados visam determinar qual das pertenças, institucional ou sectorial, tem maior poder explicativo.

O resto do trabalho está organizado da seguinte forma. Na secção 2 apresenta-se uma análise sumária da literatura sobre políticas salariais. Aliás, no Capítulo IV essa literatura é mais desenvolvida, pelo que a revisão da literatura no presente capítulo pretende apenas sublinhar alguns aspectos relativos à política salarial. A secção 3 incide sobre os dados e o método, enquanto a secção 4 reporta os principais resultados empíricos. Finalmente, a discussão e a conclusão são apresentadas na secção 5.

V.2. Políticas salariais da empresa: breve análise da literatura

Os principais modelos de política salarial das organizações propostos pela teoria económica apontam para uma dualidade entre Mercados Internos de Trabalho (MIT) e Mercados Externos de Trabalho (MET) (Doeringer e Piore, 1971), mas igualmente para a existência de múltiplos segmentos de organizações com características distintas (Suleman *et al.*, 2022). Esta última pesquisa segue o argumento de Baker, Gibbs e Holmstrom (1994) de que as organizações não seguem modelos puros, mas antes adoptam uma combinação, resultando numa aproximação ou afastamento de uma lógica institucionalista ou de mercado. Essa hibridação dá um suporte adicional à abordagem *fuzzy* e à subsequente utilização do conceito de pertença parcial que lhe é intrínseco.

Em termos gerais, o modelo de MIT garante uma protecção dos salários contra os constrangimentos do mercado, mormente da flexibilidade salarial contingente às condições do mercado. Segue uma lógica hierárquica, equitativa e com progressão por antiguidade, onde as regras são definidas e conhecidas previamente. Por oposição, o MET representa um modelo em que o salário é uma variável de ajustamento para responder às flutuações da procura, mas serve também de incentivo para remunerar o desempenho e as competências. As diferentes modalidades de remuneração flexível enquadram-se nesta lógica de incentivo e recompensa (Bidwell, Briscoe, Fernandez-Mateo e Sterling, 2013).

Uma certa literatura reconhece que estes modelos prevalecem em certas economias capitalistas e em certos sectores de actividade. Por exemplo, o MIT prevalece em economias de mercado coordenadas, enquanto nas economias liberais predomina o MET. O trabalho de Suleman *et al.* (2022) identifica quatro tipos de políticas salariais e a sua pertença a diferentes tipos de capitalismo, mas assume uma dualidade mais ampla entre uma lógica organizacional e uma lógica de mercado. O Quadro V.1 sistematiza as diferenças entre as políticas salariais tendo por base a referida pesquisa, enquanto os indicadores são apresentados e descritos na Caixa de texto V.1.

Quadro V.1: Políticas salariais na Europa

	Lógica da organização		**Lógica de mercado**	
	Regulado	Internalizado	Competitivo	Incentivo
Dispersão vertical	+	+++	++	++++
Dispersão horizontal	+	++	+++	++++
Diferença mercado	+	++	++++	+++
Diferença sector	+	++	++++	+++
Salário entrada	++++	++	++	+
Prémio antiguidade	+	++	++	++++
Prémio educação	+	++++	++	+++
Hierarquia salarial	+	+++	+	++
Almofada salarial	+	++	++−+	+++
Horas extra	++	++	+−	+

Fonte: Adaptado de Suleman *et al.* (2022); + muito baixo; ++ baixo; +−+ alto; ++++ muito alto.

Como se pode aferir, os segmentos «Regulado» e «Internalizado» aproximam-se do modelo de MIT, enquanto ao MET estão associados os segmentos «Competitivo» e de «Incentivo». No modelo «Regulado», os salários são baixos, existem poucas assimetrias salariais horizontais e verticais, a diferença salarial entre os trabalhadores mais recentes e os mais antigos é reduzida e os incentivos são parcos. O modelo designado de «Internalizado» tem características mais hierarquizadas, evidenciando maior dispersão vertical e maior associação à antiguidade e à educação.

Os segmentos que seguem uma lógica de mercado, designadamente o «Competitivo», apresentam políticas salariais mais diferenciadoras face ao sector a que pertencem, e ao mercado em geral, e têm maior dispersão horizontal do que os segmentos «Regulado» e «Internalizado».

Caixa de texto V.1: Variáveis e indicadores das políticas salariais

A classificação de políticas salariais baseou-se em dez variáveis, organizadas em quatro grupos: estrutura salarial, nível de pagamentos, definição de salários e flexibilidade salarial. Estas variáveis permitem avaliar a competitividade da empresa no mercado e a dispersão vertical e horizontal. As variáveis e os respectivos indicadores são:

- Estrutura salarial e possíveis assimetrias salariais:
  - Dispersão vertical: medida pelo rácio horário 10/90;
  - Dispersão horizontal: medida pelo coeficiente de variação do valor horário em cada nível salarial.
- Nível salarial e aferição da competitividade:
  - Diferenças face ao mercado, medido pela diferença entre o valor horário e a mediana do mercado no país;
  - Diferenças face ao sector tendo como referência a mediana no sector dentro desse país;
  - Salário de entrada (para aferir a diferença dos mais antigos): rácio entre o valor horário dos trabalhadores com menos de três anos de antiguidade e os que possuíam três anos ou mais.
- Remuneração de competências:
  - Prémio da antiguidade: correlação entre o valor hora e a antiguidade;
  - Prémio da educação: correlação entre o valor hora e a escolaridade;
  - Hierarquia salarial: correlação entre o valor hora e o nível de qualificação da hierarquia profissional.
- Flexibilidade salarial:
  - Almofada salarial: medida pela média anual de incentivos sobre a média das remunerações totais anuais;
  - Horas extraordinárias: medida pela média de trabalho suplementar e suplementos pelo regime de turnos sobre a média das remunerações totais anuais.

Fonte: Suleman *et al.*, 2022.

Todavia, a diferenciação ao nível hierárquico é pouco expressiva, reflectindo assim a necessidade das organizações de serem atractivas na contratação de trabalhadores e de fazerem face à concorrência. Finalmente, o segmento identificado como «Incentivo» agrupa as organizações com políticas mais diferenciadoras, quer ao nível horizontal quer ao nível vertical, onde a antiguidade é mais valorizada e, ao mesmo tempo, se diferencia do mercado, conjugando a competitividade com elevada hierarquização salarial. Trata-se de políticas que combinam o modelo dos MIT com o dos incentivos monetários, em diversos graus.

Os autores analisaram ainda a distribuição dos tipos de política salarial por tipo de capitalismo (Figura V.1). Como se pode verificar, mais de dois terços das empresas seguem um modelo próximo do MIT, pelo que a lógica de mercado é assim menos predominante. Contudo, a distribuição por tipos de capitalismo revela uma diversidade de combinações de políticas salariais que vale a pena explorar. A Caixa de texto V.2 descreve sumariamente as variedades de economias capitalistas.

Por exemplo, estima-se que 90% das organizações dos países da social-democracia (Noruega e Suécia) sigam uma lógica de MIT, enquanto a economia liberal (Reino Unido) conta apenas com um terço de empresas neste modelo. Em contraponto, aqui prevalece o modelo de «Incentivo», em que mais de 60% de empresas se associam aos MET. Nas restantes economias há uma predominância de MIT, embora não tão acentuada (o Quadro V.1A, nos anexos, apresenta os dados desta análise).

Conclui-se assim que as políticas salariais são fortemente influenciadas por lógicas institucionais que caracterizam o MIT. Por isso, mesmo num contexto de pressão para a individualização dos salários e de pressão para os incentivos, este modelo continua a prevalecer. Por outro lado, os países com pendor liberal, ou os que foram forçados a adoptar políticas liberalizantes na sequência da intervenção do Fundo Monetário Internacional (FMI), são os que mais se aproximam do modelo MET.

Caixa de texto V.2: Variedades do capitalismo

Hall e Soskice (2001) distinguiram dois «ideais-tipo» de economias capitalistas, a Economia de Mercado Coordenada (EMC) e a Economia de Mercado Liberal (EML). Nesta última, a coordenação baseia-se em mecanismos de mercado, enquanto na EMC, a coordenação é estratégica e não baseada no mercado. Mais tarde, Hall e Gingerich (2009) reconheceram a existência de um modelo misto, resultante da combinação destes dois, que designaram por economias de mercado mistas.
Amable (2003) identificou as limitações da lógica baseada na coordenação e centrada na empresa de Hall e Soskice e propôs uma nova classificação que inclui cinco tipos de economias capitalistas, tendo por base formas institucionais específicas e complementaridades institucionais particulares:

- Modelo Social-Democrata: a coordenação é centrada em mecanismos não mercantis. Embora a pressão competitiva externa requeira alguma flexibilidade do mercado de trabalho, esta não é conseguida simplesmente através de despedimentos e ajustamentos baseados no mercado. Há uma combinação entre protecção moderada do emprego, um elevado nível de protecção social e políticas activas do mercado de trabalho que permitem uma fácil reconversão profissional. Adicionalmente, a negociação colectiva garante uma fixação solidária dos salários, *i.e.*, uma política salarial que procura aumentar os salários dos trabalhadores com baixos salários relativamente aos mais bem pagos. Esta lógica favorece a inovação e a produtividade.
- Modelo da Europa Continental: apresenta algumas características comuns ao modelo social-democrata. Baseia-se num grau mais elevado de protecção do emprego, mas num Estado-providência menos desenvolvido. A negociação salarial é coordenada e a política salarial é solidária, mas menos desenvolvida do que no modelo social-democrata. A reconversão ou reciclagem é limitada, restringindo assim a flexibilidade «ofensiva» no mercado de trabalho.
- Modelo Mediterrânico: existe mais protecção do emprego e menos protecção social do que no modelo continental. A protecção do emprego deve-se a um nível relativamente baixo de competição no mercado de produtos. As competências e o nível de educação da mão de obra são baixos e não permitem a implementação de salários altos, nem de uma estratégia industrial altamente qualificada.
- Modelo Asiático: está dependente das estratégias empresariais das grandes empresas em colaboração com o Estado. Os investimentos em competências específicas são protegidos por uma protecção do emprego e pelas possibilidades de reconversão e de carreira dentro da empresa.
- Modelo Liberal: os mecanismos de coordenação assentam em processos hierárquicos e no mercado. Este é similar à proposta de Hall e Soskice. A competição no mercado de produtos representa uma característica importante deste modelo. As empresas são mais sensíveis a choques económicos e a sua competitividade é suportada pela flexibilidade do mercado de trabalho. Isto significa que essa flexibilidade garante às empresas uma reação rápida às condições do mercado de bens e serviços.

Nölke e Vliegenthart (2009) abordam as economias capitalistas do Leste europeu. Para tal, introduzem a noção de economias de mercado dependentes, cujas vantagens comparativas advêm da produção de produtos relativamente complexos e de bens de consumo duráveis. Dizem respeito a economias com mão de obra qualificada, mas barata, que usufruem das inovações tecnológicas das empresas transnacionais e do capital através de investimento estrangeiro directo.

Figura V.1: Distribuição de políticas salariais por tipo de capitalismo

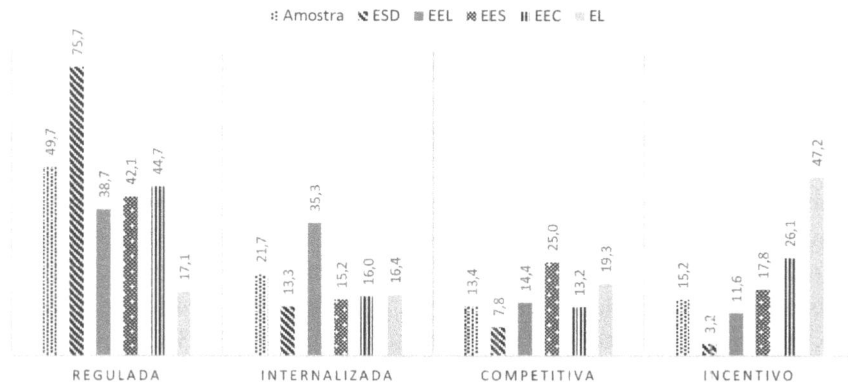

Nota: ver abreviaturas explicadas no Quadro V.3.
Fonte: Adaptado de Suleman *et al.* (2022).

Mesmo assim, nos países da Europa do Sul alvo dessa intervenção, o modelo MIT prevalece em mais de 40% de empresas. No entanto, ficou por avaliar a influência das características sectoriais na especificidade das políticas salariais, de que daremos conta seguidamente.

V.3. O valor explicativo dos sectores de actividade no desenho de políticas salariais

A variação de políticas salariais nos países está inequivocamente associada aos sectores de actividade (Groshen, 1991). Não é, contudo, claro se existe um padrão único de diferenciação salarial indexado ao sector e transversal aos diferentes países. Estudos anteriores evidenciam que existe uma prevalência de MIT em certos sectores de actividade (e.g. Grimshaw, Ward, Rubery e Beynon, 2001).

Por exemplo, as organizações em actividades de mão de obra intensiva, como é o caso do sector dos têxteis e do vestuário, tendem a oferecer salários mais baixos e são, como tal, menos competitivas (Nordås, 2004). Essas empresas necessitam de mão de obra pouco qualificada e com baixos níveis educacionais (Magda, Rycx, Tojerow e Valsamis, 2011). Em sentido oposto, no sector bancário, continua a prevalecer um modelo de salários altos e políticas salariais mais individualizadas, sem, contudo, perder as características essenciais do MIT (Suleman, 2012). Trata-se de um sector que exige, desde longa data, mão de obra qualificada, facto que pode explicar a sua política salarial.

Outro tipo de estudos explora a interacção entre as características dos países e as diferenças intra- e intersectores de actividade. As diferenças entre sectores são evidentes em vários países e muito visíveis nos EUA (Krueger e Summers, 1988; Shim e Yang, 2018) e na Europa Oriental e Ocidental (Ganon, Plasman, Rycx e Tojerow, 2007; Ghinetti e Lucifora, 2013; Magda *et al.*, 2011). Além disso, existe evidência empírica de que estas diferenças persistem ao longo do tempo (Krueger e Summers, 1988; Shim e Yang, 2018).

As diferenças salariais entre sectores podem ser explicadas pela dicotomia sector público/sector privado (Ghinetti e Lucifora, 2013; Gürbüz e Polat, 2016; Katz e Krueger, 1991; Lausev, 2014). As principais diferenças prendem-se com a remuneração relacionada com a qualificação dos trabalhadores. Enquanto no sector público os menos qualificados são beneficiados, no sector privado as regras salariais têm como objectivo a maior atracção, retenção e motivação de trabalhadores qualificados (Lucifora e Meurs, 2006; Nickell e Quintini, 2002). Essas regras incluem um salário mais elevado e outro tipo de remuneração adicional. Além disso, o sector financeiro, bem como o de Tecnologias de Informação (TI) oferecem habitualmente salários mais elevados, evidenciando a sua maior competitividade no mercado de trabalho.

Os dois sectores diferenciam-se também pelo grau de dispersão salarial nas empresas, sendo esta também influenciada pelo tipo de economia capitalista. Certos autores defendem que a dispersão salarial nas empresas do sector público e privado é distinta de acordo com o tipo de economia capitalista (Ganon *et al.*, 2007; Ghinetti e Lucifora, 2013). Existe menor dispersão horizontal nas economias do centro da Europa e maior dispersão nas economias liberais, que evidenciam também maiores disparidades salariais entre homens e mulheres (*gender gap* — Ganon *et al.*, 2007). Entre estes dois tipos de capitalismo encontram-se as economias do Sul da Europa, onde o sector privado apenas é restringido pelo salário mínimo, enquanto as políticas salariais do sector público são condicionadas pela negociação colectiva descentralizada (Ghinetti e Lucifora, 2013). Esta regulação conduz a uma dispersão salarial e a diferenças salariais mais acentuadas no sector privado do que no público. Também os processos de privatização levados a cabo nos ex-países comunistas poderão ter alterado os padrões de dispersão nas economias do Leste em transição para a União Europeia (Lausev, 2014), criando maior competitividade para os trabalhadores mais escolarizados e qualificados, fazendo, deste modo, sobrevir a menor dispersão encontrada nas políticas salariais do sector público. No mesmo quadro, não deve descurar-se a relação entre os sectores de actividade e a actividade exportadora. Regan (2017), por exemplo, identifica dois tipos de modelos de crescimento que caracterizam os tipos de capitalismo na Europa. As economias do centro da Europa têm baseado o seu crescimento num modelo exportador, o que lhes permite remunerações mais elevadas, enquanto as do Sul tendem maioritariamente a seguir um modelo de crescimento baseado na procura interna, no qual o controlo salarial é usado como instrumento para reduzir custos de produção.

A financeirização das economias, que afecta os níveis gerais de desigualdade das economias (Roberts e Kwon, 2017), pode também explicar os níveis de competitividade das políticas salariais. O crescimento da importância e da riqueza do sector financeiro tem-no tornado mais competitivo, atraindo trabalhadores mais qualificados a troco de melhores remunerações e incentivos, quando comparados com os dos outros sectores de actividade. É sabido que a financeirização da economia varia de acordo com os tipos de capitalismo (Roberts e Kwon, 2017): nas economias da social-democracia e nas do centro da Europa, os efeitos das desigualdades são condicionados pelo investimento nos sectores produtivos, enquanto nas economias liberais este efeito condicionador está ausente.

Em síntese, Ganon *et al.* (2007) sugerem que as variações intra- e intersectoriais estão condicionadas pelo tipo de capitalismo: há menos diferenças nas economias da social-democracia e do centro da Europa, por um lado, e maior dispersão nas economias liberais, por outro. Contudo, estes autores não respondem à questão sobre as semelhanças entre o sector público e o privado; entre o sector financeiro e o não financeiro; e, finalmente, entre o sector intensivo em mão de obra e o menos intensivo, nas diversas variedades do capitalismo. Assim, e de acordo com os estudos e argumentos anteriormente apresentados, a nossa pesquisa empírica visa testar as seguintes hipóteses:

> Hipótese 1: As políticas salariais variam de acordo com o sector de actividade. A competitividade salarial e a dispersão são mais elevadas em sectores de mão de obra menos intensiva do que nos sectores de mão de obra mais intensiva.
>
> Hipótese 2: O tipo de capitalismo produz mais efeitos sobre a dispersão salarial do que os sectores, contudo modera o tipo de políticas existente ao nível sectorial.

V.4. Dados e método

A análise empírica apoia-se em dados europeus, concretamente na *Structure of Earnings Survey* (EU-SES). A EU-SES é uma base de microdados que contém informação sobre trabalhadores e empregadores, sendo a unidade de análise o estabelecimento (para pormenores, ver Du Caju, Kátay, Lamo, Nicolitsas e Poelhekke, 2010). Para este estudo, escolhemos 14 países representativos dos vários tipos de capitalismo. A amostra inclui trabalhadores que possuem uma relação de emprego e que auferiram salário no mês de referência (outubro de 2014). Excluem-se o auto-emprego, os proprietários e os trabalhadores em licença, comissionistas ou voluntários não remunerados.

A base EU-SES tem sido usada para estudar diferenças salariais individuais, nomeadamente entre géneros, nos sectores público e privado (Castro, Salt e Steiner, 2013); intersectoriais (Du Caju *et al.*, 2010); e o impacto do salário mínimo (Caliendo, Fedorets, Preuss, Schröder e Wittbrodt, 2017). Contudo, as investigações sobre políticas salariais ao nível da organização baseadas nesses dados são ainda escassas. Lazear e Shaw (2006) seguiram esta linha de investigação para comparar as estruturas salariais e os padrões de contratação e mobilidade em oito países europeus. A nossa abordagem está em linha com a destes autores e consiste em agregar dados individuais, por estabelecimento, que permitam construir indicadores relativos às políticas salariais.

A amostra final é composta por 93 201 estabelecimentos, divididos por tipos de capitalismo: Economias da Social-Democracia (ESD — Noruega, Suécia) com n = 22 640; Europa Central e de Leste (EEL — Bulgária, Chéquia, Hungria, Polónia) com n = 31 239; Economias do Sul da Europa (EES — Espanha, Itália, Portugal) com n = 8200; Economia do Centro Europa (EEC — Bélgica, França, Alemanha, Países Baixos) com n = 46 137; e Economias Liberais de Mercado (EL — Reino Unido) com n = 611.

Esta pesquisa desenvolve uma análise empírica a partir da investigação de Suleman *et al.* (2022) e explora a relação entre os quatro modelos de políticas salariais e a pertença sectorial. Os sectores de actividade foram agrupados de acordo com as regras estatísticas da União Europeia (classificação NACE) e reagrupadas de acordo com a tipologia proposta por Krueger e Summers (1988)[6].

[6] 1) Indústria (NACE C), Mineração (NACE B) e Construção Civil (NACE F); 2) Transportes e Armazenagem (NACE H) e Serviços Públicos (Eletricidade — NACE D, Água — NACE E); 3) Vendas e Retalho (NACE G); 4) Hospitalidade (NACE I); 5) Financeiro, Seguros (NACE K) e Mediação Imobiliária (NACE L); 6) Serviços Profissionais (NACE M), Informática e Comunicação

V.5. Padrões de políticas salariais e distribuição sectorial

A análise empírica divide-se em duas partes. Procuramos, primeiro, observar a distribuição dos tipos de política salarial por sectores (Figura V.2) e por sectores público e privado (Figura V.3). Os dados relativos a esta análise encontram-se especificados nos anexos (Quadros V.2A e V.3A).

É de notar a presença acentuada de modelos próximos do MIT, com excepção do sector financeiro, onde existe uma distribuição quase equitativa entre a lógica organizacional e a lógica de mercado. Sublinhe-se ainda o peso do modelo MIT na saúde e na educação, a que não será alheia a presença do sector público. A Figura V.3 compara o sector público ao privado. A predominância do sector privado no tipo «Regulado», «Competitivo» e «Incentivo» põe em relevo a diversidade de políticas salariais adoptadas pelas empresas, indo desde o respeito pela regulação do mercado de trabalho até ao poder discricionário dos empregadores.

Figura V.2: Políticas salariais e sectores de atividade

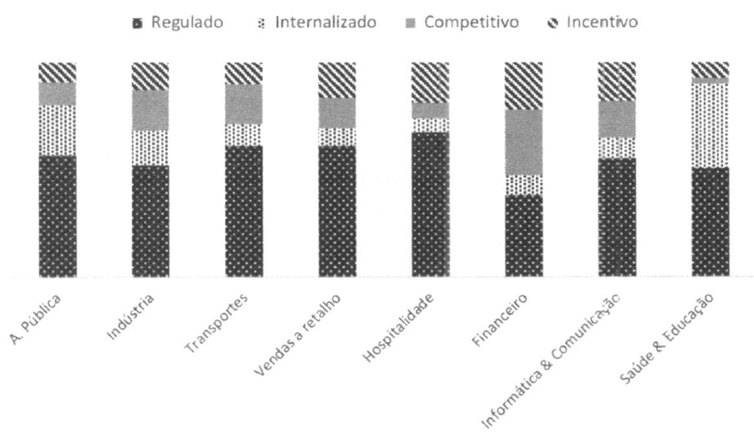

Fonte: *Structure of Earnings Survey* (EU-SES), cálculo dos autores.

O sector público é claramente próximo dos MIT, mas a presença de empresas com políticas na lógica de mercado ilustra alguma combinação com regras de incentivos.

(NACE J), Administrativos (NACE N), Outros Serviços (NACE S); 7) Serviços Comunitários (Saúde — NACE Q, Educação — NACE P, Artes — NACE R); 8) Administração Pública (NACE O).

Figura V.3: Políticas salariais no sector público e privado

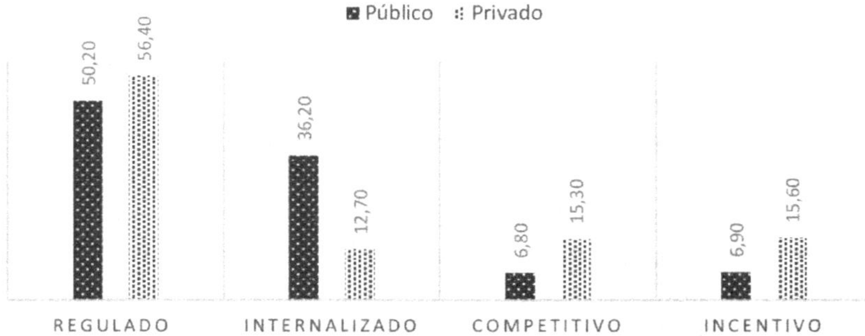

Fonte: *Structure of Earnings Survey* (EU-SES), cálculo dos autores.

Na segunda parte da análise empírica estabelece-se uma relação entre políticas salariais e pertença sectorial, através de uma regressão Tobit (Amemiya, 1984). O objectivo é identificar factores relacionados com sectores de actividade e as diversas economias capitalistas que condicionam a opção por uma política salarial. Mais concretamente, a regressão Tobit visa avaliar o grau de associação entre os tipos de políticas salariais encontrado nos quatro *clusters* e um conjunto de variáveis da variedade do capitalismo, sectoriais, organizacionais e características da mão de obra (Quadro V.1). Este modelo linear adequa-se à especificidade da variável dependente, que pertence ao intervalo [0, 1]. Um estabelecimento próximo de 0 significa que está próximo de baixa dispersão salarial horizontal e vertical e baixa competitividade, enquanto valores próximos de 1 significam elevada dispersão e competitividade.

Os resultados apresentados no Quadro V.2 mostram que o sector mais próximo do modelo «Competitivo» é o Financeiro, quando comparado com a Administração Pública (valor de referência). Também a Indústria, a Mineração, a Construção e o sector de Vendas e Retalho estão mais próximos da dispersão elevada, indo ao encontro da Hipótese 1. No que respeita ao tipo de capitalismo, o Reino Unido aproxima-se do modelo «Competitivo», *i.e.*, economia liberal, enquanto as economias da social-democracia seguem mais o padrão «Regulado».

Além disso, os dados indicam que os trabalhadores do género feminino e menos qualificados estão mais associados às políticas com baixa dispersão salarial, enquanto os mais qualificados usufruem de salários mais altos e da individualização da remuneração, através de uma maior dispersão salarial (ver os sinais negativo/positivo associados aos rácios de mulheres, trabalhadores menos qualificados e trabalhadores licenciados). Verifica-se também que os contratos colectivos sectoriais se associam a menor dispersão e competitividade, características do segmento «Regulado».

A segunda parte da análise empírica avalia a incidência de cada tipo de política salarial simultaneamente por sectores de actividade e por tipo de capitalismo. Na Figura V.4 distinguem-se o sector privado e o sector público, e os dados mostram que nas economias liberais o modelo «Competitivo» prevalece nos dois sectores, enquanto na social-democracia é residual no sector privado.

Figura V.4: Distribuição de políticas salariais por sector público e privado e tipo de capitalismo

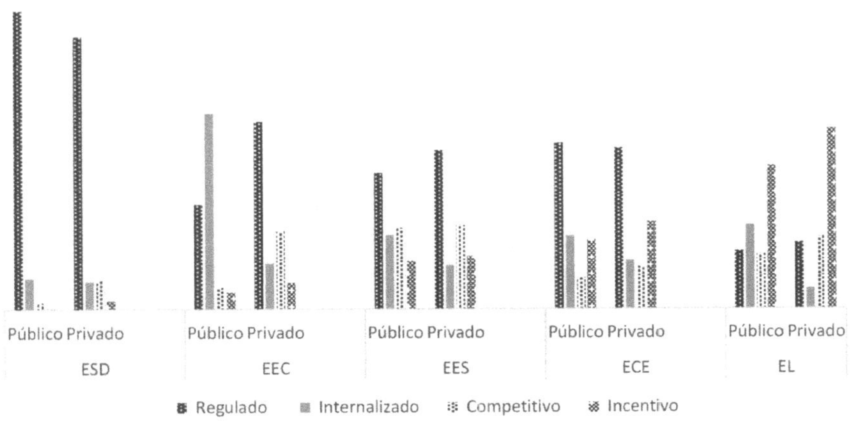

Nota: ver abreviaturas explicadas no Quadro V.3.

Fonte: *Structure of Earnings Survey* (EU-SES), cálculo dos autores.

No segundo modelo de regressão Tobit (Quadro V.3) analisamos o efeito conjunto, ou seja, a moderação do tipo de capitalismo sobre o sector de actividade. Esta estratégia empírica permite a análise comparativa dos sectores de actividade em cada tipo de capitalismo.

Os dados mostram que as políticas salariais variam de acordo com o sector num determinado tipo de capitalismo. Tendo por referência o termo de interacção entre a economia social-democrata e o sector da administração pública, em que é expectável menor dispersão, podemos concluir que quase todos os sectores da economia liberal apresentam maior dispersão. Nesta economia, os sectores intensivos em conhecimento são os que mais se aproximam da individualização (Serviços Profissionais, Informática & Comunicação, Serviços Administrativos, Outros Serviços), em conjunto com as Vendas e Retalho e os Serviços Comunitários.

Quadro V.2: Estimativas da regressão Tobit: impacto dos tipos de capitalismo

	Modelo 1	
Variável	**Estimativa**	**Erro padrão**
Tipo de Capitalismo		
Economias das Democracias Sociais (ESD) (referência)		
Economias de Liberais (EL)	0,668***	0,013
Economias do Centro Europa (ECE)	0,363***	0,003
Economias do Sul da Europa (EES)	0,310***	0,004
Economias do Centro e Leste da Europa (EEC)	0,229***	0,004
Sector de Actividade		
Administração Pública (referência)		
Indústria, Mineração, Construção	0,171***	0,006
Transportes & Armazenagem, Serviços Públicos	0,103***	0,006
Vendas e Retalho	0,163***	0,006
Hospitalidade	0,120***	0,008
Financeiro, Seguros, Mediação Imobiliária	0,267***	0,007
Serviços Profissionais, Informática & Comunicação, Serviços Administrativos, Outros Serviços	0,146***	0,005
Serviços Comunitários, Saúde, Educação, Artes	0,048***	0,005
Dimensão da organização		
Pequena: 10–49 empregados (referência)		
Médio: 50–249 empregados	0,029***	0,003
Grande: > 250 empregados	0,012***	0,003
Controlo financeiro		
Público (referência)		
Privado	0,009***	0,003

Nível de contratação colectiva		
Nenhuma (referência)		
Nacional	−0,023***	0,005
Sectorial	−0,104***	0,003
Acordo de empresa	−0,056***	0,003
% mulheres na organização	−0,148***	0,005
% licenciados na organização	0,130***	0,005
% empregados no ISCO 5,6 na organização	−0,180***	0,005
% temporários na organização	0,016***	0,005
Constante	−0,019***	0,007

N = 93 201; Pseudo R^2 = 0,221; McKelvey & Zavoina's R^2 = 0,223; LR Chi2(22) = 22 089,26; *p-value* = 0,000; AIC = 77 935,150. *** $p < 0,01$, ** $p < 0,05$, * $p < 0,1$.

Fonte: *Structure of Earnings Survey* (EU-SES), cálculo dos autores.

O Quadro V.4 sistematiza essa informação e mostra ainda que a Europa continental segue o padrão da economia liberal, excepto na administração pública. Uma dispersão considerável na administração pública ocorre apenas nas economias do Leste. Do seu lado, o sector Financeiro constitui um exemplo de individualização em todas as economias, sendo esta mais limitada na social-democracia. Os resultados obtidos corroboram a nossa Hipótese 2, de que «o tipo de capitalismo produz mais efeitos sobre a dispersão salarial do que os sectores, contudo modera o tipo de políticas existente ao nível sectorial».

Quadro V.3: Estimativas da regressão Tobit com interacção entre tipos de capitalismo e sectores de actividade (Modelo 2)

	Modelo 2	
Variável	**Estimativa**	**Erro padrão**
Tipo de Capitalismo*Sector de actividade		
ESD*Administração Pública (referência)		
EL*(Indústria, Mineração, Construção)	0,556***	0,058
EL*(Transportes & Armazenagem, Serviços Públicos)	0,471***	0,064

EL*(Vendas e Retalho)	0,667***	0,075
EL*(Hospitalidade)	2,997	
EL*(Financeiro, Seguros, Mediação Imobiliária)	0,565***	0,073
EL*(Serviços Profissionais, Informática & Comunicação, Serviços Administrativos, Outros Serviços)	0,695***	0,049
EL*(Serviços Comunitários, Saúde, Educação, Artes)	0,657***	0,036
EL*(Administração Pública)	0,476***	0,057
ECE*(Indústria, Mineração, Construção)	0,421***	0,032
ECE*(Transportes & Armazenagem, Serviços Públicos)	0,35***	0,033
ECE*(Vendas e Retalho)	0,47***	0,033
ECE*(Hospitalidade)	0,512***	0,033
ECE*(Financeiro, Seguros, Mediação Imobiliária)	0,547***	0,034
ECE*(Serviços Profissionais, Informática & Comunicação, Serviços Administrativos, Outros Serviços)	0,401***	0,032
ECE*(Serviços Comunitários, Saúde, Educação, Artes)	0,263***	0,032
ECE*(Administração Pública)	0,057*	0,033
EES*(Indústria, Mineração, Construção)	0,376***	0,033
EES*(Transportes & Armazenagem, Serviços Públicos)	0,312***	0,034
EES*(Vendas e Retalho)	0,306***	0,034
EES*(Hospitalidade)	0,186***	0,036
EES*(Financeiro, Seguros, Mediação Imobiliária)	0,448***	0,035
EES*(Serviços Profissionais, Informática & Comunicação, Serviços Administrativos, Outros Serviços)	0,281***	0,033
EES*(Serviços Comunitários, Saúde, Educação, Artes)	0,329***	0,033
EES*(Administração Pública)	0,184***	0,035
EEC*(Indústria, Mineração, Construção)	0,245***	0,032
EEC*(Transportes & Armazenagem, Serviços Públicos)	0,225***	0,033
EEC*(Vendas e Retalho)	0,226***	0,033
EEC*(Hospitalidade)	0,127***	0,035

EEC*(Financeiro, Seguros, Mediação Imobiliária)	0,342***	0,034
EEC*(Serviços Profissionais, Informática & Comunicação, Serviços Administrativos, Outros Serviços)	0,245***	0,033
EEC*(Serviços Comunitários, Saúde, Educação, Artes)	0,215***	0,032
EEC*(Administração Pública)	0,275***	0,032
ESD*(Indústria, Mineração, Construção)	0,107***	0,033
ESD*(Transportes & Armazenagem, Serviços Públicos)	0,021	0,033
ESD*(Vendas e Retalho)	0,021	0,033
ESD*(Hospitalidade)	–0,157***	0,035
ESD*(Financeiro, Seguros, Mediação Imobiliária)	0,165***	0,035
ESD*(Serviços Profissionais, Informática & Comunicação, Serviços Administrativos, Outros Serviços)	0,054*	0,033
ESD*(Serviços comunitários, Saúde, Educação, Artes)	–0,054*	0,032
Dimensão da organização		
Pequena: 10–49 empregados (referência)		
Médio: 50–249 empregados	0,03***	0,003
Grande: > 250 empregados	0,036***	0,003
Controlo financeiro		
Público (referência)		
Privado	0,049***	0,003
Nível de contratação colectiva		
Nenhuma (referência)		
Nacional	–0,02***	0,005
Sectorial	–0,088***	0,003
Acordo de empresa	–0,047***	0,003
% mulheres na organização	–0,151***	0,005
% licenciados na organização	0,145***	0,005
% empregados no ISCO 5,6 na organização	–0,176***	0,005
% temporários na organização	0,026***	0,005

Constante	0,038	0,032

N = 93 201; Pseudo R^2 = 0,249; McKelvey & Zavoina's R^2 = 0,246; LR Chi2(22) = 24 848,95; *p-value* = 0,000; AIC = 75 229,464. Variável dependente: pos(k) *** $p < 0,01$, ** $p < 0,05$, * $p < 0,1$.

Nota: ESD — Economias de Social Democracia (Noruega, Suécia); EEC — Europa Central e de Leste (Bulgária, República Checa, Hungria, Polónia); EES — Economias do Sul da Europa (Espanha, Itália, Portugal); ECE — Economia do Centro Europa (Bélgica, França, Alemanha, Países Baixos); EL — Economias Liberais de Mercado (Reino Unido).

Fonte: *Structure of Earnings Survey* (EU-SES), cálculo dos autores.

Quadro V.4: Dispersão Vertical e Horizontal
Entre tipos de capitalismo e sectores de actividade

Tipos de capitalismo / Sectores	ESD	EEC	EES	ECE	EL
Indústria, Mineração, Construção	+	++	++++	++++	+++++
Transportes & Armazenagem, Serviços Públicos	+	++	+++	++++	++++
Vendas e Retalho	+	++	+++	++++	+++++
Hospitalidade	++	+	++	+++++	+++++
Financeiro, Seguros, Mediação Imobiliária	++	+++	++++	+++++	+++++
Serviços Profissionais, Informática & Comunicação, Serviços Administrativos, Outros Serviços	+	+++	+++	++++	+++++
Serviços Comunitários, Saúde, Educação, Artes	+	+++	+++	+++	+++++
Administração Pública	+	+++	++	+	++++

Fonte: *Structure of Earnings Survey* (EU-SES), cálculo dos autores.

V.6. Discussão e conclusão

A coexistência de mercados internos e mercados externos de trabalho, ou seja, a lógica organizacional e a lógica de mercado, são uma realidade presente nos sectores analisados, bem como nas diferentes economias capitalistas. Todavia, os sectores e as economias distinguem-se pela diferente combinação dessas lógicas. Nas sociais-democracias, o predomínio de modelos próximos de MIT revela a forte influência dos mecanismos de regulação e o menor poder discricionário das empresas. A presença de estabelecimentos com o modelo de «Incentivo» é muito reduzida (2,5%) e contrasta com mais de 80%, tanto no sector público como no privado. Em oposição a este padrão, as economias liberais adoptam a lógica de mercado tanto no sector público como no privado.

Uma explicação para a uniformidade encontrada dentro dos tipos de capitalismo poderá estar relacionada com as características institucionais de regulação de cada país, em particular com o papel oferecido às estruturas negociais e a sua influência na definição de políticas salariais (Walker, Brewster, e Wood, 2014). No entanto, é possível que os países adoptem uma regulação negocial própria para os diversos sectores de actividade.

Verificamos assim que o sector Financeiro apresentava elevada dispersão nas EES, ECE e EL, mas também uma grande dispersão nas EEC e ESD, quando o comparamos com os restantes sectores de actividade dos países pertencentes a esses tipos de capitalismo. Estes resultados corroboram estudos anteriores de maior individualização no sector bancário (Suleman, 2012), mas também maior riqueza do sector Financeiro, o que permite atrair candidatos mais qualificados e recompensar o desempenho individual (Luciflora e Meurs 2006; Nickell e Quintini 2002). Por outro lado, os nossos resultados sintetizados no Quadro V.2 apoiam os argumentos de Ganon *et al.* (2007) e de Ghinetti e Lucifora (2013) sobre a existência de diferenças entre os sectores público e privado, o que nos levou a aceitar a Hipótese 1.

Observamos que a Administração Pública é menos dispersa em todos os tipos de capitalismo quando comparada com outros sectores de actividade, com excepção de EL (Ganon *et al.*, 2007). Também aqui a compressão das estruturas salariais poderá ser explicada pelo papel dos sindicatos (Lausev, 2014). Com efeito, os trabalhadores menos qualificados tendem a ser mais protegidos no sector público do que no privado (Lucifora e Meurs, 2006; Nickell e Quintini, 2002), enquanto o salário mínimo representa um mecanismo de protecção dos trabalhadores do sector privado (Ghinetti e Luciflora, 2013).

Também os dados relativos aos sectores de actividade nas EEC poderão reflectir as contingências de certos tipos de capitalismo, como aconteceu, por exemplo, nos processos de privatização das economias em transição do modelo centralizado para o modelo de mercado (Lausev, 2014). Com efeito, a Administração Pública nesses países ainda possui uma elevada dispersão, reflectindo a valorização de qualificações decorrente de arranjos institucionais, enquanto os sectores privados, à data da recolha de dados (2014), ainda não possuíam dinâmicas tão competitivas. Tendo em consideração estas regularidades sectoriais, mas também a influência que cada tipo de capitalismo poderá ter sobre os sectores, fomos levados a aceitar a Hipótese 2. Assim, concluímos que os tipos de capitalismo influenciam de diferente modo os sectores de actividade e que essa influência nem sempre é idêntica. Neste sentido, os nossos resultados questionam a tradicional dicotomia de Hall e Soskice (2001) entre tipos de capitalismo coordenado e liberal, sustentada pela literatura comparativa.

Conclui-se que as políticas salariais variam dentro de cada tipo de capitalismo: nas Economias das Sociais-Democracias (ESD), são definidas a partir de regras estabelecidas colectivamente — modelo «Regulado» —; e nas Economias Liberais (EL), as empresas usam o seu poder discricionário para diferenciar trabalhadores através de incentivos. Acresce ainda que existem semelhanças entre sectores: por exemplo, nas Economias Liberais (EL) e nas Economias do Centro e Leste da Europa (EEC), as organizações pertencentes ao sector público seguem o mesmo padrão de individualização que o sector privado. Este aspecto evidencia que as políticas salariais também apresentam semelhanças entre si, independentemente do tipo de regulação.

A investigação desenvolvida é, todavia, limitada. Há dados sobre políticas salariais que não estão disponíveis na base de dados. Existem ainda outros factores que afectam as opções das empresas que importa, no futuro, estudar. São disso exemplo os custos com recursos humanos, que, por sua vez, são um dos aspectos que afectam os resultados operacionais das organizações. Por outro lado, as diferenças encontradas dentro das organizações representam fontes de hierarquização de trabalhadores e apontam para a relevância das organizações no aumento da desigualdade na sociedade.

Os decisores políticos precisam de desenvolver mecanismos de envolvimento dos empregadores para o combate e redução das desigualdades. O estudo revelou que as organizações tendem a diferenciar os seus trabalhadores, e a intensidade com que desenham as suas políticas salariais pode exacerbar ou atenuar as diferenças de rendimento. Assim, a par da regulação do mercado de trabalho, é importante incentivar a redução da dispersão e disparidade salarial dentro das organizações. Enquanto em certas economias capitalistas a regulação reduz esse efeito, noutras autoriza um maior poder discricionário.

ANEXOS

Quadro V.1A: Distribuição de políticas salariais por tipo de capitalismo

	Lógica Organizacional		Lógica de Mercado	
	Regulada	Internalizada	Competitiva	Incentivo
Total amostra	49,7	21,7	13,4	15,2
Social-democracia (ESD)	75,7	13,3	7,8	3,2
Europa do Leste (EEL)	38,7	35,3	14,4	11,6
Europa do Sul (EES)	42,1	15,2	25,0	17,8
Europa Continental (EEC)	44,7	16,0	13,2	26,1
Economia Liberal (EL)	17,1	16,4	19,3	47,2

Fonte: Adaptado de Suleman *et al.* (2022).

Quadro V.2A: Políticas salariais e sectores de actividade

	Regulado	Internalizado	Competitivo	Incentivo
Administração Pública	56,6	23,7	10,7	9
Indústria	52	16,6	18,7	12,7
Transportes	61,2	10,2	18,7	9,9
Vendas e retalho	61,3	8,3	14,1	16,4
Hospitalidade	67,5	6,4	7,3	18,8
Financeiro	37,9	9,5	30,6	22
Informática & Comunicação	55,3	9,6	16,9	18,1
Saúde & Educação	50,6	39,4	2,6	7,4

Fonte: *Structure of Earnings Survey* (EU-SES), cálculo dos autores.

Quadro V.3A: Distribuição de políticas salariais por sector público e privado e tipo de capitalismo

	Regulado	Internalizado	Competitivo	Incentivo
Social-democracia				
Público	88,40	9,20	2,00	0,40
Privado	80,80	8,20	8,50	2,50
Europa do Leste				
Público	30,60	57,90	6,50	5,10
Privado	55,50	13,60	22,90	8,00
Europa do Sul				
Público	40,30	21,80	23,70	14,10
Privado	47,00	13,00	24,60	15,50
Europa Continental				
Público	49,00	21,80	23,70	14,10
Privado	47,60	13,00	24,60	15,50
Economia Liberal				
Público	17,00	24,50	16,20	42,30
Privado	19,40	6,10	21,10	53,40

Fonte: *Structure of Earnings Survey* (EU-SES), cálculo dos autores.

REFERÊNCIAS BIBLIOGRÁFICAS

Amable, B. (2003). *The Diversity of Modern Capitalism.* Oxford: Oxford University Press.

Amemiya, T. (1984). «Tobit models: A survey». *Journal of Econometrics*, 24 (1–2): pp. 3–61.

Baker, G., Gibbs, M., e Holmstrom, B. (1994). «The wage policy of a firm». *The Quarterly Journal of Economics*, 109: pp. 921–55.

Bidwell, M., Briscoe, F., Fernandez-Mateo, I., e Sterling, A. (2013). «The employment relationship and inequality: How and why changes in employment practices are reshaping rewards in organizations». *The Academy of Management Annals*, 7 (1): pp. 61–121.

Caliendo, M., Fedorets, A., Preuss, M., Schröder, C., e Wittbrodt, L. (2017). «The Short-Run Employment Effects of the German Minimum Wage Reform». *IZA DP* N.º 11190.

Castro, F. de, Salto, M., e Steiner, H. (2013). «The gap between public and private wages: new evidence for the EU». *Economic Papers*, 508.

Doeringer, P. B., e Piore, M. (1971). *Internal Labor Markets and Manpower Analysis.* Lexington, MA: D. C. Heath.

Du Caju, P., Kátay, G., Lamo, A., Nicolitsas, D., e Poelhekke, S. (2010). «Inter-industry wage differentials in EU countries: What do cross-country timevarying data add to the picture?». *Working Paper Research*, N.º 189.

Gannon, B., Plasman, R., Rycx, F., e Tojerow, I. (2007). «Inter-industry wage differentials and the gender wage gap: evidence from European countries». *Economic & Social Review*, 38 (1): pp. 135–155.

Ghinetti,P., e Lucifora, C. (2013). «Public-private wage gaps and skill levels: evidence from French, British and Italian micro data». *International Journal of Manpower*, 34 (5): pp. 429–446.

Grimshaw, D., Ward, K. G., Rubery, J., e Beynon, H. (2001). «Organisations and the transformation of the internal labour market». *Work, Employment and Society*, 15 (1): pp. 25–54.

Groshen, E. L. (1991). «Five reasons why wages vary among employers». *Industrial Relations: A Journal of Economy and Society*, 30: pp. 350–381.

Gupta, N., Conroy, S. A., e Delery, J. E. (2012). «The many faces of pay variation». *Human Resource Management Review*, 22 (2): pp. 100–115.

Gürbüz, A. A., e Polat, S. (2016). «Public–private wage differentials in Turkey: public policy or market dynamics?». *International Review of Applied Economics*, 30 (3): pp. 326–356.

Hall, P. A., e Gingerich, D. W. (2009). «Varieties of capitalism and institutional complementarities in the political economy: An empirical analysis». *British Journal of Political Science*, 39 (3): pp. 449–482.

Hall, P. A., e Soskice, D. (2001). *Varieties of Capitalism: The Institutional Foundations of Comparative Advantage.* Oxford: Oxford Economic Press.

Katz, L. F., e Krueger, A. B. (1991). «Changes in the Structure of Wages in the Public and Private Sectors». *NBER Working Paper* N.º w3667. Disponível em https://ssrn.com/abstract=305594

Krueger, A., e H. Summers, L. (1988). «Efficiency wages and inter-industry wage structure». *Econometrica*, 56: pp. 259–93.

Lausev, J. (2014). «What has 20 years of public-private pay gap literature told us? Eastern European transitioning vs. Developed economies». *Journal of Economic Surveys*, 28: pp. 516–550.

Lazear, E. P., e Shaw, K. L. (2006). *The Structure of Wages: An international comparison*. Chicago: UCP.

Lucifora, C., e Meurs, D. (2006). «The public sector pay gap in France, Great Britain and Italy». *Review of Income and Wealth*, 52 (1): pp. 43–59.

Magda, I., Rycx, F., Tojerow, I., e Valsamis, D. (2011). «Wage differentials across sectors Europe». *Economics of Transition*, 19: pp. 749–769.

Milkovich, G., Newman, J., e Gerhart, B. (2014). *Compensation*. Nova Iorque: McGraw Hill.

Nickell, S., e Quintini, G. (2002). «The consequences of the decline in public sector pay in Britain: A little bit of evidence». *Economic Journal*, 112 (477): F107–F118.

Nölke, A., e Vliegenthart, A. (2009). «Enlarging the varieties of capitalism: The emergence of dependent market economies in East Central Europe». *World Politics*, 61 (4): pp. 670–702.

Nordäs, H. K. (2004). *The Global Textile and Clothing Industry Post the Agreement on Textiles and Clothing*. Genebra: WTO Secretariat, Discussion Paper 5.

Regan, A. (2017). «The imbalance of capitalisms in the Eurozone: Can the north and south of Europe converge?». *Comparative European Politics*, 15 (6): pp. 969–990.

Roberts, A., e Kwon, R. (2017). «Finance, inequality and the varieties of capitalism in post--industrial democracies». *Socio-Economic Review*, 15 (3): pp. 511–538.

Shim, M., e Yang, H. (2018). «Interindustry wage differentials, technology adoption, and job polarization». *Journal of Economic Behavior & Organization*, 146: pp. 141–160.

Suleman, F. (2012). «The impact of skills and performance on earnings: The evidence from retail bankers». *International Journal of Human Resource Management*, 23: pp. 2205–2220.

Suleman, F., Duarte, H., Brewster, C., e Suleman, A. (2022). «Compensation policies and comparative capitalisms». *European Journal of Industrial Relations*. Versão disponibilizada *online*.

Suleman, F., Lagoa, S., e Suleman, A. (2019). «Patterns of employment relationships: the association between compensation policy and contractual arrangements». *International Journal of Human Resource Management*, 30 (7): pp. 1136–1156.

Walker, J. T., Brewster, C., e Wood, G. (2014). «Diversity Between and Within Varieties of Capitalism: Transnational Survey Evidence». *Industrial and Corporate Change*, 23 (2): pp. 493–533.

Williams, M., McDaniel, M., e Nguyen, N. (2006). «A meta-analysis of the antecedents and consequences of pay level satisfaction». *Journal of Applied Psychology*, 91 (2): pp. 392–413.

CAPÍTULO VI
AS REFORMAS LABORAIS EM PORTUGAL E ESPANHA ENTRE 1975 E 2019: PORQUE É QUE A CONFIGURAÇÃO DE PARTIDOS DE ESQUERDA E AS CONFEDERAÇÕES SINDICAIS SÃO IMPORTANTES?[1]

Paulo Marques[2] e Dora Fonseca[3]

VI.1. Introdução

Desde o fim da década de 1970, os mercados de trabalho ocidentais têm sido liberalizados gradualmente através da desregulação da legislação de proteção no emprego, da desregulação da negociação coletiva e da contenção do Estado social, numa busca neoliberal de alcançar a flexibilidade total dos salários (Hayek, 1960; Howell, 2005). A literatura *economic insider-outsider* veio reforçar esta tendência nas décadas de 1980 e 1990, argumentando que as regulações do mercado de trabalho protegeram alguns trabalhadores (*insiders*) e negligenciaram outros (*outsiders*), levando a um aumento da segmentação (Lindbeck e Snower, 1988).

A literatura *economic insider-outsider* inspirou uma onda de flexibilização em vários países, mas as reformas implementadas nas décadas de 1980 e 1990 não levaram a uma desregulação total da legislação de proteção no emprego, nem ao fim da negociação coletiva, nem ao desmantelamento do Estado social. Alguns governos implementaram reformas à margem, na medida em que aplicaram um relaxamento seletivo da proteção do emprego apenas para os contratos a termo certo (Silva *et al.*, 2018). Do mesmo modo, em termos de política

[1] Este texto foi inicialmente publicado em língua inglesa, em formato de artigo científico. Agradecemos à SAGE Publications pela autorização para publicar o artigo em formato de capítulo, traduzido em português. A referência bibliográfica da publicação em formato de artigo é a seguinte: Marques, P., e Fonseca, D. (2022). «Understanding the positions taken by moderate union confederations and centre-left parties during labour market reforms in Portugal and Spain: Why the configuration of left parties and trade union confederations matters?». *European Journal of Industrial Relations*, 28 (1): pp. 65–84.

[2] Instituto Universitário de Lisboa (ISCTE-IUL) e DINAMIA'CET, Lisboa, Portugal.

[3] Centro de Estudos Sociais, Universidade de Coimbra, Portugal.

social, enquanto se mantiveram disponíveis benefícios sociais generosos para os trabalhadores capazes de fazer contribuições regulares para a Segurança Social, os desempregados ou trabalhadores em situações de emprego atípico perderam o acesso aos benefícios *standard*, passando a depender de assistência social (Palier, 2010). O mesmo aconteceu relativamente à negociação coletiva, com negociações a serem mantidas em apenas alguns sectores. Surgiu assim uma nova divisão nas economias políticas ocidentais.

Para explicar este fenómeno, uma nova abordagem emergiu no campo da economia política comparada: *insider-outsider politics* (Emmenegger, 2014; Rueda, 2007). Baseando-se na literatura *economic insider-outsider*, estes autores defendiam que esta divisão era o resultado de um conluio entre os *insiders*, os sindicatos e os partidos de centro-esquerda, que o faziam para preservar a sua posição. Os partidos de centro-esquerda mantêm a regulação e o apoio social generosos para os *insiders*, mas pioram a posição dos *outsiders* porque temem perder o apoio eleitoral dos *insiders*. De acordo com estes autores, os sindicatos, os partidos de centro-esquerda e os *insiders* seguiram a mesma estratégia em muitos países ocidentais. A perspetiva *insider-outsider politics* baseia-se substancialmente em teorias económicas neoliberais para desenvolver esta conjetura, uma vez que o conflito de interesses entre *insiders* e *outsiders* está na base do argumento; este assunto não é problematizado porque as teorias assentam em pressupostos racionalistas relativos ao problema da representação (Meardi *et al.*, 2021; Keune e Pedaci, 2020, pp. 140–141).

Contribuindo para a mesma literatura, outros autores defendem que os argumentos focados na questão da representação têm problemas (Palier e Thelen, 2010, pp. 130–133; Davidsson e Emmenegger, 2013). Isto acontece porque mesmo quando há alta densidade sindical, os sindicatos favorecem os *insiders*. De acordo com estes autores, há interesses organizacionais que justificam este fenómeno: em primeiro lugar, certas características institucionais das políticas existentes são cruciais para que os sindicatos mantenham alguns poderes a longo prazo (por exemplo, o seu papel institucional na administração de despedimentos); em segundo lugar, os sindicatos têm interesse em influenciar a direção das reformas no mercado de trabalho, o que requer algum grau de compromisso. Deste modo, as reformas à margem funcionam como «segunda melhor opção», uma vez que permitem preservar os interesses organizacionais dos sindicatos.

Contudo, as posições assumidas pelos partidos socialistas em Portugal e em Espanha durante as reformas no mercado de trabalho têm sido variadas. Enquanto Espanha implementou uma das reformas à margem mais emblemáticas na Europa Ocidental — a regulação dos trabalhadores permanentes manteve-se estável, mas os contratos não-permanentes foram desregulados —, Portugal optou por uma estratégia diferente: em vez de realizar uma reforma à margem, aprovou reformas pró-*outsider*, contrariamente ao que supõe a teoria *insider-outsider politics*. Do mesmo modo, confederações sindicais moderadas adotaram diferentes estratégias nos dois países: enquanto em Espanha apoiaram reformas à margem em meados da década de 1980, em Portugal isso nunca aconteceu. A questão central a que este capítulo visa responder é, desta forma, a seguinte: porque é que os partidos socialistas e as confederações sindicais moderadas adotaram estratégias diferentes em Portugal e em Espanha?

Para responder a esta questão, argumentamos que estas estratégias distintas são explicadas pelas diferentes configurações de partidos de esquerda e confederações sindicais. A existência de partidos comunistas e da esquerda radical fortes que se focam em representar os *outsiders*, por um lado, e de confederações sindicais de classe fortes, por outro, influenciou a posição dos socialistas em Portugal. Estas duas condições interligadas explicam porque é que que os socialistas portugueses não levaram a cabo reformas à margem. Contrariamente, quando estas condições não se verificaram, os socialistas aprovaram reformas à margem, nomeadamente em Espanha, em 1984. Não obstante, este equilíbrio não é estável, uma vez que o aumento do emprego atípico resultou em consequências negativas a longo prazo para os *insiders* e para as confederações sindicais espanholas em geral.

O presente capítulo, após apresentar o argumento e as principais reformas no mercado de trabalho implementadas em Espanha e em Portugal entre 1974 e 2019, avalia as posições assumidas pelas confederações sindicais e pelos partidos políticos em ambos os países, culminando com uma explicação comparada dos diferentes percursos de cada país.

VI.2. Em que circunstâncias é que os partidos de centro-esquerda e as confederações sindicais adotam uma abordagem pró-*outsider*?

Duas correntes de literatura abordam as circunstâncias nas quais os partidos de centro-esquerda e as confederações sindicais adotam abordagens pró-*outsider*. De acordo com a literatura sobre o tema, os partidos de centro-esquerda podem desenvolver políticas inclusivas se as seguintes condições se verificarem: *(i)* existência de sistemas de eleição proporcionais, especialmente se houver um forte partido de direita na oposição, uma vez que os governos são comummente formados através de coligações que incluem a esquerda (Iversen e Soskice, 2015); *(ii)* existência de governos minoritários, tendo por isso incentivos políticos para negociar as suas políticas com os sindicatos (Rathgeb, 2018); e *(iii)* número de *outsiders* a crescer rapidamente e, por isso, com maior importância eleitoral (Schwander, 2018).

Em relação aos sindicatos, de acordo com a literatura sobre o tema, os fatores decisivos são: *(i)* a ideologia sindical; *(ii)* a competição entre trabalhadores periféricos e centrais; *(iii)* o quão inclusivos são os sindicatos em termos de composição; e *(iv)* a existência, ou não, de ligações aos partidos de centro-esquerda. A literatura das relações laborais faz frequentemente referência ao facto de os sindicatos terem diferentes orientações estratégicas (Hyman, 2001). As confederações sindicais ligadas a partidos comunistas, que em alguns países continuam a ser as mais representativas, têm como principal objetivo estratégico fazer avançar a luta de classes. A sua intenção não é negociar com os empregadores ou com os governos no sentido de preservar a posição dos *insiders* (Rojot, 2014; Marques e Salavisa, 2017). Vários autores mostraram recentemente que este tipo de sindicatos (sindicalismo de classe) tende a adotar uma abordagem pró-*outsider* devido aos seus compromissos ideológicos (Dorigatti, 2017; Benassi e Vlandas, 2016). A literatura assinala ainda que permitir a proliferação do emprego atípico através de reformas à margem leva à sua expansão, o que, por sua vez, aumenta a pressão nos *insiders*. Alguns investigadores têm argumentado que mesmo quando os sindicatos concordam, inicialmente, com reformas à margem, tendem a mudar gradualmente a sua posição, à medida que se apercebem das consequências negativas destas reformas para os *insiders* (Baccaro e Benassi, 2017; Dorigatti, 2017; Eichhorst e Marx, 2021). Por outro lado, as confederações sindicais preocupam-se mais com os *outsiders* quando este tipo de trabalhadores é sindicalizado — isto tende a acontecer em países com uma elevada taxa de sindicalização (Lindvall e Rueda, 2014; Mosimann e Pontusson, 2017; Thelen, 2014). Por último, os sindicatos têm mais incentivos para ser pró-*outsider* se a sua ligação aos partidos de centro-esquerda for relativamente fraca: nessa situação a base de membros ganha importância, pressionando-os a procurar sindicalizar os *outsiders* (Dorigatti, 2017; Baccaro *et al.*, 2003).

O presente capítulo baseia-se na literatura acima apresentada para explicar porque é que os partidos de centro-esquerda e as confederações sindicais moderadas adotaram diferentes estratégias em Portugal e Espanha.

O nosso argumento incide simultaneamente sobre as diferenças entre os países e sobre a mudança ao longo do tempo. Em primeiro lugar, argumentamos que a existência de partidos comunistas e de esquerda radical fortes, que se focam em representar os *outsiders*, por um lado, e de confederações sindicais fortes, que se opõem a reformas à margem por razões ideológicas, por outro, influenciaram a posição dos socialistas em Portugal. A interligação destas duas condições levou a que os socialistas portugueses não realizassem reformas à margem. Em segundo lugar, quando tal não se verificou (como em Espanha), os socialistas aprovaram reformas à margem — mas este equilíbrio não se revelou estável, atendendo a que a proliferação do emprego atípico afetou negativamente os *insiders* e os sindicatos.

Os partidos de centro-esquerda podem ser mais pró-*outsider* se temerem perder o apoio eleitoral dos eleitores da esquerda, devido à forte competição comunista ou da esquerda radical (Schwander, 2018, pp. 11). Enquanto Rathgeb (2018) e Iversen e Soskice (2015) consideram que os governos minoritários e de coligação são mais propensos a efetivar reformas pró-*outsider*, nós desenvolvemos este argumento e vamos além dele, salientando a importância da existência de partidos que focam as suas ações na representação dos interesses dos *outsiders*. Os nossos estudos de caso mostram que a existência de governos minoritários ou de coligação não é uma condição suficiente nem necessária para a emergência de estratégias pró-*outsider*. Os partidos de centro-esquerda atuam desta forma apenas quando enfrentam uma forte competição política que procura representar esta fração marginalizada da força de trabalho.

De acordo com a abordagem *insider-outsider politics*, a existência de uma confederação sindical que alinhe com os partidos de centro-esquerda, no que respeita à necessidade de aprovar este tipo de reformas, é uma condição-chave para que as reformas à margem aconteçam (Rueda, 2007). Este argumento é problemático porque assume que existem sempre confederações sindicais moderadas fortes. Contudo, o caso português demonstra que não é sempre este o caso. Como mencionado anteriormente, as confederações sindicais de classe assumem um papel vital no movimento sindical em Portugal. Estes sindicatos não têm interesse em cooperar com os governos, uma vez que a sua orientação estratégica é o sindicalismo de classe, opondo-se a políticas de desregulação mesmo quando estas se dirigem apenas a *outsiders*. Assim, os socialistas portugueses e a confederação sindical moderada com eles alinhada teriam de enfrentar a sua oposição se procurassem aprovar reformas à margem.

Estas duas condições interligadas — força dos partidos comunistas e de esquerda radical, por um lado, e força das confederações sindicais de classe, por outro — influenciaram as posições dos partidos de centro-esquerda e das confederações sindicais moderadas nos estudos de caso analisados neste capítulo. Contudo, isto não explica porque é que as confederações sindicais moderadas espanholas deixaram de apoiar reformas à margem a partir do fim da década de 1980 (o que iremos explicar abaixo). É aqui que entra o lado dinâmico do nosso argumento: as suas posições mudaram porque as confederações sindicais perceberam que os níveis de emprego atípico persistentemente altos, mesmo após um decréscimo no desemprego, têm consequências negativas a longo prazo, inclusivamente para os *insiders* (Baccaro e Benassi, 2017; Dorigatti, 2017; Eichhorst e Marx, 2021). Além disso, o poder organizacional tornou-se mais importante (Baccaro *et al.*, 2003) numa altura em que a ligação entre os partidos de centro-esquerda e os sindicatos se encontrava enfraquecida (Howell, 2001; Piazza, 2001), o que ocorreu em Espanha no fim da década de 1980 e em meados da década de 1990. A dimensão do emprego atípico fez com que esses trabalhadores se tornassem um alvo dos sindicatos. Isto contradiz o argumento segundo o qual permitir a proliferação do emprego atípico e, simultaneamente, manter os contratos permanentes muito regulados, preserva os interesses organizacionais dos sindicatos (Palier e Thelen, 2010, pp. 130–133; Davidsson e Emmenegger, 2013). O caso espanhol mostra o oposto.

VI.3. Comparando as posições assumidas por confederações sindicais moderadas e por partidos de centro-esquerda durante as reformas no mercado de trabalho em Portugal e em Espanha

O capítulo compara dois estudos de caso, Portugal e Espanha, escolhidos enquanto casos semelhantes onde a variação da variável dependente (políticas do centro-esquerda e sindicatos relativamente aos *outsiders*) pode ser observada mais claramente. O capítulo analisa as posições das confederações sindicais e dos partidos políticos em relação às reformas no mercado de trabalho entre 1975 e 2019[4]. Ambos os países experienciaram uma longa ditadura

[4] O presente capítulo apenas analisa as posições das confederações sindicais ao nível nacional. As posições assumidas pelos sindicatos ao nível sectorial ou de empresa não são analisadas neste capítulo.

fascista desde a década de 1930 até meados da década de 1970; aderiram à União Europeia em 1986; têm duas confederações sindicais principais, associadas respetivamente aos partidos comunista e socialista; têm constelações de partidos semelhantes; têm estruturas económicas semelhantes, caracterizadas por uma industrialização tardia; e, finalmente, aprovaram repetidamente reformas à legislação laboral.

Divergem, contudo, no que diz respeito à distribuição de poder entre as confederações sindicais (Figura VI.1) e à força dos partidos comunistas e de esquerda radical (Figura VI.2). Em Portugal, os partidos comunistas e de esquerda radical são historicamente mais fortes do que em Espanha. Tal como noutros países da Europa do Sul, as confederações sindicais encontram-se historicamente divididas no que toca à sua orientação ideológica (Gumbrell-McCormick e Hyman, 2013, p. 21). Enquanto em Portugal as confederações sindicais com raízes comunistas representam a maioria da força de trabalho sindicalizada, em Espanha não há uma confederação claramente dominante. Além disso, em Espanha, desde o final da década de 1980, as ligações das confederações sindicais aos partidos políticos têm sido enfraquecidas (Hamann e Lucio, 2003, p. 65; Molina e Rhodes, 2011, pp. 183) e a colaboração entre as confederações tem aumentado.

Figura VI.1: Percentagem de trabalhadores filiados em cada confederação sindical, em Portugal e em Espanha, 1976–2016

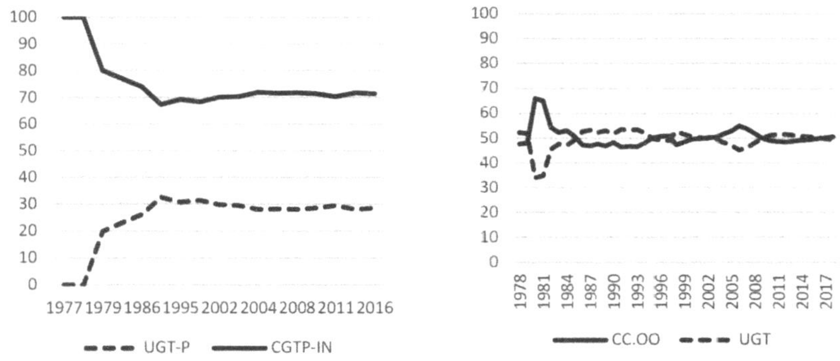

Fonte: Visser (2019).

Figura VI.2: Percentagem de votos nas eleições legislativas, partidos socialistas *versus* partidos comunistas e de esquerda radical, 1975–2019

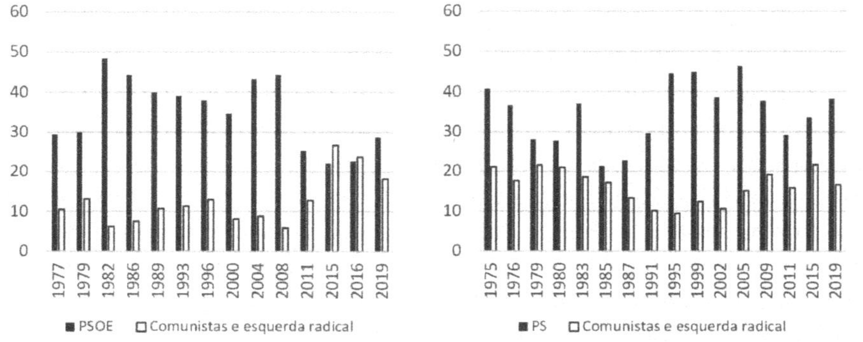

Fonte: Base de dados Parlgov.
Nota: A figura posicionada à esquerda refere-se a Espanha e a figura posicionada à direita refere-se a Portugal.

Ao longo deste capítulo, os termos «sindicatos de classe» e «sindicatos moderados» são usados como tipos-ideais para caracterizar a estratégia dominante em cada confederação sindical. Esta classificação é baseada no quadro teórico proposto por Hyman (2001, pp. 2–4). O «sindicalismo de classe» tende a adotar uma estratégia anticapitalista baseada na luta de classes, enquanto os «sindicatos moderados» assumem uma abordagem baseada na conciliação de interesses e na implementação de reformas graduais. A Confederação Geral dos Trabalhadores Portugueses — Intersindical Nacional (CGTP-IN) enquadra-se na primeira categoria. A *Comisiones Obreras* (CCOO) também se enquadrava nesta categoria até ao início da década de 1990, mas mudou quando o *Partido Comunista de España* (PCE) perdeu o controlo sobre a confederação. A União Geral de Trabalhadores (UGT-P), em Portugal, e a *Unión General de Trabajadores* (UGT), em Espanha, têm sido mais próximas dos princípios das reformas graduais.

Quanto à metodologia, o capítulo leva a cabo uma análise histórica comparada dos dois estudos de caso (Mahoney e Rueschemeyer, 2003; Mahoney e Thelen, 2015). A análise histórica adota uma abordagem centrada nas relações de poder e entre atores. Os nossos estudos de caso são baseados em notícias da imprensa, análises de documentos legislativos, bases de dados quantitativas e literatura secundária. Esta última fonte assume um papel essencial na análise devido ao largo período coberto pela análise empírica.

VI.5. Principais reformas no mercado de trabalho em Portugal (1974–2019)

A primeira tentativa de reforma da legislação laboral foi feita durante a coligação governamental (1981–1983) formada pelo Partido Social Democrata (PSD), de centro-direita, e o Centro Democrático e Social (CDS), conservador. O principal objetivo da coligação era liberalizar os despedimentos individuais. Em 1981, a taxa de desemprego tinha aumentado para 8,8%, o máximo desde 1974, e os empregadores consideravam que a rigidez da legislação laboral era a principal responsável por este facto. O anúncio da reforma provocou uma resposta acesa da parte de ambas as confederações sindicais. A UGT-P, ligada ao Partido Socialista (PS), anunciou uma greve geral, e a CGTP-IN, ligada ao Partido Comunista Português (PCP), organizou duas manifestações ao nível nacional. Como o PS se opôs à alteração legislativa, foi muito difícil para a UGT-P aceitar esta reforma ou substituí-la pela flexibilização dos contratos a termo certo. Perante a oposição dos sindicatos, a coligação governamental suspendeu a reforma (Barreto, 1991, p. 436). Mesmo assim, a CGTP-IN organizou duas greves gerais em 1982, exibindo assim a sua força.

A segunda tentativa de reforma foi em 1987–1988 (Stoleroff, 1992). Em 1987, o PSD conquistou maioria absoluta (51,3%), enquanto o PCP viu a sua percentagem de votos cair de 18% para 12% e o PS de 37% para 23%. Simultaneamente, a densidade sindical caíra para 38,6%, após um auge de 60% em 1974. Os empregadores viram isto como uma oportunidade e apelaram à desregulação da legislação laboral. Pouco tempo depois, o primeiro-ministro anunciou uma nova alteração à legislação laboral que expandia a noção de «justa causa» no que respeita aos despedimentos individuais. O governo tentou realizar um acordo tripartido, mas este foi rejeitado pela UGT-P, que se opôs à liberalização dos despedimentos individuais (Stoleroff, 1992, p. 131). Ambas as confederações organizaram, pela primeira vez, greves gerais no mesmo dia (28 de março de 1988), naquela que foi a primeira greve geral da UGT-P (Barreto, 1991, p. 443; Campos Lima e Naumann, 2011, p. 155; Marques e Salavisa, 2017, p. 150). A greve foi bem-sucedida, com uma adesão estimada de 80–85% (Barreto, 1991, p. 443; Stoleroff, 1992, p. 133). Ainda assim, o governo foi em frente com a reforma. O presidente Mário Soares, membro do PS, levou a lei ao Tribunal Constitucional, alegando que violava vários artigos, incluindo o Artigo n.º 53 que atende à segurança no emprego (Stoleroff, 1992, pp. 132–133), e a reforma foi declarada inconstitucional em junho de 1988. Uma versão revista da lei foi rejeitada pela confederação de empregadores

— Confederação da Indústria Portuguesa (CIP) — porque falhava na liberalização dos contratos a termo certo (Glatzer, 1999, p. 104; Silva, 2016, p. 3) e a legislação laboral permanecia, dessa forma, restritiva (Venn, 2009). Em suma, na década de 1980, os sindicatos e os partidos de esquerda conseguiram impedir a liberalização dos contratos permanentes e ainda aumentar a regulação dos contratos a termo certo. Como demonstra a Figura VI.3, a percentagem de contratos a termo certo diminuiu substancialmente após a reforma de 1989.

Figura VI.3: Percentagem de trabalhadores com contratos a termo certo (1986–2019), em Portugal e Espanha

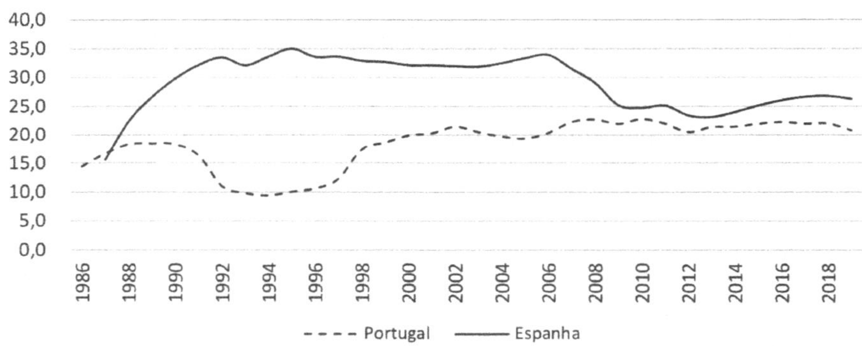

Fonte: OCDE, Incidência de emprego permanente e temporário.

Em 2003, o governo de coligação do PSD/CDS avançou com uma nova tentativa de reforma. Ciente da decisão do Tribunal Constitucional de 1989, o governo não procurou desregular os despedimentos individuais, mas aprovou três medidas diferentes: aboliu o princípio do tratamento mais favorável no que respeita à relação entre a lei laboral e o conteúdo das convenções coletivas; introduziu a chamada «caducidade» das convenções coletivas (a possibilidade de cancelamento unilateral); e desregulou o uso de contratos a termo certo (Campos Lima e Naumann, 2011, p. 161). Os contratos a termo certo passaram a poder ser renovados três vezes (em vez de duas) e a durar até seis anos (em vez de três) (Silva, 2016, p. 15). As confederações sindicais, o PS e o PCP opuseram-se a esta reforma à margem, mas sem uma frente unida, como ocorrera em 1988. A UGT-P adotou uma postura mais moderada e negociou com o governo, mas não chegou a acordo. A CGTP-IN convocou uma greve geral, que foi menos bem-sucedida do que a de 1988, mas ainda assim teve uma forte participação, especialmente em grandes empresas e no sector público.

Em 2005, o PS ganhou pela primeira vez as eleições legislativas com maioria absoluta e concretizou a primeira reforma geral à legislação do trabalho. Enquanto a caducidade dos acordos coletivos foi preservada e o princípio do tratamento mais favorável não foi reposto, a duração máxima dos contratos a termo certo foi reduzida para três anos (Silva, 2016, p. 4) e a flexibilidade do tempo de trabalho aumentou. O primeiro-ministro português, José Sócrates, encontrava-se então empenhado em concretizar a agenda de «flexigurança», que na altura tinha uma grande centralidade no debate realizado no âmbito da União Europeia (Bekker, 2012). Pela primeira vez, uma reforma à legislação laboral foi apoiada por um acordo tripartido que incluiu todas as associações de empregadores, o governo e a UGT-P. Esta confederação apoiou a reforma laboral por três motivos: *(i)* a caducidade dos acordos coletivos não tinha uma importância tão central para esta confederação, devido à abordagem flexível que a UGT-P adota em relação à negociação coletiva — o mesmo não sucede no caso da CGTP-IN, que adota uma perspetiva mais conflitual e que, em grande medida, se baseia em manter as conquistas obtidas nos anos do processo revolucionário; *(ii)* o novo código do trabalho aumentava a regulação dos contratos a termo certo; e *(iii)* a reforma foi proposta pelo PS, com o qual a UGT-P tem uma forte ligação. A CGTP-IN opôs-se veementemente à reforma porque o governo do PS não revogou todas as alterações legislativas aprovadas em 2003. Neste seguimento, convocou uma greve geral e uma manifestação nacional que juntou mais de 200 000 trabalhadores (Campos Lima e Naumann, 2011, p. 162). Também é interessante assinalar que, apesar de o PS ter tido pela primeira vez uma maioria absoluta, o governo implementou uma reforma pró-*outsider*, contradizendo o argumento de Rathgeb (2018). De maior importância, foi o facto de, apesar da maioria socialista, os partidos comunistas e de esquerda radical terem tido fortes resultados (cerca de 15%) e a CGTP-IN ter mantido o seu domínio no movimento sindical.

Portugal foi severamente afetado pela crise da dívida soberana da União Europeia (2010–2015) e solicitou um resgate financeiro em abril de 2011, pouco tempo após a demissão do governo socialista. Em junho de 2011, o PSD e o CDS venceram as eleições legislativas e formaram uma nova coligação governamental de direita. Os sindicatos encontravam-se em posições mais enfraquecidas do que em 1988, uma vez que a densidade sindical decrescera para 18,4%. O PS tinha negociado o resgate antes das eleições nacionais e não se podia opor abertamente ao «Memorando» entre o governo e a *troika*, que continha várias medidas que desregulavam a legislação laboral. A coligação avançou com uma revisão significativa do Código do Trabalho no início de 2012, incluindo a desregulação dos despedimentos individuais e dos contratos a termo certo (Clauwaert e Schomann, 2013; Ramalho, 2014; Silva, 2016; Bulfone e Tassinari, 2020). Como os socialistas tinham assinado o «Memorando» e se tinham abstido em relação às reformas, a UGT-P tomou uma posição ambígua em relação às políticas de austeridade: juntou-se a várias greves gerais e manifestações contra cortes no sector público, mas assinou um acordo tripartido em janeiro de 2012. Houve, por outro lado, uma forte oposição da parte da CGTP-IN, de movimentos sociais e partidos comunistas e de esquerda radical. Entre 2010 e 2013, tiveram lugar cinco greves gerais, três das quais juntaram a UGT-P e a CGTP-IN. A CGTP-IN e/ou os movimentos sociais organizaram várias manifestações massivas, incluindo, a 15 de setembro de 2012, aquela que foi a maior manifestação desde 1974 (Costa, 2017; Fernandes, 2017). Após a sua aprovação, a reforma foi enviada para o Tribunal Constitucional por deputados do Bloco de Esquerda (BE) e do PCP. Vários artigos foram declarados inconstitucionais, incluindo a liberalização dos despedimentos individuais (Fernandes, 2017; Ramalho, 2014; Távora e González, 2016). Por este motivo, o desfecho foi semelhante ao que ocorrera em 2003: uma reforma à margem porque o Tribunal Constitucional bloqueou a liberalização de despedimentos individuais. A escolha do PS de se opor e bloquear a revisão da Constituição da República Portuguesa, não obstante ter-se abstido em relação às reformas, foi fulcral, na medida em que a revisão teria tornado a liberalização dos despedimentos individuais constitucional.

Após a conclusão do programa de resgate, nas eleições de 2015, a coligação PSD/CDS obteve a maioria dos votos, mas perdeu a maioria absoluta. O PS conseguiu formar uma maioria parlamentar com o apoio do BE e do PCP. Em setembro de 2019, sob pressão dos partidos de esquerda que o apoiavam, o governo socialista avançou com uma reforma que estendia o período experimental dos contratos permanentes para trabalhadores à procura do primeiro emprego e desempregados de longa duração, que restringia a utilização de contratos a termo certo e que reduzia a sua duração máxima de três para dois anos. De um modo geral, esta reforma aumentou a regulação de contratos a termo certo, mas piorou ligeiramente a situação para os contratos permanentes. Foi uma reforma pró-*outsider*, como em 2009. Era apoiada pela UGT-P, que, mais uma vez, estava alinhada com o Partido Socialista, mas não pela CGTP-IN, que, como esperado, se opôs veementemente à extensão do período experimental. O BE e os comunistas, que esperavam reformas mais substanciais, opuseram-se, e a reforma foi aprovada com abstenções do PSD e do CDS (Afonso e Bulfone, 2019). Em contraste com literatura recente sobre este tema, que argumenta que a reversão das medidas de austeridade no Sul da Europa tem sido maioritariamente conduzida no sentido de salvaguardar os interesses dos grupos eleitorais mais importantes (Afonso e Bulfone, 2019; Bulfone e Tassinari, 2020), o caso português demonstra que, no que respeita à legislação de proteção no emprego, os socialistas priorizaram os *outsiders*. Isto mostra como o equilíbrio de poder dentro da esquerda é importante para compreender a estratégia socialista.

O caso português mostra que o PS e a UGT-P nunca concordaram na implementação de reformas à margem. O máximo que o PS fez foi abster-se numa reforma que foi aprovada em 2012 pela coligação governamental de direita. Isto aconteceu num contexto muito específico, caracterizado pela existência de uma intervenção externa devido à crise da dívida soberana da União Europeia. Em 2019, os socialistas voltaram a implementar uma reforma pró-*outsider*. O caso português corrobora, desta forma, o nosso argumento. Além disso, foram os governos de direita que conduziram as reformas à margem; estes partidos usaram estas reformas para flexibilizar o mercado de trabalho, uma vez que não tiveram sucesso no seu objetivo inicial de desregular a legislação laboral de forma generalizada. Assim, foi a tentativa de liberalizar que causou a segmentação, e não um conluio entre o centro-esquerda e as confederações sindicais (Piore, 1980; Prosser, 2016). Isto mostra que foi o centro-direita, e não os sindicatos, que aceitaram as reformas à margem, contradizendo assim contribuições fundamentais da literatura sobre a dualização (Palier e Thelen, 2010, pp. 130–133; Davidsson e Emmenegger, 2013). Além disto, o PS não só se opôs às reformas à margem, como também implementou duas reformas pró-*outsider* que reverteram as alterações à legislação implementadas pelos governos de direita. Curiosamente, o PS não reverteu as alterações legislativas que tiveram efeitos negativos para os *insiders* e que tinham sido implementadas por partidos de centro-direita. Por outras palavras, os socialistas portugueses priorizaram os *outsiders* ao longo do tempo numa estratégia coerente e «estável». Por último, é interessante assinalar que a estratégia da UGT-P se tem caracterizado por ser fortemente alinhada com a do partido socialista, com quem tem uma forte ligação: a UGT-P opôs-se a todas as reformas implementadas por partidos de centro-direita às quais o partido socialista se opôs (1982, 1988 e 2003); apoiou as duas reformas levadas a cabo pelos socialistas (2009 e 2019);

e apoiou uma reforma implementada pelo centro-direita, a única em relação à qual o PS não votou contra na Assembleia da República (2012).

Quadro VI.1: Principais reformas laborais em Portugal, 1974–2019

Reformas laborais	Conteúdo	Acordo tripartido	Greves gerais	Composição do governo
1982	Desregulação dos contratos permanentes.	Não	Sim, organizada pela CGTP-IN	PSD/CDS, maioria absoluta
1988	Desregulação dos contratos permanentes.	Não	Sim, organizada pela UGT-P e pela CGTP-IN	PSD, maioria absoluta
2003	Reforma à margem. Caducidade dos acordos coletivos. Abolição do princípio do tratamento mais favorável.	Não	Sim, organizada pela CGTP-IN	PSD/CDS, maioria absoluta
2009	Aumento da regulação dos contratos não-permanentes. Aumento da flexibilidade no horário de trabalho.	Sim, assinado pela UGT-P	Sim, organizada pela CGTP-IN	PS, maioria absoluta
2012	Desregulação generalizada da legislação laboral.	Sim, assinado pela UGT-P	Sim, organizada pela CGTP-IN	PSD/CDS, maioria absoluta
2019	Aumento da regulação dos contratos não-permanentes. Ligeira desregulação dos contratos permanentes.	Sim, assinado pela UGT-P	Não, mas foram realizadas ações de protesto organizadas pela CGTP-IN	PS, minoritário, mas com apoio do BE e do PCP

Fonte: Elaboração dos autores.

VI.6. Principais reformas no mercado de trabalho em Espanha (1975–2019)

Nas eleições de 1982, o *Partido Socialista Obrero Español* (PSOE) obteve maioria absoluta enquanto o PCE caiu de 10,8% (1979) para 4,1% (1982)

(Burgess, 1999; Lucio, 1990). No mesmo período, a densidade sindical diminuiu de 45%, em 1978, para 12%, em 1984 (Visser, 2019). O desemprego tinha crescido rapidamente de 5,1%, em 1977, para 21%, em 1984, pressionando o governo a rever a legislação laboral, vista como restritiva e incapaz de responder à crise do mercado de trabalho (Richards e Polavieja, 1997). O PSOE implementou uma reforma à margem (Bentolila *et al.*, 2012; Ferreiro e Serrano, 2001; Llorente, 2005; Lucio e Blyton, 1995; Richards e Polavieja, 1997; Rhodes, 1997; Rueda, 2007; Toharia e Malo, 2000), mantendo intacta e elevada a proteção para contratos permanentes, mas desregulando os contratos a termo certo. As confederações sindicais não convergiram neste assunto: enquanto a UGT, ligada ao PSOE, assinou um acordo tripartido com o governo, a CCOO, ligada ao PCE, opôs-se à reforma (Rueda, 2007; Emmenneger, 2014). A reforma foi viabilizada graças ao apoio da UGT e à fraqueza do PCE/CCOO.

Em 1988, o governo do PSOE tentou implementar uma nova reforma para desregular mais a legislação laboral (Burgess, 1999; Toharia e Malo, 2000; Yruela, 1997). A reforma propunha um Plano do Emprego Jovem (PEJ) com contratos para pessoas até aos 25 anos sem experiência de trabalho, com remunerações e contribuições sociais mais baixas. Isto era, mais uma vez, uma típica reforma à margem. Apesar de a reforma não incluir medidas para reduzir a proteção dos contratos permanentes, a CCOO e a UGT opuseram-se veementemente e organizaram com sucesso uma greve geral no dia 14 de dezembro de 1988, levando o governo a retirar a proposta (Toharia e Malo, 2000). Há três razões que justificam a mudança de estratégia da UGT. Em primeiro lugar, o contexto do mercado de trabalho era diferente. Ao contrário do que acontecera em 1984, o desemprego estava a decrescer (Burgess, 1999). Simultaneamente, a percentagem de contratos a termo certo expandia-se rapidamente (Figura VI.3). Neste novo contexto, a UGT percebeu que a expansão dos contratos a termo certo não era uma medida temporária para lidar com o desemprego, mas uma transformação estrutural do mercado de trabalho espanhol. A UGT verificou que os contratos temporários estavam a ser expandidos à custa da redução do emprego permanente: «entre o segundo trimestre de 1987 e o segundo trimestre de 1988, quando os níveis de emprego em Espanha estavam em crescimento, apenas dois em cada dez contratos temporários eram convertidos em contratos permanentes» (Richards e Polavieja, 1997, p. 16). Assim, a UGT apercebeu-se de que a concessão feita em 1984 tivera um impacto maior do que o esperado (Burgess, 1999). Isto levou ao seu enfraquecimento, porque os trabalhadores com contratos a termo certo têm mais dificuldades a sindicalizar-se, uma vez que estão expostos a um maior risco de serem despedidos. Por outro lado, nesse contexto, o poder negocial dos *insiders* também tem tendência para se deteriorar (Migélez, 1995). Isto foi particularmente problemático para a UGT porque, em comparação com a CCOO, eram mais fortes em empresas com menos de 50 trabalhadores. Nestas empresas, a percentagem de contratos a termo certo era também maior (Burgess, 1999). Em segundo lugar, a alteração na abordagem da UGT também esteve ligada à adoção de uma postura mais crítica para com as políticas do governo do PSOE. A UGT sabia que o PSOE estava empenhado em liberalizar a economia espanhola, e a oposição às reformas na legislação laboral representava um aviso da confederação sindical contra uma estratégia excessivamente pró-mercado. Como Burgess refere (1999, p. 13), ao longo deste período, «a UGT recusou-se a assinar qualquer acordo que ratificasse as políticas macroeconómicas do PSOE». Em terceiro lugar, tornou-se crucial conter a propagação do emprego atípico, dados os efeitos negativos na sindicalização (Oliver e Morelock, 2020). É interessante notar que a densidade sindical aumentou significativamente entre 1988 e 1994, de 12,6% para 17,6% (Visser, 2019). Ao contrário da UGT, o PSOE não alterou substancialmente a sua orientação, uma vez que não enfrentava uma forte competição da parte de outros partidos de esquerda.

Como resultado de um novo aumento na taxa de desemprego (de 16,3%, em 1991, para 22,7%, em 1993), o governo do PSOE propôs, em 1994, uma nova reforma laboral. Mais uma vez, a proposta de revisão legislativa incluía: o PEJ (nesta altura chamado contrato de aprendizagem); a criação de um contrato a tempo parcial; menos restrições nos despedimentos coletivos; a legalização das agências de trabalho temporário; a facilitação dos despedimentos; e o término de decretos laborais que estavam em vigor desde a época franquista (Burgess, 1999; Molina e Rhodes, 2011; Rhodes, 1997; Rueda, 2007; Toharia e Malo, 2000). Esta reforma desregulou a proteção no emprego, tanto para trabalhadores com contratos permanentes, como para aqueles que tinham vínculos laborais atípicos. Tal como em 1988, a CCOO e a UGT combinaram esforços e organizaram uma greve geral no dia 27 de janeiro de 1994. Embora a greve tenha sido pelo menos tão participada como a de 1988, com mais de metade da força de trabalho a aderir, desta vez o PSOE avançou com a reforma (Lucio e Blyton, 1995; Royo, 2006), uma vez que não enfrentava oposição de fortes partidos de esquerda.

O Partido Popular (PP), de direita, ganhou as eleições nacionais em 1996 e formou um governo minoritário. Surpreendentemente, no ano seguinte, as confederações sindicais assinaram um acordo tripartido com o governo que incluía uma reforma que aumentava a flexibilidade para os contratos permanentes enquanto a diminuía para contratos a termo certo (Burgess, 1999; Ferreiro e Serrano, 2001; Molina e Rhodes, 2011; Toharia e Malo, 2000). Apesar de isto contrariar a conjetura desenvolvida pela abordagem *insider-outsider politics*, e de esses autores terem dificuldade em justificar o conteúdo desta reforma (Rueda, 2007, p. 125), há três justificações possíveis para esta alteração legislativa. Em primeiro lugar, a greve de 1994 não conseguiu impedir a reforma laboral. Como resultado dessa reforma, a percentagem de contratos a termo certo atingiu recordes históricos (Figura VI.3). Era, por isso, urgente adotar uma estratégia nova e mais eficaz. É interessante notar que a percentagem de contratos a termo certo decresceu ligeiramente após este acordo. Por outro lado, o PP procurava o apoio dos parceiros sociais para, assim, aumentar a base social de apoio de um governo que não era suportado por uma maioria absoluta (Mosquera, 2017; Royo, 2002). Por fim, só foi possível um acordo entre a CCOO e o governo do PP porque esta confederação sindical já não se encontrava sob o controlo do PCE. Esta reforma mostra que as confederações sindicais moderadas podem adotar uma posição pró-*outsider* quando têm em consideração os efeitos negativos da expansão do emprego atípico.

Nas eleições de 2000, o PP ganhou com maioria absoluta, permitindo ao governo passar uma reforma sem o apoio dos parceiros sociais (Bentolila *et al.*, 2012; Dolado *et al.*, 2002; Molina e Rhodes, 2011; Rueda, 2007). Em março de 2001, o nível de regulação dos contratos permanentes diminuiu. A CCOO e a UGT opuseram-se porque não foram introduzidas mudanças substanciais no sentido de melhorar a regulação dos contratos precários. A oposição ao governo do PP atingiu o seu auge em 2001 e 2002, quando outras reformas foram implementadas unilateralmente e, nessa altura, as confederações sindicais organizaram uma greve geral (Molina e Rhodes, 2011; Mosquera, 2017).

O PSOE ganhou as eleições nacionais em 2004 e em 2006 chegou a acordo com as confederações sindicais para mudar a legislação laboral. Desta vez, o conteúdo do acordo foi muito diferente do que tinha sido assinado em 1984: a reforma laboral de 2006 deu continuidade à de 1997, na medida em que reduziu a regulação dos contratos permanentes, mas aumentou a dos contratos a termo certo. Isto foi alcançado através da implementação de subsídios para converter contratos a termo certo em permanentes, do aumento da regulação do emprego por conta própria e da melhoria do acesso à proteção social no desemprego para os trabalhadores precários (Campos Lima e Artiles, 2011; Molina e Rhodes, 2011; Mosquera, 2017). A mudança na posição do

PSOE é difícil de explicar, visto que nem os comunistas nem a esquerda radical tinham ganhado uma quantidade substancial de votos nas eleições de 2004. Contudo, as tensões com as confederações sindicais (desde o fim da década de 1980 e durante a década de 1990) tinham sido negativas para os socialistas, contribuindo, possivelmente, para o declínio eleitoral do partido entre 1986 e 2000 (Figura VI.2). Além disso, depois de o governo do PP ter chegado a acordo com as duas confederações sindicais em 1997, era difícil para o PSOE ser visto como menos empenhado no diálogo social do que os conservadores. Tal como o governo PP em 1996–2000, este governo socialista não obteve maioria absoluta e o apoio dos parceiros sociais era importante para a sua legitimidade social e estabilidade. Pode ainda dizer-se que o PSOE tinha uma nova liderança, removendo-se assim a figura de Felipe González, que poderia obstaculizar o diálogo com as confederações sindicais. Contudo, esta alteração estratégica não durou muito.

Quando o desemprego aumentou durante a crise económica global, a situação voltou a mudar. Num momento caracterizado pela existência de um rápido crescimento do desemprego, o conflito entre os sindicatos e o governo escalou. Na sequência da crise económica, Espanha foi atingida pela crise da dívida soberana da União Europeia (2010–2015), que agravou ainda mais a situação. Em 2013, o desemprego atingiu os 26,1%, um nível recorde. Neste período, foram levadas a cabo duas reformas, uma implementada pelo PSOE, em 2010, e outra pelo PP, em 2012. Para lidar com o aumento do desemprego, o PSOE implementou unilateralmente uma reforma, em junho de 2010, aumentando a desregulação dos contratos permanentes e facilitando os despedimentos individuais e coletivos (Bentolila *et al.*, 2012; Campos Lima e Artiles, 2011; Clauwaert *et al.*, 2016; Kohler e Jiménez, 2013; Molina e Rhodes, 2011). Embora inicialmente tenham sido implementadas várias medidas para limitar os contratos a termo certo, em 2011 o governo socialista suspendeu o artigo da Lei do Trabalho que restringia a utilização consecutiva de contratos a termo certo (Clauwaert *et al.*, 2016). A UGT e a CCOO opuseram-se a esta reforma, convocando uma greve geral para dia 29 de setembro de 2010 (Romanos, 2017). Desta forma, a tentativa de regulação em 2006 foi breve e, ainda sem competição forte à esquerda, o PSOE voltou rapidamente a uma agenda de desregulação. As consequências desta crise foram dramáticas para os socialistas, que perderam cerca de 20 pontos percentuais nas eleições nacionais de 2011.

Após vencer as eleições nacionais com maioria absoluta em novembro de 2011, o PP implementou uma nova reforma laboral em fevereiro de 2012. Esta alteração legislativa não foi precedida de uma consulta às confederações sindicais (Bentolila *et al.*, 2012; Clauwaert *et al.*, 2016; Kohler e Jiménez, 2013). A reforma desregulou novamente os contratos permanentes e alterou as normas que regulavam a negociação coletiva (Bulfone e Tassinari, 2020). Quanto aos contratos a termo certo, apesar de o governo ter proibido a norma introduzida pelo PSOE que tinha suspendido o artigo da Lei do Trabalho que restringia a utilização consecutiva de contratos a termo certo, a regulação dos empregos precários foi reduzida através de novas medidas como a extensão do âmbito dos contratos de aprendizagem, que eram menos regulados do que os contratos a termo certo. Assim, o PP continuou a desregular a legislação laboral espanhola, em linha com a estratégia que o partido seguira em 2001 quando tinha maioria absoluta. Sem surpresa, a UGT e a CCOO convocaram duas greves gerais em 2012 (Kohler e Jiménez, 2013).

Para concluir, no início da década de 1980, os socialistas espanhóis encararam as reformas à margem como uma estratégia viável para combater o desemprego. Em 1988, o PSOE procurou fazer o mesmo, mas nessa altura a UGT já se apercebera das consequências prejudiciais da dualização do mercado de trabalho e os sindicatos conseguiram bloquear a reforma. Mais tarde, nas décadas de 2000 e 2010, o PSOE oscilou entre uma estratégia pró-*outsider* (uma vez) e uma estratégia pró-desregulação (duas vezes), dependendo das circunstâncias políticas e económicas. Apesar de a obtenção de uma maioria absoluta se mostrar importante no caso espanhol, este facto não é suficiente para explicar as posições assumidas pelo PSOE. Por exemplo, em 2010–2011, o PSOE não tinha maioria absoluta, mas optou por desregular a legislação laboral, incluindo para os *outsiders*. O que nos parece ser crucial é que, ao contrário do caso português, este partido não adotou uma estratégia pró-*outsider* de forma coerente — pelo menos até ao fim da década de 2010. A partir de 2015, a esquerda radical ganhou uma presença considerável no parlamento espanhol (Figura VI.2), o que parece ter tido impacto na estratégia política do PSOE. O acordo governamental de 2019 entre o PSOE e o Podemos (2019) menciona o objetivo de lidar com a proliferação do emprego atípico através da restrição da utilização dos contratos a termo certo, passando estes a ser apenas autorizados para as situações de trabalho sazonal — o acordo não menciona alterações às provisões que regulam os contratos permanentes. Mais recentemente, quando foi divulgado o plano de recuperação e resiliência (um documento a ser enviado obrigatoriamente à União Europeia no âmbito do Mecanismo de Recuperação e Resiliência), a coligação governamental anunciou um conjunto de medidas para lidar com a segmentação do mercado de trabalho, incluindo a redução do âmbito dos contratos atípicos e uma reforma das políticas ativas de emprego que pretende promover a contratação através de contratos permanentes (El País, 2021). Quando estas medidas foram anunciadas, as confederações sindicais exigiram que se revertesse totalmente a reforma laboral de 2012, isto é, além de concordarem com a necessidade de se reduzir a utilização de contratos atípicos, impuseram também a revogação das alterações feitas aos contratos permanentes e à negociação coletiva (*El Economista*, 2021).

Quadro VI.2: Principais reformas laborais em Espanha, 1975–2019

Reformas laborais	Conteúdo	Acordo tripartido	Greves gerais	Composição do governo
1984	Desregulação dos contratos não-permanentes.	Sim, assinado pela UGT	Não	PSOE, maioria absoluta
1988	Desregulação dos contratos não-permanentes.	Não	Sim, organizada pela UGT pela CCOO	PSOE, maioria absoluta
1994	Desregulação generalizada da legislação laboral.	Não	Sim, organizada pela UGT pela CCOO	PSOE, minoritário
1997	Aumento da regulação dos contratos não-permanentes. Menor regulação para contratos permanentes.	Sim, assinado pela UGT e pela CCOO	Não	PP, minoritário
2001	Desregulação dos contratos permanentes.	Não	Sim, organizada pela UGT pela CCOO	PP, maioria absoluta
2006	Aumento da regulação dos contratos não-permanentes. Menor regulação para contratos permanentes.	Sim, assinado pela UGT e pela CCOO	Não	PSOE, minoritário
2010	Desregulação generalizada da legislação laboral.	Não	Sim, organizada pela UGT e pela CCOO	PSOE, minoritário
2012	Desregulação generalizada da legislação laboral.	Não	Sim, organizada pela UGT e pela CCOO	PP, maioria absoluta

Fonte: Elaboração dos autores.

VI.7. Conclusões

Comparando Portugal e Espanha desde as transições democráticas, este capítulo mostrou que, embora as confederações sindicais moderadas e os partidos de centro-esquerda possam por vezes agir contra os interesses dos *outsiders*, isso nem sempre acontece e, de facto, esta não é a sua estratégia mais comum. Mostrámos que os eventos políticos, que fortalecem ou enfraquecem tanto confederações sindicais de classe como os partidos comunistas e de esquerda radical, são relevantes para entender este processo. Quando estes dois atores se encontraram fortalecidos — como ilustra o caso português — os partidos de centro-esquerda não levaram a cabo reformas à margem e as confederações sindicais moderadas opuseram-se a reformas deste tipo. Quando se verificou o contrário, aconteceram reformas à margem — como ilustrado pela alteração legislativa de 1984 em Espanha. Não obstante, neste último caso, a situação não se manteve por muito tempo, visto que a UGT mudou a sua posição ao longo do tempo quando se apercebeu das consequências negativas da expansão do emprego atípico. Este facto contradiz alguns autores que contribuíram para a literatura sobre a dualização, nomeadamente os que argumentam que as reformas à margem asseguram os interesses organizacionais dos sindicatos e, por isso, funcionam como um equilíbrio estável (Palier e Thelen, 2010; Davidsson e Emmenegger, 2013). Pelo contrário, o caso espanhol mostra que estas reformas enfraquecem os sindicatos, razão pela qual estes mudaram de estratégia. Além disso, o caso português também contradiz este argumento, uma vez que foi o centro-direita que utilizou as reformas à margem como uma «segunda melhor opção», e não os sindicatos.

Este capítulo analisou dois países onde a força dos partidos comunistas e de esquerda, por um lado, e das confederações sindicais de classe, por outro, se mantiveram estáveis ao longo do tempo (alta em Portugal e baixa em Espanha). Mas este pode não ter sido sempre o caso, uma vez que podem ocorrer mudanças nos sistemas políticos e de relações laborais; nesse sentido, seria interessante estudar países onde existam, por exemplo, novos partidos políticos fortes a tentar dar voz aos *outsiders*, como o Movimento Cinco Estrelas em Itália (Eichhorst e Marx, 2021). Alterarão os partidos de centro-esquerda as suas posições, de modo a lidar com este desafio? Esperamos que as nossas contribuições abram novos caminhos de pesquisa nesta área. Para mais, pesquisas futuras podem também utilizar a nossa abordagem para estudar outras áreas de política, como a negociação coletiva e as políticas sociais.

REFERÊNCIAS BIBLIOGRÁFICAS

Afonso, A., e Bulfone, F. (2019). «Electoral coalitions and policy reversals in Portugal and Italy in the aftermath of the Eurozone crisis». *South European Society and Politics*, 24: pp. 233–257.

Baccaro, L., e Benassi, C. (2017). «Throwing out the ballast: growth models and the liberalization of German industrial relations». *Socio-Economic Review*, 15: pp. 85–115.

Baccaro, L., Hamann, K., e Turner, L. (2003). «The politics of labour movement revitalization: The need for a revitalized perspective». *European Journal of Industrial Relations*, 9: pp. 119–133.

Barreto, J. (1991). *A Formação das Centrais Sindicais e do Sindicalismo Contemporâneo (1968–1990)*. Lisboa: ICS.

Bekker, S. (2012). *Flexicurity: Explaining the development of a European concept*. Cambridge: Intersentia.

Benassi, C., e Vlandas, T. (2016). «Union inclusiveness and temporary agency workers: the role of power resources and union ideology». *European Journal of Industrial Relations*, 22: pp. 5–22.

Bentolila, S., Dolado, J., e Jimeno, J. (2012). «Reforming an insider-outsider labor market: the Spanish experience». *IZA Journal of European Labor Studies*, 1: pp. 1–29.

Bulfone, F., e Tassinari, A. (2020). «Under pressure. Economic constrains, electoral politics and labour market reforms in Southern Europe in the decade of the Great Recession». *European Journal of Political Research*. Versão disponibilizada *online*.

Burgess, K. (1999). «Unemployment and union strategies in Spain». *South European Society and Politics*, 4: pp. 1–31.

Campos Lima, M. P., e Artiles, A. (2011). «Crisis and trade union challenges in Portugal and Spain: Between general strikes and social pacts». *Transfer*, 17: pp. 387–402.

Campos Lima, M. P., e Naumann, R. (2011). «Portugal: from broad strategic pacts to policy-specific agreements». Em S. Avdagic, M. Rhodes e J. Visser (orgs.), *Social Pacts in Europe: Emergence, Evolution, and Institutionalization*. Oxford: Oxford University Press, pp. 147–173.

Clauwaert, S., e Schomann, I. (2013). «The Crisis and National Labour Law Reforms: A mapping exercise». *Country Report Portugal*. Bélgica: ETUI.

Clauwaert, S., Schomann, I., e Buttgen, N. (2016). «The crisis and national labour law reforms: A mapping exercise». *Country Report Spain*. Bruxelas: ETUI.

Costa, H. (2017). «Sindicalismo e atores sociolaborais em contexto de austeridade: do voluntarismo dos protestos ao receio das alianças». *Análise Social*, 52: pp. 662–688.

Davidsson, J., e Emmenegger, P. (2013). «Defending the organization, not the members: Unions and the reform of job security legislation in Western Europe». *European Journal of Political Research*, 52: pp. 339–363.

Dolado, J., García-Serrano, C., e Jimeno, J. (2002). «Drawing lessons from the boom of temporary jobs in Spain». *The Economic Journal*, 112: pp. 270–295.

Dorigatti, L. (2017). «Trade unions in segmented labor markets: Evidence from the German metal and chemical sectors». *ILR Review*, 70: pp. 919–941.

El Economista. (2021). «CCOO y UGT convocan movilizaciones el 11 de febrero para exigir más salario mínimo y derogar la reforma laboral y de pensiones». Disponível em https://www.eleconomista.es/economia/noticias/11000062/01/21/CCOO-y-UGT-convocan-movilizaciones-el-11-de-febrero-para-exigir-al-Gobierno-una-politica-de-reconstruccion-justa.html

El País. (2021). «El Gobierno quiere generalizar los contratos fijos dificultando el uso de los temporales». Disponível em https://cincodias.elpais.com/cincodias/2021/01/20/economia/1611140478_607083.html.

Eichhorst, W., e Marx, P. (2021). «How stable is labour market dualism? Reforms of employment protection in nine European countries». *European Journal of Industrial Relations*, 27: pp. 93–110.

Emmenegger, P. (2014). *The Power to Dismiss: Trade unions and the regulation of job security in Western Europe*. Oxford: Oxford University Press.

Fernandes, T. (2017). «Late neoliberalism and its discontents: The case of Portugal». Em D. Della Porta, M. Andretta, T. Fernandes, F. O'Connor, E. Romanos e M. Vogiatzoglou, *Late Neoliberalism and its Discontents in the Economic Crisis. Comparing social movements in the European periphery*. Cham: Palgrave Macmillan, pp. 169–200.

Ferreiro, J., e Serrano, F. (2001). «The Spanish labour market: Reforms and consequences». *International Review of Applied Economics*, 15: pp. 31–53.

Glatzer, M. (1999). «Rigidity and flexibility: Patterns of labour market policy change in Portugal and Spain 1981–96». *South European Society and Politics*, 4: pp. 90–110.

Gumbrell-McCormick, R., e Hyman, R. (2013). *Trade unions in Western Europe: Hard times, hard choices*. Oxford: Oxford University Press.

Hamann, K., e Lucio, M. (2003). «Strategies of union revitalization in Spain: Negotiating change and fragmentation». *European Journal of Industrial Relations*, 9: pp. 61–78.

Hayek, F. (1960). *The Constitution of Liberty*. Londres: Routledge.

Howell, C. (2001). «The End of the relationship between social democratic parties and trade unions?». *Studies in Political Economy*, 65: pp. 7–37.

Howell, D. (org.). (2005). *Fighting Unemployment: The limits of free market orthodoxy*. Oxford: Oxford University Press.

Hyman, R. (2001). *Understanding European Trade Unionism: Between market, class and society*. Londres: SAGE.

Iversen, T., e Soskice, D. (2015). «Democratic limits to redistribution: Inclusionary versus exclusionary coalitions in the knowledge economy». *World Politics*, 67: pp. 185–225.

Keune, M., e Pedaci, M. (2020). «Trade unions strategies against precarious work: Common trends and sectoral divergence in the EU». *European Journal of Industrial Relations*, 26: pp. 139–155.

Kohler, H-D., e Jiménez, J. (2013). *Trade Unions in Spain: Organisation, environment and challenges*. Berlim: Friedrich-Ebert-Stiftung.

Lindbeck, A., e Snower, D. (1988). *The Insider-Outsider Theory of Employment and Unemployment*. Cambridge: MIT Press.

Lindvall, J., e Rueda, D. (2014). «The Insider–Outsider Dilemma». *British Journal of Political Science*, 44 (2): pp. 460–475.

Llorente, R. (2005). «Employment performance and labor market institutions: The case of Spain». Em D. Howell (org.), *Fighting Unemployment: The limits of free market orthodoxy*. Oxford: Oxford University Press, pp. 216–261.

Lucio, M. (1990). «Trade unions and communism in Spain: The role of the CCOO in the political projects of the left». *Journal of Communist Studies*, 6: pp. 80–99.

Lucio, M., e Blyton, P. (1995). «Constructing the post-fordist state? The politics of labour market flexibility in Spain». *West European Politics*, 18: pp. 340–360.

Mahoney, J., e Rueschemeyer, D. (orgs). (2003). *Comparative Historical Analysis in the Social Sciences*. Cambridge: Cambridge University Press.

Mahoney, J., e Thelen, K. (orgs.). (2015). *Advances in Comparative-Historical Analysis*. Cambridge: Cambridge University Press.

Marques, P., e Fonseca, D. (2022). «Understanding the positions taken by moderate union confederations and centre-left parties during labour market reforms in Portugal and Spain: Why the configuration of left parties and trade union confederations matters?». *European Journal of Industrial Relations*, 28: pp. 65–84.

Marques, P., e Salavisa, I. (2017). «Young people and dualization in Europe: A fuzzy set analysis». *Socio-Economic Review*, 15: pp. 135–160.

Meardi, G., Simms, M., e Adam, D. (2021). «Trade unions and precariat in Europe: Representative claims». *European Journal of Industrial Relations*, 27: pp. 41–58.

Molina, O., e Rhodes, M. (2011). «Spain: From tripartite to bipartite pacts». Em S. Avdagic, M. Rhodes e J. Visser (orgs.), *Social Pacts in Europe: Emergence, evolution, and institutionalization*. Oxford: Oxford University Press, pp. 174–201.

Miguélez, F. (1995). «Modernization of trade unions in Spain». *Transfer: European Review of Labour and Research*, 1: pp. 80–97.

Mosimann, N., e Pontusson, J. (2017). «Solidaristic unionism and support for redistribution in contemporary Europe». *World Politics*, 69: pp. 448–492.

Mosquera, M. (2017). «Trade unionism and social pacts in Spain in comparative perspective». *European Journal of Industrial Relations*, 24: pp. 23–38.

Oliver, R., e Morelock, A. (2020). «Insider and outsider support for unions across advanced industrial democracies: Paradoxes of solidarity». *European Journal of Industrial Relations*, 22: pp. 5–22.

Palier, B. (org.) (2010). *A Long Goodbye to Bismarck? The politics of welfare reform in Continental Europe*. Amesterdão: Amsterdam University Press.

Palier, B., e Thelen, K. (2010). «Institutionalizing Dualism: Complementarities and change in France and Germany». *Politics & Society*, 38: pp. 119–148.

Piazza, J. (2001). «De-Linking labor: Labor unions and social democratic parties under globalization». *Party Politics*, 7: pp. 413–435.

Piore, M. (1980). «Economic fluctuation, job security, and labor-market duality in Italy, France, and the United States». *Politics & Society*, 9: pp. 379–407.

Prosser, T. (2016). «Dualization or liberalization? Investigating precarious work in eight European countries». *Work, Employment and Society*, 30: pp. 949–965.

PSOE-Podemos. (2019). «Coalición Progresista. Un nuevo acuerdo para España». Disponível em https://podemos.info/wp-content/uploads/2019/12/coalicion-progresista-un-nuevo-acuerdo-para-espan%CC%83a.pdf (acedido a 12 de fevereiro de 2021).

Ramalho, M. (2014). «Portuguese labour law and industrial relations during the crisis». Em K. Papadakis e Y. Gheilab (orgs.), *The Governance of Policy Reforms in Southern Europe and Ireland: Social dialogue actors and institutions in times of crisis*. Geneva: ILO, pp. 147–161.

Rathgeb, P. (2018). «When weak governments confront inclusive trade unions: The politics of protecting labour market outsiders in the age of dualization». *European Journal of Industrial Relations*, 24 (1): pp. 5–22.

Rhodes, M. (1997). «Spain». Em H. Compston (org.), *The New Politics of Unemployment: Radical policy initiatives in Western Europe*. Londres: Routledge, pp. 103–122.

Richards, A., e Polavieja, J. (1997). *Trade Unions, Unemployment and Working-class Fragmentation in Spain*. Working Paper 112, dezembro.

Rojot, J. (2014). «French industrial relations: A dual paradox with deep historical roots». *International Journal of Organizational Analysis*, 22: pp. 486–503.

Romanos, E. (2017). «Late neoliberalism and its indignados: Contention in austerity Spain». Em D. Della Porta, M. Andretta, T. Fernandes, F. O'Connor, E. Romanos e M. Vogiatzoglou, *Late Neoliberalism and its Discontents in the Economic Crisis*. Cham: Palgrave Macmillan, pp. 131–167.

Royo, S. (2006). «Beyond confrontation: The resurgence of social bargaining in Spain in the 1990s». *Comparative Political Studies*, 39: pp. 969–995.

Royo, S. (2002). «A new century of corporatism: Corporatism in Spain and Portugal». *West European Politics*, 25: pp. 77–104.

Rueda, D. (2007). *Social Democracy Inside Out: Government partisanship, insiders, and outsiders in industrialized democracies*. Oxford: Oxford University Press.

Schwander, H. (2018). «Are social democratic parties insider parties? Electoral strategies of social democratic parties in Western Europe in the age of dualization». *Comparative European Politics*, 17: pp. 714–737.

Silva, M. (2016). *Essays on the Portuguese Labour Market: The effects of flexibility at the margin*. Tese de Doutoramento. Lisboa: ISCTE-IUL.

Silva, M., Martins, L., e Lopes, H. (2018). «Asymmetric labor market reforms: Effects on wage growth and conversion probability of fixed-term contracts». *ILR Review*, 71: pp. 760–788.

Stoleroff, A. (1992). «Between corporatism and class struggle: The Portuguese labour movement and the Cavaco Silva governments». *West European Politics*, 15: pp. 118–150.

Távora, I., e González, P. (2016). «Labour market regulation and collective bargaining in Portugal during the crisis: Continuity and change». *European Journal of Industrial Relations*, 22: pp. 251–265.

Thelen, K. (2014). *Varieties of Liberalization and the new Politics of Social Solidarity*. Cambridge: Cambridge University Press.

Toharia, L., e Malo, M. (2000). «The Spanish experiment: Pros and cons of flexibility at the margin». Em G. Esping-Andersen e M. Regini (orgs.), *Why Deregulate Labour Markets*. Oxford: Oxford University Press, pp. 307–335.

Venn, D. (2009). «Legislation, collective bargaining and enforcement: Updating the OECD employment protection indicators». *OECD Social Employment and Migration Working Papers 89*. Paris: OECD.

Visser, J. (2019). *ICTWSS Database (Version 6.1)*. Amesterdão: Amsterdam Institute for Advanced Labour Studies (AIAS).

Yruela, M. (1997). «Trade unions and industrial relations in Spain (1975–94): From old to new practices». *IBS Research Papers in International Business*, pp. 3–97.

CAPÍTULO VII
DA GRANDE RECESSÃO DE 2008 À CRISE PANDÉMICA: A RECONFIGURAÇÃO DAS RELAÇÕES LABORAIS E OS DESAFIOS À NEGOCIAÇÃO COLETIVA NO ESPAÇO SECTORIAL

Maria da Paz Campos Lima, Ana Costa, Dora Fonseca e António Velez

VII.1. Introdução

Em Portugal, o papel do Estado foi central para a transformação das relações laborais no sentido da desvalorização interna inscrita no Memorando de Entendimento com a *troika* (MoU). Esta transformação, concretizada pelo governo PSD-CDS através de políticas temporárias de exceção e «reformas estruturais» — incluindo outras medidas além da *troika* —, contribuiu para o processo de desvalorização cumulativa do trabalho em Portugal, devido a impactos duradouros na reconfiguração do regime de emprego e da estrutura sectorial de emprego, e de efeitos variegados na evolução das relações laborais e das condições da negociação coletiva no espaço sectorial (Teles *et al.*, 2022; Campos Lima *et al.*, 2022; Lagoa e Campos Lima, 2022). Esta transformação traduziu-se numa trajetória de liberalização do mercado de trabalho, de redução de direitos laborais e de proteção social, e de enfraquecimento das organizações sindicais e da negociação coletiva, trajetória que a mudança do ciclo económico e político, com início em 2015, não conseguiu reverter por completo (Campos Lima, 2021).

A análise apresentada neste capítulo explora o período temporal desde a crise internacional de 2008 até à atualidade, incluindo a crise pandémica de 2020–2021. Considera-se a perspetiva de uma *crise longa das relações laborais*, tendo em conta a extensão da transformação estrutural, de natureza qualitativa, que as alterações do quadro institucional e legal das relações laborais e da negociação coletiva implicaram — em que se identificam temporalidades distintas no plano político e económico e da constelação de medidas significativas — com continuidades e efeitos cumulativos. Esta análise considera o papel e as orientações do Estado na definição das políticas de âmbito nacional com incidência na transformação das relações laborais e na reconfiguração das «regras do jogo» da negociação coletiva enquanto «regulação conjunta» (Waddington *et al.*, 2019; Campos Lima, 2019), explorando as suas implicações potenciais na alteração das relações de poder e «recursos de poder» das partes envolvidas (Lehndorff *et al.*, 2017). Simultaneamente, interroga-se o posicionamento e as orientações estratégicas das confederações sindicais e patronais e o seu papel na legitimação das políticas e/ou no seu questionamento, no contexto do diálogo tripartido (Secção VII.2).

Em paralelo, examina-se o impacto potencial das políticas transversais na reconfiguração das dinâmicas da negociação coletiva no espaço sectorial, escrutinando a autonomia estratégica dos atores da negociação coletiva em três sectores de atividade — Construção; Alojamento e Restauração; e Atividades Financeiras e de Seguros. Considera-se que além da especificidade de características e dinâmicas económicas e do mercado de trabalho, as dinâmicas de negociação coletiva diferenciadas no espaço sectorial são influenciadas pela configuração dos atores envolvidos (plano associativo e organizacional) e pela estrutura de negociação coletiva (níveis e âmbitos de negociação), tendo em conta as suas estratégias e relações de poder (Távora e González, 2014; Lehndorff *et al.*, 2017; Costa *et al.*,2020). Nesta perspetiva — em articulação com a análise das dinâmicas e resultados de negociação coletiva — escrutinam-se as estratégias dos atores sindicais e patronais e os seus efeitos na reconfiguração das condições da negociação coletiva e na sua dinâmica e conteúdos, com incidência na valorização do trabalho. Finalmente, interrogam-se as perspetivas sindicais e patronais sobre os contornos das crises vividas nos respetivos sectores, os obstáculos e as alternativas (Secção VII.3 e VII.4).

O presente capítulo combina uma análise quantitativa e qualitativa. A análise no plano quantitativo, com base em fontes oficiais secundárias do Instituto Nacional de Estatística (INE) e do Ministério do Trabalho, da Solidariedade e da Segurança Social (MTSSS), considera: a evolução económica e do emprego; a dinâmica e a cobertura da negociação coletiva salarial, nominal e real; as tendências de evolução do associativismo patronal e sindical; e a evolução da configuração da negociação coletiva, considerando o tipo de convenções em vigor e a sua cobertura. A análise no plano qualitativo, com incidência na valorização/desvalorização do trabalho, focaliza-se na legislação do trabalho, acordos de concertação social e em conteúdos selecionados das convenções coletivas nos três sectores; e o escrutínio das orientações e estratégias de atores considera, além da análise documental, o material dos *focus group* REVAL, organizado em novembro de 2021, incluindo testemunhos de dirigentes de associações patronais e de organizações sindicais dos três sectores.

VII.2. A regulação das relações laborais e o papel do Estado e dos atores sociais: temporalidades, constrangimentos e desafios transversais à negociação coletiva

O Estado teve, em Portugal, uma ação fundamental na transformação das relações laborais. Na verdade, este papel transformador atribuído ao Estado não constituirá apenas uma especificidade das economias periféricas. A reconfiguração das relações laborais nas economias europeias do centro contou, igualmente, com o papel motriz do Estado, em particular no caso francês (Amable, 2011, 2016a, 2016b), mas também para a liberalização das relações laborais na Alemanha (Baccaro e Benassi, 2017), e para as trajetórias de liberalização das relações laborais em vários países europeus. Em suma, a reconfiguração destas relações em economias do centro e das periferias tem requerido um esforço institucional muito significativo. Em termos gerais, as reformas implementadas caracterizam-se por terem uma natureza pró--mercado, de liberalização das relações laborais e de mercadorização do trabalho. A instituição de mecanismos de fragilização ou desmantelamento da negociação coletiva de nível sectorial, de descentralização para o nível da empresa e/ou permitindo a participação de estruturas não sindicais e viabilizando acordos de empresa com um nível de proteção do trabalho inferior, têm sido características recorrentes destas reformas, as quais têm instituído, em paralelo, mecanismos de precarização do emprego e de redução da proteção no emprego e da proteção social. Baccaro e Benassi (2017) chamaram a atenção para os efeitos destas reformas que restringem a capacidade de regulação da negociação coletiva e o seu potencial redistributivo, e limitam o contributo positivo da negociação coletiva na procura interna. Outras consequências sublinhadas referem-se à intensificação de formas precárias e atípicas de emprego, à segmentação crescente da força de trabalho e à «moderação» salarial, ou mesmo, em alguns casos, ao decréscimo dos salários (Amable, 2016a).

Outro traço importante é a mobilização ativa destas reformas pelas instituições europeias, como a Comissão Europeia, e a racionalidade que adquiriram no contexto do próprio processo de integração europeia, em particular a partir da constituição da União Económica e Monetária. Na perspetiva de alguns autores, este processo está ligado à homogeneização dos regimes de crescimento dos países-membros e das suas respostas de política aos choques económicos, alinhada com a tentativa tecnocrática da UE no sentido de promover um modelo único de crescimento económico (orientado para as exportações), a ser implementado através da competitividade dos custos induzida pela austeridade (Johnston e Regan, 2017).

No Sul da Europa, o ímpeto para a transformação do quadro institucional das relações laborais, incluindo na sua retórica justificativa, terá sido sobre-determinado por condições externas associadas quer ao processo de integração europeia, quer aos condicionalismos impostos pelos programas de resgate financeiro da *troika*. Não obstante o reconhecimento do condicionalismo externo e as semelhanças nas políticas de «desvalorização interna» que impuseram, designadamente através dos Memorandos de Entendimento (MoUs) com a *troika* — mostrando a limitada margem de manobra dos governos nacionais no desenho das políticas macroeconómicas, laborais e de proteção social —, os modos e conteúdos da sua concretização foram diferenciados nos países do Sul da Europa, tendo em conta, além de condições económicas estruturais e conjunturais, as especificidades institucionais e as características e o papel dos atores políticos e das relações laborais. Desde logo, as diferenças quanto à composição partidária e orientação ideológica dos governos envolvidos na implementação dos MoU e também quanto ao papel das confederações sindicais e patronais e a suas características em cada país, enquanto interlocutores ao nível macro no plano político e social (Campos Lima e Artiles, 2011, 2014; Koukiadaki *et al.*, 2016; Marques e Fonseca, 2022).

Algumas das políticas definidas pelos governos foram definidas no pressuposto neocorporativista (Campos Lima e Naumann, 2011) de vinculação das confederações sindicais e patronais na concertação tripartida, convocando o seu contributo no sentido de ampliar a legitimação das políticas e potenciar a sua implementação. Neste plano sinalizam-se os posicionamentos das confederações sindicais, isto é, da Confederação Geral do Trabalhadores Portugueses (CGTP) e da União Geral de Trabalhadores (UGT) e das confederações patronais, isto é, da Confederação dos Agricultores de Portugal (CAP), da Confederação do Comércio e Serviços de Portugal (CCP), da Confederação Empresarial de Portugal (CIP), e da Confederação do Turismo de Portugal (CTP). Esta sinalização procura mapear o seu papel na legitimação de políticas, designadamente nas alterações ao Código de Trabalho, incluindo a reconfiguração do quadro legal da negociação coletiva. Por outro lado, assume-se que os seus posicionamentos e prioridades — convergentes ou divergentes relativamente àquelas políticas — foram influenciando, em certa medida, o comportamento dos seus filiados com competências na negociação coletiva.

VII.2.1. Da recessão internacional de 2008 ao Memorando com a *troika*

O período que medeia entre a crise financeira internacional de 2008 e a assinatura do Memorando com a *troika* (MoU) em maio de 2011, compreendendo a ação do governo do Partido Socialista (PS), foi marcado pela entrada em vigor do Código de Trabalho de 2009 (Lei n.º 7/2009, de 12 de fevereiro) e pelas primeiras medidas de austeridade [Programas de Estabilidade e Crescimento (PEC), I, II e III]. As medidas do Código de Trabalho de 2009, com incidência no quadro legal da negociação coletiva, alteraram as disposições do Código de Trabalho de 2003.

O Código de Trabalho de 2003, uma iniciativa unilateral de um governo de coligação de centro-direita PSD–CDS, instituiu a possibilidade de caducidade unilateral das convenções coletivas, rompendo com o princípio da regulação conjunta da caducidade e substituição das convenções vigente de 1979 a 2003; e reverteu o princípio do tratamento mais favorável ao trabalhador, permitindo que as convenções coletivas incluíssem disposições menos favoráveis aos trabalhadores do que as garantidas pela lei geral. Sendo óbvios os seus efeitos assimétricos, estas medidas legislativas visaram enfraquecer a parte sindical — constituindo o ataque mais profundo ao **poder institucional** dos sindicatos em Portugal.

Em 2009, contrariamente ao que se poderia esperar, dada a maioria absoluta e o governo socialista, a revisão do Código de Trabalho ampliou e intensificou os efeitos da caducidade, permitindo a sua operacionalização com maior alcance, passando também a abranger as convenções que incluíam uma cláusula de «sobrevigência», que tinha escapado à atenção do legislador em 2003 (Naumann, 2014). Por outro lado, não reinstituiu o princípio do tratamento mais favorável, embora garantisse a sua aplicação nalgumas matérias nucleares das relações de trabalho. Em simultâneo, o CT 2009 aprofundou uma outra frente de fragilização sindical, também aberta pelo CT 2003, ao permitir que um trabalhador não filiado numa organização sindical pudesse optar individualmente pela aplicação de uma convenção (ou decisão arbitral), havendo várias convenções aplicáveis à empresa (Gomes, 2010). Nestas frentes, o poder institucional e organizacional dos sindicatos foi comprometido. Nas suas características fundamentais, estas formas de regulação não sofreram alterações substanciais desde então, tendo um efeito cumulativo em todo o período analisado até ao final de 2021, efeito agravado pelas medidas impostas no período da intervenção da *troika* (2011–2014).

Foi também com o CT 2009 que se iniciaram as mais profundas transformações nas normas laborais, com incidência direta nos conteúdos das convenções coletivas em matéria de flexibilização do tempo de trabalho, introduzindo novas modalidades: adaptabilidade, bancos de horas e horários concentrados. No essencial, estas normas marcaram as relações laborais durante todo o período, incluindo a crise pandémica. Designadamente, o regime do banco de horas, como mecanismo de redução dos custos com horas extraordinárias, tornou-se um dos temas conflituais da negociação coletiva em numerosos sectores, primeiro na indústria transformadora e depois nos serviços.

Estas medidas foram legitimadas pelo Acordo Tripartido de 2008[1], subscrito, no âmbito da Comissão Permanente de Concertação Social (CPCS), pelas confederações patronais e pela UGT, mas não pela CGTP. Aliás, constituíram os principais pontos críticos que inviabilizaram a assinatura do acordo (de maior amplitude) pela CGTP.

VII.2.2. O período de intervenção da *troika* e a escalada neoliberal no campo das relações laborais

A implementação do programa de austeridade neoliberal da *troika*, pelo governo de centro-direita PSD-CDS (mandato de junho de 2011 a outubro de 2015), combinou medidas «temporárias de exceção» e «reformas estruturais» visando a «desvalorização interna», incluindo ainda medidas para além do MoU com a *troika* (Costa e Caldas, 2014; Leite *et al.*, 2014; Campos Lima, 2015). Desde logo, o impacto combinado das medidas contribuiu para uma recessão económica e níveis de desemprego sem precedentes, condições que fragilizaram o **poder estrutural** dos sindicatos como *marketplace bargaining power* (Silver 2003; Lehndorff *et al.*, 2017).

Em particular, o poder estrutural dos sindicatos foi enfraquecido pelas medidas de reconfiguração do regime de emprego na ótica neoliberal, que reduziram a proteção no emprego por via da liberalização dos despedimentos (alargando motivos e diminuindo a compensação) e de facilitação dos vínculos de trabalho precários, e que diminuíram a proteção no desemprego (diminuindo o montante e a duração do subsídio de desemprego). Além disso, no âmbito das medidas de «exceção», para além da *troika*, o governo rompeu

[1] *Acordo tripartido para um novo sistema de regulação das relações laborais, das políticas de emprego e da proteção social em Portugal*, Lisboa: Conselho Económico e Social, Comissão Permanente de Concertação Social, 25 de junho de 2012.

com o princípio da autonomia coletiva consagrado constitucionalmente, ao suspender temporariamente as provisões das convenções coletivas mais favoráveis do que a legislação entretanto aprovada sobre a compensação por trabalho suplementar e a compensação no caso de despedimento. Por último, subverteu também a autonomia coletiva, através da instituição do banco de horas individual. Estas medidas, estruturais e de «exceção», foram legitimadas pelo Acordo Tripartido de 2012[2], assinado no âmbito da Comissão Permanente de Concertação Social (CPCS), mais uma vez pelas confederações patronais e pela UGT, mas não pela CGTP.

Por outro lado, algumas das medidas temporárias que concretizaram o «Estado de exceção» (Ferreira e Pureza, 2013) representaram uma alteração radical das regras do jogo, como foi o caso da imposição unilateral no sector público do corte dos salários nominais e o aumento do horário de trabalho de 35 para 40 horas sem compensação. Além das consequências para os trabalhadores do sector público do posicionamento antissindical do Estado como empregador, estas medidas constituíram uma forte mensagem para todo o sector privado, contribuindo para a legitimação de estratégias de retração patronal em sede de negociação coletiva.

Acresce que se aprofundou a erosão do **poder institucional** dos sindicatos através de um conjunto de medidas enquadradas nos objetivos definidos pelo MoU, alegadamente visando promover a «descentralização organizada», na perspetiva da flexibilidade salarial alinhada com a produtividade ao nível das empresas. Estas medidas, de facto, não visavam qualquer «descentralização organizada», a qual pressupõe condições inexistentes em Portugal e, em geral, nos países do Sul da Europa[3].

Do conjunto de medidas, sobressaiu a introdução de critérios restritivos para a extensão das convenções coletivas com base na representatividade patronal e a redução do período de caducidade das convenções coletivas de cinco para três anos, e do período de sobrevigência de 18 para 12 meses, permitindo acelerar os processos de caducidade unilateral. Note-se que estas duas medidas resultaram da decisão unilateral do governo, não tendo feito parte do Acordo Tripartido de 2012. O bloqueio da extensão das convenções

[2] *Compromisso para o crescimento, competitividade e emprego.* Lisboa: Conselho Económico e Social, Comissão Permanente de Concertação Social, 16 de janeiro de 2012.

[3] As condições favoráveis à descentralização organizada, na tradição dos países nórdicos, combinam densidade sindical elevada, forte implantação sindical nas empresas e capacidade de coordenação//articulação da negociação coletiva sectorial com a negociação de empresa, através do princípio do tratamento mais favorável.

coletivas, além de limitar o seu âmbito de aplicação, atuou como travão das negociações e atualizações salariais, na medida em que as próprias associações patronais não tinham interesse em firmar acordos sectoriais com amplitude restrita, abrindo a porta ao *dumping* social e à concorrência desleal. O resultado foi o colapso da negociação de âmbito sectorial durante perto de três anos, atingindo praticamente todos os subsectores do sector privado (ver VII.3).

O regime de extensão foi substancialmente alterado no período pós-*troika*, ultrapassando o bloqueio criado, mas os prazos de caducidade de sobrevigência, ditados pelo MoU, mantiveram-se na lei ao longo de todo o período em análise (2008 a 2021).

VII.2.3. O ciclo de recuperação económica e de viragem política à esquerda (2015-2019)

Os impactos dramáticos no plano económico e social das políticas de desvalorização interna concretizadas no período de intervenção da *troika* (2011–2014), a contestação política e social incluindo greves gerais, três da quais convocadas por ambas as centrais sindicais, CGTP e UGT, além de mobilizações populares sem precedentes contra a austeridade; e a intervenção do Tribunal Constitucional na travagem de algumas «medidas de exceção», declarando a sua inconstitucionalidade, criaram as condições para a viragem política à esquerda que marcou o período pós-*troika*, de 2015 a 2019.

Este é um período de recuperação económica e do emprego, favorecido pela conjuntura internacional e pela política do governo do PS apoiado em acordos de incidência parlamentar à esquerda, com o BE, PCP e Verdes, acordos que visam virar a página da austeridade com incidência na recuperação dos rendimentos, no combate à precariedade e na dinamização da negociação coletiva. É também um hiato temporal marcado pela reversão das «medidas de exceção» do período anterior, pela trajetória ascendente do salário mínimo e, a partir de 2017, por novas normas favorecendo a extensão das convenções coletivas em moldes inclusivos. Contudo, o bloqueio continuado da negociação salarial no sector público e a manutenção de vários mecanismos de desvalorização do trabalho e de enfraquecimento da negociação coletiva limitam o alcance da recuperação da negociação coletiva observada neste período no sector privado (Campos Lima, 2021; Campos Lima *et al.* 2022).

Note-se que, neste período, ultrapassada a vigência do MoU, o condicionamento externo no âmbito da União Europeia, em particular no quadro do

Semestre Europeu (e a sua instrumentalização em benefício de interesses patronais retrógrados) prosseguiram sob outras formas. Em primeiro lugar, pela pressão continuada no sentido do cumprimento das metas definidas pelo Tratado Orçamental — colocando implicitamente entraves a um investimento público robusto nas funções sociais do Estado (depauperadas pelos efeitos da austeridade) e na economia; e limitando o alcance da negociação salarial do sector público. E, em segundo lugar, através de recomendações várias no sentido da manutenção e consolidação das «reformas estruturais» do período anterior e da moderação na evolução do salário mínimo (Campos Lima, 2021; Teles *et al.*, 2022).

Ao longo deste período são várias as iniciativas legislativas de alteração do Código de Trabalho que refletem os compromissos à esquerda e que vão no sentido de proteger os direitos dos trabalhadores e reduzir o arbítrio patronal: reforço do combate às formas modernas de trabalho forçado responsabilizando criminalmente não só as empresas de trabalho temporário, mas também os utilizadores de trabalho temporário (Lei 28/2016); alargamento do âmbito da ação especial de reconhecimento da existência de contrato de trabalho e dos mecanismos processuais de combate à ocultação de relações de trabalho subordinadas — aplicáveis no combate ao falso trabalho independente — a todas as formas de trabalho não declarado, incluindo falsos estágios e falso voluntariado (Lei 55/2017); reforço das medidas de prevenção da prática de assédio no sector público e privado (Lei 73/2017); reforço dos direitos dos trabalhadores no caso de transmissão de empresa ou estabelecimento (Lei 14/2018); e medidas de promoção da igualdade remuneratória entre mulheres e homens por trabalho igual ou de igual valor (Lei 60/2018).

Porém, com exceção da medida favorecendo a extensão das convenções coletivas (Resolução do Conselho de Ministros 82/2017), as alterações às «reformas estruturais» são temporárias e limitadas. As medidas reclamadas pelos partidos à esquerda, visando restabelecer o princípio do tratamento mais favorável e revogar a caducidade unilateral, bem como repor os valores pré-*troika* das horas extraordinárias e das indemnizações por despedimento, são rejeitadas pelo PS.

A medida temporária mais significativa inscreve-se no âmbito do Acordo Tripartido de 2017 (CES, 2017). Trata-se do *compromisso bipartido* dos parceiros sociais «de transmissão» aos seus filiados (associações sindicais e patronais e empresas) de uma orientação no sentido de não uso da figura de denúncia de convenções coletivas de trabalho durante o período de 18 meses, com início em janeiro de 2017, *assumindo adicionalmente o próprio Estado idêntico compromisso.*

É no final deste período, em setembro de 2019, que entra em vigor legislação (Lei 93/2019) para implementar o pacote de medidas previstas no Acordo Tripartido de 2018[4], subscrito pelas confederações patronais e pela UGT, e não pela CGTP. Esta legislação incluiu medidas de sentidos contraditórios refletindo a tensão entre, por um lado, os compromissos do governo com os partidos à esquerda, no quadro da grande centralidade do parlamento derivada da posição minoritária do partido do governo e, por outro, dos compromissos em sede da concertação social. Na linha dos compromissos à esquerda para combater a precariedade, a lei restringe os motivos e as condições do uso de contratos a termo e reduz a sua duração, bem como a duração dos contratos com agências de trabalho temporário. Contudo, em linha com os compromissos em sede de concertação social, a lei acrescenta medidas com potencial para aumentar a precariedade ao estender o período dos *contratos de muito curta duração* e o seu uso para além das atividades sazonais do turismo e da agricultura; e ao *aumentar a duração do período experimental* no caso de recrutamento de trabalhadores à procura de primeiro emprego e desempregados de longa duração.

As alterações ao quadro legal da negociação coletiva incidem sobre medidas de prevenção e de mitigação que não impedem a caducidade unilateral nem o seu uso como argumento de pressão patronal à mesa das negociações. Estas alterações incluem a possibilidade de recurso a arbitragem para a suspensão do período de sobrevigência e a mediação pelo árbitro-presidente, antes do decurso do período de sobrevigência das convenções, a par da criação de um tribunal de arbitragem no âmbito do Conselho Económico e Social (CES); e a inclusão das normas convencionais sobre direitos de parentalidade e segurança e saúde no trabalho no leque dos direitos que os trabalhadores mantêm, no caso de caducidade das convenções. Além disso, introduz uma nova medida que alarga os motivos para a caducidade das convenções, ao permitir a cessação destas no todo ou em parte, no caso de extinção de associação sindical ou associação de empregadores outorgantes.

É também neste período que o governo do PS faz aprovar, em 2018, quatro anos depois entrada da UBER em Portugal, a legislação que regula o transporte individual de passageiros associado a plataformas digitais (Uber, Cabify e similares), que ficou conhecida como «Lei Uber» (Lei 45/2018). Discutida à margem da concertação social e à margem das confederações

[4] *Compromisso tripartido para um acordo de concertação de médio prazo.* Lisboa: Conselho Económico e Social, Comissão Permanente de Concertação Social, 17 de janeiro de 2017.

sindicais e dos sindicatos do sector dos transportes, aprovada com o apoio dos partidos do centro-direita, PSD e CDS, e a oposição dos partidos à esquerda, esta legislação criou um regime *sui generis*, o qual impede que as plataformas assumam quaisquer responsabilidades como entidades empregadoras. Para isso, a lei portuguesa criou a figura intermédia do «operador de TVDE» ao qual compete a celebração de contratos de trabalho ou de prestação de serviços e assegurar as contribuições para a Segurança Social ou os seguros por acidentes de trabalho (Campos Lima e Perista, 2020). Esta lei e a ausência de regulação das plataformas digitais associadas à atividade dos estafetas abriram a porta a novas formas de precarização e individualização do trabalho e de fragilização da negociação coletiva, com uma incidência sectorial acentuada nos transportes e no turismo e restauração.

VII.2. 4. Da crise pandémica e do grande confinamento

A intensidade e a rapidez do declínio económico mundial, quando irrompeu a crise pandémica com o Grande Confinamento de 2020, revelaram uma magnitude que ultrapassou a observada na Grande Depressão de 1929 e na Grande Recessão de 2008 (De Grauwe e Ji, 2020). Originada por uma emergência sanitária global, cujas causas ambientais têm sido associadas à forma de acumulação de capital, internacionalizada e financeirizada (Teles, 2022), esta crise afetou simultaneamente a oferta e a procura e expandiu-se por todo o mundo.

Estas características singulares explicam, em parte, a singularidade das respostas da União Europeia e de muitos Estados à crise do Grande Confinamento de 2020 e o seu afastamento da ortodoxia neoliberal (Crouch, 2022; Natali, 2022). Estas respostas consistiram em intervenções extraordinárias de muitos Estados na política orçamental e monetária, passando pelo protecionismo e pela recuperação da política industrial, as quais facilitaram uma rápida recuperação do emprego. Ao nível da UE, a suspensão temporária do Pacto de Estabilidade e Crescimento, permitindo desvios em relação aos objetivos de médio prazo e a extensão dos prazos para correção dos défices e a intervenção do Banco Central Europeu, facilitaram a intervenção dos Estados de resposta à crise (Pochet, 2022; Teles, 2022). Em contraste com as medidas temporárias e estruturais da agenda austeritária neoliberal de resposta à Grande Recessão de 2008 e à crise da Zona Euro de 2010, que visaram o corte dos rendimentos do trabalho, a redução da proteção do emprego e a redução da proteção social no desemprego, as medidas encorajadas na crise covid-19 foram no sentido oposto, isto é, no sentido de proteger empresas, emprego e rendimentos do trabalho e de proteger desempregados e grupos vulneráveis. Contudo, importa sublinhar que, no geral, estas medidas foram apresentadas e concretizadas como *medidas excecionais e temporárias* e que a constelação específica de medidas implementadas em cada país variou entre uma lógica de *labour support* e outra de *business support* com alcance e intensidade variáveis (Ebbinghaus e Lehner, 2022).

Em Portugal, a crise pandémica revelou em toda a sua dimensão a fragilidade e os limites dos progressos alcançados no período anterior (2014–2019), mostrando a vulnerabilidade dos trabalhadores com vínculos instáveis, as lacunas das instituições do mercado de trabalho e da proteção social e os limites das medidas excecionais e temporárias implementadas, apesar dos seus efeitos positivos na mitigação da crise e travagem do desemprego e na recuperação económica (Almeida *et al.*, 2020; Caldas, 2020; Caldas *et al.*, 2020; Campos Lima e Carrilho, 2021, 2022; Caleiras e Carmo, 2022).

Neste quadro complexo, os sindicatos tiveram algumas condições para a negociação coletiva, inexistentes no período de intervenção da *troika*: a favor do seu *poder de mercado*, taxas de desemprego em 2020 (7,0%) e em 2021 (6,6%), muito longe dos níveis atingidos em 2012 (16,5%) e em 2013 (17,5%); a favor do seu *poder institucional*, a manutenção da trajetória ascendente do salário mínimo influenciando a subida dos níveis salariais mais baixos e a negociação coletiva salarial; e a continuidade dos mecanismos e das práticas de extensão das convenções coletivas. Todavia, um conjunto de condições excecionais muito desfavoráveis precipitaram a crise da negociação coletiva. Em primeiro lugar, a extrema e repentina intensidade da crise económica e a incerteza quanto ao futuro, quando irrompeu a crise pandémica em 2020, motivaram a retração patronal em sede da negociação coletiva, designadamente no segundo e terceiro trimestres de 2020 (Campos Lima e Carrilho, 2021). Ao mesmo tempo, a exposição ao risco dos «trabalhadores essenciais», o confinamento e a restrição da mobilidade, e o isolamento em contexto de teletrabalho obrigatório, condicionaram fortemente a atividade sindical, designadamente no plano da comunicação e mobilização dos trabalhadores.

Estas limitações foram agravadas no caso dos trabalhadores de sectores vitais no combate à pandemia e no funcionamento de atividades essenciais. No âmbito do «estado de emergência», decretado pelo Presidente da República em março 2020, foi determinada a suspensão do exercício do direito à greve «(...) na medida em que possa comprometer o funcionamento de infraestruturas críticas ou de unidades de prestação de cuidados de saúde, bem como em sectores económicos vitais para a produção, abastecimento e fornecimento de bens e serviços essenciais à população»[5]. No âmbito do «estado de emergência» foram também suspensos os limites às horas extraordinárias — previstos no Código do Trabalho, na Lei Geral do Trabalho em Funções Públicas, e nas convenções coletivas de trabalho — no caso das organizações e instituições exercendo atividades essenciais da área social e da saúde[6].

O Grande Confinamento de 2020 precipita uma crise maior na negociação coletiva. Esta situação em 2020 e as previsões da economia para 2021 levaram o governo a propor legislação no sentido da suspensão excecional de prazos associados à sobrevigência e caducidade das convenções coletivas, por um período de 24 meses. Da fundamentação da proposta argumentava

> (...) em períodos de crise, a retração da confiança e das perspetivas dos agentes económicos traduz-se, muitas vezes, numa menor propensão para a negociação e para a sua renovação, podendo inclusive conduzir a um aumento das situações de denúncia unilateral das convenções coletivas e, consequentemente, à verificação de lacunas decorrentes da caducidade destes instrumentos[7].

A medida entrou em vigor em 10 de março de 2021[8]. A suspensão temporária incidiu não só sobre as denúncias de convenções coletivas realizadas a partir da entrada em vigor da lei, mas também sobre os prazos de sobrevigência em curso, relativos a denúncias realizadas em data anterior.

As confederações patronais expressaram fortemente a sua oposição. A CIP chegou mesmo a declarar que a proposta do governo estava ferida de inconstitucionalidade, alegando que contrariava o princípio da autonomia coletiva (artigo 56.º da Constituição da República Portuguesa) e que violava também a Convenção n.º 98 da OIT, no respeitante à liberdade de negociação coletiva[9] (CIP, 2020). A CCP, por seu lado, argumentou que a constitucionalidade da medida era discutível, uma vez que punha em causa a autonomia, a liberdade

[5] Decreto do Presidente da República, n.º 14-A/2020 (Art.º 4.º c), 18 de março de 2020.

[6] Decreto-Lei n.º 10-A/2020, de 13 de março.

[7] Resolução do Conselho de Ministros, de 5 de novembro 2020, Proposta de Lei n.º 63/XIV/2.ª.

[8] Lei n.º 11/2021, de 9 de março de 2021.

[9] CIP (2020). *Socio-laboral em destaque – Outubro a dezembro de 2020.* Confederação Empresarial de Portugal (CIP). Disponível em: https://cip.org.pt/wp-content/uploads/2021/01/2020-outubro-dezembro_SocioLaboralDestaque.pdf

e causava reserva da contratação coletiva do trabalho, prerrogativa exclusiva das partes outorgantes, lamentando ainda que a medida não tivesse resultado de um processo negocial efetivo na concertação social. Do lado das confederações sindicais, a CGTP criticou o carácter temporário da medida e reivindicou a revogação do regime da caducidade unilateral, enquanto a UGT a considerou positiva no sentido de travar a caducidade das convenções coletivas no contexto da crise.

Em 2021, a par do ambiente económico mais favorável e da suspensão temporária dos processos de caducidade, a escassez de mão de obra terá contribuído para um clima mais favorável à negociação coletiva. A compressão da oferta relativamente à procura no mercado de trabalho tendente a elevar os salários, em alguns sectores (Caldas, 2019) é acelerada pela pandemia (Campos Lima e Carrilho, 2022). Por outro lado, a trajetória do salário mínimo, com um aumento de cerca de 11% de 2019 a 2021, contribuiu para alguma dinâmica de negociação coletiva nos sectores com salários mais baixos.

O ciclo da crise pandémica fecha-se com a reiterada recusa do governo PS em eliminar o regime de caducidade unilateral e em repor integralmente o regime do tratamento mais favorável ao trabalhador e os valores pré-*troika* das compensações por trabalho suplementar e indemnizações no caso de despedimento. A abordagem que se perfila no final do ciclo, relativamente a estas matérias, é apenas a da mitigação e/ou prevenção dos seus efeitos. Isso é claro nas recomendações do *Livro Verde sobre o Futuro do Trabalho 2021* (GEP/MTSSS, 2022) e no âmbito da *Proposta de lei que procede à alteração da legislação laboral no âmbito da Agenda do Trabalho Digno*, de 29 de outubro de 2021[10]. O anúncio de dissolução do parlamento pelo Presidente da República a 5 de novembro, em resposta à reprovação do Orçamento do Estado (OE) a 27 de outubro,

[10] «Proposta de lei que procede à alteração da legislação laboral no âmbito da Agenda do Trabalho Digno». *Boletim do Trabalho e Emprego*, n.º 33, 29 de outubro de 2021. Gabinete de Estratégia e Planeamento/Ministério do Trabalho, da Solidariedade e da Segurança Social. No âmbito desta proposta de lei aumentava-se a compensação para 24 dias de retribuição-base e diuturnidades em caso de caducidade do contrato de trabalho a termo certo e incerto, mas deixava-se intacto o regime de compensação por despedimento coletivo, mantendo os 12 dias de retribuição base e diuturnidades por cada ano completo de antiguidade; e apenas se aumentava a retribuição do trabalho suplementar, quando superior a 120 horas anuais. Quanto ao regime legal de negociação coletiva, a proposta de lei alargava o princípio do tratamento mais favorável ao teletrabalho e plataformas digitais; introduzia novas normas de mediação e arbitragem (como o recurso de ambas as partes à arbitragem necessária), potencialmente preventivas da caducidade unilateral ou adiando a sua concretização e viabilizando a substituição da convenção coletiva por decisão arbitral. Em simultâneo, propunha a suspensão durante 36 meses, contados a partir da sua entrada em vigor dos prazos de sobrevigência das convenções coletivas de trabalho.

inviabilizaria a concretização, em 2021, da legislação proposta. No caminho, as exigências do BE e do PCP da eliminação do regime de caducidade unilateral e do legado da *troika* nas relações laborais figurariam entre as condições das negociações à esquerda sobre o OE não aceites pelo PS.

VII.3. A reconfiguração da negociação coletiva e o espaço sectorial: dinâmicas, conteúdos e estratégias de atores

Nesta seção procura-se examinar, numa perspetiva exploratória, a dinâmica da negociação coletiva e da reconfiguração das relações coletivas de trabalho nos sectores da Construção, do Alojamento e Restauração e das Atividades Financeiras e de Seguros — no período que medeia a crise internacional de 2008 e a atualidade, incluindo a crise pandémica de 2020 e 2021. Esta análise tem em conta os impactos sectoriais diferenciados das crises no plano económico e no mercado de trabalho; as características das relações coletivas de trabalho e dos atores do lado sindical e patronal; e as suas orientações e estratégias no contexto da reconfiguração regressiva das instituições que enquadram as relações laborais.

No sector privado e empresarial do Estado — em que se inscrevem os três sectores —, os atores da negociação coletiva têm a prerrogativa legal de definir, através de convenções coletivas de âmbitos diversos, normas que são cruciais no domínio da valorização do trabalho e que a lei geral não pode substituir. Figuram em primeiro plano as suas prerrogativas exclusivas na definição das modalidades e critérios de aumento salarial convencional (respeitando o salário mínimo obrigatório) e na definição das categorias profissionais e respetivos salários mínimos convencionais, das carreiras e modalidades de progressão. Noutras matérias, com implicações remuneratórias e nos custos do trabalho, há margens de autonomia negocial, dentro de parâmetros que foram sendo modificados pelas sucessivas alterações da legislação laboral: por exemplo, na definição dos horários de trabalho e dos seus limites; nas modalidades de flexibilidade do tempo de trabalho, incluindo o banco de horas; no limite de horas extraordinárias e respetivas formas de compensação; no tempo experimental; e nas compensações por despedimento. A definição destas normas constitui um objeto conflitual, interpelando a relação capital/trabalho mediada através dos interesses organizados que protagonizam as relações coletivas de trabalho, isto é, os atores com competências de negociação de convenções coletivas: os sindicatos e/ou federações sindicais e as associações patronais e/ou empresas.

VII.3.1. As crises, as dinâmicas socioeconómicas e a negociação dos salários no espaço sectorial

Os impactos assimétricos do Grande Confinamento de 2020 ao nível sectorial foram muito diferenciados no que respeita à intensidade da crise económica e à evolução do emprego. No caso português, a vulnerabilidade resultante da reconfiguração sectorial a favor das atividades ligadas ao turismo, induzida pelas políticas de desvalorização interna, traduziu-se no forte declínio económico e do emprego do sector do alojamento e restauração no Grande Confinamento de 2020 (Almeida, 2021; Drago, 2021; Reis *et al.*, 2022). A diferenciação de impactos decorreu em grande parte da incidência sectorial das medidas de emergência e mitigação, incluindo a restrição de atividades e a limitação da mobilidade internacional e doméstica, a viabilidade e extensão do recurso ao teletrabalho e o recurso ao *layoff* simplificado. Além dos impactos económicos e no emprego, estas diferenças condicionaram os sectores de forma distinta quanto às possibilidades de comunicação e mobilização sindical no contexto da negociação coletiva.

Em 2020, solicitaram a medida de *layoff* simplificado: no sector da Construção, cerca de 3906 empresas, abrangendo 51 781 trabalhadores; no sector do Alojamento e Restauração, cerca de 24 964 empresas, abrangendo 249 568 trabalhadores; e no sector das Atividades Financeiras e de Seguros, cerca de 316 empresas, abrangendo 3204 trabalhadores. Em 2021, o sector do Alojamento e Restauração volta a ser um dos sectores que mais recorre a esta medida, que é solicitada por 20 409 empresas, abrangendo 148 819 trabalhadores[11]. Em contraste, o recurso ao teletrabalho ou trabalho a partir de casa foi usado apenas por 5,4% dos trabalhadores do sector do Alojamento e Restauração; por 7,9% do sector da Construção e por 60,7% do sector das Atividades Financeiras e de Seguros[12]. No sector da Construção e no sector do Alojamento e Restauração, o clima de precariedade nas empresas facilitou os despedimentos através da não renovação de contratos a termo (não evitada

[11] GEP/MTSSS (2021), *Indicadores Covid-19*, Gabinete de Estratégia e Planeamento/Ministério do Trabalho, Solidariedade e Segurança Social. http://www.gep.mtsss.gov.pt/indicadores-covid-19-mtsss.

[12] *Ver* INE (2020), Trabalho a partir de casa – Módulo *ad hoc* do Inquérito ao Emprego, 4.º trimestre de 2020, Instituto Nacional de Estatística.

pelo regime do *layoff* simplificado), constituindo um fator de pressão limitativo do poder negocial dos sindicatos. A escassez de mão de obra nestes sectores, que ganhou visibilidade em 2021, colocou os sindicatos numa melhor posição negocial[13].

O sector da Construção evidenciou uma trajetória de queda contínua do Valor Acrescentado Bruto (VAB), de 2008 a 2015, com quedas abruptas e intensas em 2009 (–11%) e 2012 (–15,2%), trajetória que se inverteu claramente no sentido da recuperação económica a partir de 2016, crescendo acima da média nacional até 2019, estagnando em 2020, e recuperando em 2021 um nível de crescimento elevado (4,7%), semelhante ao observado em 2019. Por seu turno, o sector das Atividades Financeiras e de Seguros evidenciou uma trajetória de queda praticamente contínua do VAB, de 2009 a 2017, com as maiores quedas nos anos 2012 (–9,6%), 2013 (–6,1%) e 2014 (–9,4%), trajetória que se inverteu apenas a partir de 2018, prosseguindo até 2021, ano em que o crescimento atingiu o nível mais elevado (3,0%). Mesmo no ano 2020, quando a queda do VAB no conjunto da economia atingiu um nível sem precedentes (–7,8%), este sector manteve a trajetória de crescimento (1,4%). Em contraste, a variação negativa do VAB no sector do Alojamento e Restauração tem expressão significativa em 2008 (–2,8%) e em 2011 (–2,2%), a sua trajetória inverte-se no sentido da recuperação a partir de 2014, crescendo bem acima da média nacional até 2019, tendo em 2020 uma queda intensa e abrupta sem precedentes (–43,1%). A recuperação positiva observada em 2021 (11,1%) não compensou a enorme perda de 2020.

[13] ***Diário de Notícias*** (2021). Construção tem falta de 80 mil trabalhadores em Portugal, 25 janeiro 2021; ***Jornal Económico*** (2021), COVID-19: AHRESP avisa que falta de mão de obra no sector pode ameaçar retoma', 4 novembro de 2021.

Quadro VII.1. Valor acrescentado bruto por ramo de atividade (variação anual %), 2008–2021

	Construção	Alojamento e Restauração	Atividades Financeiras e Seguros	Total da Economia
2008	–4,5	–2,9	5,8	0,7
2009	-11,0	0,4	–0,1	–2,6
2010	–6,4	2,4	–1,8	1,6
2011	–6,5	–2,2	0,3	–1,0
2012	-15,2	–0,7	–9,6	–3,3
2013	–6,7	–0,7	–6,1	–0,6
2014	–8,4	3,4	–9,4	0,3
2015	0,0	1,8	–4,8	1,5
2016	1,8	3,5	–2,4	1,6
2017	5,3	6,3	–0,3	3,3
2018	3,7	5,0	2,0	2,7
2019	5,0	3,6	2,1	2,6
2020	0,1	–43,1	1,4	–7,8
2021	4,7	11,1	3,0	4,9

Fonte: Contas Nacionais (Instituto Nacional de Estatística) INE.

No período anterior à crise pandémica, a evolução do emprego, considerando o número de trabalhadores por conta de outrem (TCO) a tempo completo (GEP/Quadros de Pessoal), reflete em grande medida a variação do VAB no sector do Alojamento e Restauração e no sector da Construção, que registam uma nítida recuperação do emprego, designadamente nos três anos que precedem a crise pandémica. Em contraste, o sector das Atividades Financeiras e de Seguros regista uma trajetória praticamente contínua de perda de emprego, a qual assume a queda mais acentuada (-8,4%), em 2019, apesar da variação positiva do VAB. No Grande Confinamento, em 2020, as políticas de mitigação, como o uso do *layoff* simplificado na Construção ou o recurso ao teletrabalho no sector das Atividades Financeiras e de Seguros, operam no sentido de proteger o nível de emprego, que cresce em ambos os sectores; enquanto a queda do nível de emprego no sector do Alojamento e Restauração (–14,8%), que seria certamente superior na ausência de medidas de mitigação, é muito significativa. Em 2021, segundo a fonte *Eurostat/Labour Force Survey* (LFS), o sector da Construção manteve o nível de emprego relativamente estável, com um pequeno decréscimo de 0,5%; o sector das Atividades Financeiras e de Seguros aumentou o nível de emprego em 26%; e no sector do Alojamento e Restauração, apesar da variação positiva do VAB, prosseguiu e acentuou-se a perda de emprego (–21%)[14].

Figura VII.1: Variação anual (%) do emprego (TCO), 2008–2020

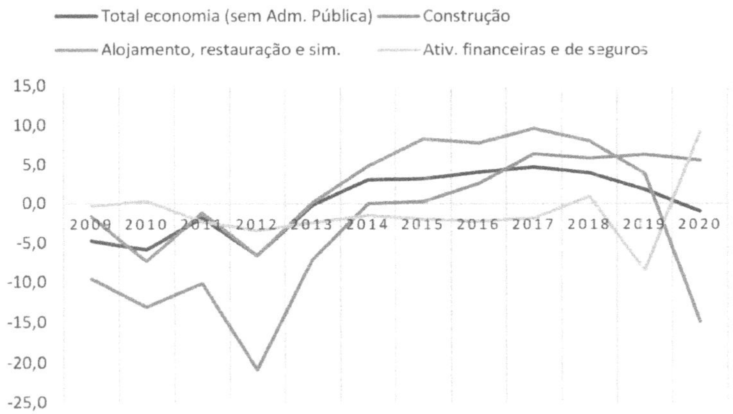

Fonte: GEP/MTSSS, Quadros de Pessoal (2008–2020).

Depois da crise profunda e prolongada da negociação coletiva entre 2011 e 2015, no contexto da intervenção da *troika* e da governação PSD–CDS, a recuperação da negociação coletiva no período *pós-troika* — no sector privado e empresarial do Estado — atinge o seu ponto mais elevado, em 2019, com os salários convencionais a alcançar um crescimento nominal médio de 4,4% e deflacionado de 3,4%, embora o número de trabalhadores abrangidos,

[14] Não estando disponíveis, ao tempo da escrita deste capítulo, os dados do Quadros de Pessoal para 2021, a informação sobre o emprego no segundo ano da pandemia refere-se à Eurostat//Labour Force Survey (LFS). Os dados administrativos sobre o emprego (TCO) produzidos pelos Quadros de Pessoal são mais rigorosos, uma vez que integram as respostas do universo de empresas do sector privado e empresarial do Estado, enquanto a LFS se baseia no Inquérito ao Emprego do Instituto Nacional de Estatística (INE), o qual incide sobre uma amostra de indivíduos residentes em território nacional (em alojamentos familiares).

cerca de 731 000, ainda fique muito aquém dos níveis observados de 2008 a 2011. O Grande Confinamento de 2020 precipitou a desaceleração do crescimento do salário convencional médio nominal para 2,6% (deflacionado 2,3%) e o decréscimo acentuado do número de trabalhadores abrangidos por atualizações salariais em sede de negociação coletiva, incluindo apenas 394 277 trabalhadores, recuando a um nível inferior a 2015. Em 2021, o clima um pouco mais favorável à negociação coletiva — recuperação económica, suspensão da caducidade e escassez de mão de obra em alguns sectores — traduz-se na aceleração do aumento do salário convencional médio que atinge 4,0% em termos nominais e 3,7% em termos reais, aumentando em 43% o número de trabalhadores abrangidos, que atinge 565 183, sem recuperar o nível observado em 2019.

Figura VII.2: Variação média salarial convencional nominal e real[15] e TPCO abrangidos: total da economia (exceto administração pública)

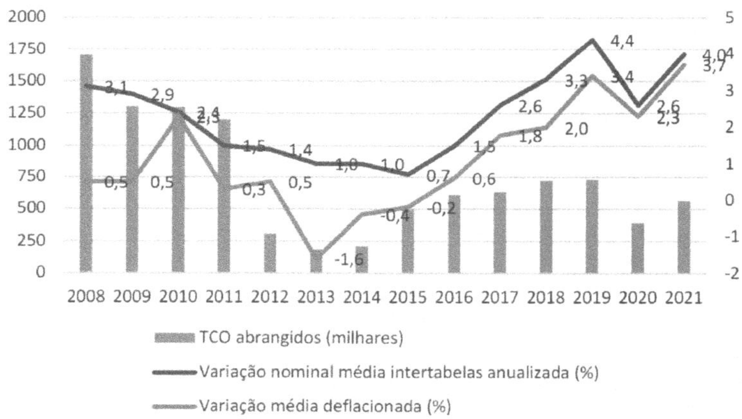

Fonte: DGERT/MTSSS (2008–2022), Variação Média Ponderada Intertabelas — Relatórios publicados. Lisboa. Ministério do Trabalho, Solidariedade e Segurança Social.

[15] Os gráficos apresentados baseiam-se nos cálculos da DGERT sobre a **variação média ponderada intertabelas anualizada, nominal** e **deflacionada.** A **variação média ponderada** corresponde ao aumento salarial médio por cada IRCT em relação à tabela anterior. As **variações médias por atividades** e para o total são calculadas a partir da ponderação destes aumentos salariais com o número de trabalhadores abrangidos por cada um dos IRCT. Sempre que as novas tabelas salariais substituam outras com eficácia superior a doze meses, procede-se à anualização dos respetivos aumentos. Relativamente a cada convenção, a evolução do Índice dos Preços no Consumidor (IPC) é calculada pelo quociente das médias simples dos índices dos doze meses anteriores às datas de início de eficácia das tabelas anteriores e das tabelas vigentes (cf. Ficha Metodológica em DGERT/ MTSSS, Regulamentação Coletiva de Trabalho Publicada no ano 2021, pp. 4).

Esta evolução da negociação coletiva salarial no conjunto da economia (exceto administração pública) refletiu trajetórias diferenciadas ao nível sectorial, tendo em conta as condições económicas e do mercado de trabalho específicas dos sectores, e também, como se verá, as relações coletivas de trabalho e características dos atores sindicais e patronais e as suas estratégias.

VII.3.1.1. A negociação coletiva salarial no sector da Construção

No sector da Construção, a recuperação da negociação coletiva iniciada em 2016 traduz-se na trajetória de crescimento do salário convencional médio, que atinge 4,7% em termos nominais e 3,3% em termos reais em 2018, desacelerando ligeiramente em 2019. O número de trabalhadores abrangidos pelos aumentos salariais convencionais manteve-se quase constante em cinco anos consecutivos, de 2015 a 2019, com uma média anual de cerca de 102 mil trabalhadores abrangidos, muito inferior ao período de 2008 a 2011. O Grande Confinamento de 2020 paralisa a negociação coletiva no sector. Retoma em 2021, ano em que apresenta um aumento médio do salário convencional que atinge os 6,6% em termos nominais e 6,5% em termos reais, mas este aumento abrange apenas cerca de 32 mil trabalhadores.

Figura VII.3 : Variação média salarial convencional nominal e real e TPCO abrangidos: Construção

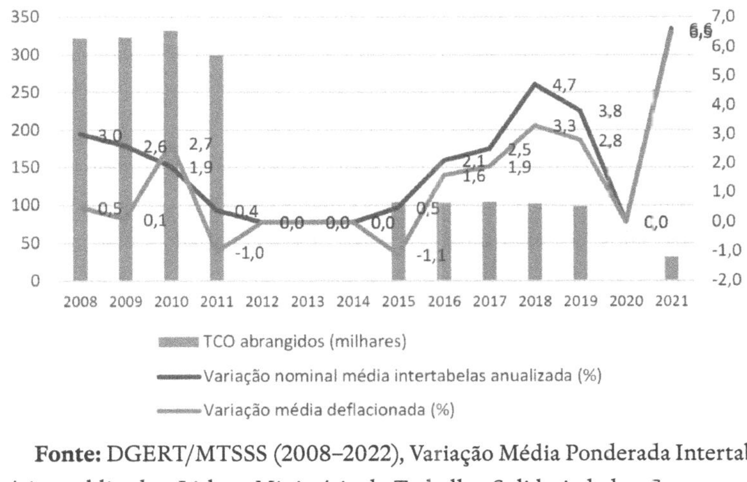

Fonte: DGERT/MTSSS (2008–2022), Variação Média Ponderada Intertabelas — Relatórios publicados. Lisboa. Ministério do Trabalho, Solidariedade e Segurança Social.

VII.3.1.2. A negociação coletiva salarial no sector do Alojamento e Restauração

No sector do Alojamento e Restauração, a recuperação da negociação coletiva arranca verdadeiramente em 2017, com um crescimento do salário convencional médio nominal de 3,5% e real de 2,7%, mantendo sensivelmente esta dinâmica de crescimento até 2019. Em média, cerca de 111 mil trabalhadores são abrangidos pelos aumentos salariais convencionais de 2017 a 2019, ultrapassando em 2018 a cobertura de 2011. O Grande Confinamento de 2020 bloqueia a negociação coletiva no sector, com um aumento nominal de 3,0% e real de 2,5% que apenas abrange cerca de 13 mil trabalhadores; e a débil retoma em 2021 com aumento nominal de 2,7% e real de 2,2% abrange cerca de 36 mil trabalhadores.

Figura VII.4: Variação salarial convencional nominal e real e TPCO abrangidos: Alojamento e Restauração

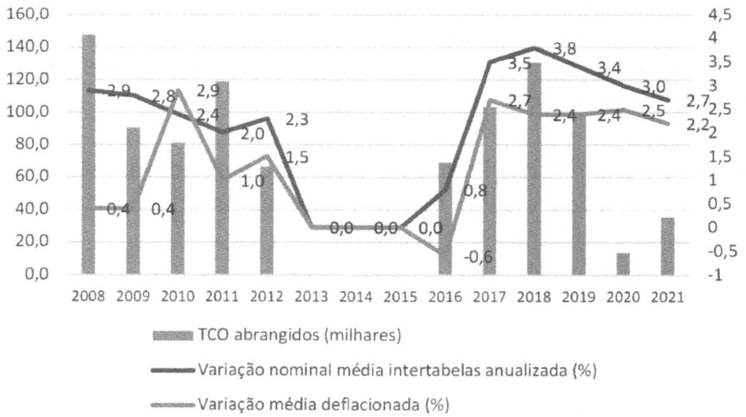

Fonte: DGERT/MTSSS (2008–2022), Variação Média Ponderada Intertabelas — Relatórios publicados. Lisboa. Ministério do Trabalho, Solidariedade e Segurança Social.[16]

[16] DGERT/MTSSS (2022), *Relatório sobre regulamentação coletiva de trabalho publicada no ano de 2021.* Direção-Geral do Emprego e Relações de Trabalho/Ministério do Trabalho, da Solidariedade e da Segurança Social. https://www.dgert.gov.pt/wp-content/uploads/2022/10/Relatorio-anual--RCT-2021-DGERT.pdf.

VII.3.1.2. A negociação coletiva salarial no sector Atividades Financeiras e Seguros

Os aumentos salariais convencionais médios, no sector das Atividades Financeiras e Seguros, corresponderam em termos agregados (Banca e Seguros), desde 2008, a decréscimos reais, numa trajetória descendente que se altera apenas com um aumento real de 1,5%, em 2011, a que se seguem quatro anos de bloqueio da negociação salarial (2012 a 2015). Em 2016, o diminuto aumento nominal em sede de negociação coletiva corresponde a uma variação negativa real, e este vai ser o padrão da negociação salarial e dos seus resultados até 2020, isto é, aumentos nominais diminutos engolidos pela variação dos preços. Em 2021, uma década depois da última atualização salarial com impacto real positivo, o aumento médio nominal em sede da negociação coletiva corresponde apenas a um crescimento real de 0,5%. Por outro lado, os resultados da negociação coletiva salarial desde 2016 abrangem um número muito menor de trabalhadores do que no passado, e mesmo nos melhores anos (2016 e 2020), a cobertura não chega a metade do número de trabalhadores abrangidos em 2008 e em 2011.

Figura VII.5: Variação salarial convencional nominal e real e TPCO abrangidos: Atividades Financeiras e Seguros

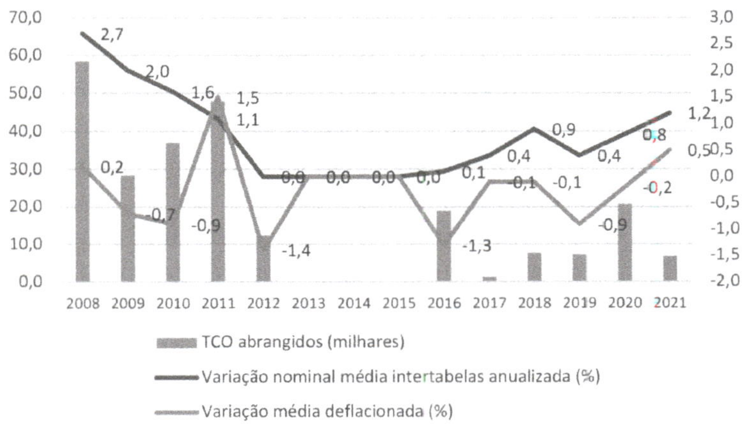

Fonte: DGERT/MTSSS (2008–2022), Variacão Média Ponderada Intertabelas — Relatórios publicados. Lisboa. Ministério do Trabalho, Solidariedade e Segurança Social.

VII.3.2. Atores e dilemas das relações coletivas de trabalho: as estratégias de (re)construção dos termos da negociação coletiva no espaço sectorial

As dinâmicas de negociação coletiva examinadas anteriormente são também determinadas pela configuração de relações coletivas no espaço sectorial. Esta configuração depende das características e dinâmicas associativas dos atores sindicais e patronais, do seu grau de fragmentação e centralização, e da sua abrangência (número de filiados e influência) que, por sua vez, influenciam a estrutura e os níveis de negociação coletiva no espaço sectorial, seja o nível da empresa (Acordo de Empresa, AE), multiempresa (Acordo Coletivo de Trabalho, ACT) ou sector (Contrato Coletivo de Trabalho, CCT), este último envolvendo as associações patronais em representação das empresas. O tipo de associativismo influencia a pluralidade de convenções coletivas observáveis e a estrutura de negociação coletiva, mais ou menos centralizada, sectorial, multiempresa ou de empresa. Além disso, em inúmeros sectores, além da fragmentação associativa de recorte socioprofissional, acresce a fragmentação decorrente do pluralismo sindical entre sindicatos filiados na CGTP *versus* sindicatos filiados na UGT, a qual gerou frequentemente «convenções coletivas paralelas».

A informação sobre a filiação sindical e patronal ao nível sectorial, produzida no âmbito da fonte administrativa Relatório Único/Quadros de Pessoal (GEP/MTSSS), sugere uma evolução negativa do associativismo nos três sectores, na última década (Quadro VII.1). No campo sindical, o declínio da sindicalização, apesar de sobreavaliado, significa um problema crescente de falta de recursos e de capacidade organizativa e de dificuldades no terreno das empresas, limitativas do seu poder em sede da negociação coletiva e de vigilância sobre a sua efetividade[17].

O sector da Construção manteve uma taxa de sindicalização paticamente constante e extremamente baixa, que mal atinge os 3%; enquanto no sector do Alojamento e Restauração, a taxa de sindicalização desceu para metade, de 8,3% para 4,1%. Pese embora a subestimação da dimensão real da

[17] São reconhecidas as limitações desta fonte administrativa quanto ao apuramento do número de sindicalizados (GEP/ MTSSS, *Livro Verde das Relações Laborais 2016*, pp. 306. O apuramento do número de trabalhadores sindicalizados baseia-se na informação reportada pelas empresas que, de modo geral, subavaliam a sua dimensão. Isto porque, na maioria dos sectores e empresas, o desconto da quota sindical não se faz através das entidades patronais, e porque, em numerosas empresas, os trabalhadores continuam a recear revelar a sua filiação sindical, designadamente nos sectores com mais precariedade.

sindicalização, a sua fragilidade mostra a importância crucial da negociação de âmbito sectorial e da extensão das convenções coletivas nestes dois sectores. Acresce que também as associações patronais sofreram erosão nesta década: no primeiro caso, com uma queda da percentagem de empresas filiadas de 17% para 12%; e no segundo caso, com uma queda de 23% para 16%.

O sector das Atividades Financeiras e dos Seguros que, no panorama nacional, constitui praticamente uma exceção quanto ao nível elevado de sindicalização, sofreu uma erosão significativa, com uma queda da taxa de sindicalização de 64% para 52%. Na Banca, a ligação histórica dos sindicatos mais importantes aos Serviços de Assistência Médica e Social (SAMS), não só favoreceu a filiação sindical como favoreceu o escrutínio público da sindicalização. A erosão do associativismo patronal também se manifesta, mas a sua interpretação é mais complexa, uma vez que as relações coletivas de trabalho na Banca e nos Seguros se filiam em tradições distintas, refletindo contrastes na organização patronal e sindical. Na Banca, a Associação Portuguesa de Bancos (APB) nunca se assumiu como patronal com competências de negociação coletiva, deixando aos bancos tal prerrogativa; enquanto nos Seguros, a Associação Portuguesa dos Seguradores (APS) foi, até 2015, a única associação patronal, ano em que se autoextinguiu para se refundar exclusivamente como associação empresarial, afastando deliberadamente competências de negociação coletiva.

Quadro VII.2: Indicadores de filiação sindical e patronal, 2010-2020

TCO Sindicalizados por Atividade Económica (%)	**2010**	**2015**	**2020**
Total economia (exceto administração pública)	**10,6%**	**8,8%**	**7,6%**
Construção	2,9%	2,3%	2,4%
Alojamento e Restauração	8,3%	5,4%	4,1%
Atividades Financeiras e de Seguros	64,0%	56,9%	51,9%
Empresas filiadas em associações de empregadores por Atividade Económica (%)	2010	2015	2020
Total economia (exceto administração pública)	**18,4%**	**18,0%**	**13,3%**
Construção	17,3%	17,3%	11,8%
Alojamento, Restauração e similares	23,0%	20,9%	15,8%
Atividades Financeiras e de Seguros	19,5%	17,4%	12,2%

Fonte: GEP/MTSSS, Relatório Único/Quadros de Pessoal, 2010, 2015 e 2020.

A estrutura de negociação coletiva nos três sectores sofreu algumas alterações importantes, mas mantiveram-se algumas características distintivas (Quadro VII.2). Em 2020, ano mais recente com informação disponível, a distribuição e cobertura dos instrumentos de regulamentação coletiva (IRCT) em vigor — isto é, válidos e não apenas as atualizações — era a seguinte: os CCT de âmbito sectorial abrangiam 95% dos trabalhadores cobertos por IRCT nos sectores da Construção e do Alojamento e Restauração, abrangendo mais de 95% dos trabalhadores cobertos por IRCT nestes sectores; e apenas 10% dos trabalhadores no sector das Atividades Financeiras e Seguros.

Quadro VII.3: TCO abrangidos por tipo de IRCT e não abrangidos por atividade económica, 2020

	N.º de TCO não abrangidos	TCO abrangidos				
		Total	CCT	ACT	AE	PRT/PCT
Total economia (exceto Administração pública)	458 030	2 444 795	2 014 412	118 636	90 179	221 568
Construção	14 599	217 782	207 857	90		9835
Alojamento e Restauração	11 562	202 517	198 957	18	1911	1631
Atividades Financeiras e de Seguros	13 652	61 724	6351	40 200	10 146	5027
	% TCO não abrangidos	%TCO abrangidos				
		Total	CCT	ACT	AE	PRT/PCT
TOTAL	15,8	100,0	82,4	4,9	3,7	9,1
Construção	6,3	100,0	95,4	0,0	0,0	4,5
Alojamento, restauração e similares	5,4	100,0	98,2	0,0	0,9	0,8
Atividades financeiras e de seguros	18,1	100.0	10,3	65,1	16,4	8,1

Fonte: GEP/MTSSS, Relatório Único 2020.

No sector das Atividades Financeiras e de Seguros predominam as convenções multiempresa (ACT) que abrangem perto de 60% dos trabalhadores. É neste sector que se observa a percentagem mais elevada de trabalhadores não abrangidos por qualquer IRCT (18%) e que se verificam as mudanças mais significativas na estrutura da negociação coletiva. A análise desagregada do sector mostra que a mudança mais significativa ocorre nos Seguros (Lagoa e Campos Lima, 2022). Neste subsector, o colapso da negociação sectorial decorrente da autoextinção da associação patronal induz uma trajetória, a partir de 2015, de descentralização, no sentido da negociação multiempresa, patente na elevada percentagem de trabalhadores abrangidos por ACT, convergindo com o padrão de negociação da Banca. Na Banca, porém, a percentagem de trabalhadores abrangidos por ACT desce significativamente, não sendo compensada pela subida do número de trabalhadores abrangidos por AE. Nos dois sectores a percentagem de trabalhadores não abrangidos por IRCT aumenta, mas na Banca esse aumento é muito superior, atingindo 20%. (Quadro VII.3).

Quadro VII.3: Trabalhadores abrangidos por IRCT em vigor segundo tipo de IRCT (%), 2009 e 2019

Sector das Atividades Financeiras e de Seguros	CCT	ACT	AE	PRT	Não abrangidos
2009					
Banca (CAE 64)	0,8	68,2	18,2	7,2	5,6
Seguros (CAE 65)	97,5	0,3	0,0	0,8	1,4
2019					
Banca (CAE 64)	1,6	51,4	20,1	6,8	20,2
Seguros (CAE 65)	7,3	64,2	15,0	3,5	9,9

Fonte: GEP/MTSSS, Quadros de Pessoal, cálculos dos autores.

Apesar da cobertura dos CCT ser superior a 95% nos sectores da Construção e do Alojamento e Restauração, a estrutura da negociação coletiva é muito diferente nos dois sectores, sendo o primeiro muito mais centralizado e menos fragmentado do que o segundo. Em 2020, a Construção regista três CCT em vigor, todos eles subscritos pelas três associações patronais do sector, mas com outorgantes distintos do lado sindical (três organizações sindicais, uma da CGTP e duas das UGT), traduzindo-se em convenções paralelas. A Hotelaria e Restauração regista 19 CCT em vigor, correspondentes a diferentes constelações de outorgantes do lado patronal (cinco associações) e do lado sindical (três organizações sindicais, uma da CGTP e duas das UGT), nuns casos regulando separadamente os sectores do Alojamento e da Restauração, noutros casos abrangendo ambos, de âmbito nacional ou de âmbito regional, contando além de duas grandes associações patronais de âmbito nacional que outorgam separadamente CCT, três de menor escala ou de âmbito regional. Conta ainda 12 acordos de empresa (AE). A complexidade da coordenação da negociação no sector é, por isso, maior e espelha a sua diversidade interna.

VII.3.2.1. O sector da Construção: entre o paralelismo sindical e a caducidade no horizonte

O sector da Construção conta com três associações patronais, a AECOPS, a AICCOPN e a AICE, as quais são outorgantes de dois CCT «paralelos» (abrangendo potencialmente as mesmas categorias de trabalhadores): o CCT outorgado pela FEVICCOM, filiada na CGTP; e o CCT outorgado FETESE//UGT, em representação do SETACCOP e do SITESE. Estes dois sindicatos têm menor representatividade do que a FEVICCOM nas profissões específicas do sector e no terreno das empresas. Expressão da presença desta federação no terreno foi a sua campanha «40 MEDIDAS URGENTES para defender a saúde, os salários, o emprego e os direitos dos trabalhadores da Construção Civil (COVID-19)»[18].

O CCT outorgado pela FEVICCOM/CGTP foi publicado em 2005 (revisão global) e as últimas alterações foram negociadas em 2006, 2007 e 2008[19], isto é, precedendo a crise internacional de 2008 e a entrada em vigor do Código de Trabalho de 2009. Segundo o testemunho dos dirigentes da AECOPS[20], entre 18 de setembro e 17 de dezembro de 2015 decorreram negociações para a revisão do referido CCT, tendo o processo negocial sido concluído sem acordo e os processos de conciliação e mediação subsequentes também terminaram sem acordo. Neste contexto, as três associações patronais do sector (AECOPS, AICCOPN e AICE) requereram junto da DGERT, em 10 de fevereiro de 2017, a publicação do aviso de caducidade e data de cessação da vigência

[18] FEVICCOM (2020), *40 Medidas urgentes para defender a saúde, os salários, o emprego e os direitos dos trabalhadores da CONSTRUÇÃO CIVIL (COVID-19)*. 18 de junho de 2020. http://www.cgtp.pt/accao-e-luta-geral/14301-covid-19-40-medidas-urgentes-para-os-trabalhadores-da-construcao-civil.

[19] *Boletim do Trabalho e Emprego*, n.º 13, de 8 de abril de 2005, com as alterações publicadas nos *Boletins de Trabalho e Emprego*, n.º 25, de 8 de julho de 2006, n.º 24, de 29 de junho de 2007 e n.º 20, de 29 de março de 2008.

[20] *Focus group* REVAL – Testemunho de dirigentes da AECOPS. 16 de novembro de 2021.

do CCT subscrito com a FEVICCOM, o que até à data ainda não ocorreu. Segundo o testemunho da dirigente da FEVICCOM[21] houve a pretensão da parte das associações patronais de introduzir no CCT regimes do Código de Trabalho mais desfavoráveis: introdução de bancos de horas, redução do pagamento do trabalho suplementar, possibilidade de não ser reconhecido vínculo efetivo aos trabalhadores (contratados a prazo de obra para obra). Note-se que o banco de horas nunca foi integrado no clausulado desta convenção.

Pelo contrário, o CCT outorgado pela FETESE/UGT em representação SETACCOP e o SITESE foi sendo negociado e atualizado sucessivamente desde 2015, depois de quatro anos de paralisação da negociação coletiva no sector, datando a última revisão global de 2021[22]. Segundo o testemunho da AECOPS[23], a negociação coletiva alterou o CCT em linha com o Código de Trabalho. Note-se que no CCT de 2015 a cláusula relativa ao banco de horas estipulava que o período normal de trabalho podia ser aumentado até 2 horas diárias e 50 horas semanais, tendo o acréscimo por limite 180 horas por ano, enquanto na revisão de 2021 esse acréscimo passou a ter como limite 200 horas por ano.

A AECOPS refere que em termos formais vigoram no sector da Construção duas convenções, uma vez que a cessação de vigência do CCT com a FEVICCOM ainda não se concretizou. Contudo, na prática, segundo esta associação patronal, as empresas aplicam o CCT subscrito pelos sindicatos afetos à UGT, nomeadamente quanto a matérias de atualizações salariais e atualizações do subsídio de refeição, não fazendo qualquer distinção entre trabalhadores[24].

Note-se, porém, que segundo os Quadros de Pessoal, o número de trabalhadores abrangidos pela atualização salarial convencional em 2019 (cerca 98 654) e em 2021 (cerca de 32 025), representavam, respetivamente, cerca de 42,3% e 13,7% do número de trabalhadores abrangidos por CCT em vigor no sector em 2020 (233 313). De algum modo, a caducidade no horizonte prejudicou a capacidade sindical de negociar realmente para o conjunto do sector.

21 *Focus group* REVAL – Testemunho de dirigente da FEVICCOM. 18 novembro 2021.

22 *Boletim do Trabalho e Emprego*, n.º 37, de 8 de outubro de 2021. Esta revisão global revogou a convenção publicada no Boletim do Trabalho e Emprego, n.º 26, 1ª série, de 15 de julho de 2017, com as alterações publicadas no Boletim do Trabalho e Emprego, n.º 28, de 29 de julho de 2018, e no Boletim do Trabalho e Emprego, n.º 28, de 29 de julho de 2019.

23 *Focus group* REVAL – Testemunho de dirigentes da AECOPS. 16 novembro 2021.

24 *Idem.*

VII.3.2.2. O sector do Alojamento e Restauração: da pluralidade e coexistência prolongada

Em 2020, no sector do Alojamento e Restauração, além de vários acordos de empresa, encontravam-se em vigor nove CCT de *âmbito nacional,* outorgados pela associação patronal AHRESP, correspondendo a três CCT outorgados separadamente com a FESAHT/CGTP, a FETESE/UGT e o SITESE/UGT para cada um dos três subsectores (Restauração, Alojamento e Cantinas); e três CCT de *âmbito nacional* outorgados pela associação patronal APHORT, abrangendo em conjunto a hotelaria e restauração, outorgados separadamente por aquelas organizações sindicais.

Quadro VII.4: CCT de âmbito nacional, em vigor em 2020, outorgados pela AHRESP e pela APHORT — Alojamento, Restauração e Cantinas.

	FESHAT/CGTP	Data publicação tabela salarial (BTE)	N.º TCO	**FETESE/ SITESE/UGT**	Data publicação tabela salarial (BTE)	N.º TCO
AHRESP	Restauração e Similares FESAHT	22.06.19	41 640	Restauração e Similares FETESE	22.01.11 08.06.19	56 064
	Alojamento FESAHT	22.07.19	2391	Alojamento FETESE	15.12.11	3060
				Alojamento SITESE	22.07.19	785
	Cantinas, Refeitórios e Fabrico de refeições FESAHT	08.02.03	821	Cantinas, Refeitórios e Fabrico de refeições FETESE	29.06.10	14 424
				Cantinas, Refeitórios e Fabrico de refeições SITESE	29.11.18	1894

APHORT	Alojamento e Restauração APHORT//FESAHT	22.06.18	13 594	Alojamento e Restauração FETESE	29.10.11	15 003
				Alojamento e Restauração SITESE	29.07.19	1820

Fonte: GEP/MTSSS, Quadros de Pessoal 2020.

No seu testemunho, a AHRESP sublinha a importância da negociação coletiva e da cooperação com os sindicatos, lembrando que foi a única associação de empregadores que fez parte do projeto, com a FESAHT, a CGTP e a CITE, *Revalorizar o Trabalho para Promover a Igualdade*, com enfoque no combate às diferenças salariais baseadas no género. Na perspetiva desta associação patronal, as tabelas mínimas salariais acordadas foram tendo um grande impacto no sector, mas na atualidade já não o têm porque ninguém contrata pelos mínimos da tabela, uma vez que não há trabalhadores disponíveis para trabalhar com base nesses salários. É o mercado que está a funcionar, afirma. A AHRESP sublinha que negocia para três sectores diferentes (Restauração e bebidas, Alojamento turístico e Cantinas/refeitórios), sempre com as duas estruturas sindicais, quer com a FESAHT/CGTP, quer com o SITESE/UGT, acrescentando que os textos das convenções negociadas são praticamente iguais e incluem tabelas salariais idênticas. A exceção é a convenção relativa às Cantinas, outorgada pela FESAHT, com a qual há muitos anos não conseguem concluir atualizações. No geral, consideram que a contratação coletiva tem sido muito dinâmica, com exceção dos dois anos de pandemia em que não houve atualização salarial da maioria das convenções[25].

Com efeito, o número total de trabalhadores abrangidos pela atualização salarial convencional, desce vertiginosamente em 2020, representando apenas cerca 6,5% do número de trabalhadores abrangidos por CCT em vigor (207 042), uma percentagem que sobe para 17,3% em 2021, sendo adiadas as atualizações salariais das convenções mais importantes do sector outorgadas pela AHRESP e pela APHORT.

Segundo o dirigente da FESHAT/CGTP, entre 2013 e 2017, o sector do Turismo disparou e os lucros multiplicaram-se, mas praticamente não houve negociação coletiva. A viragem em termos de atualização salarial dá-se

[25] *Focus group* REVAL – Testemunho de dirigente da AHRESP. 21 de novembro de 2021.

verdadeiramente em 2018. O aumento do salário mínimo contribuiu para essa viragem, mas a maioria dos salários convencionais aproximaram-se dos salários mínimos. As empresas preferem remunerações variáveis, informais, «por fora», a aumentos convencionais que as vinculem. A pressão patronal à mesa das negociações visou condicionar a subida dos salários à retirada de direitos, designadamente no sentido de impor o regime de bancos de horas e a redução da remuneração do trabalho suplementar. Acrescenta que esse tem sido o problema da negociação no subsector das Cantinas, onde o contrato não é revisto desde há vários anos, porque a FESHAT não pode vender os direitos dos trabalhadores[26].

Curiosamente, as convenções da Restauração e do Alojamento outorgadas pela AHRESP mantêm o regime de horas extraordinárias que existia no clausulado antes das modificações legislativas de 2012, quer as subscritas pela organização filiada na CGTP, quer as subscritas pelas organizações filiadas na UGT. Já o regime do banco de horas, cuja implementação depende da negociação coletiva, está inscrito nas convenções coletivas subscritas pela FETESE e SITESE, da UGT, mas não nas convenções outorgadas pela FESHAP. Aparentemente, até aqui, o *modus vivendi* no sector manteve esta dualidade, sem grandes conflitos. O caso da revisão da convenção das Cantinas, subscrita exclusivamente pelo SITESE, rompe com esse equilíbrio.

VII.3.2.3. O sector das Atividades Financeiras e dos Seguros: descentralização e perda de direitos à sombra da ameaça da caducidade

O sector Bancário e o sector dos Seguros constituem dois espaços distintos de regulação no plano da negociação coletiva. Em ambos, a mudança tecnológica e a digitalização participaram do processo contínuo de reestruturação acelerado pela crise financeira de 2008 e a pandemia expandiu o uso do teletrabalho numa escala sem precedentes. Na banca, segundo a APB, o número de trabalhadores decresceu cerca de 10,5 % nos anos da pandemia (2,9 % em 2020 e 6,7% em 2021), correspondendo a uma redução de 3914 trabalhadores[27]. Em contraste, nos Seguros, segundo a APS, o número de trabalhadores aumentou cerca de 4,9% nos dois anos da pandemia (2% em 2020 e 2,9% em 2021)[28].

[26] *Focus group* REVAL – Testemunho de dirigente da FESHAT. 17 de novembro de 2021.

[27] *Síntese dos Indicadores do Sector Bancário* – 1.º Semestre 2022. Associação Portuguesa de Bancos. https://www.apb.pt/content/files/2022.09.30_-_Sintese_de_Indicadores_-_Jun_2022.pdf

[28] *Seguros em Portugal – Principais indicadores*. Associação Portuguesa de Seguradores. https://www.apseguradores.pt/pt/numeros

No subsector dos Seguros, a negociação coletiva centralizada persistiu durante décadas, vigorando até 2012 um único CCT, revisto globalmente em 2008, entre a APS e os sindicatos do sector, isto é, o SINAPSA, sindicato independente próximo da CGTP, e o STAS e o SISEP, ambos filiados na UGT. Em 2012, entrou em vigor um novo CCT, «paralelo», aqui designado por CCT 2012, outorgado pela APS e pelo STAS e SISEP. Este processo ocorreu num quadro de escalada de pressão patronal, jogando com as possibilidades de caducidade unilateral, alargadas em 2009, e com as divergências sindicais sobre a atualização dos conteúdos da convenção. Entre as questões controversas com impacto na valorização do trabalho – que inviabilizaram o apoio do SINAPSA – figuravam a definição de categorias profissionais e a progressão automática por antiguidade, ambas consideradas obsoletas pela APS. Todavia, o CCT 2008 com o SINAPSA manteve-se também em vigor, contrariando a exigência de APS de caducidade unilateral, questão resolvida pelo Supremo Tribunal de Justiça em favor do SINAPSA. No final, a autoextinção da APS como associação patronal, em 26 de novembro de 2015, inviabilizou a renovação do CCT 2008 e do CCT 2012, forçando o processo de descentralização da negociação coletiva nos Seguros[29].

O subsector bancário

Ao longo de décadas, os ACT na Banca, isto é, as convenções coletivas resultando da negociação direta entre grupos de bancos e os sindicatos do sector, funcionaram praticamente como um equivalente funcional de contratação sectorial. As mudanças observadas ao longo do tempo resultaram, até certo ponto, de alguma fragmentação da organização sindical do sector e também da reconfiguração de estratégias de reagrupamento/separação dos bancos signatários dos ACT. A organização sindical na banca conta com os Sindicatos dos Bancários do Norte (SBN), do Centro (SBC) e do Sul e Ilhas (SBSI, atualmente Mais Sindicato), cuja génese é bem anterior ao 25 de Abril de 1974, sendo este último fundador da Intersindical em 1970, e todos eles filiados na UGT. Mais tarde, em 1983, constitui-se o Sindicato Nacional dos Quadros e Técnicos Bancários (SNQTB), um sindicato independente

[29] Mirra, C. (2016). *A contratação coletiva no sector segurador – uma análise crítica*, FEBASE, 14 junho. https://www.mais.pt/atividadesindical/informacao/OnlineFebase/Paginas/Febase_64/contratacaoseguros.aspx; Mirra, C. (2016). *A Portaria de Extensão do ACT de 2016 e a Caducidade do CCT de 2008*, FEBASE, 19 julho. https://www.mais.pt/atividadesindical/informacao/OnlineFebase/Paginas/Febase_65/contratacaoseguros.aspx; SINAPSA (2015). Supremo Tribunal de Justiça confirma validade do CCT 2008, Separata 39, maio 2015.

associando unicamente profissionais com funções técnicas e de enquadramento e, em 2001, constitui-se o Sindicato dos Trabalhadores das Empresas do Grupo CGD (STEC), um sindicato independente, próximo da CGTP e maioritário no Grupo Caixa Geral de Depósitos e, mais recentemente, o Sindicato dos Trabalhadores da Atividade Financeira, SINTAF, filiado na CGTP.

O bloqueio da negociação coletiva neste subsector entre, 2012 e 2016, não resultou das restrições à extensão das convenções coletivas, as quais têm pouco impacto em ACT e AE. A retração patronal prolongada em sede de negociação coletiva coincide com a maior crise da banca portuguesa, a qual, como é sabido, foi muito mais do que uma réplica tardia do terramoto da crise financeira internacional de 2008. Esse tempo de espera contou para uma estratégia de uso da ameaça de caducidade em negociações futuras, colocando os sindicatos em «estado de necessidade». As negociações em 2016 constituem esse momento.

A convenção coletiva do subsector bancário com a maior abrangência — estima-se que abranja 20 empregadores e 7159 trabalhadores — é o ACT, outorgado por um conjunto de instituições bancárias[30], e pela FEBASE, em representação dos sindicatos SBN, SBC e MAIS Sindicato, cuja última alteração e texto consolidado foi publicado em 2021, com referência à revisão global de 2016 (e atualização de 2019)[31]. Nas negociações de 2016, os bancos ameaçaram fazer caducar o ACT na eventualidade de inexistência de acordo entre as partes. Em causa estava a sobrevivência do ACT e dos SAMS, além do fim da concessão do crédito à habitação bonificado aos trabalhadores e a perda de direitos coletivos substituídos pela aplicação estrita do Código de Trabalho. Neste contexto de pressão de elevada intensidade, os sindicatos aceitaram alterações cruciais como o fim das promoções obrigatórias por antiguidade — que constituíam a espinha dorsal do sistema de carreiras — mantendo as promoções por mérito (ao critério de cada instituição)

[30] Abrange o seguinte conjunto de instituições (embora com ressalvas nalguns casos): BNP Paribas e BNP Paribas Lease Group, SA; Banco Santander Totta, SA; Banco BPI, SA e BPI Gestão de Ativos – Sociedade Gestora de Organismos de Investimento Coletivo, SA; Caixabank, SA; Novo Banco, SA; GNB Fundos Mobiliários – Sociedade Gestora de Organismos de Investimento Coletivo, SA; GNB Real Estate – Sociedade Gestora de Organismos de Investimento Coletivo, SA; Novo Banco dos Açores; Haitong Bank, SA; Haitong Capital – SCR, SA; Banco Bilbao Vizcaya Argentaria, SA; IBVSOURCE – Prestação de Serviços Informáticos, ACE; Banco do Brasil, AG; Barclays Bank Ireland Public Limited Company; e Banco de Portugal.

[31] Ver *Boletim do Trabalho e Emprego*, n.º 9, de 11 de fevereiro de 2021; e *Boletim do Trabalho e Emprego*, n.º 29, de 8 de agosto de 2016, com as alterações publicadas no *Boletim do Trabalho e Emprego*, n.º 10, de 15 de março de 2019, e n.º 47, de 22 de dezembro de 2019.

e aumentando a quota obrigatória destas promoções de 15% para 16% por ano; e a alteração do regime de comparticipação patronal para os SAMS, revendo os seus critérios no sentido da sua diminuição — com prejuízo da sua sustentabilidade financeira futura[32]. Além disso, reduziu-se a contribuição devida pela isenção do horário de trabalho.

Como refere o testemunho do Mais Sindicato, os sindicatos negociaram sem sucesso durante cinco anos, desde 2011 a 2016, sob a ameaça da caducidade e num contexto de intensa crise do sector. Estas ameaças, e o uso dos SAMS como arma de arremesso pelas entidades patronais (que os suportam quase na íntegra), levou os sindicatos a abdicar das promoções por antiguidade e a abdicar da retribuição compensatória auferida pela isenção do horário de trabalho (paga por uma hora cerca de 22% e por duas horas 45%), que passou a ser paga a 25% da remuneração-base, embora se tenha conseguido que os trabalhadores com um ganho superior o mantivessem.[33]

VII.4. Atores das relações coletivas de trabalho: Visões sobre as crises e as alternativas no espaço sectorial

VII.4.1. Construção: entre a desvalorização do trabalho e a requalificação do sector

Refletindo sobre as várias crises no sector, o testemunho da AECOPS salienta que o sector da Construção foi o motor do crescimento da economia do país de 1986 a 2002 (envolvendo perto de 600 000 trabalhadores), e que a grande crise emerge a partir de 2002, coincidindo com o fim da convergência da economia portuguesa com a média da UE, resultando numa queda significativa do número de empresas e do volume da produção e uma queda para metade do emprego. A crise financeira de 2008–2011 é uma dupla crise no

[32] Com a entrada em vigor do ACT 2016, a contribuição dos trabalhadores para os SAMS manteve-se inalterada, isto é, 1,5% sobre rendimentos efetivos. Mas a contribuição dos Bancos para os SAMS mudou do regime percentual — pagavam 6,5% sobre a retribuição efetiva dos bancários no ativo e reformados — para um regime de capitação pagando 127,71 € por cada trabalhador no ativo, 88,30 € por cada reformado e 38,21 € por cada pensionista (Cláusula 111 e Anexo VI). Comparado com o regime anterior, o regime de capitação reduziu globalmente o montante pago pelas entidades patronais aos SAMS, reduzindo a sua capacidade e autonomia financeira.

[33] *Focus Group* REVAL – Testemunho de dirigente do MAIS Sindicato (antigo Sindicato dos Bancários do Sul e Ilhas, SBSI). 16 de novembro de 2021.

sector da Construção, porque é um sector que já está endividado e em crise. As políticas de austeridade de 2011, contraindo o investimento, não ajudam na recuperação do sector. Assiste-se à deslocalização das empresas e à saída para o exterior de uma parte dos trabalhadores com essas empresas, e à emigração das pessoas mais novas. A organização económica do sector estrutura-se em torno da subcontratação. A evolução subsequente do sector é marcada por essa viragem.[34]

Na análise da AECOPS, a Construção não estagna no Grande Confinamento de 2020 e é o sector que volta a crescer mais. Há um aumento da procura dirigida ao sector da construção, incluindo da habitação pública, que surge pela primeira vez, e, simultaneamente, o crescimento favorável do residencial privado e do não residencial, porque há uma dinâmica de compra de habitação favorecida pela taxa de juro muito baixa. Em 2021 há uma dinâmica de crescimento e perspetivas de evolução positivas, com grande potencial de crescimento tendo em conta o processo de descarbonização, o Plano de Recuperação e Resiliência e a necessidade de resposta do parque habitacional. A AECOPS identifica três travões/obstáculos: o envelhecimento do sector; a falta de atratividade (é um sector estigmatizado) comparativamente com outros países europeus (com salários mais elevados e outras condições); e o aumento das qualificações da população portuguesa que gera um problema de dificuldade de recrutamento. O recrutamento de trabalhadores migrantes é uma prioridade. Na perspetiva desta associação, estas prioridades exigem respostas no plano da política de qualificações, da política de imigração e, simultaneamente, de uma política de regulação das atividades que não permita que o sector funcione na base da lei da selva. Neste sentido, sublinha que os poderes públicos, a contratação pública e os projetos públicos devem valorizar as boas práticas e, portanto, os bons projetos[35].

O testemunho da FEVICCOM é convergente em três pontos: as crises tiveram um grande impacto na deslocalização de empresas, na emigração dos trabalhadores portugueses e nas formas de organização económica do sector baseadas em relações de subcontratação. Contudo, para a FEVICCOM, a emigração dos trabalhadores portugueses decorreu também do bloqueio da negociação coletiva de 2009 a 2015, que contribuiu para a desvalorização salarial e, depois de 2015, de uma evolução salarial basicamente determinada pela evolução do salário mínimo (que abrange perto de metade dos níveis

[34] *Focus group* REVAL – Testemunho de dirigentes da AECOPS. 16 de novembro de 2021.

[35] *Idem.*

da tabela salarial). Na perspetiva da FEVICOMM este é um sector dual com algumas (poucas) grandes empresas e um conjunto muito grande de pequenas empresas e subempreiteiros (importantes para a sobrevivência das grandes empresas). A subcontratação pesa na dinâmica da negociação coletiva do sector e é propícia à individualização das relações de trabalho, à desumanização e ao empobrecimento das relações laborais. O recurso crescente a trabalhadores imigrantes (asiáticos, principalmente, e antes disso, dos PALOPS e Brasil) e a trabalho não declarado tornam mais ainda mais difícil a organização coletiva, embora com a pandemia se tenha assistido a um aumento da sindicalização, um sinal positivo favorável à negociação coletiva[36].

VII.4.2. O sector do Alojamento e Restauração: impasses e novas ameaças

O testemunho da AHRESP sublinha a grande dinâmica do sector desde 2014 e o seu papel como motor da recuperação da economia. Destaca a especificidade da crise pandémica e dos seus impactos provocando o endividamento, a descapitalização e a falência de empresas, potenciada por uma estrutura empresarial dominada por microempresas, empresas familiares e empresários em nome individual. Segundo a AHRESP, o desenho das medidas de mitigação não teve sempre em conta essa realidade e só muito tardiamente se disponibilizaram apoios para empresários em nome individual sem trabalhadores a cargo. A AHRESP identifica os problemas existentes no final de 2021: aumento do custo das matérias-primas, falta de atratividade do sector e a consequente falta de mão de obra. Enfatizando que os salários efetivamente pagos são superiores aos acordados em negociação coletiva, vinca a necessidade da atualização das tabelas salariais face à colagem ao salário mínimo. Além disso, defende a capacitação dos empresários do sector promovendo a formação (de curta duração e contínua); a melhoria da gestão e organização do trabalho; a valorização das profissões estratégicas do sector através da sua redenominação; e a flexibilização do tempo de trabalho, facilitando horários por turnos. Medidas que na visão da AHRESP poderão contribuir para tornar o sector atrativo. A par destes objetivos, identifica como prioridades: a descida global do IVA para o sector; a descida dos encargos fiscais associados

[36] *Focus group* REVAL – Testemunho de dirigente da FEVICCOM. 18 de novembro de 2021.

aos custos laborais; e a introdução de remunerações variáveis através da avaliação do mérito, pondo fim às promoções automáticas[37].

O testemunho FESAHT/CGTP é apenas coincidente com o da associação patronal em dois pontos: as ajudas do governo no período da pandemia não cobriram todos os trabalhadores e há escassez de mão de obra. Este testemunho destaca que a queda do emprego originada pela crise económica e pelas políticas de austeridade — facilitada pela precariedade — forçou o regresso de vários trabalhadores migrantes aos seus países de origem (Brasil, PALOPS e Europa de Leste). Na perspetiva da FESAHT, a precariedade, os baixos salários resultantes do bloqueio prolongado da negociação coletiva, bem como a degradação das condições de trabalho, são as causas principais da escassez de mão de obra. Quanto às condições de trabalho, os problemas mais críticos referem-se ao trabalho não declarado (cerca de 30% dos trabalhadores do sector, segundo esta federação sindical); à violência patronal, em particular em relação aos trabalhadores migrantes; aos horários muito prolongados de 10 e 12 horas (sem pagamento do trabalho suplementar) e à instabilidade dos horários de trabalho. Alerta que, na pandemia, se assistiu ao regresso de trabalhadores migrantes aos seus países, sem verem os seus direitos reconhecidos (trabalhadores asiáticos). Neste testemunho dá-se também conta dos riscos para o sector da *uberização* do trabalho, uma nova ameaça acentuando a individualização das relações laborais no sector. Insiste-se na necessidade de reconhecimento dos vínculos laborais e na responsabilização das plataformas como entidades patronais no plano laboral e no plano da proteção social[38].

VII.4.3. Banca: a grande regressão e o sobressalto coletivo num horizonte sombrio

Segundo o testemunho do MAIS Sindicato, o sector bancário foi afetado por uma situação de estagnação, declínio da atividade e queda do emprego, desde a recessão de 2008 até à crise pandémica. Num primeiro tempo, o ajustamento deu-se na base de reformas antecipadas negociadas individualmente por mútuo acordo (reforma aos 55 anos e indemnizações elevadas). Num segundo tempo, na base de rescisões supostamente por mútuo acordo,

[37] *Focus group* REVAL – Testemunho de dirigente da AHRESP. 21 de novembro de 2021.

[38] *Focus group* REVAL – Testemunho de dirigente do Sindicato da Hotelaria do Norte/FESHAT. 17 de novembro de 2021.

mas sob ameaça de despedimento coletivo. No Grande Confinamento de 2020, os maiores bancos (BCP e Santander) anunciaram planos de reestruturação prevendo uma enorme redução do número de trabalhadores a ser efetivada num curto período. No caso do BCP (com cerca de 7000 trabalhadores) apontando para a redução de cerca de 1000 trabalhadores, e no caso do Santander (com cerca de 6000 trabalhadores) para uma redução de 1500. Na perspetiva do MAIS Sindicato, a situação é tanto mais conflitual quanto, ao aceitarem rescisões de contratos por mútuo acordo, os trabalhadores iriam ter uma pequeníssima reforma da Segurança Social (em que estão integrados desde 2011)[39].

Esta vaga de anúncio e concretização de despedimentos coletivos na Banca, em plena pandemia, coincidiu paradoxalmente com os sinais de recuperação económica do sector. Muito provavelmente, essa conjugação alimentou a onda de forte contestação e várias ações dos sindicatos: a mobilização dos trabalhadores ao apelo dos sete sindicatos do sector na manifestação junto à Assembleia da República, a 13 julho de 2021; e a greve geral do sector bancário a 1 outubro de 2021 — a primeira greve nacional dos trabalhadores bancários desde 1988 — contra os despedimentos coletivos no Santander e no Banco Comercial Português (BCP).[40]

Segundo o testemunho da dirigente do Mais Sindicato, há ainda um aspecto relevante a considerar: na perceção do público, a redução das atividades de *front office* facilitada pela digitalização e serviços *online*, e a experiência generalizada do teletrabalho no sector que tornou invisíveis os seus trabalhadores durante a pandemia, permitiram que a redução do emprego e os despedimentos na banca aparecessem como resultado de uma espécie de fatalidade determinada pela evolução tecnológica, perceção encorajada pela narrativa patronal. Esta narrativa patronal foi «naturalizando» a supressão de emprego e escondendo a pressão crescente a que estão sujeitos os trabalhadores do sector, designadamente no que diz respeito aos horários de trabalho efetivamente praticados, intensificação dos ritmos de trabalho e precariedade.

[39] *Focus Group* REVAL – Testemunho de dirigente do MAIS Sindicato (antigo Sindicato dos Bancários do Sul e Ilhas, SBSI). 16 de novembro de 2021.

[40] *Jornal de Negócios* (2021). «Bancários manifestam-se hoje frente ao parlamento contra despedimentos na banca». 13 de julho de 2021; *Diário de Notícias* (2021). «Trabalhadores do BCP e do Santander em greve contra despedimentos». 1 de outubro de 2021.

Conclusões e interrogações

Neste capítulo exploraram-se as transformações do quadro legal das relações laborais e da negociação coletiva, em contextos económicos e políticos diferenciados, da Grande Recessão de 2008 ao Grande Confinamento de 2020–2021, identificando continuidades e descontinuidades. Uma parte crucial destas transformações ocorreu no período de intervenção da *troika*, sob fortíssimo condicionamento externo, num contexto de governação à direita que acentuou a deriva neoliberal austeritária. No entanto, da mesma forma que o governo do PS não eliminou, em 2009, os principais mecanismos de erosão da negociação coletiva e fragilização do poder sindical introduzidos pelo Código de Trabalho de 2003 por um governo de direita, também no ciclo de 2015 a 2021, a governação do PS não só os manteve — embora com suspensões temporárias, no caso da caducidade — como deixou praticamente intacto o legado da *troika* quanto aos mecanismos de desvalorização do trabalho de facilitação dos despedimentos, de menor proteção social no desemprego e de redução da compensação do trabalho suplementar. Nem na crise pandémica se ousou remover definitivamente estes obstáculos à valorização do trabalho.

Um problema tanto mais crítico quanto este novo ciclo político, viabilizado na base de compromissos à esquerda, abriu a oportunidade histórica de libertar as relações laborais e a negociação coletiva de tais mecanismos disruptivos de desvalorização do trabalho. Esta persistência constitui o *nó górdio da crise longa da negociação coletiva*, com consequências diretas no poder institucional dos sindicatos e indiretas na sua *capacidade organizacional* e de *mobilização*. Por outro lado, os Acordos Tripartidos, pelo menos na parte em que subscreveram estas medidas, concorreram para a sua legitimação. Isto é, apesar das condições políticas extremamente favoráveis, as constelações de poder e as escolhas feitas no passado bloquearam escolhas estratégicas e cursos de ação alternativos.

A análise exploratória das dinâmicas da negociação coletiva nos três sectores sugere que é esta configuração regressiva que tem permitido à negociação coletiva sob pressão patronal — facilitada pela possibilidade de caducidade unilateral — implementar não só os mecanismos de desvalorização do trabalho previstos na lei como, por exemplo, os bancos de horas (Construção e Alojamento e Restauração), mas também fragilizar ou eliminar os mecanismos próprios de valorização do trabalho existentes nas convenções coletivas, como a estruturação de carreiras, tendo em conta a antiguidade

(Banca e Seguros), as quais permitiam o reconhecimento da experiência profissional e a progressão salarial dos trabalhadores, independentemente dos aumentos salariais. O exame das práticas nos três sectores tem a virtualidade de mostrar as várias formas de utilização da ameaça de caducidade, graus de concretização do seu uso, além da variedade de propósitos. Desde o caso dos Seguros, em que a associação patronal se autoextingue em 2025, para de seguida tentar fazer caducar o CCT 2008 com esse argumento, e inviabilizar a renegociação deste e do CCT 2012, abrindo as portas à descentralização/ /fragmentação da negociação coletiva no sector, ao caso da Construção, com a denúncia pelas associações patronais em 2017 da convenção subscrita pela FEVICCOM, a organização sindical mais representativa do sector, num quadro de paralelismo convencional; à ameaça de caducidade na Banca em 2016 com implicações na perda substancial de direitos dos trabalhadores.

A caducidade unilateral constituiu-se como um instrumento permitindo viabilizar a supressão de convenções coletivas, no sentido de forçar negociações a partir do zero ou marginalizar atores sindicais; e como instrumento de pressão sobre os sindicatos forçando «negociações de concessão», com riscos elevados na perda dos direitos dos trabalhadores. No quadro da divisão e fragmentação sindical e do paralelismo de convenções coletivas, este regime implica riscos acrescidos, encorajando a divisão sindical e facilitando comportamentos «oportunistas», o que contribui para o processo de erosão do próprio **poder organizacional** dos sindicatos e para o **poder de mobilização** dos trabalhadores. Em contextos em que o paralelismo convencional não existe, o risco da caducidade é ainda o de substituir convenções por decisões administrativas colando a regulação do sector ao Código de Trabalho, uma ameaça que esteve presente à mesa das negociações na Banca.

A evolução da dinâmica de negociação coletiva nos sectores da Construção e Alojamento e Restauração mostra o papel positivo do aumento regular do salário mínimo e a emergência do *poder de mercado* dos sindicatos no contexto da escassez de mão de obra nos sectores. Mas a subida significativa do salário médio convencional nominal e real em 2021 abrangeu apenas uma parte dos trabalhadores no sector da Construção, em plena recuperação económica, e uma pequena minoria de trabalhadores no sector do Alojamento e Restauração, atingido por uma crise histórica em 2020. A colagem do salário médio ao salário mínimo, a escassez de mão de obra, a falta de atratividade das profissões e o recurso crescente de trabalho migrante, emergem como temas nos diagnósticos e narrativas sindicais e patronais. Os desafios e prioridades que colocam a uns e a outros são, como se observou, de natureza diferente.

No centro da narrativa sindical em ambos os sectores, a qualificação e atratividade do sector passa pela valorização do trabalho que, por sua vez, exige o combate à precariedade laboral, a valorização salarial e das condições de trabalho em sede da negociação coletiva, a revogação da caducidade unilateral e do legado da *troika* em matéria de legislação sobre despedimentos e a remuneração do trabalho extraordinário. As narrativas patronais convergem entre si quanto à necessidade de qualificação da gestão e da organização do trabalho e prioridade no recrutamento e na qualificação de trabalhadores migrantes, a par de tornar mais atraentes as profissões, ultrapassando estigmas. Não contrariando a necessidade de uma valorização salarial significativa, não evidenciam que essa seja a prioridade da negociação coletiva, afirmando que, em geral, os salários praticados pelas empresas estão acima dos salários convencionais. De algum modo, a experiência destes sectores sugere uma abordagem patronal minimalista da negociação coletiva, garantindo a liberdade de ajustamento pelas empresas em função das condições de mercado.

Finalmente, no sector da Banca, as implicações da viragem de 2016 estão longe de estar avaliadas, quer em termos do efeito da eliminação da antiguidade na progressão das carreiras na evolução dos salários médios, quer em termos do subfinanciamento dos SAMS pelo declínio da contribuição patronal. Por outro lado, a vaga de despedimentos coletivos no final da pandemia, a contraciclo da recuperação económica do sector, e a mobilização dos trabalhadores bancários ao apelo de todos os sindicatos, independentemente da sua filiação, justifica uma atenção particular. Este ganho de visibilidade como coletivo é crucial para recuperar poder sindical. E é crucial para revelar os problemas dos trabalhadores do sector, ocultados pela narrativa patronal ao justificar os despedimentos com base na crise económica e no determinismo tecnológico.

REFERÊNCIAS BIBLIOGRÁFICAS

Almeida, J. R. (2021). «À saída da pandemia: precariedade, baixos salários e estagnação», *Barómetro das Crises* n.º 24, 2 de dezembro 2021. Observatório sobre Crise e Alternativas.

Almeida, J. R., Silva, A. A. e Caldas, J. C. (2020). «Na periferia do emprego: o desemprego e o imperativo da proteção sociolaboral». Em Reis, J. (coord.). *Como reorganizar um país vulnerável?*. Conjuntura Actual Editora: pp. 175–226.

Amable, B. (2016a). «Institutional complementarities in the dynamic comparative analysis of capitalism». *Journal of Institutional Economics*, 12 (1): pp. 79–103.

Amable, B. (2016b). «The political economy of the neoliberal transformation of French industrial relations». *ILR Review*, 69(3): pp. 523–550.

Amable, B. (2011). «Morals and politics in the ideology of Neo-liberalism», *Socio-Economic Review*, 9, pp. 3–30.

Baccaro, L. e Benassi, C (2017). «Throwing out the ballast: growth models and the liberalization of German industrial relations». *Socio-Economic Review*, Vol. 15 (1): pp. 85–115.

Caldas, J. C. (2020). «Singularidades da Crise covid-19 e (Des)adequação das Respostas». *Covid-19: Sair da Crise — Emprego, Apoios Sociais e Saúde.* Conselho Económico e Social, pp. 109–118.

Caldas, J. C., Silva, A. A. e Cantante, F. (2020). «As consequências socioeconómicas da covid-19 e sua desigual distribuição». Lisboa: CoLABOR.

Caleiras, J., e Carmo, R. M. (2022). «A articulação das políticas de emprego e de proteção em Portugal: cinco décadas de movimentos nem sempre virtuosos». CoLABOR. Disponível em: https://colabor.pt/wp-content/uploads/2022/06/A-articulacao-das-politicas-de-emprego-e-de-protecao-em-Portugal.-Cinco-decadas-de-movimentos-nem-sempre-virtuosos..pdf

Campos Lima, M. P. (2015) «A reconfiguração do regime de emprego e de relações laborais em Portugal na ótica liberal». Em *Cadernos do Observatório #5,* Observatório sobre Crises e Alternativas, Centro de Estudos Sociais da Universidade de Coimbra.

Campos Lima, M. P. (2019). «Portugal: reforms and the turn to neoliberal austerity». Em T. Müller, K. Vandaele and J. Waddington T. (eds.). *Collective Bargaining in Europe: towards an endgame,* Volume III. Brussels: ETUI, pp. 483–505.

Campos Lima, M. P. (2021). «Reconfiguring labour market and CB institutions in Portugal: turning the page on internal devaluation mechanisms?». Em Santos, A. C. e Teles, N. (eds.). *Financialisation in the European Periphery: Work and Social Reproduction in Portugal.* Londres: Routledge, pp. 103–126.

Campos Lima, M. P. e Carrilho P. (2021). «Portugal: Working Life in Covid-19 Pandemic 2020». Eurofound. Disponível em: https://www.eurofound.europa.eu/sites/default/files/wpef21028.pdf

Campos Lima, M. P. e Carrilho P. (2022). «Portugal: Working Life in Covid-19 Pandemic 2021», Eurofound. Disponível em: https://www.eurofound.europa.eu/sites/default/files/wpef22024.pdf

Campos Lima, M. P. e Martín Artiles, A. (2011). «Crisis and Trade union challenges in Portugal and Spain: between general strikes and social pacts». *Transfer*, 17 (3): pp. 387–402.

Campos Lima, M. P. e Martín Artiles, A. (2014). «Descontentamento na Europa em tempos de austeridade: Da ação coletiva à participação individual no protesto social». *Revista Crítica de Ciências Sociais*, 103: pp. 137–172.

Campos Lima, M. P., Martins, D., Costa, A. e Velez, A. (2022). «Desvalorização interna e desigualdade económica em Portugal: desafios às relações laborais em tempos de crise e recuperação». Em Campos Lima, M.P. e Caldas, J. M. (eds.). (2023). *A Persistência da Desvalorização do Trabalho e a Urgência da sua Revalorização*. Almedina.

Campos Lima, M. P. e Naumann, R. (2011). «Portugal: From broad strategic pacts to policy-specific agreements». Em Avdagic, S., Rhodes, M. e Visser, J. (eds.). *Social Pacts in Europe: Emergence, Evolution, and Institutionalization*. Oxford: Oxford University Press. pp. 147–174.

Campos Lima, M. P. e Perísta, H. (2020). «Country report: Portugal», *NEWEFIN: New Employment Forms and Challenges to Industrial Relations*, University of Amsterdam/AIAS–HSI, European Commission, Reference VS/2018/0046.

Costa, A. e Caldas, J. C. (2014). «A União Europeia e Portugal entre os resgates bancários e a austeridade: um mapa das políticas e das medidas». Em Reis J. (ed.). *A Economia Política do Retrocesso. Crise, Causas e Objectivos*. Lisboa, Portugal: Almedina, pp. 72–107.

Costa, H. A., Estanque, E., Fonseca, D. e Silva, M. C. (2020). *Poderes Sindicais em Debate — Desafios e Oportunidades na Autoeuropa, TAP e PT/Altice*. Lisboa, Portugal: Almedina.

Crouch, C. (2022). «Reflections on the COVID moment and life beyond neoliberalism». *Transfer*, 28 (1): pp. 31–47.

De Grauwe, P. e Ji, Y. (2020). «A tale of three depressions». *Vox EU CEPS Policy Portal*. Disponível em: https://cepr.org/voxeu/columns/tale-three-depressions (acedido 15 outubro 2022).

DGERT/MTSSS (2022). *Relatório sobre Regulamentação Coletiva de Trabalho Publicada no Ano de 2021*. Direção-Geral do Emprego e Relações de Trabalho/Ministério do Trabalho, da Solidariedade e da Segurança Social. Disponível em: https://www.dgert.gov.pt/wp-content/uploads/2022/10/Relatorio-anual-RCT-2021-DGERT.pdf

Drago, A. (2021). «Turismo e pandemia: as fragilidades da internacionalização sitiada da economia portuguesa». *Cadernos do Observatório #16*. Observatório sobre Crises e Alternativas.

Ebbinghaus, B. e Lehner, L. (2022). «Cui bono — business or labour? Job retention policies during the covid-19 pandemic in Europe». *Transfer*, 28 (1): pp. 47–65.

Ferreira, A. C. e Pureza, J. M. (2013). «Estado de Direito ou Estado de Exceção: A justiça constitucional face ao questionamento do Estado Social». Em *A Anatomia da Crise: Identificar os problemas para construir as alternativas*, CES/Observatório sobre Crises e Alternativas.

GEP/MTSSS (2022). *Livro Verde sobre o Futuro do Trabalho*. Gabinete de Estratégia e Planeamento/Ministério do Trabalho, da Solidariedade e da Segurança Social.

Gomes, J. M. V. (2010). «O Código do Trabalho de 2009 e a promoção da desfiliação sindical». Em *Novos Estudos de Direito do Trabalho*. Coimbra: Wolters Kluwer.

Johnston, A. e Regan, A. (2017). «Introduction: Is the European Union Capable of Integrating Diverse Models of Capitalism?», *New Political Economy*. DOI:10.1080/13563467.2017.1370442

Koukiadaki, A., Távora, I. e Martínez Lucio, M. (2016). «Joint regulation and labour market policy in Europe during the crisis: a seven-country comparison». Em Koukiadaki, A., Távora, I. e Martínez Lucio, M. (eds.). *Joint Regulation and Labour Market Policy in Europe during the Crisis*. Bruxelas: ETUI, pp. 7–135.

Lagoa, S. e Campos Lima, M. P. (2022). «Crise, recuperação económica e mudança institucional: a reconfiguração das práticas salariais e das relações laborais ao nível sectorial». Em Campos Lima, M. P. e Caldas, J. M. (Eds.). *A Persistência da Desvalorização do Trabalho e a Urgência da sua Revalorização*, Almedina (neste livro, capítulo III).

Lehndorff, S., Dribbusch, H. e Schulten, T. (2017). «European Trade unions in a time of crisis — an overview». Em Lehndorff, S., Dribbusch, H. e Schulten, T. (eds.). *Rough Waters — European trade unions in a time of crisis*. Bruxelas: ETUI, pp. 7–37.

Leite, J., Costa, H. C., Silva, M. C. e Almeida, J. R. (2014). «Austeridade, reformas laborais e desvalorização do trabalho». Em Reis, J. (org.). *A Economia Política do Retrocesso — Crise, Causas e Objetivos. Observatório sobre Crises e Alternativas*. Coimbra: CES/Almedina.

Marques, P. e Fonseca, D. (2022). «As reformas laborais em Portugal e Espanha entre 1975 e 2019: Porque é que a configuração de partidos de esquerda e confederações sindicais é importante?» Em Campos Lima, M.P. e Caldas, J. M. (eds.). *A Persistência da Desvalorização do Trabalho e a Urgência da sua Revalorização*. Almedina (neste livro, capítulo VI).

Natali, D. (2022). «Covid-19 and the opportunity to change the neoliberal agenda: evidence from socio-employment policy responses across Europe». *Transfer*, 28 (1): pp. 15–30.

Naumann R. (2014). «Collective bargaining in Portugal: Study on the survival of contracts that are expired but not renewed». ICF GHK, European Commission, DG Employment, Social Affairs and Inclusion.

Pochet, P. (2022). «From one crisis to another: changes in the governance of the Economic and Monetary Union». *Transfer*, 28 (1): pp. 119–135.

Reis, J., Drago, A. e Almeida, J. R. (2022). «Especialização produtiva e Salários: Propostas para Qualificar Portugal». *Gulbenkian Briefs #03.* Fundação Calouste Gulbenkian. Centro de Estudos Sociais da Universidade de Coimbra. Observatório sobre Crise e Alternativas.

Silva, P. A., Carmo, R. M., Cantante, F., Cruz, C. M., Estêvão, P., Manso, L. e Pereira, T. S. (2020). «Trabalho e desigualdades no Grande Confinamento. Perdas de rendimento e transição para o teletrabalho». *Estudos CoLABOR,* n.º 2. CoLABOR.

Silver, B. J. (2003). *Forces of Labour: workers' movements and globalization since 1870.* Cambridge: Cambridge University Press.

Távora, I. e González, P. (2014). «The reform of joint regulation and labour market policy during the current crisis: national report on Portugal». Em Koukiadaki, A., Távora, I. e Martínez Lucio, M. (eds.). *Joint Regulation and Labour Market Policy in Europe during the Crisis.* Bruxelas: ETUI, pp. 321–393.

Teles, N. (2022). «Pandemia, crise económica e o novo papel do Estado», *Revista Crítica de Ciências Sociais.* 128: pp. 15–38.

Teles, N., Caldas, J. C. e Martins D. (2022). «Financeirização, trabalho e mudança estrutural: o caso da desvalorização interna em Portugal». Em Campos Lima, M. P. e Caldas J. C. (eds.). *A Persistência da Desvalorização do Trabalho e a Urgência da sua Revalorização.* Almedina (neste livro, capítulo I).

Visser, J. (1996). «Traditions and transitions in industrial relations: a European view». Em Ruysseveldt, J. e Visser, J. (eds.). *Industrial Relations in Europe,* Londres: Sage Publications, pp. 1–42.

Waddington, J., Müller, T. e Vandaele, K. (2019). «Setting the scene: collective bargaining under neoliberalism». Em Müller, T., Vandaele, K. e Waddington, J. (eds.). *Collective Bargaining in Europe: towards an endgame,* Bruxelas: ETUI.

CAPÍTULO VIII
TECNOLOGIA E TRABALHO NO SÉCULO XXI: UMA PROPOSTA DE ABORDAGEM[1]

Nuno Teles[2] e José Castro Caldas[3]

VIII.1. Agora é diferente! ...outra vez?

A controvérsia acerca dos efeitos da evolução tecnológica no emprego, nos salários e no trabalho tem origens remotas nos primórdios da Revolução Industrial. As posições em confronto oscilavam entre a ideia de que a mecanização iria necessariamente destruir o emprego e pressionar os salários no sentido da descida, e o pensamento contrário, segundo o qual, enquanto fonte de ganhos de produtividade, as máquinas elevariam a produtividade e os salários, proporcionando mais procura e, portanto, mais emprego (Caldas e Teles, 2019).

A experiência dos séculos XIX e XX mostrou que os argumentos que apontavam para a «compensação» dos empregos destruídos pela criação de novos empregos eram válidos em termos gerais e remeteu para o esquecimento, ou para as obras de ficção, a conjetura da progressiva destruição do emprego pela tecnologia.

Não obstante, com a recente emergência da Robótica e da Inteligência Artificial, a antevisão de uma destruição massiva de emprego causada por uma vaga de inovações tecnológicas regressou ao espaço público, promovida de forma mais ou menos entusiástica por instituições internacionais influentes, como o Fórum Económico Mundial (2016), a Organização Internacional do Trabalho (2015) ou a Organização para a Cooperação e Desenvolvimento Económico (2017).

[1] Texto original publicado em 2019, em *Cadernos do Observatório* #12, Observatório sobre as Crises e as Alternativas; Centro de Estudos Sociais da Universidade de Coimbra.

[2] Faculdade de Economia, Universidade Federal da Bahia (UFBA).

[3] Centro de Estudos Sociais (CES), Universidade de Coimbra.

A emergência desta narrativa catastrofista, centrada na destruição maciça de postos de trabalho pelas novas tecnologias, ocorreu num contexto de prolongada crise económica internacional, causada pela implosão financeira ocorrida entre 2008 e 2012, primeiro nos Estados Unidos e, em seguida, na União Europeia. Nesse contexto, ao disseminarem o discurso do «fim do trabalho», as instituições internacionais estavam a anunciar um futuro que não se distinguiria muito do presente. Sugeriam que o desemprego se instalara para ficar, não como consequência de políticas erradas ou de práticas financeiras inaceitáveis, mas como uma inevitabilidade resultante de um progresso tecnológico que não poderia, nem deveria, ser entravado por políticas de proteção do emprego. Curiosamente, já na primeira metade dos anos 1990 o tema do «fim do trabalho» havia emergido num período de elevado desemprego pós-recessão. Nessa altura, autores norte-americanos como Jeremy Rifkin (1995) anunciavam uma «nova economia» digital caracterizada pelo desemprego tecnológico maciço[4]. Este discurso foi esquecido nos EUA na decorrência do crescimento do emprego na segunda metade dos anos 1990, mas perdurou na Europa dado o atraso na recuperação no ciclo económico dessa época, conhecido como «eurosclerose».

Recentemente, as mesmas organizações que promoveram a narrativa do «fim do trabalho» têm vindo a moderá-la com antevisões que associam às novas tecnologias a criação líquida de emprego (Fórum Económico Mundial, 2018; Banco Mundial, 2019). Esta deslocação é porventura produto da perceção de que o pessimismo quanto aos efeitos das tecnologias no emprego, combinado com a revelação de efeitos deletérios não antecipados da digitalização e da conectividade (nomeadamente das redes sociais), poderia alimentar movimentos de resistência à inovação tecnológica considerados indesejáveis. No entanto, apesar da evolução das narrativas das organizações internacionais acima referidas quanto à antecipação das consequências das tecnologias no nível agregado de emprego, existem aspectos característicos destas abordagens que se mantêm constantes, de entre os quais se destacam os seguintes.

Em primeiro lugar, a amálgama analítica entre as práticas de prestação do trabalho precarizado, presentes um pouco por todo o mundo através de plataformas digitais ditas colaborativas, como a Uber ou o Airbnb, e os efeitos da robotização e da Inteligência Artificial no emprego. Nesta amálgama, o trabalho regulado nos seus tempos, na remuneração e, sobretudo, na sua prestação aparece como anacrónico, destinado a desaparecer entre a ameaça

[4] Ver Henwood (2004) para uma análise crítica da literatura sobre a «Nova Economia» dos anos 1990.

do desemprego de massas e as modalidades precárias da sua prestação. O desemprego, a precariedade e as baixas remunerações seriam um novo normal contra o qual o poder político nada poderia fazer sob pena de estancar ou reverter o progresso tecnológico.

Em segundo lugar, a descrição da atual vaga tecnológica como uma revolução com ganhadores e perdedores. Entre os perdedores contar-se-iam os detentores de competências associadas a tarefas de rotina e, entre os vencedores, os que detêm capacidades de criatividade, originalidade, pensamento crítico, persuasão e negociação, etc. (Fórum Económico Mundial, 2018).

Em terceiro lugar, a ideia de que o objetivo do pleno emprego não se coaduna com as exigências do novo mundo digital, restando como referencial das políticas, por um lado, o apoio aos indivíduos na substituição de competências obsoletas por outras mais adaptadas aos requisitos das tecnologias e, por outro, a compensação dos «perdedores» da transição tecnológica e do emprego — através de apoios sociais desligados do trabalho, como o Rendimento Básico Incondicional (RBI) ou qualquer modalidade semelhante de prestação social. No mais recente relatório do Banco Mundial (2019), o reforço de garantias sociais mínimas e uma proteção social desligada do trabalho são apresentados como condições para um mercado de trabalho flexível que consiga responder às mudanças determinadas pelas novas tecnologias.

Em quarto lugar, o determinismo tecnológico, isto é, a conceção da inovação como um processo exógeno, independente das circunstâncias sociais da produção, das instituições e dos valores sociais; um processo que segue uma senda determinada pela investigação e a descoberta, a que os indivíduos e as organizações se devem adaptar sob pena de sucumbir ou abdicar de um progresso que acabaria por beneficiar as gerações futuras.

O presente capítulo questiona os fundamentos das narrativas mais correntes acerca do «futuro do trabalho». Mostra, na primeira secção, que o debate académico sobre os ritmos, a direção e os impactos da inovação tecnológica sobre o emprego e o trabalho está longe de ser conclusivo. Rejeitando exercícios especulativos, procura distinguir profecias de automação total de transformações tecnológicas que já reorganizam a forma como o trabalho é prestado. A segunda secção, depois de passar em revista abordagens convencionais da inovação e da tecnologia na teoria económica, convoca contributos da economia política marxista que enfatizam o papel instrumental da tecnologia para o controlo do trabalho e para a sua desqualificação, como os de Andreas Malm (2016) e de Harry Braverman (1998 [1974]).

Argumenta-se na terceira secção que, em mercados capturados por um punhado de empresas tecnológicas financeirizadas, o incentivo à inovação radical, promotora de ganhos significativos de produtividade, é diminuto, tendendo a ser substituído por inovações de produto incrementais e pela reestruturação do trabalho. Este processo torna-se particularmente visível na emergência das plataformas digitais monopolistas, ditas colaborativas, cuja principal inovação se encontra na promoção de novas formas de desqualificação e de desvalorização do trabalho.

Finalmente, a conclusão sintetiza os diferentes contributos apresentados, entendidos como condição analítica para uma abordagem dos impactos tecnológicos que, não sendo centrada em antecipações acerca dos impactos incertos no emprego, enfatize as consequências realmente experimentadas no processo de trabalho e no trabalhador, recuperando, ao mesmo tempo, a dimensão política para o centro de debate.

VIII.2. Fim do emprego ou fim da inovação?

VIII.2.1. Destruição do emprego

A antecipação de uma eminente transformação radical no mundo do trabalho fundamenta-se sobretudo nos mais recentes desenvolvimentos tecnológicos no domínio da Robótica e da Inteligência Artificial, entendidos como uma «Quarta Revolução Industrial». Ao contrário das anteriores «revoluções» tecnológicas, esta última teria, segundo as versões mais difundidas do «fim do trabalho», características particulares que resultariam numa diminuição considerável do nível de emprego em todo o mundo.

A literatura sobre destruição tecnológica do emprego tem o seu momento seminal num trabalho de Frey e Osborne (2013) que, depois de citado recorrentemente na imprensa internacional, foi atualizado em 2016 (Frey *et al.*, 2016). Na análise de 2013 são escrutinadas 701 ocupações profissionais. Os autores afirmam que, nos EUA, 45% destas ocupações estão em risco de ser substituídas por máquinas nos próximos 20 anos, graças a avanços no campo da Inteligência Artificial (*Data Mining, Machine Vision, Computational Statistics*) que permitem uma automatização inédita de tarefas não repetitivas. Esta percentagem sobe para 69% na Índia e para 77% na China.

Ainda que reconheçam que a relação entre tecnologia e emprego não é unívoca, invocando para tal os argumentos clássicos da «teoria da compensação»

(Piva e Vivarelli, 2017), nomeadamente o efeito do aumento da produtividade na criação de novos mercados e o embaratecimento de produtos dos mercados tradicionais, Frey e Osborne (2013) acreditam que a capacidade de aprendizagem incorporada em máquinas, tornada possível pela Inteligência Artificial, estaria a comprometer os mecanismos de «compensação» anteriormente vigentes, que pressupõem a existência de competências humanas únicas não suscetíveis de automação.

Na mesma senda, Martin Ford (2016) defende que a emergência da automação através da Robótica permite não só a substituição de trabalho por máquinas na indústria, onde tal substituição se tem verificado tradicionalmente, como também no sector que mais trabalho tem absorvido — os serviços. Atualmente, já existe tecnologia disponível para a substituição de trabalhadores nos sectores da restauração (metade das tarefas de um restaurante de comida rápida pode ser executado por robôs) ou no comércio retalhista (as caixas automáticas). Mais uma vez, é argumentado que não são só os empregos caracterizados por trabalho repetitivo, pouco qualificado e fisicamente exigente que estão ameaçados pela inovação tecnológica; a Inteligência Artificial permite a substituição de trabalho em tarefas entendidas como qualificadas. Atividades como a assistência jurídica ou o jornalismo são alguns dos exemplos oferecidos. As máquinas já conseguem analisar e interpretar documentos legais e escrever artigos simples de informação financeira ou desportiva. Ford prevê ainda que sectores como o ensino superior ou a saúde, fortemente dependentes de trabalho qualificado (e bem pago), possam ser completamente transformados pelas tecnologias da informação num futuro próximo, o que se traduziria na destruição massiva de emprego nestes dois sectores — até aqui relativamente imunes à substituição de trabalho por máquinas.

VIII.2.2. Inovação? Que inovação?

Devido ao natural fascínio que as novas tecnologias sempre exerceram e às possibilidades de ficção científica anunciadas, o espaço público é hoje dominado por antecipações de um futuro radioso (ou tenebroso) eminente. No entanto, o debate académico, sobretudo entre os economistas, está curiosamente hegemonizado por análises bem mais céticas quanto ao tipo de inovação tecnológica que efetivamente está a ocorrer e aos seus impactos no crescimento económico futuro.

Na sequência da maior crise económica internacional desde a Grande Depressão, economistas como Tyler Cowen (2011) ou Lawrence Summers (2016) argumentam mesmo que o ritmo de inovação tecnológica das economias mais desenvolvidas, nomeadamente a norte-americana, tem diminuído e antecipam um longo período de estagnação da produtividade e do crescimento económico que, recuperando um conceito dos anos 30 do século passado, elaborado pelo economista Alvin Hansen (Backhouse e Boianovsky, 2016), designam de estagnação secular.

Os trabalhos de Cowen e Summers encontram respaldo na análise de história económica desenvolvida por Robert Gordon (2016), culminada com a publicação do seu campeão de vendas *The Rise and Fall of American Economic Growth*, no qual a evolução da economia e as transformações tecnológicas nos EUA, desde 1870 até à atualidade, são analisadas ao pormenor.

Segundo Gordon, o extraordinário crescimento económico durante o século XX teria configurado uma anomalia histórica, sendo produto de uma combinação fortuita de um conjunto de inovações tecnológicas transformadoras da produção e do modo de vida norte-americano, ocorrida na transição do século XIX para o século XX. A coincidência histórica do motor de combustão, da eletrificação, dos antibióticos e de outras inovações teria permitido um aumento exponencial da produtividade. O efeito agregado teria sido uma aceleração do investimento e do consumo e, consequentemente, do crescimento económico e do emprego. Por exemplo, o surgimento da «casa em rede» — em que a casa se encontra ligada a várias redes que são, elas próprias, resultado da introdução de inovações como a eletricidade, o saneamento, o transporte automóvel ou a telefonia — teria mobilizado um enorme esforço de investimento em sectores intensivos em capital. O contexto de forte intervenção estatal dos anos 1930 e 1940, o investimento público, o alargamento de serviços públicos e a crescente organização da classe operária através dos sindicatos teriam, igualmente, possibilitado uma valorização salarial real generalizada que obrigaria à partilha dos ganhos de produtividade, resultando numa procura agregada sustentada nas décadas do pós-guerra. As décadas mais recentes viriam a ser marcadas por inovações sobretudo incrementais, e não tanto radicais, equivalentes às do início do século XX no seu potencial de transformação da vida quotidiana.

As tecnologias de informação e comunicação são apresentadas por Gordon como uma exceção. Contudo, embora tenham mudado drasticamente os nossos hábitos de entretenimento e de comunicação, não têm produzido grandes efeitos no aumento da produtividade do trabalho. O abrandamento da produtividade na economia norte-americana nos últimos anos é evocado como prova de que a robotização, a Inteligência Artificial ou a impressão 3D têm um potencial produtivo restrito, ou porque enfrentam ainda consideráveis problemas tecnológicos (os robôs) ou porque têm um alcance limitado sobretudo ao *marketing* (a Inteligência Artificial)[5]. Finalmente, Gordon apresenta um conjunto de «ventos contrários» que dificultarão o crescimento futuro da produtividade dos fatores e da economia norte-americana: um sistema educativo em declínio, o envelhecimento da população, a dívida pública ou a crescente desigualdade de rendimento, sendo de notar que este último fenómeno tem sido objeto de animado debate entre economistas no que toca às eventuais responsabilidades do desenvolvimento tecnológico recente[6].

VIII.2.3. Do futuro para o presente

O atual debate tem o mérito de relembrar que a inovação tecnológica, independentemente da avaliação, positiva ou negativa, feita da tecnologia em si mesma em termos de produtividade ou eficiência, tem, ou pode ter, impactos não negligenciáveis no emprego e nos processos de trabalho que não podem deixar de ser considerados. Contudo, a discussão da implicação

[5] Os problemas de adoção de robôs que substituem trabalho humano têm sido revelados por notícias que dão conta de ruturas de produção nas fábricas mais robotizadas, como tem acontecido na produtora de automóveis Tesla (Gibbs, 2018), e da necessidade de integrar trabalho humano juntamente com robôs (Pooler, 2017).

[6] Se a literatura sobre o «futuro do trabalho» tem ganhado relevância sobretudo graças às suas previsões sobre a potencial destruição de emprego, desde o início dos anos 2000 surgiu uma outra que procura encontrar na inovação tecnológica a causa para a crescente desigualdade de rendimento [ver, por exemplo, Acemoglu e Autor (2011, 2012) e Brynjofsson e Macfee (2014)]. Segundo o argumento tecnológico, a adoção das tecnologias de informação e comunicação teria implicado uma transformação na organização da produção conducente à polarização de competências procuradas pelas empresas, traduzida no desaparecimento de empregos medianamente qualificados (bem pagos) na indústria. Assim, ao mesmo tempo que uma minoria de trabalhadores com competências específicas teria conseguido colher os benefícios das novas tecnologias, a maioria dos trabalhadores ver-se-ia empurrada para empregos pouco qualificados ou condenada ao desemprego de longa duração. O problema da desigualdade seria, pois, o de uma corrida pelas competências que só alguns conseguem atingir. Mishel *et al.* (2013) contestam esta tese empírica e teoricamente, mostrando que, embora tenha havido um crescimento do emprego nas tarefas menos qualificadas, o emprego nas tarefas de médias qualificações não diminui. Ademais, os autores mostram que a desigualdade aumentou sobretudo dentro de determinadas ocupações, e não entre elas, descartando assim o argumento tecnológico para explicar a estagnação salarial norte-americana e crescente desigualdade.

trabalho-tecnologia incorre frequentemente no erro de confundir o futuro, mais ou menos distópico, com o presente, onde, mesmo sem robôs por todo o lado, existe um elevado desemprego estrutural, subemprego e relações laborais cada vez mais precárias. Não sendo produto da «revolução» tecnológica, o desemprego, o subemprego e a precarização realmente existentes são, por sua vez, aproveitados por novas empresas «tecnológicas» para conceber e promover produtos em que tecnologia e «novas» formas precárias de emprego se misturam.

O impacto no emprego da adoção de novas tecnologias, cuja antecipação envolve uma enorme incerteza, deve ser separado analiticamente da forma como as novas tecnologias digitais, muitas delas incorporando elementos de Inteligência Artificial, estão a transformar, no presente, o processo de trabalho — não tanto pela sua capacidade de substituição do trabalho ou mesmo por ganhos de produtividade, mas porque se apoiam na crescente fragilidade laboral, nutrindo-a em velhas e novas modalidades. A intitulada «economia colaborativa» ou «*uberização* da economia», assente em plataformas digitais, é talvez o melhor exemplo do modo como novas tecnologias afetam o processo de trabalho e as relações laborais sem que dela advenham efeitos significativos no número de postos de trabalho ou no aumento da produtividade. O atual debate em torno da tecnologia fica, portanto, a ganhar se a ênfase for deslocada de exercícios especulativos acerca do efeito futuro da adoção de novas tecnologias no emprego para a evolução recente do trabalho e a forma como é moldado pela introdução de novas tecnologias em alguns sectores de atividade.

VIII.3. Tecnologia e processo de trabalho

VIII.3.1. A tecnologia na teoria económica convencional

A teoria económica convencional, de raiz neoclássica, lida de forma insatisfatória com a relação entre tecnologia e trabalho. Na verdade, a inovação tecnológica foi quase sempre tratada pela economia neoclássica, nomeadamente a teoria do crescimento de Robert Solow (1957), como a «medida da nossa ignorância», ou seja, como resíduo explicativo do crescimento económico (variação do produto descontada dos contributos quantitativos do trabalho e do capital)[7].

[7] Uma medida de ignorância que equivalia a 7/8 do crescimento económico norte-americano em meados do século XX (Gordon, 2016).

O progresso tecnológico é integrado nos modelos de crescimento, inspirados no modelo Solow-Swan, como uma variável exógena, não explicada, que aumenta a produtividade. Uma nova tecnologia altera a função de produção, substituindo trabalho por capital ou determinadas competências por outras a que correspondem diferentes produtividades, explicando o desemprego tecnológico, no primeiro caso, ou a desigualdade salarial, no segundo.

Apesar de muito influentes, estas abordagens têm pouco valor para o presente debate, já que se eximem de explicar as razões que determinam o desenvolvimento tecnológico, os seus ritmos e direção, e não conseguem integrar a relação dinâmica mútua entre tecnologia e trabalho.

Já nos novos modelos de crescimento, dito endógeno, dos anos 1980 e 1990, existe um esforço para introduzir variáveis correlacionadas (*proxies*) com o progresso tecnológico, como a aprendizagem em exercício (*learning by doing*), o número médio de anos de escolarização, ou o investimento em Investigação e Desenvolvimento, que pode ser acumulado como se de um terceiro fator de produção se tratasse (Romer, 1990; Acemoglu, 2009). O progresso tecnológico, aqui «endogeneizado» na formalização matemática do modelo, produz economias crescentes à escala e é entendido como uma virtuosa imperfeição de mercado relativamente ao ideal de concorrência perfeita (Fine, 1998, 2016). No caso destes modelos, o resíduo de Solow é parcialmente substituído por variáveis mensuráveis, ditas «tecnológicas», mas isso não significa que a tecnologia e a sua adoção tenham sido explicadas, e muito menos que a relação entre o trabalho e a sua organização e evolução tecnológica tenha de alguma forma sido elucidada.

Não surpreende, pois, que as análises que se reivindicam do quadro teórico neoclássico, nomeadamente as de Robert Gordon, não consigam explicar de forma satisfatória a extraordinária inovação tecnológica do final do século XIX e início do século XX e o subsequente crescimento económico, reduzindo-os a um acaso histórico de concomitância na descoberta e adoção de diversas novas tecnologias[8]. Em Gordon (2016), o trabalho é analisado

[8] Se é certo que Robert Gordon assume explicitamente o seu quadro teórico neoclássico, o seu meticuloso trabalho de história económica obriga-o a mobilizar outros recursos teóricos. Assim, a ideia schumpeteriana do «inovador» é evocada para explicar a abundância de invenções do século XIX atribuídas ao génio de indivíduos como Thomas Edison ou Graham Bell, entretanto substituídos por grandes laboratórios empresariais mais dedicados à inovação incremental. O autor vê-se também obrigado a valorizar o papel do Estado e do movimento operário para explicar, por um lado, o enorme investimento público e planeamento possibilitados pelo *New Deal* e pela Segunda Guerra Mundial e, por outro, a valorização real de salários que possibilitou uma procura agregada da economia suficiente para a expansão dos ganhos de produtividade oferecidos pelas novas tecnologias, ambos fatores de difícil inclusão no quadro neoclássico de mercados concorrenciais.

exclusivamente pelo prisma do aumento da sua oferta, dos ganhos de produtividade e da procura agregada, proporcionada por salários mais elevados. Por outro lado, esta abordagem teórica subestima o abrandamento da produtividade, ao enfatizar como causas da estagnação fatores que podem afetar o crescimento quantitativo dos fatores produtivos (envelhecimento da população para o trabalho, excessivo endividamento para o capital) ou a procura de mercado (aumento das desigualdades). Os fatores institucionais que potenciam a descoberta e a adoção de novas tecnologias são secundarizados, e a forma como a organização do trabalho influencia a direção da evolução da tecnologia, e vice-versa, é ignorada.

Nas teorias neoschumpeterianas, como no trabalho do próprio Schumpeter (1934 [1912]), o desenvolvimento tecnológico figura em diferentes formas enquanto criação de novos produtos, novos processos de produção e novas formas organizacionais. Nas abordagens neoschumpeterianas, as invenções e a inovação são entendidas como objeto de estudo, como fenómenos que carecem de explicações, envolvendo os fatores institucionais e as relações entre produtores e consumidores que influenciam as dinâmicas e as trajetórias tecnológicas.

Estas análises oscilam entre perspetivas macro, historicamente ancoradas, orientadas para a identificação de vagas ou revoluções tecnológicas caracterizadas por «cachos» de inovações cronologicamente alinhados (Freeman e Louçã, 2002; Perez, 2010); e abordagens *mezzo*, que estudam a forma como as empresas se organizam internamente e entre si, através de rotinas e comunidades epistémicas criadoras de novo conhecimento (Nelson e Winter, 1982) assim como os arranjos institucionais, com intervenção pública, que produzem sistemas nacionais de inovação (Lundvall, 1992; Lundvall e Jonhson, 2006).

Esta corrente de pensamento económico tem vindo a dar contributos importantes para uma análise do desenvolvimento tecnológico e do crescimento económico, nomeadamente no que diz respeito à análise dos ambientes institucionais e dos contextos territoriais e organizacionais que potenciam ou entravam a inovação, assim como do papel das políticas e dos poderes públicos e à forma como estes se organizam e articulam com as empresas (Mazzucato, 2013)[9]. Contudo, estas análises tendem a estar focadas na

[9] Marianna Mazzucato (2013) mostra como a emergência das tecnologias de informação foi claramente determinada pelo interesse público na direção do investimento em Investigação e Desenvolvimento, nomeadamente militar, de que resultaram tecnologias, como a Internet, o GPS ou os ecrãs tácteis, que corporizam a inovação tecnológica num bem de consumo tão simbólico da atual inovação como é o *Iphone*.

evolução tecnológica *per se* e não tanto nas suas interações com o processo de trabalho e as suas transformações (Perez, 2010). Na maior parte dos casos, como também ocorre na abordagem neoclássica, a relação entre trabalho, relações laborais e tecnologia é ignorada ou encarada como determinada unidirecionalmente pela tecnologia.

VIII.3.2. Acumulação de capital, tecnologia e trabalho

O determinismo tecnológico, característico das abordagens neoclássicas e neoschumpeterianas, tem sido desafiado por contributos marxistas, dos quais se destaca o de Andreas Malm no seu *Fossil Capital* (2016). Embora a preocupação central do autor seja o surgimento do capitalismo industrial na Inglaterra do século XIX e a economia de base «fóssil» que está na origem dos atuais desafios climáticos, este livro oferece uma abordagem onde as novas tecnologias — de que é exemplo a mais simbólica da Revolução Industrial, a máquina a vapor — vingam, não tanto pela sua superior eficiência económica ou energética, mas pelas vantagens que podem trazer no controlo e na disciplina da força de trabalho num quadro em que os processos de adoção tecnológica envolvem uma articulação política e de intervenção pública que vai além da mera concorrência de mercado, ou da falta dela.

Malm critica a história convencional que explica o surgimento da máquina a vapor movida a carvão como uma resposta tecnológica à escassez de fontes de energia estáveis e confiáveis, como seria o caso da energia hídrica no século XIX. Esta perspetiva, segundo o autor, não teria adesão à realidade, pois a tecnologia hídrica disponível permitia a mesma certeza e estabilidade de fornecimento da sua fonte de energia primária, a água, quando comparada com o seu concorrente, o carvão. Os rios e ribeiros necessários à expansão industrial estavam muito longe de estar esgotados no seu potencial. Perante este quadro, em que o carvão não proporcionava qualquer poupança nos custos de produção face à água e em que, pelo contrário, era mais caro, dada a necessidade de ser produzido, a explicação para a lenta, mas contundente, vitória da máquina a vapor face ao moinho de água encontrar-se-ia no impacto diferenciado de ambas as tecnologias na organização do trabalho. De facto, a máquina a vapor, ainda que mais cara no seu funcionamento, permitia a mobilidade do capital para zonas de concentração de trabalhadores, conferindo-lhe um maior poder de contratação e despedimento relativamente a localizações em áreas rurais próximas das fontes hídricas, onde o estabelecimento de uma fábrica implicava um acesso limitado ao trabalho e, consequentemente, um maior poder de negociação dos trabalhadores, assim como a assunção pelos capitalistas de custos ligados à reprodução social dos trabalhadores, como a habitação.

Além das vantagens no controlo e desvalorização da força de trabalho, existiam, segundo Malm, fatores políticos que favoreciam a máquina a vapor em detrimento do moinho de água. O uso da água requeria a coordenação entre diferentes capitalistas na gestão e partilha de um recurso de difícil apropriação, ou seja, a exploração eficiente deste recurso energético abundante necessitaria de algum tipo de planeamento centralizado do investimento a realizar em barragens e canais, além de coordenação na partilha da água entre diferentes empresas. O trabalho de Malm chama assim a atenção para a importância do poder político na promoção e direção de determinadas trajetórias tecnológicas e da inviabilidade de outras nos casos em que o poder político é incapaz ou não deseja intervir.

Neste quadro, o surgimento da máquina a vapor não é um dado exógeno que dá origem ao sistema fabril, mas sim o produto de relações sociais de produção específicas e de estratégias de consolidação da assimetria de poder entre trabalho e capital. Recusa-se aqui qualquer determinismo tecnológico, presente em alguma da teoria marxista e no próprio Marx (1991 [1847]), nomeadamente no seu famoso aforismo que atribuía o feudalismo ao moinho de vento e o capitalismo industrial à máquina a vapor. Esta posição foi mais tarde corrigida no *Fossil Capital* (2016 [1867])[10], onde é sublinhado o poder da máquina a vapor enquanto substituta ou potencial substituta do trabalho e o seu uso como instrumento de dissuasão das reivindicações da classe operária que ameaçavam o sistema fabril (Malm, 2016). Reescrevendo o aforismo de Marx, não é a máquina a vapor que explica o capitalismo, mas sim o capitalismo que explica a máquina a vapor como dispositivo disciplinador do trabalho num quadro de relações de produção definidas pelo assalariamento.

[10] Para Marx, a importância das relações sociais capitalistas no surgimento de novas tecnologias e na substituição de trabalho por capital é também clara no «Fragmento sobre máquinas» do *Grundrisse* 2011 [1939], onde, além de sublinhar o ímpeto para a automação não pela escassez de mão de obra, mas sim como forma de disciplina de uma força de trabalho excedentária, Marx argumenta que a automação resulta da organização do próprio trabalho: «A invenção torna-se então um negócio e a aplicação da ciência à própria produção imediata, um critério que a determina e solicita. Porém, esta não é a via que deu origem à maquinaria no geral, e menos ainda a via pela qual ela avança no pormenor. Tal via é a análise pela divisão do trabalho, que transforma as operações dos trabalhadores cada vez mais em operações mecânicas, de tal modo que a certa altura o mecanismo pode ocupar os seus lugares.» (2011 [1939], p. 940).

VIII.3.3. Monopólio e a degradação do processo do trabalho

A utilização da tecnologia como instrumento de controlo e de desvalorização do trabalho não diz respeito apenas às formas primordiais do capitalismo industrial analisadas por Malm. A esse controlo o desenvolvimento do capitalismo veio acrescentar formas sofisticadas de desqualificação, de que o taylorismo é exemplo. Esse processo de desqualificação nas condições do capitalismo monopolista do pós-guerra norte-americano foi estudado com rigor por Harry Braverman no seu *Labor and Monopoly Capital: The Degradation of Work in the Twentieth Century* (1974).

Esta obra de Braverman proporciona-nos hoje um fértil ângulo de análise, quer pelas similitudes que encontramos entre o capitalismo monopolista do pós-guerra que Braverman analisou e a economia monopolista que tem surgido em torno dos gigantes tecnológicos que comandam hoje o processo de inovação, quer pela sua metodologia baseada no escrutínio minucioso dos impactos da tecnologia nas diferentes ocupações.

Braverman parte do quadro teórico-marxista de Paul Baran e Paul Sweezy (1966) para analisar a economia do pós-guerra nos EUA, caracterizada pelo domínio da economia por grandes empresas com poder de mercado na determinação dos seus preços (Patnaik, 2016). Esta estrutura económica monopolista criaria excedentes não absorvíveis pelo consumo ou pelo investimento, uma vez que estas empresas conseguiriam, por um lado, impor um crescimento real dos salários inferior ao crescimento da produtividade e porque, por outro, a propensão para o consumo por parte dos capitalistas que acumulam este excedente é mais baixa do que a dos trabalhadores. Este problema de absorção era então resolvido pelas empresas, através do que Baran e Sweezy designam como desperdício, ou seja, gastos não produtivos — despesa militar, *marketing* ou finança. Num contexto de grande poder de mercado e sobrecapacidade produtiva, os incentivos ao investimento produtivo e, logo, à inovação tecnológica para a criação de novos produtos e novos mercados onde as grandes empresas arriscariam o seu futuro seriam menores.

Com um poder crescente sobre o mercado e sobre o trabalho, as empresas monopolistas estariam, assim, numa posição favorável para focarem os seus esforços de acumulação na gestão e no controlo dos seus trabalhadores e não tanto em novos investimentos que seriam demasiado arriscados no quadro descrito.

Tendo este cenário como pano de fundo, Braverman dedica-se a um meticuloso escrutínio da evolução das ocupações e dos salários em diferentes sectores nos EUA de que emerge a identificação de uma progressiva degradação do processo de trabalho, envolvendo a sua desqualificação no quadro da generalização da aplicação de técnicas de gestão tayloristas, caracterizadas pelo reforço da vigilância e do controlo, pela maior divisão do trabalho e pela perda progressiva das dimensões criativa e de autonomia da atividade laboral.

As tecnologias de informação, que então davam os primeiros passos, eram entendidas por Braverman como ferramentas que possibilitavam a deslocação ocupacional da força de trabalho (por exemplo, da indústria para os serviços) e a progressiva fragmentação de trabalho manual e intelectual, propiciando a perda de controlo do processo de trabalho por parte do trabalhador e a sua desqualificação acompanhada da consequente desvalorização salarial. Para Braverman existia, portanto, uma relação estreita entre um capitalismo do pós-guerra caracterizado pela emergência de grandes monopólios que concentram capital e trabalho, a gestão taylorista do trabalho e a inovação tecnológica a eles associada. Num contexto de crescente poder sobre o mercado e de procura estagnada, a compressão da autonomia do trabalhador e das dimensões criativas e do trabalho, associadas a uma senda específica de desenvolvimento tecnológico, convergiam no objetivo de realização de lucros à custa não da expansão da produção e da produtividade, mas da desvalorização do trabalho assalariado.

A obra de Braverman foi objeto de um animado debate, tendo sido criticada pelo seu aparente determinismo tecnológico, já que secundarizava o papel da subjetividade dos trabalhadores no consentimento ou na resistência a novas técnicas de gestão e novas tecnologias, pela desvalorização do papel do Estado e pela negligência das especificidades históricas de cada contexto nacional (Burawoy, 1982; Thompson, 1983; Smith e Thompson, 1998; Jonna, 2015). Estas críticas são justificadas, sobretudo à luz da reestruturação económica internacional que se seguiu aos anos 1970. Nos últimos 40 anos, a introdução de tecnologias de informação, e de outras inovações logísticas, alterou profundamente a forma como o trabalho está organizado à escala internacional, permitindo, por um lado, a deslocalização da produção para destinos com trabalho mais barato (onde a gestão taylorista continuou a imperar), mas, por outro, criando novas segmentações (e qualificações) de trabalhadores ao longo da cadeia de valor, como aconteceu no sector financeiro ou no de telecomunicações. Hoje, a produção dos grandes monopólios envolve engenheiros, *designers*, publicitários, trabalhadores de linha de produção e contabilistas espalhados um pouco por todo o mundo, num regime de acumulação dito flexível, onde a subcontratação empresarial impera

(Huws, 2014). O paradigma gestionário do taylorismo teria sido parcialmente abandonado e substituído por novas técnicas de gestão (por exemplo, o *just-in-time* «toyotista») e hierarquias aparentemente mais fluídas, em que alguns trabalhadores ganhariam competências específicas e autonomia.

Todavia, sem negar tais transformações, importa notar que a crescente individualização das relações de trabalho e a introdução de novas formas de competição entre trabalhadores (por exemplo, através dos mercados internos de trabalho) tornaram-se novas formas (não tayloristas) de controlo e degradação do trabalho (Smith e Thompson, 1998; Huws, 2014). Como assinalado por Spencer (2008), o próprio Braverman não entendia as transformações do processo de trabalho como sendo mecânicas ou homogéneas, mas antes sujeitas aos contextos históricos onde se inserem. A atenção por ele conferida ao papel das tecnologias no processo de trabalho, na sua supervisão e regulação, tem como principal virtude recordar que um dos principais incentivos para a inovação tecnológica numa economia capitalista é expropriar os produtores de capacidades e saberes específicos associados à criação de bens e serviços que satisfazem necessidades igualmente específicas (valores de uso), para os transformar em meros detentores de uma força de trabalho homogénea aplicável na produção de mercadorias (valores de troca).

O trabalho de Braverman continua, pois, a ser pertinente ao relacionar, de forma objetiva, a evolução do processo de trabalho com a dinâmica de acumulação de capital que o condiciona e molda.

VIII.4. Monopolização, tecnologia e processo de trabalho no século XXI

As análises marxistas adquirem particular relevância à luz do atual recrudescimento da concentração monopolista da economia.

A revista *The Economist* (2016), apoiada em números da Mckinsey Global, estima que 10% de todas as empresas cotadas em bolsa geram hoje 80% dos lucros globais, tendo a parte do Produto Interno Bruto originada nas 100 maiores empresas norte-americanas crescido de 33%, em 1994, para 46%, em 2013.

Esta crescente monopolização da economia é particularmente visível nos novos sectores de atividade relacionados com as tecnologias de informação. Este sector é atualmente controlado por um punhado de empresas que se tornaram as maiores do mundo quando medidas pela sua capitalização bolsista, como são os casos da Alphabet, Microsoft, Amazon, Apple e do Facebook.

Atualmente, das dez maiores empresas mundiais, cinco são de base tecnológica, contra uma só, a Microsoft, em 2006. Estas empresas adquiriram posições de poder, em cada um dos seus mercados, que as tornam quase monopolistas. A Alphabet, detentora do motor de busca Google, controla 88% do mercado mundial de buscas na Internet, obtendo, em combinação com o Facebook, 70% de todas as receitas publicitárias *online*. A Amazon detém 70% do mercado de livros eletrónicos e controla mais de metade das compras feitas na Internet nos Estados Unidos (Taplin, 2017).

Este domínio monopolista explica-se, parcialmente, pela propriedade intelectual que detêm sob a forma de patentes[11]. Graças aos seus vastos recursos financeiros, estas empresas conseguem sustentar uma constante litigação judicial interempresas — a Apple e a Samsung têm processos uma contra a outra no valor de milhares de milhões de dólares — que constrange os processos de inovação de potenciais concorrentes[12]. Ademais, esta monopolização dá-se não só pelo crescimento orgânico, ou seja, pela centralização de capital, dadas as vantagens de escala e de propriedade intelectual face aos competidores, mas também por uma política agressiva de concentração de capital, através da aquisição de competidores potenciais, com o número de fusões e aquisições a crescer de forma sustentada nos últimos 30 anos (Taplin, 2017).

Graças a este modelo, não surpreende que os excedentes acumulados por estas empresas atinjam valores recorde. A Apple detém reservas líquidas no valor de 150 mil milhões de dólares, enquanto a Alphabet acumula 75 mil milhões. Esta concentração de liquidez revela, além de uma extraordinária capacidade de acumulação de excedentes, de escassez de oportunidades de investimento nas economias mais desenvolvidas, afetadas por uma longa estagnação económica e níveis de procura agregada deprimidos. Contudo, a robustez financeira destes quase-monopólios não deve ser desligada do contexto financeirizado em que se movem, em que a valorização das ações em bolsa se tornou o principal canal de transferência de excedentes para os seus proprietários. De facto, a situação quase-monopolista de que estas empresas beneficiam não as exime de uma contínua busca pelo lucro e valorização

[11] A expansão do patenteamento apoiada por uma regulação pública que garante uma apropriação e privatização do conhecimento cada vez maior já foi apelidada de um segundo processo de acercamento (*enclosures*) (Boyle, 2003).

[12] Assim se explica que a Google tenha comprado a divisão de telemóveis da Motorola por 12,5 mil milhões dólares, tendo vendido a mesma divisão por 2,9 mil milhões três anos depois. No que parece um mau negócio, a Google conseguiu adquirir 20 mil patentes necessárias para a prevenção de potenciais processos da Samsung (Standing, 2017).

bolsista, já que disso depende a sua capacidade de atração de capitais nos mercados internacionais.

A estes quase-monopólios bem estabelecidos devem acrescentar-se gigantes tecnológicos de uma nova geração, criados há não mais de dez anos, cujo modelo de negócio parte das premissas enunciadas pelo fundador da PayPal e guru tecnológico libertário, Peter Thiel: criação de uma tecnologia apropriável, ou seja, dificilmente reproduzível; existência de efeitos de rede que permitam uma expansão rápida; economias de escala crescentes; criação de uma marca própria (Taplin, 2017).

Estas novas empresas precisam de se tornar rapidamente monopolistas nos seus mercados se querem vingar. Empresas como a Spotify, na música em *streaming*, ou a miríade de empresas da chamada economia colaborativa (Uber, Deliveroo, Taskrabbit, etc.) continuam a gerar prejuízos fenomenais ao mesmo tempo que conseguem avaliações recorde em bolsa graças ao seu crescente poder monopolista.

O argumento de que esta estrutura de mercado no sector tecnológico constitui um limite à inovação radical encontra-se cada vez mais difundido, com frequentes apelos na imprensa à aplicação da legislação antimonopolista (Galloway, 2018). Ajudados por direitos de propriedade intelectual que favorecem a acumulação de patentes, estes monopólios absorvem e limitam as tentativas de empresas competidoras de entrar no seu mercado, sem necessidade de incorrer no risco de permanentes inovações radicais. Desta forma, os investimentos feitos em inovação são sobretudo dirigidos ou a melhorias incrementais que tornem os seus produtos precocemente obsoletos ou a ganhos de eficiência nos seus processos de produção e cadeias logísticas.

Em suma, num ambiente económico estagnado e marcado pelo desemprego e subemprego, pela monopolização e pela acumulação de excedentes, a desvalorização e a desqualificação do trabalho tendem a emergir, tal como no contexto económico do pós-guerra nos EUA, como estratégias preferenciais de concorrência e obtenção de maiores excedentes. No rescaldo da crise financeira de 2008, a reestruturação económica em curso surge de novo particularmente focada na desvalorização do trabalho, seja através da sua desqualificação pela estandardização de tarefas e eventual substituição por máquinas, seja através de novos mecanismos de vigilância e disciplina, seja, finalmente, pelas novas formas de mercadorização do trabalho, através de transformações nas normas de consumo (ex: a produção de informação mercadorizável a partir dos «gostos» no Facebook ou das pesquizas no Google).

Os dois primeiros processos manifestam-se principalmente nas plataformas digitais de trabalho, também designadas pelos termos «economia colaborativa» ou «uberização»[13], e são frequentemente apresentados como inevitabilidades de um novo paradigma laboral num mundo automatizado que a (des)regulação pública do trabalho terá de acompanhar. Na verdade, a maior parte destas plataformas altera pouco as tarefas dos trabalhadores, não existindo aqui ganhos de produtividade significativos. Um condutor Uber faz essencialmente o mesmo trabalho de um taxista, os hospedeiros do Airbnb vêem-se obrigados às mesmas tarefas de reservas, limpeza e conselhos aos hóspedes prestadas pela hotelaria tradicional, os trabalhadores da Deliveroo pouco se distinguem nas suas tarefas dos trabalhadores de empresas de entregas.

Estas novas plataformas «colaborativas» têm como maior inovação a forma como organizam o trabalho, desvalorizando-o através da ilusória relação não laboral dos seus trabalhadores, transformados em prestadores de serviços independentes, postos em concorrência uns com os outros e pretensamente não sujeitos à hierarquia da empresa. Nos casos mais claros, como o da Uber ou o da Deliveroo, as plataformas organizam o processo de trabalho em tarefas divisíveis, homogéneas, fáceis de monitorizar. De facto, a tecnologia-chave que sustenta a homogeneização e desvalorização do trabalho não reside na *app* para telemóvel, ou mesmo neste último, mas sim no GPS que este integra, já que, graças a esta tecnologia, o conhecimento pormenorizado de um dado território (e das suas dinâmicas de tráfego) está agora ao alcance de qualquer um (Huws, 2016).

Este processo viabiliza de facto uma inovação institucional — a privatização do mercado, isto é, a transformação dos mercados de lugares de acesso livre em espaços privados. O mercado das plataformas é povoado, do lado da oferta, por trabalhadores pretensamente independentes que aceitam, ou não, o preço determinado para cada tarefa, teoricamente definido pela oferta e procura momentânea; e, do lado da procura, por consumidores sujeitos a flutuações de preços que podem ser pronunciadas. Entre a oferta e a procura, a empresa detentora do mercado manipula a oferta e a procura para maximizar resultados. Estas plataformas, enquanto monopsónios de compra

[13] A escolha da Uber como símbolo desta transformação do mercado de trabalho não é inocente. Ao contrário de outras plataformas, a Uber entrou num mercado, o de serviços de táxi, onde a forte regulação pública e organização de trabalhadores é praticamente comum a todos os países, assumindo uma atitude provocatória que passou, na maior parte dos países, pela violação da lei (Huws, 2016).

do tempo de trabalho, esperam poder reduzir custos face à concorrência, a ponto de se consolidarem como monopólios capazes de ditar os preços junto do consumidor final.

Além da desqualificação e desvalorização salarial absoluta do trabalho, as plataformas digitais conseguem uma desvalorização relativa do trabalho, já que transferem para o trabalhador (aqui entendido como empresa subcontratada) custos tradicionalmente associados à relação laboral — salário mínimo, custos de formação, férias, saúde ou segurança social (Huws, 2016). A privatização do mercado, agora construído dentro dos limites da empresa a que acresce a incrível capacidade de utilizar em seu proveito parte dos bens dos seus trabalhadores, essenciais para a sua reprodução social, como são o caso da casa ou do automóvel, como capital fixo e circulante ao serviço, é central para o sucesso do modelo de negócio[14].

Uma última condição de sucesso das plataformas envolve as políticas públicas: elas dependem de uma (des)regulação laboral prévia que acomodam e legitimam, assim como de vantagens fiscais em relação aos negócios tradicionais com que competem[15].

VIII.5. Conclusão

Como bem sabem os economistas, uma das vantagens das previsões é não ser possível, no presente, demonstrar que estão erradas. Os anúncios sobre o «fim do trabalho», tanto quanto as mais recentes antecipações menos catastrofistas, tiram proveito disso mesmo. Na realidade, nada sabemos quanto ao efeito líquido das novas tecnologias sobre o emprego. Sabemos apenas que no passado a inovação tecnológica não foi, e no presente não é, a principal causa do desemprego de massas e da degradação salarial.

Beneficiando do deslumbramento tecnológico típico dos *media*, as profecias catastrofistas servem propósitos políticos claros. Ao atribuírem causas

[14] A Uber tem vendido as suas operações onde enfrenta a concorrência de empresas locais com peso no mercado, muitas vezes patrocinadas pelos seus Estados, como aconteceu na Rússia ou na China.

[15] Uma investigação do jornal *Financial Times* (Houlder, 2017) atribuía uma vantagem de um terço da diferença de preço entre um Airbnb e um hotel na cidade de Londres a arbitragem fiscal. Por exemplo, um proprietário de Airbnb só é taxado em IVA a partir de um certo limite de rendimento, que no caso desta plataforma se vai multiplicar pelo número de proprietários aí presentes em comparação com um hotel com um equivalente número de quartos. O mesmo raciocínio se pode aplicar a empresas de transportes.

tecnológicas ao desemprego ocultam as causas económicas estruturais mais próximas, nomeadamente a financeirização da economia internacional das últimas décadas e a crise por ela provocada desde a queda do banco de investimento Lehman Brothers em 2008, bem como as causas políticas, nomeadamente a austeridade orçamental.

Num contexto de estagnação económica prolongada, no rescaldo da maior crise financeira desde a Grande Depressão, a introdução de algumas das tecnologias que hoje alteram o processo de trabalho, particularmente as plataformas digitais que agora surgem apoiando-se na desqualificação, desvalorização e aumento do controlo sobre os trabalhadores, deve ser objeto de atento escrutínio.

No entanto, a teoria económica convencional não proporciona instrumentos para tal escrutínio. Entre a mistificação tecnológica mais «dura» na versão neoclássica, onde a evolução tecnológica é um dado exógeno, eventualmente integrável através de *proxies*, e a versão mais «suave», neoschumpeteriana, onde é analisada do ponto de vista dos mecanismos empresariais, das instituições promotoras e dos impactos macroeconómicos, não há lugar para a consideração da relação mútua entre tecnologia e trabalho, restando uma determinação tecnológica unidirecional em que ao trabalho compete apenas adaptar-se.

Em busca de uma abordagem adequada às presentes transformações tecnológicas e à sua relação com o processo de trabalho, este capítulo evocou o contributo de Harry Braverman (1998 [1974]) para a análise da trajetória e ritmo de adoção de novas tecnologias em função dos «imperativos» de desqualificação, controlo e desvalorização do trabalho no quadro de processos de concentração e centralização de capitais comparáveis aos que atualmente ocorrem. A submissão das escolhas tecnológicas aos imperativos de desqualificação e desvalorização do trabalho é corroborada por outros trabalhos mais recentes, nomeadamente o de Andreas Malm (2016), onde o controlo e a desvalorização salarial na empresa capitalista são definidos não só por uma determinada configuração do processo de acumulação de capital, mas também pela forma como as políticas públicas moldam este mesmo processo.

O quadro analítico que decorre desta tradição marxista é particularmente adequado à análise das transformações do processo de trabalho num contexto de consolidação de grandes monopólios tecnológicos e de emergência de novas formas de organização do trabalho através de plataformas digitais. A evolução tecnológica subjacente às plataformas digitais tem efetivamente sido orientada não tanto para a criação de novos produtos e mercados, mas por novas formas de controlo de consumidores e trabalhadores, e para a desqualificação e desvalorização de um processo de trabalho que pouco se alterou.

O mesmo quadro analítico ajuda igualmente a compreender melhor a miríade de tecnologias que facilitam o controlo do trabalho a níveis nunca vistos — tecnologias de vigilância, de recolha de informação pormenorizada e algoritmos inteligentes que otimizam e calibram as tarefas e a *performance* são materializações reais das piores distopias do passado. O *Big Brother* patronal munido de sistemas biométricos que controlam a pontualidade e os intervalos (*crossmatch*) ou de tecnologia *wearable* (que se pode vestir) que permite ter informação sobre os percursos e interações com clientes, passando pela tecnologia da Sociometric Solutions que permite o registo de voz, postura e linguagem corporal do trabalhador (Greenfield, 2017), deixou de ser ficção[16].

Contudo, da mesma forma que os anúncios da robotização massiva devem ser encarados com ceticismo, os cenários de adoção rápida, generalizada e inelutável destas tecnologias devem ser considerados com reserva. A simples existência das tecnologias não significa necessariamente que elas se tornem comuns. São vários os fatores que influenciam a adoção e o sucesso de uma determinada tecnologia, mesmo quando ela é conducente a ganhos de eficiência no processo de trabalho ou mesmo à «economia» de postos de trabalho: o custo de aquisição e manutenção, o custo comparado do trabalho que visam substituir, a resistência (e boicote) dos trabalhadores, a sua resistência enquanto consumidores e a regulação pública são alguns dos fatores que explicam a lentidão na adoção, ou mesmo o fracasso, de tecnologias que afetam o processo de trabalho[17].

Esta realidade permite sublinhar que a valorização das transformações do processo de trabalho no atual contexto económico e político não implica a defesa de um qualquer determinismo causal para a inovação tecnológica.

[16] A última novidade neste campo diz respeito a um dos gigantes tecnológicos, a Amazon, que patenteou uma bracelete que não só monitoriza os movimentos do trabalhador, como também corrige os seus movimentos corporais através de vibrações (Solon, 2018).

[17] As novas caixas automáticas dos supermercados onde o consumidor substitui o trabalhador são um bom exemplo de um processo muito lento de adoção, devido ao seu custo absoluto, ao seu custo relativamente ao trabalho — não é por acaso que estão mais difundidas em países como a França, onde os salários são mais elevados — e à resistência dos consumidores a esta transferência de trabalho. O mesmo acontece na adoção de carruagens de metro sem condutor, sujeitas a conflitos laborais, longas negociações e com uma adoção residual em cidades como Paris ou Londres. Esta última tecnologia foi inicialmente adotada em França em 1998, tendo-se expandido a uma só linha de metro nos últimos 20 anos.

Como foi sendo sublinhado ao longo deste capítulo, não é só a monopolização crescente associada à estagnação da procura que está a afunilar a senda tecnológica na direção da desqualificação e degradação trabalho; também o contexto de financeirização, a austeridade orçamental, a liberalização das relações laborais e o desemprego de massas participam neste processo.

Qualquer abordagem da relação entre tecnologia e trabalho convoca, então, a análise atenta do contexto nacional específico e da integração na hierarquia internacional onde a produção se localiza e é influenciada pelos processos referidos. Finalmente, a análise da evolução tecnológica e a sua relação com o trabalho deve integrar também as diferentes dimensões que lhe estão a montante e a jusante na produção de bens e serviços — normas de consumo, Estado e políticas públicas, sector financeiro e a sua crescente influência, organizações de trabalhadores, etc.

Em suma, mais do que especulações gratuitas acerca do «fim do trabalho», o que hoje é necessário e está em falta é uma abordagem da evolução tecnológica que tenha em conta não só o impacto no emprego, mas sobretudo as suas consequências no processo de trabalho, e que seja capaz de mostrar que a tecnologia não determina, mas antes depende de escolhas políticas macroeconómicas, de políticas comerciais, industriais, ambientais e laborais. Só uma abordagem simultaneamente sistémica e ancorada em realidades históricas e territoriais específicas poderá proporcionar orientação para o desenho de políticas que garantam a dignidade do trabalho numa sociedade em que as escolhas democráticas predominem sobre as supostas inevitabilidades tecnológicas.

REFERÊNCIAS BIBLIOGRÁFICAS

Acemoglu, D. (2009). *Introduction to Modern Economic Growth*. Princeton: Princeton University Press.

Acemoglu, D., e Autor, D. (2011). «Skill, Tasks and Technologies: Implications for Employment Earnings». Em O. Ashenfelter e D. Card (orgs.), *The Handbook of Labor Economics vol. 4b*. Amesterdão: Elsevier.

Acemoglu, D., e Autor, D. (2012). «What Does Human Capital Do? A Review of Goldin and Katz's *The Race between Education and Technology*». *Journal of Economic Literature*, 50 (2): pp. 426–463.

Backhouse, R., e Boianovsky, M. (2016). «Secular stagnation: The history of a macroeconomic heresy». *The European Journal of History of Economic Thought*, 23 (6): pp. 946–970.

Banco Mundial. (2019). «World Development Report 2019: The Changing Nature of Work». Disponível em http://www.worldbank.org/en/publication/wdr2019

Baran, P., e Sweezy, P. (1966). *Monopoly Capital*. Nova Iorque e Londres: Monthly Review Press.

Boyle, J. (2003). «The Second Enclosure Movement and the Construction of the Public Domain». *Law and Contemporary Problems*, 66: pp. 33–74.

Braverman, H. (1998 [1974]). *Labor and Monopoly Capital: The degradation of work in the twentieth century*. Londres e Nova Iorque: Monthly Review Press.

Brynjolfsson, E., e Mcafee, A. (2014). *Rage Against the Machine*. Lexington, MA: Digital Frontier Press.

Burawoy, M. (1982). *Manufacturing Consent: Changes in the labor process and monopoly*. Chicago: University of Chicago Press.

Caldas, J. C., e Teles, N. (2019). «Tecnologia, Trabalho e Emprego: das controvérsias do passado na economia política aos futuros possíveis». *Cadernos do Observatório*, 12. Observatório Sobre Crises e Alternativas.

Cowen, T. (2011). *The Great Stagnation: How America ate all the low-hanging fruit of modern history, got sick, and will (eventually) feel better*. Nova Iorque: Dutton.

Fine, B. (1998). *Labour Market Theory: A constructive reassessment*. Londres: Routledge.

Fine, B. (2016). *Microeconomics: A critical companion*. Londres: Pluto Press.

Ford, M. (2016). *Robôs — A ameaça de um futuro sem emprego*. Lisboa: Bertrand.

Fórum Económico Mundial. (2016). «The Future of Jobs, Employment, Skills and Workforce Strategy for the Fourth Industrial Revolution». Disponível em www3.weforum.org/docs/WEF_Future_of_Jobs.pdf

Fórum Económico Mundial. (2018). «The Future of Jobs Report». Disponível em https://www.weforum.org/reports/the-future-of-jobs-report-2018

Freeman, C., e Louçã, F. (2002). *As Time Goes By: From the industrial revolutions to the information revolution*. Oxford: Oxford University Press.

Frey, C., e Osborne, M. (2013). «The Future of Employment: How Susceptible are Jobs to Computerisation?». Oxford Martin School. Disponível em https://www.oxfordmartin.ox.ac.uk/downloads/academic/The_Future_of_Employment.pdf

Frey, C., Osborne, M., Holmes, C., Rahbari, E., Curmi, E., Garlick, R., Chua, J., Friedlander, G., Chalif, P., McDonald, G., e Wilkie, M. (2016). «Technology at work v2.0: The future is not what it used to be», Citi GPS: Global Perspectives & Solutions. Disponível em https://www.oxfordmartin.ox.ac.uk/downloads/reports/Citi_GPS_Technology_Work_2.pdf

Galloway, S. (2018). «Sillicon Valley's Tax Avoiding, Job Killing, Soul Sucking Machine». *Esquire*. Disponível em https://www.esquire.com/news-politics/a15895746/bust-big-tech-silicon-valley/

Gibbs, S. (2018, 17 de abril). «Tesla halts Model 3 production as firm scrambles to improve automation». *The Guardian*. Disponível em https://www.theguardian.com/technology/2018/apr/17/tesla-halts-model-3-electric-car-production-improve-automation

Gordon, R. (2016). *The Rise and Fall of American Growth*. Princeton: Princeton University Press.

Greenfield, A. (2017). *Radical Technologies: The design of everyday life*. Londres: Verso Books.

Henwood, D. (2004). *After the New Economy*. Nova Iorque: New Press.

Houlder, V. (2017, 2 de janeiro). «Airbnb's edge on room prices depends on tax advantages». *Financial Times*. Disponível em https://www.ft.com/content/73102c20-c60e-11e6-9043-7e34c07b46ef

Huws, U. (2014). *Labor in the Global Digital Economy: The cybertariat comes of age*. Nova Iorque: Monthly Review Press.

Huws, U. (2016, 23 de agosto). «Driverless cars are coming to disrupt the sharing economy — but capitalism carries on as usual». *The Conversation*. Disponível em https://theconversation.com/driverless-uber-cars-are-coming-to-disrupt-the-sharing-economy-but-capitalism-carries-on-as-usual-64245

Jonna, R. J. (2015). «Monopoly Capital and Labor: The Work of Braverman, Baran and Sweezy as a Dialectical Whole». *Labor Studies Journal*, 40 (3): pp. 262–274.

Lundvall, B. (1992). *National Systems of Innovation: Towards a theory of innovation and interactive learning*. Londres: Pinter Publishers.

Lundvall, B., e Johnson, B. (2006). «The learning economy». *Journal of Industry Studies*, 1 (2): pp. 23–42.

Malm, A. (2016). *Fossil Capital: The rise of steam power and the roots of global warming*. Londres: Verso Books.

Marx, K. (1991 [1847]). *A Miséria da Filosofia*. Lisboa: Edições Avante.

Marx, K. (2011 [1939]). *Grundrisse: Manuscritos econômicos de 1857–1858, Esboços da Crítica da Economia Política*. São Paulo: Boitempo Editorial.

Marx, K. (2016 [1867]). *Capital: A Critique of Political Economy, Vol. 1.* Londres: Penguin Books.

Mazzucato, M. (2013). *The Entrepreneurial State: Debunking Public vs. Private Sector Myths.* Londres: Anthem Press.

Mishel, L., Shierholz, H., e Schmitt, J. (2013). «Don't blame the robots: Assessing the job polarization explanation of growing wage inequality». *EPI-CEPR Working Paper.* Disponível em https://cepr.net/report/dont-blame-the-robots/

Nelson, R. e Winter, S. (1982). *An Evolutionary Theory of Economic Change.* Harvard: Harvard University Press.

Organização Internacional do Trabalho (OIT). (2015). «The future of work centenary initiative». Genebra, Suíça. Disponível em https://www.ilo.org/wcmsp5/groups/public/---ed_norm/---relconf/documents/meetingdocument/wcms_369026.pdf

Organização para a Cooperação e Desenvolvimento Económico (OCDE). (2017). «Future of Work and Skills». Disponível em http://www.oecd.org/els/emp/wcms_556984.pdf

Patnaik, P. (2016). «Monopoly Capitalism: Then and Now». *Monthly Review*, 68 (3). Disponível em www.monthlyreview.org/2016/07/01/monopoly-capital-then-and-now/

Perez, C. (2010). «Technological revolutions and techno-economic paradigms». *Cambridge Journal of Economics*, 34 (1): pp. 185–202.

Piva, M., e Vivarelli, M. (2017). «Technological Change and Employment: Were Ricardo and Marx Right?». IZA — Institute of Labor Economics, IZA DP N.º 10471. Disponível em https://docs.iza.org/dp10471.pdf

Pooler, M. (2017, 20 de novembro). «Robot army is transforming the global workplace». *Financial Times.* Disponível em https://www.ft.com/content/f04128de-c4a5-11e7-b2bb-322b2cb39656

Rifkin, J. (1995). *The End of Work. The Decline of the Global Labor Force and the Dawn of the Post-Market Era.* Nova Iorque: Putnam Publishing Group.

Romer, P. (1990). «Endogenous Technological Change». *Journal of Political Economy*, 98 (5): pp. 71–102.

Schumpeter, J. A. (1934 [1912]). *The Theory of Economic Development.* Cambridge, MA: Harvard University Press.

Smith, C., e Thompson, P. (1998). «Re-evaluating the Labour Process Debate». *Economic and Industrial Democracy*, 19: pp. 511–577.

Solon, O. (2018, 2 de fevereiro). «Amazon patents wristband that tracks warehouse workers' movements». *The Guardian.* Disponível em https://www.theguardian.com/technology/2018/jan/31/amazon-warehouse-wristband-tracking

Solow, R. (1957). «Technical Change and the Aggregate Production Function» *The Review of Economics and Statistics*, 39 (3): pp. 312–320.

Spencer, D. (2009). *The Political Economy of Work.* Londres: Routledge.

Standing, G. (2017). *The Corruption of Capitalism: why rentiers thrive and work does not pay*. Londres: BiteBack Publishing.

Summers, L. H. (2016). «The Age of Secular Stagnation». *Foreign Affairs*, March/April. Disponível em https://www.foreignaffairs.com/articles/united-states/2016-02-15/age-secular-stagnation

Taplin, J. (2017). *Move Fast and Break Things: How Facebook, Google, and Amazon cornered culture and undermined democracy*. Nova Iorque: Little Brown and Company.

The Economist. (17 de Setembro 2016). «The Rise of the Superstars». Special Report. Disponível em https://www.economist.com/special-report/2016/09/17/the-rise-of-the-superstars.

Thompson, P. (1983). *The Nature of Work. An Introduction to Debates on Labour Process*. Londres: MacMillan Press.

CAPÍTULO IX
TRABALHO: UMA DESVALORIZAÇÃO PERSISTENTE

José Castro Caldas[1] e Maria da Paz Campos Lima[2]

Em finais de 2019, na véspera da pandemia da covid-19, depois de quatro anos seguidos de um muito moderado crescimento nominal e real dos rendimentos do trabalho, a deflação salarial parecia haver dado lugar a uma trajetória inversa, de valorização (Caldas, 2019). Esta inflexão de tendência, legível na realidade e nas estatísticas, exercia então uma influência invulgar e positiva no discurso dos atores no espaço público.

A 13 de novembro de 2019, no debate quinzenal na Assembleia da República, o primeiro-ministro anunciava o propósito de promover a negociação com os representantes patronais e sindicais no Conselho Permanente de Concertação Social de «um acordo global sobre crescimento económico e política de rendimentos» que permitisse «contribuir para a melhoria da produtividade das empresas e aumentar o peso dos salários no Produto Interno Bruto».[3] Logo de seguida, o ministro da Economia dava conta mais pormenorizada da opinião então prevalecente no Conselho de Ministros: «Não podemos continuar a basear a competitividade da nossa economia nos baixos salários e nos baixos custos, mas sim na inovação e na qualificação das pessoas».[4] Já as associações empresariais, menos entusiásticas quanto a apostas dispendiosas na inovação e na qualificação, hesitavam entre a apologia de sempre da desvalorização salarial competitiva e o reconhecimento realista da necessidade de, em contexto de redução do desemprego, aumentar salários. Em sectores

[1] Centro de Estudos Sociais (CES), Universidade de Coimbra.

[2] Instituto Universitário de Lisboa (ISCTE-IUL) e DINAMIA'CET, Lisboa, Portugal.

[3] António Costa (Primeiro-Ministro) (13-11-2019). *Impõe-se melhorar os rendimentos de quem trabalha*. XXII Governo - República Portuguesa. [portugal.gov.pt/pt/gc22/comunicacao/noticia?i=impoe-se-melhorar-os-rendimentos-dequem-trabalha.]

[4] Pedro Siza Vieira, ministro da Economia, *O Jornal Económico*, 27 de novembro de 2019, disponível em: https://jornaleconomico.pt/noticias/nao-podemos-continuar-a-basear-a-competitividade-da-economia-em-baixos-salarios-diz-ministro-da-economia-518766.

exportadores intensivos em trabalho, nomeadamente os associados ao turismo, a realidade da valorização parecia impor-se. Francisco Calheiros, falando pela Confederação do Turismo, havia reconhecido em abril de 2019: «Como o turismo continua a precisar de pessoas, isto tende a empurrar os salários para valores mais altos. É a lei económica mais velha que conheço, a da oferta e da procura».[5]

Embora desfasadas no tempo, as estatísticas viriam a mostrar que a perceção da tendência para a recuperação dos salários não era infundada. Entre 2015 e 2019, as remunerações médias aumentaram em termos nominais 13%, e em termos reais 9%, o que, após a violenta desvalorização ocorrida entre 2011 e 2014, as reconduzia, em termos reais, ao nível de 2010.[6]

Em finais de 2019, refletindo uma tendência de valorização iniciada em 2015 em contexto de redução dos níveis de desemprego precedentes, não só os salários davam sinais de descolagem da trajetória de desvalorização precedente, como o estado de opinião relativamente aos salários parecia deslocar-se decisivamente a favor da crítica do «paradigma dos baixos salários».

Passados três anos, depois da travessia do estranho período da pandemia, as circunstâncias eram já outras. Ao longo de 2022, quer a tendência de valorização salarial quer o estado de opinião contrário à desvalorização competitiva, prevalecentes em finais de 2019, conheceram um regresso ao passado tão súbito como radical. A inflação, sentida a partir de finais de 2021 com crescente nitidez, foi o propulsor da mudança.

Evocando o espectro da «espiral inflacionista» para esconjurar tentações de atualizações salariais compensatórias da inflação, o governador do Banco de Portugal deu o primeiro impulso na reversão do estado de opinião: «espirais em que os preços são alimentados por aumentos salariais, que, por sua vez, se retroalimentam uns aos outros, não são desejáveis e devem ser, obviamente, evitadas».[7] O primeiro-ministro foi rápido a acompanhá-lo: «Temos de travar a inflação e não disseminar a inflação, gerando uma espiral inflacionista»[8], evitando «a contaminação ao conjunto da economia por via da ilusão do aumento

[5] Francisco Calheiros, presidente da Confederação do Turismo Português (CTP), 19 de abril 2019, *Expresso online*, disponível em: https://expresso.pt/economia/2019-04-19-O-turismo-continua-com-falta-de-mao-de-obra.-Ja-os-salarios.

[6] Remunerações médias nominais e reais (deflacionadas pelo IPC) por hora trabalhada dos empregados com base nas Contas Nacionais do INE.

[7] Mário Centeno, RTP *online*, 17 dezembro 2021, disponível em: https://www.rtp.pt/noticias/economia/governador-do-bdp-alerta-para-relacao-de-espiral-entre-salarios-e-inflacao_a1371023.

[8] António Costa, *Dinheiro Vivo/Lusa*, 9 abril 2022, disponível em: https://www.dinheirovivo.pt/economia/nacional/costa-recusa-alimentar-espiral-inflacionista-mas-promete-combate-ao-aumento-de-precos-na-raiz--14757441.html.

salarial deste aumento inflacionista»[9]. António Saraiva, presidente da CIP, não podia estar mais de acordo: «Se o Governo ou as empresas tivessem de reagir imediatamente ao valor da inflação estávamos constantemente a alterar salários, e a inflação dos salários levaria inevitavelmente à inflação sobre inflação».[10]

Em meados de 2022, enquanto a ameaça de «espiral inflacionista» era disseminada como punição inelutável de qualquer tentação de atualização salarial compensatória da inflação, estava já em curso em todos os sectores um violento processo de desvalorização real transversal. Verificávamos assim que a valorização salarial ocorrida entre 2015 e 2019 havia sido episódica, um período de exceção num tempo longo de desvalorização salarial.

IX.1. Modalidades de desvalorização salarial

O recrudescimento da desvalorização salarial no contexto de inflação de 2022 é uma manifestação da persistência de uma tendência para a compressão dos rendimentos do trabalho na economia e na sociedade portuguesa que se manifesta em momentos diversos numa diversidade de modalidades que importa caracterizar.

Os processos ocorridos entre 2010 e 2014 no contexto do «ajustamento estrutural» dos Programas de Estabilidade e Crescimento do governo do Partido Socialista de José Sócrates e do «Memorando» da *troika* e do governo PSD-CDS de Passos Coelho (Caldas, 2015) ilustram bem a primeira modalidade de desvalorização salarial que aqui designaremos de «desvalorização deflacionária».

A desvalorização deflacionária manifesta-se como uma compressão nominal e real dos salários médios em contexto de desemprego, transversal a todos, ou quase todos, os sectores da economia. No âmbito de «programas de ajustamento» como o português, foi intensionalmente aprofundada por políticas orientadas para a redução dos «custos salariais» das empresas.

Com taxas de desemprego que atingiram um pico de 17,1% em 2013, os salários médios (por hora trabalhada) do conjunto da economia conheceram,

[9] António Costa, *SIC Notícias*, 7 maio 2022, disponível em: https://sicnoticias.pt/especiais/governo/2022-04-07-antonio-costa-remete-atualizacao-dos-salarios-pela-inflacao-para-avaliacao-com-parceiros-sociais.

[10] *Jornal de Negócios*, 11 abril 2022, disponível em: https://www.jornaldenegocios.pt/economia/emprego/detalhe/se-tivessemos-de-reagir-a-inflacao-estavamos-constantemente-a-alterar-salarios.

entre 2010 e 2014, uma perda nominal de 0,3 pontos percentuais e uma contração real de 0,9 pontos percentuais que se manifestou transversalmente na maioria dos sectores da economia.

Este resultado, desejado como forma de comprimir preços de oferta das empresas estabelecidas em Portugal para reforçar a sua competitividade-preço nos mercados externos e internos, de forma a aumentar exportações e reduzir importações de bens e serviços para «ajustar» a balança corrente, foi obtido à custa da convergência de desemprego elevado com medidas políticas explicitamente orientadas para o corte ou para a compressão dos rendimentos salariais. Entre essas medidas sobressaem (Campos Lima, 2015, 2021): congelamento do salário mínimo; na administração pública, cortes salariais nominais diretos nas remunerações e aumento do horário de trabalho semanal de 35 para 40 horas sem compensação salarial equivalente; cortes ou endurecimento das condições dos apoios sociais, nomeadamente do subsídio de desemprego; extensão do tempo de trabalho sem remuneração (férias e feriados); redução da remuneração do tempo de trabalho extraordinário; alargamento das causas de despedimento e redução das indemnizações por despedimento; instituição do banco de horas individual contornando as disposições das convenções coletivas; aceleração da caducidade dos contratos coletivos de trabalho e limitações à sua extensão, além de medidas de descentralização da negociação para o quadro da empresa; e suspensão temporária das normas mais favoráveis das convenções coletivas em matéria de compensações por despedimento e remuneração de horas extraordinárias.

A segunda modalidade de desvalorização salarial, aqui designada «desvalorização estrutural», corresponde a um movimento de contenção do aumento (ou mesmo de contração) do salário médio nominal e real ocasionado por um processo de alteração da estrutura da economia favorável a sectores remunerados abaixo da média (Teles *et al.*, 2022).

Os processos ocorridos em Portugal entre 2013 e 2019, em contexto de redução do nível precedente de desemprego, ilustram a desvalorização estrutural. Entre 2013 e 2019, o salário médio do conjunto da economia aumentou em termos reais 0,7 pontos percentuais. Mas, no mesmo período, o peso na estrutura de emprego (em horas trabalhadas) de três dos sectores mais mal remunerados — *restauração e similares*, *alojamento* e *comércio a retalho* — aumentou cerca de 2%. O aumento do peso na estrutura de emprego de sectores remunerados abaixo da média atuou nesse período como travão ao aumento do valor médio dos salários no conjunto da economia.

A evolução ocorrida entre 2013 e 2019 é, em grande medida, uma consequência colateral da desvalorização deflacionária que a precedeu. O reforço da competitividade externa procurado com a desvalorização traduziu-se efetivamente, como pretendido, num aumento do peso na economia de bens e serviços transacionáveis e numa rápida redução do défice da balança de transações correntes. Acontece, porém, que os sectores que se expandiram — ligados a atividades turísticas[11] — não foram sectores com potencial de crescimento da produtividade e, portanto, dos salários, mas antes atividades trancadas num nível de produtividade baixo e difícil de aumentar, cuja competitividade externa depende de salários persistentemente baixos.

A terceira modalidade de desvalorização salarial, aqui designada «desvalorização real», corresponde a um movimento de compressão dos salários ocasionado, não por cortes ou reduções nominais, mas por níveis de inflação superiores às variações nominais do salário médio.

Em setembro de 2021, num movimento com expressão global, a trajetória deflacionista há muito instalada, até então resistente a todos os estímulos dos bancos centrais, começou a dar lugar a um paulatino incremento dos preços. O processo inflacionista desencadeado a partir de então, agravado com a invasão da Ucrânia, apresenta-se em 2022 muito distinto de episódios inflacionistas anteriores, por decorrer de fatores ligados à produção, distribuição e oferta nos mercados e não da procura, nomeadamente, do colapso da produção e da rutura das cadeias de produção e de distribuição, assim como dos confinamentos sanitários decorrentes da pandemia e, posteriormente, da guerra na Ucrânia. No entanto, os bancos centrais interpretam-no da mesma forma de sempre — como um fenómeno monetário — e combatem-no com instrumentos destinados a induzir uma recessão que faça o desemprego «ajustar em baixa» os níveis salariais para aliviar a pressão altista sobre os preços. Mais uma vez o salário é a variável de ajustamento preferida, em benefício da remuneração do capital, que, se não reforçada, permanece intacta.

No início de outubro de 2022, quando este capítulo está a ser escrito, as negociações sobre política de rendimentos no Conselho Económico e Social, não obstante a coreografia eufórica encenada pelo governo, limitam-se a produzir referenciais de incremento dos salários nominais que, longe de contribuírem para a melhoria da distribuição funcional do rendimento, são na realidade um teto para a valorização real do trabalho.

[11] E também ao sector imobiliário, com escasso impacto no emprego e no nível médio dos salários, mas importante peso no Valor Acrescentado Bruto e nos preços da habitação.

IX.2. A desvalorização persistente e as suas consequências

Intensificada pelo «ajustamento estrutural» dos PEC e do «Memorando», a desvalorização salarial tem exibido características próprias dos processos cumulativos. Ao produzir condições de competitividade externa baseadas no preço para sectores intensivos em trabalho, nomeadamente os associados ao turismo, atraiu para esses sectores uma proporção crescente do *stock* de mão de obra e dos fluxos migratórios que o sustentam. O nível de emprego no conjunto da economia, assim como o rendimento, passaram a depender cada vez mais da evolução (errática) da procura internacional do produto turístico de exportação. Acontece, porém, ao mesmo tempo, que o aumento da escala de produção do produto turístico não permite, como em outros sectores, obter ganhos de produtividade que possam sustentar incrementos reais dos níveis salariais. Pelo contrário, o aumento da escala de produção turística, a massificação, tende mesmo a degradar a qualidade do que é oferecido e a tornar mais implausível a valorização do produto nos mercados internacionais.

Simultaneamente, o poder dos capitais associados ao produto turístico de exportação reforça-se na sociedade, daí resultando maior capacidade negocial e de mobilização dos recursos públicos disponíveis como incentivo ao investimento. Toda uma economia política se estrutura num processo que se torna difícil reverter.

Entretanto, a desvalorização salarial tem consequências que não são meramente potenciais ou prospetivas, mas, pelo contrário, atuais.

A primeira é o alargamento da «desigualdade na repartição funcional do rendimento». Entre 2010 e 2015, a parte das remunerações dos trabalhadores por conta de outrem no Produto Interno Bruto (PIB) foi comprimida, de 47% para 44%. Depois, até 2019, recuperou um ponto percentual. Hoje, num contexto em que os salários não acompanham o aumento dos preços, e isso mesmo é afirmado pelos poderes públicos como condição para que sejam evitadas «espirais inflacionistas», a repartição funcional do rendimento é de novo impelida negativamente.

A segunda consequência é a pressão sobre o financiamento da segurança social. Num sistema dependente de recursos provenientes do rendimento salarial, a perda de peso dos salários no PIB equivale a uma redução do peso no mesmo PIB dos recursos da segurança social, incluindo os destinados a pagamento de pensões, em contraste com as necessidades crescentes que resultam do envelhecimento.

Outra consequência a destacar é o «alargamento do hiato salarial» entre Portugal e quase todos os países do espaço de integração europeu. Entre 2010 e 2020, Grécia, Itália, Espanha e Portugal experimentaram incrementos salariais nominais (decréscimo no caso da Grécia) inferiores aos restantes países da UE tanto a Leste como a Norte.[12] O alargamento resultante do hiato salarial determina uma última consequência — a dificuldade crescente de fixar população em idade ativa (e fértil), seja ela nacional ou imigrada, e o decorrente «declínio demográfico». Entre 2011 e 2020, a população ativa passou de 5,4 milhões para 5,2 milhões.

Em suma, a desvalorização salarial instalou-se na sociedade portuguesa como um processo corrosivo, comprometedor do futuro e, além disso, difícil de reverter. Em outubro de 2022, os acontecimentos políticos documentam esta dificuldade: um processo de negociação no âmbito da chamada concertação social, anunciado em 2019 como sendo destinado a romper definitivamente com o «modelo dos baixos salários», produz um acordo para quatro anos que é de desvalorização salarial real certa nos dois primeiros, de inflação elevada, e que remete a valorização para o contexto incerto dos dois últimos anos do período de vigência.

[12] OCDE Stat, Salários médios.

REFERÊNCIAS BIBLIOGRÁFICAS

Caldas, J. C. (2015). «Desvalorização do trabalho: do memorando à prática». *Cadernos do Observatório #6*, Observatório sobre Crises e Alternativas, Centro de Estudos Sociais da Universidade de Coimbra.

Caldas, J. C. (2019). «Negociação salarial: o que está em jogo?». Observatório sobre Crises e Alternativas. *Barómetro das Crises, 20*, 28 novembro de 2019.

Campos Lima, M. P. (2015). «A reconfiguração do regime de emprego e de relações laborais em Portugal na ótica liberal». *Cadernos do Observatório #6*, Observatório sobre Crises e Alternativas, Centro de Estudos Sociais da Universidade de Coimbra.

Campos Lima, M. P. (2021). «Reconfiguring labour market and collective bargaining institutions in Portugal: turning the page on internal devaluation?». Em A. C. Santos e N. Teles (orgs.), *Financialisation in the European Periphery: Work and Social Reproduction in Portugal*. Londres: Routledge.

Teles, N., Caldas, J. C., e Martins D. (2022). «Financeirização, trabalho e mudança estrutural: o caso da desvalorização interna em Portugal». Em M. P. Campos Lima e J. C. Caldas (orgs.). (2023). *A Persistência da Desvalorização do Trabalho e a Urgência da sua Revalorização*. Coimbra: Almedina.